"十二五"普通高等教育本科国家级规划教材

中国高等教育学会医学教育专业委员会规划教材

全国高等医学院校教材

供基础、临床、预防、口腔医学类等专业用

传染病学

Infectious Diseases

（第3版）

主　编　徐小元　祁　伟

副主编　陈士俊　段钟平　刘耀敏
　　　　南月敏　于岩岩　张跃新

编　者（按姓名汉语拼音排序）

陈　煜（首都医科大学）	马　臻（内蒙古医科大学）
陈士俊（山东大学医学院）	南月敏（河北医科大学）
邓存良（泸州医学院）	祁　伟（天津医科大学）
丁国锋（滨州医学院）	魏殿军（天津医科大学）
段钟平（首都医科大学）	徐小元（北京大学第一医院）
盖中涛（山东大学医学院）	于岩岩（北京大学第一医院）
韩永霞（河北工程大学医学院）	袁　宏（兰州大学基础医学院）
林明华（福建医科大学）	朱　斌（新乡医学院）
刘耀敏（承德医学院）	张跃新（新疆医科大学）
陆海英（北京大学第一医院）	

秘　书　陆海英

北京大学医学出版社

CHUANRANBINGXUE

图书在版编目（CIP）数据

传染病学/徐小元，祁伟主编．—3版．—北京：北京大学医学出版社，2013.12（2018.1重印）

ISBN 978-7-5659-0678-7

Ⅰ．①传… Ⅱ．①徐… ②祁… Ⅲ．①传染病学－医学院校－教材 Ⅳ．① R51

中国版本图书馆 CIP 数据核字（2013）第 266907 号

传染病学（第3版）

主　　编：徐小元　祁　伟
出版发行：北京大学医学出版社
地　　址：（100191）北京市海淀区学院路 38 号　北京大学医学部院内
电　　话：发行部 010-82802230；图书邮购 010-82802495
网　　址：http://www.pumpress.com.cn
E-mail：booksale@bjmu.edu.cn
印　　刷：北京瑞达方舟印务有限公司
经　　销：新华书店
责任编辑：刘　燕　　责任校对：金彤文　　责任印制：张京生
开　　本：850mm×1168mm　1/16　印张：16　彩插：1　字数：457 千字
版　　次：2013 年 12 月第 3 版　2018 年 1 月第 4 次印刷
书　　号：ISBN 978-7-5659-0678-7
定　　价：30.00 元

版权所有，违者必究

（凡属质量问题请与本社发行部联系退换）

全国高等医学院校临床专业本科教材评审委员会

主 任 委 员　王德炳　柯　杨

副主任委员　吕兆丰　程伯基

秘　书　长　陆银道　王凤廷

委　　　员　（按姓名汉语拼音排序）

　　　　　　白咸勇　曹德品　陈育民　崔慧先　董　志
　　　　　　郭志坤　韩　松　黄爱民　井西学　黎孟枫
　　　　　　刘传勇　刘志跃　宋焱峰　宋印利　宋远航
　　　　　　孙　莉　唐世英　王　宪　王维民　温小军
　　　　　　文民刚　线福华　袁聚祥　曾晓荣　张　宁
　　　　　　张建中　张金钟　张培功　张向阳　张晓杰
　　　　　　周增桓

序

北京大学医学出版社组织编写的全国高等医学院校临床医学专业本科教材（第2套）于2008年出版，共32种，获得了广大医学院校师生的欢迎，并被评为教育部"十二五"普通高等教育本科国家级规划教材。这是在教育部教育改革、提倡教材多元化的精神指导下，我国高等医学教材建设的一个重要成果。为配合《国家中长期教育改革和发展纲要（2010—2020年）》，培养符合时代要求的医学专业人才，并配合教育部"十二五"普通高等教育本科国家级规划教材建设，北京大学医学出版社于2013年正式启动全国高等医学院校临床医学专业（本科）第3套教材的修订及编写工作。本套教材近六十种，其中新启动教材二十余种。

本套教材的编写以"符合人才培养需求，体现教育改革成果，确保教材质量，形式新颖创新"为指导思想，配合教育部、国家卫生和计划生育委员会在医药卫生体制改革意见中指出的，要逐步建立"5+3"（五年医学院校本科教育加三年住院医师规范化培训）为主体的临床医学人才培养体系。我们广泛收集了对上版教材的反馈意见。同时，在教材编写过程中，我们将与更多的院校合作，尤其是新启动的二十余种教材，吸收了更多富有一线教学经验的老师参加编写，为本套教材注入了新鲜的活力。

新版教材在继承和发扬原教材结构优点的基础上，修改不足之处，从而更加层次分明、逻辑性强、结构严谨、文字简洁流畅。除了内容新颖、严谨以外，在版式、印刷和装帧方面，我们做了一些新的尝试，力求做到既有启发性又引起学生的兴趣，使本套教材的内容和形式再次跃上一个新的台阶。为此，我们还建立了数字化平台，在这个平台上，为适应我国数字化教学、为教材立体化建设作出尝试。

在编写第3套教材时，一些曾担任第2套教材的主编由于年事已高，此次不再担任主编，但他们对改版工作提出了很多宝贵的意见。前两套教材的作者为本套教材的日臻完善打下了坚实的基础。对他们所作出的贡献，我们表示衷心的感谢。

尽管本套教材的编者都是多年工作在教学第一线的教师，但基于现有的水平，书中难免存在不当之处，欢迎广大师生和读者批评指正。

2013年11月

第 3 版前言

《传染病学》（第 3 版）为"十二五"普通高等教育本科国家级规划教材，主要读者对象为 5 年制医学生，并可作为住院医师第一阶段、第二阶段培训和执业医师资格考试的参考书。

本书以 5 年制传染病教学大纲和执业医师考试大纲为指导，删除了第 2 版教材部分内容，包括真菌感染、性病、脊髓灰质炎、衣原体感染、支原体、链球菌感染、葡萄球菌感染、分枝杆菌感染等；并根据现实需求增加了登革病毒感染、传染性单核细胞增多症、巨细胞病毒感染、手足口病、发热伴血小板减少综合征、败血症、感染性休克、医院内感染等内容；对总论、病毒性肝炎等章节进行了较大修改。

本书由北京大学、天津医科大学等全国多所医学院校专家参加编写，力求做到撰写的内容新颖实用。由于编写人员水平有限，难免有错，恳请读者赐教。

徐小元
2013 年 11 月

目 录

第一章 总论 ………………………………… 1
  第一节 概述 ……………………………… 1
  第二节 感染与免疫 ……………………… 2
  第三节 传染病的发病机制 ……………… 4
  第四节 传染病的流行过程及影响因素 … 5
  第五节 传染病的特征 …………………… 7
  第六节 传染病的诊断 …………………… 9
  第七节 传染病的治疗 …………………… 11
  第八节 传染病的预防 …………………… 12

第二章 朊毒体病 …………………………… 15

第三章 病毒感染性疾病 …………………… 20
  第一节 病毒性肝炎 ……………………… 20
  第二节 流行性感冒 ……………………… 39
    附 禽流感 …………………………… 42
  第三节 艾滋病 …………………………… 44
  第四节 肾综合征出血热 ………………… 53
    附 汉坦病毒肺综合征 ……………… 61
  第五节 流行性乙型脑炎 ………………… 63
  第六节 登革病毒感染 …………………… 69
  第七节 狂犬病 …………………………… 73
  第八节 严重急性呼吸综合征 …………… 77
  第九节 传染性单核细胞增多症 ………… 81
  第十节 巨细胞病毒感染 ………………… 84
  第十一节 流行性腮腺炎 ………………… 86
  第十二节 水痘和带状疱疹 ……………… 88
  第十三节 麻疹 …………………………… 91
  第十四节 手足口病 ……………………… 94
  第十五节 发热伴血小板减少综合征 …… 97
  第十六节 病毒感染性腹泻 ……………… 100

第四章 立克次体病 ………………………… 104
  第一节 流行性斑疹伤寒 ………………… 104
  第二节 地方性斑疹伤寒 ………………… 107
  第三节 恙虫病 …………………………… 110

第五章 细菌感染性疾病 …………………… 113
  第一节 伤寒与副伤寒 …………………… 113
  第二节 细菌性食物中毒 ………………… 118
  第三节 霍乱 ……………………………… 122
  第四节 细菌性痢疾 ……………………… 128
  第五节 其他细菌感染性腹泻 …………… 132
  第六节 流行性脑脊髓膜炎 ……………… 135
  第七节 炭疽 ……………………………… 142
  第八节 鼠疫 ……………………………… 145
  第九节 白喉 ……………………………… 147
  第十节 布鲁菌病 ………………………… 150
  第十一节 军团菌病 ……………………… 153
  第十二节 败血症 ………………………… 155
  第十三节 感染性休克 …………………… 159

第六章 螺旋体感染 ………………………… 165
  第一节 钩端螺旋体病 …………………… 165
  第二节 莱姆病 …………………………… 169

第七章 原虫感染 …………………………… 174
  第一节 阿米巴病 ………………………… 174
    附 原发性阿米巴脑膜脑炎 ………… 179
  第二节 疟疾 ……………………………… 180
  第三节 黑热病 …………………………… 186
  第四节 弓形虫病 ………………………… 188
  第五节 隐孢子虫病 ……………………… 191

第八章 蠕虫感染 …………………………… 194
  第一节 日本血吸虫病 …………………… 194
  第二节 华支睾吸虫病 …………………… 198
  第三节 并殖吸虫病 ……………………… 201
  第四节 姜片虫病 ………………………… 203
  第五节 丝虫病 …………………………… 205
  第六节 钩虫病 …………………………… 208
  第七节 蛔虫病 …………………………… 210
  第八节 蛲虫病 …………………………… 213
  第九节 鞭虫病 …………………………… 215

目录

第十节　肠绦虫病 …………………… 217
第十一节　囊尾蚴病 ………………… 218
第十二节　棘球蚴病 ………………… 222

第九章　医院内感染 ………………… 226

附录………………………………………226

附录一　急性传染病的潜伏期、隔离期、
　　　　观察期 …………………… 235
附录二　预防接种 …………………… 240

主要参考书目…………………………244
中英文专业词汇索引…………………245
彩图

第一章 总 论

第一节 概 述

一、传染病的定义及范围

人体与病原体相互作用、相互斗争的过程称为感染，由病原体感染人引起的疾病为感染性疾病，简称感染病。在感染病中，那些由特定病原体感染引起的、具有传染性的、并可在人群中流行的疾病称为传染病。多年以来，人们习惯将由微生物感染人引起的疾病称为传染性疾病，由寄生虫感染引起的疾病称为寄生虫病。目前统称其为传染病。引起传染病的主要病原体为病原微生物。

能引起传染病的病原体包括细菌、病毒、立克次体、衣原体、支原体、真菌、螺旋体、朊毒体和寄生虫。寄生虫包括原虫和蠕虫。目前，还有一些未知的病原体能够感染人并引起人致病，应密切关注新发传染病的出现和传播。

根据传染病传播途径的不同，传染病可分为：①呼吸道传染病，包括流行性感冒（简称流感）、流行性脑脊髓膜炎、白喉、麻疹、百日咳和猩红热等；②消化道传染病，包括甲型肝炎、戊型肝炎、霍乱、细菌性痢疾和伤寒等；③血液传播传染病，包括乙型肝炎、丙型肝炎和艾滋病等；④虫媒传播传染病，包括流行性乙型脑炎、登革热、登革出血热、流行性斑疹伤寒、地方性斑疹伤寒、恙虫病、鼠疫和莱姆病等；⑤接触传播传染病，如破伤风和炭疽等。

二、传染病的危害性

自然灾害、社会动荡时，容易出现传染病的暴发和流行，同时，传染病的暴发和流行也是加重导致社会动荡的重要原因之一。烈性传染病对人类健康和社会的安宁可造成严重影响和危害，目前已经宣布消灭的人类传染病只有一种，即天花。天花在历史上曾威胁60%的人口，人感染天花后病死率高达25%以上，幸存者的面部留下永久性瘢痕。其他烈性传染病如鼠疫、霍乱目前仍然存在。鼠疫曾有三次世界性大流行，每次流行持续时间长，波及国家多，死亡人数上亿；霍乱有七次世界性大流行，目前仍处于第七次世界性大流行中，造成的损失难以估量；1918年，因世界上著名的"西班牙流感"而死亡的人数也达千万以上。

目前，不断有新发传染病的出现。一般来讲，人对新发传染病缺乏免疫能力。因此，新发传染病一旦出现，可能以较快的速度蔓延，如1981年艾滋病病例被首次报道后，1985年我国就出现了人类免疫缺陷病毒（human immunodeficiency virus，HIV）感染者。目前，估计我国HIV感染者约有70万。一些新发传染病病死率较高，如狂犬病、埃博拉出血热。人感染高致病性禽流感也具有高的病死率。

传染病对人类的健康、社会经济发展等方面的影响是非常大的。

三、传染病学的现状和任务

我国坚持预防为主、防治结合的方针，传染病的防治已取得了显著的成就。我国消灭了天花，控制了鼠疫和霍乱的大流行，既往猖獗流行的多种疾病如黑热病、血吸虫病、疟疾和结核病等均得到了基本控制，这些疾病每年新发生的病例数大幅度减少。但是，一些已经得到较好控制的传染病发病率又开始上升，如结核病等。与此同时，又新出现了或人们新认识了一些新的传染病，如肾综合征出血热、艾滋病、军团病，其他国家还有埃博拉出血热及新型或变异性人克-雅病等。目前我国肠道传染病仍较多，如经消化道传播的病毒性肝炎、细菌性痢疾及病毒性胃肠炎等。我国寄生虫病的发病率有所下降，但在一些局部地区，发病率仍较高，且不断有食源性寄生虫病发生的报告。病毒性肝炎患者众多。血吸虫病、麻疹以及结核病等的疫情仍较严重，传染病的防治任务仍十分艰巨。

要减少病原体对人的危害和致病，控制传染病在人体内外环境中的发生、发展和传播，就必须要了解各种传染病的病因，掌握诊断和治疗方法，制订切实可行的预防策略。传染病的发生、发展均有一定的规律，不同的病原体感染引起不同的传染病。应注意了解每一种传染病的发病机制，掌握其特有的临床表现、诊断、治疗方法以及主要预防措施，充分运用基础医学中的微生物学、寄生虫学、免疫学、病理和流行病学的知识，与内科学、儿科学等关系密切的临床学科的知识融会贯通，了解国际上传染病的疫情和研究进展，为控制传染病和人类的健康事业做出贡献。

第二节 感染与免疫

一、感染的概念

病原体侵入机体后，两者相互作用和斗争的过程造成感染，其过程以及结局表现多样，取决于病原体的致病力和机体的防御能力的强弱对比，也受当时环境因素以及各种治疗措施的影响。

二、感染过程的表现

病原体进入人体后引起感染，可以有以下五种表现：

1. **病原体被清除** 病原体到达机体后，被机体皮肤、黏膜阻挡，或进入体内被胃酸清除，或通过其他非特异性免疫机制如溶菌酶及单核-巨噬细胞吞噬等被清除，也可被机体内已经存在的抗体中和而清除。此过程可不引起任何病理生理反应。

2. **隐性感染** 病原体侵入机体后，机体发生了特异性免疫应答，产生了相应的特异性抗体，但未引起或仅有轻微的组织损伤，无任何临床症状、体征及生化改变。一般来说，只有通过抗体检查才能发现曾经发生感染。绝大多数传染病，隐性感染的人数远远超过显性感染，如甲型肝炎、乙型脑炎等的感染。大多数隐性感染者可将病原体完全清除，并获得程度不等的特异性免疫能力，但少部分感染者未能将病原体完全清除而成为病原体携带者，如伤寒沙门菌、乙型肝炎病毒感染后人可携带相应的病原体。

3. **显性感染** 病原体进入机体后，引起特异性免疫应答，同时由于病原体及其毒素的致病作用以及机体的免疫反应，引起组织器官的病理变化，出现临床症状、体征和生化改变。一般来说，感染发生后，显性感染病例占少数，仅有少数传染性疾病，显性感染病例占多数，如麻疹病毒感染后多数感染者出现麻疹的表现。显性感染的患者病后多可痊愈，病原体被清除，并获得特异性免疫。不同的病原体感染后出现的特异性免疫能力的强弱和持续时间的长短不同，如流行性斑疹伤寒患者，病后不易再患，而细菌性痢疾易再次发病。少部分患者，其病原体未能完全清除而成为感染后病原体携带者。部分患者亦可成为慢性感染者，如慢性细菌性痢疾、慢性乙型肝炎患者等。

4. 潜伏性感染 某些病原体侵入机体后，机体的免疫功能可将病原体局限到某些组织或部位，但又不能够将病原体从这些组织或部位清除，病原体长期潜伏在组织中，待机体免疫功能低下时，病原体再次活跃引起显性感染。典型代表为单纯疱疹、带状疱疹、疟疾和结核病等。潜伏性感染的患者，其病原体一般不被排出体外，不具有传染性，但当出现显性感染时，则具有传染性。

5. 病原携带状态 病原体在机体内与机体的免疫功能呈平衡状态，即病原体未能引起明显的组织损伤和生化异常，但机体的免疫功能亦未能将病原体自机体内清除，造成病原携带状态。病原携带状态可发生于传染病的潜伏期和恢复期，携带者分别被称为潜伏期和恢复期病原携带者；根据携带病原体的不同，携带者分为带病毒者、带菌者与带虫者；发生于显性感染和隐性感染之后的携带者分别称为恢复期和健康携带者，按携带时间（多数为3个月）长短，分别称之为急性携带者和慢性携带者。多数病原体感染后都有病原携带状态，如伤寒、霍乱、流行性脑脊髓膜炎等，但麻疹的病原携带状态罕见。

三、感染过程中病原体的作用

病原体感染引起人致病的能力称为致病性，致病性的强弱与病原体的种类、数量、毒力和变异性有关。

1. 病原体的种类 多种病原体可感染人并引起人致病。病毒有流感病毒、多种肝炎病毒、HIV、汉坦病毒、乙型脑炎病毒、登革病毒、狂犬病毒等；立克次体有普氏立克次体、莫氏立克次体、东方立克次体等；细菌有霍乱弧菌、志贺菌、弯曲菌、伤寒沙门菌、脑膜炎奈瑟菌、耶尔森菌、布鲁菌、白喉杆菌、炭疽杆菌等；真菌有新型隐球菌；螺旋体有钩端螺旋体、伯氏包柔螺旋体等；寄生虫有溶组织内阿米巴、疟原虫、血吸虫等；以及衣原体、支原体和朊毒体等。

2. 病原体的数量 同一种病原微生物，病原体的数量与其致病性呈正比关系。病原体数量越多，致病性越强。

3. 病原体的毒力 毒力强则致病性大，毒力包括侵袭力和毒素。

侵袭力主要与黏附和侵袭有关，病原体表面的菌毛和其他黏附因子与病原体的黏附和定植有关，启动病原体的侵袭过程，病原体表面的荚膜能协助抵抗吞噬细胞的吞噬和消化。病原体产生的酶，如透明质酸酶等，可协助病原体的扩散。有些病原体到达机体后，仅能在局部停留并繁殖，如白喉杆菌、百日咳杆菌，很少有侵袭力。伤寒沙门菌等则有很强的扩散能力，经口感染进入肠道后，定植于肠道单核-巨噬细胞系统，导致局部病变，破坏机体的组织防御结构，并侵入血流，常可引起菌血症和败血症。

部分病原体可产生毒素，多数病原体进入人体后产生毒素，有些病原体在体外增殖时即可产生毒素。毒素包括外毒素和内毒素。外毒素是在病原体内合成后分泌到病原体外的，与靶器官的受体结合进入细胞内起作用，如白喉毒素和破伤风毒素。内毒素主要存在于革兰阴性细菌的细胞壁中，当细菌死亡、菌体裂解后，细胞壁中的脂多糖游离出来，激活单核-巨噬细胞释放细胞因子而起作用。立克次体、螺旋体、衣原体、支原体等也有脂多糖。

4. 病原体的变异性 病原体可因遗传和外界环境的变化，以及获得某些质粒而发生变异。变异的结果可使病原体的毒力发生变化，可发生毒力增强或毒力减弱，如毒力增强，则增加致病性，变异还可使得病原体逃避机体的特异性免疫反应，造成严重或持续的感染。

四、感染过程中免疫应答的作用

病原体侵入机体后,是否能造成损伤引起疾病,与机体的免疫力也有密切的关系,人体的免疫功能包括非特异性免疫和特异性免疫。

1. 非特异性免疫　非特异性免疫是人体对入侵的各种病原体以及其他异物的一种清除反应,不是针对某种特殊病原体或其成分。这种防御能力是由遗传获得,属于先天免疫力,是在人的进化过程中逐渐形成的,是抵御病原体的第一道防线。包括以下几方面:

(1) 天然屏障:完整的皮肤、黏膜、血-脑屏障、胎盘屏障,正常菌群、胃酸、皮脂腺分泌的不饱和脂肪酸以及汗腺分泌的乳酸也可在一定程度上阻挡病原体进入机体相应的部位。年龄及营养状况等影响人的天然屏障的完整性。

(2) 体液因子:包括补体、溶菌酶以及各种细胞因子,如干扰素、肿瘤坏死因子等。可直接或通过免疫调节作用而清除病原体。

(3) 免疫细胞:如单核-巨噬细胞、粒细胞、自然杀伤细胞(natural kill cell,NK 细胞)等,可吞噬、杀伤病原体。

2. 特异性免疫　特异性免疫指某种病原体引起感染时,机体经过对其抗原特异性识别后产生的免疫,这种免疫只对该种特定病原体的抗原起作用。特异性免疫是感染后所获得的免疫,通过细胞免疫和体液免疫实现免疫应答。

(1) 细胞免疫:当已致敏的 T 淋巴细胞再次遇到相应的抗原时,可产生特异性的细胞毒作用,并释放各种细胞因子,共同杀伤病原体及其所寄生的细胞。细胞免疫在清除寄生于细胞内的病原体,如某些病毒、细菌、立克次体和真菌中起着非常重要的作用。T 细胞还可通过调节体液免疫发挥免疫调节作用。

(2) 体液免疫:B 细胞受抗原刺激后,转化为浆细胞,并产生能与该抗原相结合的抗体,即免疫球蛋白。抗体主要作用于细胞外的病原体。免疫球蛋白分为 5 类,即 IgM、IgA、IgD、IgE 和 IgG。IgM 出现早,持续时间较短,故可作为近期感染的标志。IgA 为呼吸道和消化道黏膜的局部抗体;IgE 主要由于寄生虫的原虫和蠕虫感染后产生;IgG 出现得较晚,持续时间长,可作为既往感染的标志,由于分子量小,可通过胎盘,为胎儿获得被动免疫的主要来源。个别 IgG 不具有保护机体的作用,如乙肝病毒的核心抗体和丙型肝炎病毒抗体等。

第三节　传染病的发病机制

一、传染病的发生与发展

1. 病原体的入侵　病原体可经呼吸道、消化道、泌尿生殖道以及皮肤等处侵入机体。不同的病原体有其特殊的入侵部位。例如志贺菌一般须进入人体肠道才能生存并引起疾病。血吸虫的尾蚴可直接钻入宿主的皮肤,是由于其头腺分泌的蛋白酶对组织有溶解作用。许多病原体并无直接穿透皮肤组织的能力,而是借助皮肤损伤或经节肢动物叮咬而将病原体送入体内。

2. 病原体在体内的定殖　病原体进入机体后,依据其与宿主组织特异性结合能力而定殖于特定部位,引起该部位的病变,如白喉的局部假膜,在局部繁殖时分泌的毒素也可随血流引起远处组织的病变,如白喉合并心肌炎。侵袭力强的病原体可通过血流、淋巴或直接扩散到其他组织或脏器,引起该脏器的病变,如乙型脑炎病毒、多种肝炎病毒等。有些寄生虫的成虫最后可定殖到特定的脏器而引起相应的传染病。

3. 病原体的排出　病原体在感染过程中,可从患者、隐性感染者和病原携带者经不同的途径排出体外而感染他人。有些病原体存在于血液中，可经节肢动物叮咬或输血而传播。每种传染病都有其一定的传染期，此为确定临床隔离期的依据。

二、组织损伤的发生机制

感染总伴有一定的组织损伤和功能的紊乱，造成组织损伤的原因如下：

1. **病原体的直接侵袭力**　有些寄生虫如溶组织阿米巴滋养体，能直接破坏肠黏膜；猪囊尾蚴侵犯脑组织引起占位、颅内压增高以及脑功能的改变；汉坦病毒可直接侵犯并损害血管内皮细胞，引起广泛的渗出和出血。由于病原体的刺激，引起机体发生炎症反应，出现化脓、出血、坏死等组织损伤，可见于多种传染病。

2. **病原体的毒素作用**　许多病原体可分泌毒力很强的外毒素，可侵犯并损害特定的靶器官。如破伤风梭菌产生的破伤风痉挛毒素为一种亲神经毒素，引起患者全身肌肉痉挛；化脓性链球菌可分泌致热性外毒素，除可引起发热外，还可发生猩红热样皮疹，并导致中毒性休克的发生；革兰阴性杆菌裂解后释放出的内毒素可引起发热、休克以及弥散性血管内凝血等病理生理反应，是感染危及生命的重要原因之一。

3. **机体的免疫反应**　免疫反应是与病原体斗争过程中机体的主要防御功能，当这种功能不能发挥作用时，疾病易于发生。如艾滋病系由于 HIV 破坏了人体 T 细胞及其免疫功能而发生。在正常的免疫反应中，机体通过细胞免疫和体液免疫将病原体消灭的同时，亦可引起一定的组织损伤，例如，一切炎症、脓肿的形成均有机体的蛋白质渗出及各种炎症细胞的聚集和浸润。近年认为乙型肝炎患者肝组织的病理变化并不是由乙型肝炎病毒感染直接引起，而是由机体的免疫反应引起。早已被公认可引起明显的组织损伤的免疫反应为变态反应，又称超敏反应。抗原和抗体复合物的形成以及细胞免疫，在免疫反应不正常的特殊人群中可出现超过正常的、引起组织明显损伤的反应，称为免疫病理反应，这种发病机制称为免疫发病机制。

第四节　传染病的流行过程及影响因素

传染病的流行过程就是其在人群中发生、发展、转归的过程。传染病在人群中的发生、发展必须具备三个基本条件，即须有传染源、合适的传播途径和对该病缺乏抵抗力的易感人群。缺少其中任何一个条件，传染病即不可能流行。已经流行的传染病，只要切断其中任何一个环节，均可使流行停止。传染病的流行过程还会受到自然因素和社会因素的影响。值得关注的是，新发传染病不断出现，并且人群对新发传染病缺乏抵抗力，新发传染病一旦出现，则有造成较大流行的可能。

一、传染病流行的三个基本条件

（一）传染源

是指体内已有病原体生存、繁殖，并能将病原体排出体外的人和动物。

1. **患者**　对于许多急性传染病，患者为重要的传染源。有些疾病的患者自潜伏期的后期即有感染性。在症状明显期，甚至恢复期，病原体可经其特殊的排出途径排出体外，直接感染周围的人，或通过含有病原体的分泌物、排泄物污染环境而间接感染他人。轻型患者不易被发现，也可作为传染源。如乙肝病毒可在血液中存在多年，故在乙型肝炎的流行中，慢性感染者为很重要的传染源。

2. **显性感染者**　在有些传染病，显性感染患者是主要的传染源，如流行性脑脊髓膜炎、麻疹患者。

3．病原体携带者　指疾病已恢复的带菌者如伤寒，疾病流行期的带菌者如流行性脑脊髓膜炎、白喉和猩红热等。病原携带者在传染病的流行中起很大的作用。近年来证明，一些病毒性传染病，如乙肝病毒、丙肝病毒和人类免疫缺陷病毒感染后的无症状携带者，在相关疾病的流行中起着很重要的作用。

4．受感染的动物　以动物为传染源的疾病称为动物源性传染病。一些病原体感染动物后动物患病，同时可通过不同的传播途径将病原体传播给人，引起的疾病有经鼠传播的鼠疫、经犬类等传播的狂犬病及经牛、羊等传播的布鲁菌病等。也有一些病原体感染动物后动物本身并不患病，但也同样可将携带的病原体传播给人，引起的疾病包括猪传播的流行性乙型脑炎、鼠类传播的肾综合征出血热和钩端螺旋体病等。

（二）传播途径

病原体从传染源体内排出后，经过一定的途径进入其他易感者的体内，这种途径称为传播途径。每种传染病有其相对恒定的传播途径，或为单一途径，或为多种途径。传染病的传播途径有以下几种：

1．呼吸道传播　感染者的鼻咽部存在病原体，当患者咳嗽、打喷嚏及大声说话时，可喷出含有病原体的飞沫，通过空气，进入易感者的呼吸道而引起感染，如猩红热、白喉、麻疹等疾病。

2．消化道传播　许多传染病是由进食被病原体污染的食物和水而引起的，如伤寒、细菌性痢疾、霍乱等。水源被污染常可引起疾病的暴发或流行。

3．虫媒传播　主要为吸血的节肢动物如蚊、白蛉、虱、跳蚤、蜱、螨等，在叮咬、吸血或排泄时将病原体传播给人。虫媒传播的疾病有流行性乙型脑炎、疟疾、黑热病、流行性斑疹伤寒、恙虫病等。

4．接触传播　病原体直接进入机体，如狂犬病病毒由狂犬咬伤而直接传播；血吸虫为接触含有尾蚴的疫水，尾蚴直接侵入皮肤而感染；布鲁菌可经皮肤薄弱处侵入机体；皮肤接触炭疽杆菌，可直接受染，易感者皮肤、黏膜直接与病变处接触，或接触被这些病原体污染的用具亦可受染。有些寄生虫的虫卵，如钩虫卵、类圆线虫卵等，须在土壤中发育成为有感染力的蚴，直接钻入皮肤而传染，也可经口感染。

5．血液、体液、血制品等传播　当病原体存在于感染者的血液中时，可通过输血、器官移植等将病原体传播给其他人。如乙型肝炎、丙型肝炎、疟疾和艾滋病等患者，其血液以及血制品都可能具有传染性。如未使用一次性医疗用具，或医疗及文身用具未经严格、有效的消毒，共用可能被血液和体液等沾染的牙刷、剃刀时，则可能造成传播。引起如乙型肝炎、丙型肝炎、艾滋病和新型、变异性人克-雅病等疾病。

6．母婴传播　有些传染病，在母亲妊娠期间，其病原体可以通过胎盘而感染胎儿，引起宫内感染，生产过程中通过产道时以及出生后与母亲密切接触中也可使新生儿受到感染，如引起乙型肝炎和艾滋病等。

（三）人群易感性

对某种传染病没有特异性免疫力的人称为易感者。易感者在人群中所占的比例决定着该人群对该疾病的易感性，易感者少则该病不易在人群中传播。疫苗接种可提高人群特异性免疫力，减少易感性，控制传染病在人群中的流行。

二、影响流行过程的两个因素

（一）自然因素

引起感染的病原体和人体都生活在一定的环境中，自然因素包括地理、气象、生态等条件。一切病原体的生存、繁殖均可受到自然因素的影响和控制。如血吸虫的生活史中，必须有钉螺的存在，而钉螺只能生活在气候温和、雨量充足、且有杂草丛生的有水的地区。因而在我国，血吸虫病只流行于长江及以南的地区；流行性乙型脑炎的传播依赖于蚊虫的存在，而蚊虫的繁殖需要特定的温度和湿度，因此流行性乙型脑炎只存在于夏秋季节；炎热夏季易导致胃酸减少、冬春季人呼吸道的黏膜防御能力下降，也会造成一些传染病具有季节性的特点。

（二）社会因素

社会因素对病原体和人体两方面都有肯定的作用。社会经济发展的状况、营养水平、住房条件、文化水平、卫生条件与设施等都直接或间接影响着人的健康及免疫状态。应对自然灾害如洪水、地震的经验和水平，也影响传染病的发生和流行。

第五节 传染病的特征

一、基本特征

传染病之所以与其他疾病不同，系由于具有以下几个特点：

1. 有病原体　所有的传染病都是由病原体引起的。不同的病原体感染引起的传染病亦不同，每种传染病都有其特异的病原体。

2. 有传染性　每种传染病都有一定的传染性，每种传染病的传染性的大小和强弱不同，传染性通过一定的传播途径而实现。

3. 有流行病学特征　在自然因素和社会因素的影响下，传染病的发生、发展和表现有以下几个特征：

（1）流行性：传染病可由个体病例扩散到人群中，依据发生病例数的多少，有不同的流行程度。当某种传染病在人群中每年都有一定数量的病例时，称为散发；在某一地区或某一单位，短时期内突然大量病例发生时称为暴发，比散发病例有明显增多时称为流行；流行范围超过国界、洲界时称为大流行。

（2）季节性：有的传染病只发生于特定的季节，如流行性乙型脑炎，在北方地区只发生于每年夏秋季的7、8、9三个月内，消化道传染病多发生于夏秋季，呼吸道传染病多发生于冬春季等。

（3）地方性：有些传染病好发于某些特定地区，如血吸虫病只发生于有钉螺的地方，恶性疟疾主要流行于热带及亚热带地区。

4. 有感染后免疫　病原体进入人体发生感染后，人体都会产生一定的特异性免疫力，可检测到抗体，有些抗体有保护作用，如中和抗体和抗毒素等。各种不同的传染病，其感染后免疫持续时间的长短有很大的差异。麻疹、流行性乙型脑炎、甲型肝炎等，患病后几乎可获得终身免疫，但患流行性感冒（简称流感）、细菌性痢疾和一些寄生虫病后，人体仍可多次发病。

二、临床特点

（一）病程发展的规律性

各种急性传染病的发生、发展和结局一般经过以下四个阶段：

1. 潜伏期　从病原体侵入人体开始，至受感染者开始出现临床症状这一段时间称为潜伏期。不同的传染病，其潜伏期亦不相同。即使是同一种传染病，由于病原体数量、侵袭力和毒力等的差别，以及机体的免疫反应强弱不等，形成的潜伏期亦长短不一，故每种传染病的潜伏期都有一个范围，即从最短到最长的时间。例如丙型肝炎的潜伏期为15～180天，多为40天左右；麻疹为6～18天，多为8～12天。潜伏期为决定检疫期及密切接触者医学观察期的依据，应观察到该病的最长潜伏期为止。

2．前驱期 从患者开始感到不适到症状明显这一阶段为前驱期。此期的症状可有发热、头痛、疲乏、食欲下降、肌肉酸痛等不适，这些表现为多种传染病共有的表现，多无特异性。一般持续1～3天。起病急骤的疾病可缺少这一期。本期患者已有传染性。

3．症状明显期 在此期，由病原体和其毒素引起的传染病症状和体征充分表现出来，有些表现具有诊断价值，如发疹性疾病的皮疹；细菌性痢疾患者的腹痛、腹泻、脓血便；流行性乙型脑炎患者的头痛、喷射性呕吐、意识障碍、脑膜刺激征阳性、脑脊液出现非化脓性炎性变化；肝炎患者的肝大、黄疸等。

4．恢复期 机体的免疫反应增强，病原体被清除，或被局限到某些组织或部位，患者的症状、体征逐渐消失的过程为恢复期。在此期，患者的体温下降到正常，食欲和体力逐渐恢复。受损伤的组织和紊乱的功能逐渐复原，一些传染病的传染性持续一段时间，血中的抗体效价逐渐上升，部分患者在恢复期可发生一些变态反应性疾病，例如猩红热后可出现急性肾小球肾炎和风湿病等。

（二）复发与再燃

有的传染病进入恢复期后，体温正常后，由于体内潜伏的病原体再度繁殖或复制，使原有的症状和体征再次出现，称为复发。当疫病进入恢复期，在体温下降的过程中，又再发热，称为再燃。

（三）临床类型

由于传染病的发生、发展受病原体、机体及外界各种因素的影响，其病情轻重、病程长短及临床类型可有很大的差别，疾病转归和预后亦不相同。

1．按病情轻重分型 一般将临床表现典型者称为普通型或中型，较普通型轻者称为轻型或逍遥型，较普通型重者称为重型，有的疾病尚有极重型、暴发型、中毒型等。轻型者有些可自愈，而重型特别是极重型者则须全力抢救，但仍有较高的病死率。

2．按病程分型 依病程长短可分为急性、亚急性和慢性不同类型。不同的传染病病程分型时间依据有差异，如慢性肝炎指半年以上病程的肝炎患者，慢性细菌性痢疾指2个月以上病程者。

（四）临床表现

1．发热 发热是传染病最常见的表现，不同的病原体引起的发热，其热程和热型亦不相同。

（1）发热的过程可分为三个阶段：

①体温上升期：体温可骤然上升，常伴有寒战，如疟疾；也可缓慢上升，不伴寒战，如伤寒的第1周。

②极期：体温上升到一定高度后持续数日至数周。

③体温下降期：体温可快速下降，可在一天之内降至正常，常伴大汗，如疟疾、败血症；也可缓慢下降，数日后降至正常，如伤寒。

（2）不同传染病常具有不同的热型，常见的热型有：

①稽留热：24小时体温相差不超过1℃，见于伤寒的极期等。

②弛张热：24小时体温相差超过1℃，但最低温度未达正常，见于伤寒的缓解期等。

③间歇热：24小时内体温波动于高热和正常，如疟疾。

④波状热：数日内体温逐渐上升达高峰后，逐渐下降至低热或无热，此后又逐渐上升，逐渐下降，重复多次，呈波浪样，可持续数月之久，如布鲁菌病。

⑤败血症型热：24小时体温波动于高温（40℃）和正常或低体温之间，如败血症。

2．皮疹 皮疹是传染病常见的表现之一，不同传染病，其皮疹的形态、出现的时间、出现的部位不同。发热的同时有皮疹的疾病也称为发疹性疾病。

有的皮疹是某些传染病特有的，但同样的皮疹可见于不同的传染病，同样的传染病也可出现不同的皮疹。常见的皮疹类型有：

（1）斑疹：为红色充血性皮疹，与皮肤表面相平。其大小及形状不一致，多为圆形，直径为1cm左右，可互相融合，可见于麻疹、伤寒等。

（2）丘疹：为圆形并略高于皮肤的皮疹，直径大小不一，可为1～4mm，充血性，可见于病毒感染等。

（3）红斑疹：指大片的弥漫性充血性红斑中，散在高于皮肤的小丘疹，压之退色，见于猩红热。

（4）出血疹：大小不等、形态不一，压之不退色，可见于肾综合征出血热和流行性脑脊髓膜炎等。

（5）疱疹或脓疱疹：初起时为水疱，以后可变为脓疱，见于水痘、带状疱疹和单纯疱疹等。

（6）荨麻疹：为大小不等、高出皮肤表面、有痒感的皮疹，可见于急性血吸虫病等。

（7）黏膜疹：可为充血性和出血性，可呈斑疹或丘疹或斑丘疹。麻疹患者口腔颊黏膜上出现的充血红斑中央有直径1mm的白色小点的麻疹斑，即麻疹黏膜斑（也称Koplik斑），属于黏膜疹。

各种发疹性传染病出现皮疹的时间是有一定规律的，如水痘多发生在发热同一天出疹，猩红热的患者常在发热第2日出现皮疹，天花为第3日，麻疹为第4日，斑疹伤寒为第5日，伤寒为第6日。

不同传染病患者，皮疹的分布不同，如水痘多在躯干部；天花多在面部和四肢；麻疹始于耳后、面部、颈部及上胸部，向下扩及全躯干，而后向四肢扩散。

3．毒血症　各种病原体在机体体内生长繁殖的过程中，产生的外毒素及其他代谢产物以及细菌等裂解时释放出的内毒素等不断进入血流，可引起一系列的中毒症状，如发热、头痛、肌肉疼痛、食欲减退、疲乏无力等，严重者可引起中毒性休克，引起心、脑、肝、肾、肺等多脏器发生病理变化和功能障碍，甚至可危及生命。

4．菌血症　细菌或其他病原体可存在于血液中，但并不繁殖，这是许多传染病的病原体在机体内扩散的途径之一。此期做血培养可获病原体。多数情况下菌血症持续时间不长，但有些疾病如布鲁菌病和流行性脑脊髓膜炎的某些患者，可呈慢性菌血症表现。

5．败血症　由于细菌在血液中繁殖并产生各种毒素，引起的全身严重的感染中毒症状。

6．脓毒血症　当机体免疫功能低下，细菌的数量和毒力特别强时，在患者的其他组织和器官中发生转移性化脓病灶，称为脓毒血症。

7．肝、脾、淋巴结肿大　在病原体及其代谢产物的作用下，机体的单核-巨噬细胞系统可发生充血、增生等反应，导致肝、脾、淋巴结肿大。

第六节　传染病的诊断

传染病的早期、正确诊断，不但有利于患者的及时治疗，而且有利于早期隔离，以防止疾病的传播。传染病的诊断从以下几个方面的资料进行综合分析。

一、流行病学资料

流行病学资料包括患者的年龄、性别、职业、居住状况、饮食习惯、输血史、手术外伤史、预防接种史、既往病史、接触史、旅行史、发病季节、发病地区等，流行病学资料是诊断传染病非常重要的依据。

二、临床资料

应进行详细的病史采集，了解起病的方式、病情发展的速度、发热的类型、皮疹的有无和形态，以及伴随的表现。如患者有发热、头痛、呕吐，有助于中枢神经系统感染的诊断。应进行仔细而全面的体格检查，流行性出血热的醉酒貌、搔抓样皮疹，伤寒患者的高热伴无欲貌，狂犬病患者的恐惧、恐水、怕风、咽肌痉挛等对诊断有重要的参考意义。重要的体征常具有诊断价值，如发现焦痂有助于恙虫病的诊断，发现 Koplik 斑有助于麻疹的临床诊断。

三、实验室检查

实验室的一般常规检查为传染病提供初步诊断依据，血生化及影像学检查提供进一步的诊断依据，免疫学检查有助于协助诊断，病原学及病原核酸的检查可进行病原体的确诊，病理学检查有助于疾病的确诊。

（一）一般检查

1. **血常规** 外周血白细胞总数和分类有助于判断传染病的类型和程度。血白细胞总数增高者多见于细菌感染引起的传染病，如流行性脑脊髓膜炎、败血症及少数病毒感染引起的传染病，如流行性出血热等；血白细胞总数正常或减少多见于病毒感染引起的疾病和少数细菌感染引起的传染病，如伤寒、布鲁菌病等；血红蛋白降低可见于疟疾和黑热病；嗜酸性粒细胞增加见于多种寄生虫病急性期；嗜酸性粒细胞减少见于伤寒。

2. **尿常规** 尿蛋白明显增多者，见于流行性出血热等，尿胆红素的检测有助于肝炎时黄疸的鉴别诊断。

3. **大便常规** 大便的性状和镜检有助于细菌性痢疾、霍乱、感染性腹泻和寄生虫疾病的诊断。

4. **血生化检查** 有助于判定肝、肾等脏器的功能变化，协助肝炎、肾病等的诊断。

（二）病原学检查

找到病原体的证据是确诊传染病的依据。

1. **病原体的直接检查** 有些病原体用肉眼检查即可发现。如蛔虫、绦虫节片等可随大便排出，肉眼检查大便即可确认。夜间检查患儿肛门，可看见蛲虫虫体。

2. **病原体的直接镜检** 多数病原体用显微镜检查可发现。取痰、胸腔积液、腹水、脑脊液及瘀点刺破后的涂片，通过革兰染色、抗酸染色及墨汁染色可发现革兰染色阳性或阴性的细菌、抗酸杆菌及真菌等。大便涂片镜检可发现溶组织内阿米巴滋养体、包囊和多种寄生虫虫卵。血涂片可查出疟原虫。骨髓涂片可找出利什曼原虫的利杜体。

3. **病原体的培养和分离** 对于各种细菌，可用各种不同的培养基培养获得，应在应用抗菌药物前，留取血、尿、便及其他体液及分泌物，并进行细菌培养。对于病毒及立克次体等，须用组织培养和动物接种，协助病原体的分离。

（三）病原体核酸的检查

分子生物学技术，如基因扩增及限制性片段长度多态性分析的广泛应用，使得病原体检测更敏感、快速和准确。病原体特异性 DNA 和 RNA 序列的检出有病原学诊断价值。

（四）免疫学检查

1. **抗原检查** 可用酶联免疫吸附试验（enzyme-linked immunosorbent assay，ELISA）或放射免疫测定（radioimmunoassay，RIA）等检测病原体的抗原，抗原检查比抗体检测更有早期病原学诊断意义。如检测乙型肝炎病毒的表面抗原（HBsAg）和 e 抗原（HBeAg）、丁型肝炎病毒的抗原（HDAg）和囊尾蚴的抗原等。

2. 特异性抗体的检测　可通过补体结合试验、沉淀试验、凝集试验、中和试验、放射免疫测定、ELISA 蛋白印迹等检测方法。检测的抗体包括 IgM 抗体和 IgG 抗体，前者出现较早，持续时间亦较短，如抗甲肝病毒（HAV）-IgM、抗乙脑病毒的 IgM。后者出现较晚，但持续时间较长，可用于疾病的早期诊断，在感染期间 IgG 抗体滴度有明显上升者（恢复期比初期有 4 倍上升），可用于诊断。

3. 皮内试验　用特异性抗原做皮内注射，皮内试验阳性提示感染过这种病原体，如结核分枝杆菌的 PPD 试验。一些寄生虫的皮肤试验有助于协助相应寄生虫病的诊断。

4. T 细胞亚群的检测　有助于判定患者的免疫功能状况和艾滋病的诊断及分期、分级。

（五）其他检查

1. 影像学检查　X 线胸片有助于肺结核和并殖吸虫病的诊断，X 线腹部检查有助于发现伤寒等引起的肠穿孔；B 超有助于诊断肝硬化、肝脓肿等诊断；计算机层析成像（computed tomography，CT）和磁共振成像（magnetic resonance imaging，MRI）有助于脑囊虫病和脑脓肿的诊断和胸、腹部疾病的诊断。

2. 内镜检查　直肠镜或纤维结肠镜的检查有助于慢性细菌性痢疾、慢性阿米巴痢疾的诊断与鉴别诊断。胃镜检查有助于发现肝硬化食管 - 胃底静脉曲张。

3. 病理学检查　肝穿刺病理学检查有助于肝炎、肝硬化和肝癌的诊断。皮下结节和肌肉组织病理学检查有助于囊尾蚴病和旋毛虫病的诊断等。

第七节　传染病的治疗

对传染病的治疗，不仅应使患者尽早康复，防治并发症，还应注意减少患者的传染性，同时应关注患者的心理健康。

一、一般治疗

1. 隔离　依据传染病的传播途径采取相应的隔离措施，如针对呼吸道、消化道等不同的隔离措施。直到确认病原体不可检出方可解除隔离，或达到传染病的隔离期。

2. 支持疗法　补充水、电解质和适当的营养。重症者尚可给予新鲜血浆、人血白蛋白输注。不能正常进食者，给予静脉补充脂肪乳、氨基酸、葡萄糖及维生素等。对霍乱患者最重要的治疗是补液治疗，可口服或静脉补液。

3. 护理　良好的护理对于抢救病情危重患者是必需的，如对重型流行性乙型脑炎患者，应定时翻身、拍背、吸痰，这些是抢救成功必不可少的措施。狂犬病患者应避免声、光、水、风的刺激，减少痛苦和痉挛。护理对于减少细菌、真菌感染，以及减少并发症具有非常重要的作用。

二、病原治疗

绝大多数传染病治疗的关键是病原学治疗，也称特异性治疗，是指对病原体有杀灭或抑制作用的治疗，包括抗细菌、抗病毒、抗真菌和抗寄生虫治疗等。

1. 抗细菌治疗　抗细菌治疗最复杂，应注意合理应用抗菌药物，如青霉素类、半合成青霉素、喹诺酮类、第一或第二或第三代头孢菌素、大环内酯类、氨基糖苷类。抗菌药物除抗细菌外，青霉素对螺旋体敏感，多西环素对立克次体、无形体等均有一定的抑制作用。应注意抗菌药物的选择。

2. 抗病毒治疗　抗病毒药物的临床应用历史较短，抗病毒药物种类较少，主要包括：

（1）抗人类免疫缺陷病毒药物：齐多夫定、拉米夫丁、司坦夫定、扎西他滨、恩曲他滨、依非韦仑、奈韦拉平、茚地那韦、阿巴卡为、替诺夫韦等有抗 HIV 的作用。

（2）抗疱疹病毒药物：阿昔洛韦、泛昔洛韦、喷昔洛韦可用于疱疹病毒感染。

（3）抗巨细胞病毒药物：更昔洛韦可用于巨细胞病毒感染的治疗。

（4）抗流感病毒药物：奥斯他韦、金刚乙胺可用于流感病毒感染的治疗。

（5）抗乙肝病毒药物：拉米夫定、恩替卡韦、阿德福韦酯等有抗乙肝病毒作用。

（6）广谱抗病毒药物：干扰素、利巴韦林等。

3. 抗真菌治疗　抗真菌药物包括氟康唑、伊曲康唑、两性霉素 B、氟胞嘧啶等。

4. 抗寄生虫治疗　抗寄生虫药物有抗疟疾的氯喹、伯氨喹啉，用于丝虫病的枸橼酸乙胺嗪，治疗阿米巴痢疾的甲硝唑，抗各种吸虫病的吡喹酮及广泛用于寄生虫病的阿苯达唑等。

5. 抗毒素治疗　对由细菌毒素引起的疾病应给予抗毒素治疗，如白喉抗毒素、破伤风抗毒素。

三、对症治疗

针对机体的各种表现采取相应的各种治疗措施，以降低消耗、减轻痛苦、保护重要脏器免受损伤。如脑水肿时尽快应用脱水剂，抽搐者应给予镇静剂，高热者降温，缺氧者吸氧，休克者应尽快补充血容量、纠正酸中毒。对于流行性乙型脑炎，最重要的治疗是对症治疗。

四、调节免疫功能的治疗

1. 提高机体免疫能力　免疫球蛋白（immuno globulin，Ig）、白细胞介素、干扰素、胸腺素等参与免疫调节，提高机体免疫力，特异性免疫制剂如乙肝病毒特异性高效价免疫球蛋白、破伤风抗毒素等可提高机体特异性免疫功能。

2. 免疫抑制剂的应用　如发生严重的感染，炎症细胞产生和炎性介质释放可造成组织损伤，此时，短期使用免疫抑制剂可减轻毒素对组织、脏器的损害作用，挽救生命。应用免疫抑制剂时应注意感染的扩散。

五、康复治疗

有些传染病，如各种脑炎、脊髓灰质炎等，急性期后可能留有后遗症。可采取物理治疗及其他方法，对于功能的恢复有一定帮助。

六、心理治疗

由于传染病的特殊性，如有传染性，且部分疾病不易治愈，病程长，患者可能有各种心理障碍，而心理障碍会影响机体的免疫功能。心理疏导、健康教育是需要的。

七、中医治疗

一些中草药对病原体有一定的抑制或杀灭作用，一些中草药（如黄芪）还可通过提高机体免疫能力，帮助机体抵御病原体的损害，改善血液循环、清除毒素。针灸治疗可在一定程度上促进脑炎等后遗症的恢复。中医治疗特别重视"扶正"的作用。

第八节　传染病的预防

传染病的预防应从流行过程的三个环节着手，即管理传染源、切断传播途径和保护易感者。

一、管理传染源

1．分类　依据传染病的传染性的强弱、传播速度的快慢和对社会危害的大小，我国将法定的传染病分为三类管理：

(1) 甲类：鼠疫和霍乱。

(2) 乙类：严重急性呼吸综合征（又称传染性非典型肺炎）、艾滋病、病毒性肝炎、脊髓灰质炎、人感染高致病性禽流感、麻疹、流行性出血热、狂犬病、流行性乙型脑炎、登革热、炭疽、细菌性痢疾和阿米巴痢疾、肺结核、伤寒和副伤寒、流行性脑脊髓膜炎、百日咳、白喉、破伤风、猩红热、布鲁菌病、淋病、梅毒、钩端螺旋体病、血吸虫病、疟疾、H1N1流感。严重呼吸综合征、炭疽中的肺炭疽和人感染高致病性禽流感这三种传染病虽被纳入乙类，但可直接采取甲类传染病的预防、控制措施。

(3) 丙类：流感、流行性腮腺炎、风疹、急性出血性结膜炎、麻风病、流行性斑疹伤寒和地方性斑疹伤寒、黑热病、包虫病、丝虫病，除霍乱、细菌性痢疾、伤寒和副伤寒以外的感染性腹泻，以及手足口病。

2．报告时限　对于甲类和乙类中的肺炭疽、严重急性呼吸综合征、脊髓灰质炎、人感染高致病性禽流感，城镇2小时内上报，农村不超过6小时；对其他乙类传染病，城镇6小时内、农村12小时上报。丙类传染病和其他传染病，应当在24小时内上报。

3．管理　应有针对不同传染源的管理措施。

(1) 确诊及疑似患者：尽早明确诊断、隔离治疗，待病原体转阴后解除隔离。

(2) 密切接触者，应进行医学观察，观察时间应为该传染病的最长潜伏期。对部分传染病也可给予药物预防或预防接种。

(3) 病原携带者不得从事法律、行政法规和国务院卫生行政部门规定禁止从事的易使该传染病扩散的工作。

4．动物　给予隔离治疗或捕杀。

二、切断传播途径

1．针对不同传染病采取的不同措施

(1) 肠道传染病：按照食品卫生法管理食品，管理保护水源，管理粪便，讲究个人卫生；消灭苍蝇、蚊子、老鼠、蟑螂。

(2) 呼吸道传染病：戴口罩为简便易行的预防措施；保持空气流通，必要和可能时进行空气消毒。

(3) 虫媒传染病：可采用药物或其他措施防虫、杀虫、驱虫。

2．消毒　消毒是切断传播途径的重要措施。消毒是用物理或化学方法消灭停留在不同的传播媒介物上的病原体，藉以切断传播途径，阻止和控制传染病的发生。

三、保护易感人群

1．提高非特异性免疫力　营养均衡、体育锻炼可提高机体的非特异性免疫力。

2．提高特异性免疫力　提高特异性免疫力是预防传染病的关键。可通过预防接种等措施主动或被动获得。

(1) 主动免疫：有计划的接种疫苗、菌苗或减毒的毒素（类毒素），可产生对抗病原体或毒素的特异性主动免疫。免疫力常出现于接种后1～4周。免疫力持续时间不等，为数月至十数年，有时需要加强注射。

（2）被动免疫：可用抗毒素、丙种球蛋白或特异性免疫球蛋白等注射，可进行特异性被动免疫，被动免疫出现快，但持续时间短。

3．个体防护　健康教育在预防传染病中也起非常重要的作用，如在血吸虫病流行区时应避免与疫水的接触，前往疟疾流行区时应使用蚊帐等。

（于岩岩）

第二章 朊毒体病

朊毒体病（prion diseases）是由朊毒体蛋白（prion protein，PrP）引起的慢性中枢神经系统退行性疾病，包括克-雅病（Creutzfeldt-Jakob disease，CJD）、新变异型克-雅病（new variant Creutzfeldt-Jakob disease，nvCJD）、库鲁病（Kuru disease）、杰茨曼-斯脱司勒-史茵克综合征（Gerstmann-Straussler-Scheinker syndrome，GSS）和致死性家族性失眠症（fatal familial insomnia，FFI）。该类疾病具有的共同神经病理变化是脑组织呈海绵状改变，故此亦称为传染性海绵状脑病（transmissible spongiform encephalopathy，TSE）。朊毒体病潜伏期长，病程短，病死率近100%。

一、病原学

朊毒体是一种不含核酸的有感染性的蛋白质，能使核酸失活的物理方法（如煮沸、辐射、紫外线等）和化学方法（如甲醛、核酸酶、锌离子等）均对其无影响。对氨基酸修饰剂、蛋白质变性剂（如尿酸、胍胺、苯酚、蛋白酶 K 等）不具抗性。在生物学特征上，朊毒体能导致类似慢病毒感染而不表现出免疫原性，故不产生特异性抗体，不诱导干扰素的产生，也不受干扰素的作用。

朊毒体蛋白分子量为 $(33～35)\times10^3$，由253个氨基酸组成。朊毒体蛋白有两种异构体，分别为 PrPc 和 PrPsc。PrPc 存在于正常脑组织，功能尚不明确，对蛋白酶敏感，不致病；PrPsc 分子量为 $(27～30)\times10^3$，对蛋白酶有抗性，是可致病的蛋白质。正常脑组织中只有 PrPc，而患病脑组织中既有 PrPc，又有 PrPsc。朊毒体有不同的株型，可导致不同的疾病。

朊毒体的增殖呈指数增长。PrPsc 首先与 PrPc 结合形成 PrPsc-PrPc 复合体，随后转变成2个分子的 PrPsc。下一周期2个分子 PrPsc 分别与 PrPc 结合，转变成为4个分子的 PrPsc，并依次复制出更多的 PrPsc。

人类编码朊毒体蛋白的基因位于第20号染色体的短臂上。人朊毒体蛋白基因的突变常发生在第32、48、56、72位密码子处，多为重复片段的插入或点突变，突变的结果使 PrPc 转变成 PrPsc，这与遗传性朊毒体病有关。因而朊毒体不仅有传染性，而且有遗传性。

二、流行病学

（一）流行概况

克-雅病世界各大洲均有报道，发病率约为1/100万，我国也有报道，但疫情尚不清楚。近年流行病学和动物实验证实疯牛病和克-雅病有密切关系。通过食用了受疯牛病因子污染的食物而感染，称为新变异型克-雅病。库鲁病是1957年发现在巴布亚新几内亚土著人中流行的疾病，与食用已故亲人的内脏和脑组织的宗教习俗有关。杰茨曼-斯脱司勒-史茵克综合征是一种极少见的人类朊毒体病，具有家族性，属常染色体显性遗传病。致死性家族性失眠症遗传性人类朊毒体病极罕见，呈世界性分布。

（二）传染源

感染朊毒体的动物和人可成为传染源。

（三）传播途径

1. **消化道传播** 通过食用含朊毒体或受朊毒体污染的食物而感染，如疯牛肉和动物内脏等。原始部落因食人尸体的内脏和脑组织发生感染。
2. **医源性传播** 包括外科与牙科手术、器官移植手术后感染、尸解手术中感染，应用含有朊毒体的血液与血制品、生物制品等。
3. **其他途径传播** 经破损皮肤或黏膜感染；罕见母婴垂直传播。

（四）易感人群

人群普遍易感，感染朊毒体后，尚未发现保护性免疫产生。新变异型克-雅病多发生于18～40岁，10%～15%的克-雅病具有家族性常染色体型的遗传缺陷。

三、发病机制及病理改变

（一）发病机制

致病型朊毒体不易被蛋白酶K消化降解，经一定的传播途径侵入机体并进入脑组织，其后沉积于不同的神经元溶酶体内，导致被感染的脑细胞受损、坏死，释放出的朊毒体又侵犯其他脑细胞，使病变不断发展；病变的神经细胞死亡后，脑组织中留下大量小孔，呈海绵状，并出现相应的临床症状，故称为海绵状脑病。实验提示，PrPsc或PrPsc的一些片段能够导致神经细胞损伤，如神经细胞凋亡，被认为是导致神经细胞死亡出现退行性变的一个主要原因。朊毒体病实验模型资料显示，在发生神经病理改变之前，PrPsc已蓄积于神经细胞内，而且只有PrPsc蓄积的区域发生神经病变。在PrPsc蓄积量较高的区域，相应的空泡形成数量亦较多。由此认为，PrPc转化为PrPsc是朊毒体病发生的基本条件，PrPsc的蓄积是朊毒体病产生的始动环节。研究发现10%～15%的克-雅病为遗传性（常染色体显性遗传），与第20号染色体上的某种基因发生变异有关，带有这种变异基因的儿童将来发生患克-雅病的可能性为50%。

（二）病理改变

朊毒体病的病变部位主要在中枢神经系统，累及大脑皮质、小脑、间脑、丘脑、基底节和脑干等部位。具有类似或共同的神经病理变化特点，包括弥漫性神经细胞丢失、反应性胶质细胞增生、淀粉样斑块形成和神经细胞空泡形成。病变区域无淋巴细胞和炎症细胞浸润，表明朊毒体病不激发宿主的体液和细胞免疫应答。

四、临床表现

朊毒体病是一类人畜共患的慢性、亚急性中枢神经系统退行性疾病。其临床特点为潜伏期长，可达数年或数十年。临床主要表现是中枢神经系统异常表现。病情进展迅速，很快导致死亡。

（一）克-雅病

克-雅病是最常见的人类朊毒体病，潜伏期为15个月至10年，患者年龄多为50～75岁，男女均可患病。典型临床表现为进展迅速的痴呆、肌阵挛、皮质盲、小脑共济失调及锥体系和锥体外系症状和体征。克-雅病患者的平均存活时间为6个月，其病程可分为三个阶段：

1. **前驱期** 主要为细微的性格改变和非特异性主诉，如头昏、失眠、偏执行为、糊涂、注意力不集中、记忆困难、食欲和体重下降、抑郁，少数患者视觉或听觉异常。
2. **进展期** 主要为进行性的神经系统病情恶化，以小脑、锥体系和锥体外系的症状和体征为主。可表现为肢体强直和震颤、感觉异常、共济失调、眼球震颤、语言障碍等，并迅速进展为明显的精神衰退、进行性肌萎缩、半瘫、运动性失语，随后发生惊厥和昏迷。
3. **终末期** 表现为尿失禁和去皮质状态，患者最终往往死于肺炎或自主神经衰竭。

（二）库鲁病

库鲁病是最早被详细研究的人类朊毒体病，曾为仅见于巴布亚新几内亚东部 Fore 土著部落居民中的一种局部流行病。自从废除食用已故亲人脏器的习俗后，已无新发病例。库鲁病潜伏期为 4～30 年，起病隐匿，其主要症状为震颤、共济失调、不自主运动，病程晚期出现进行性加重的痴呆。与克-雅病相反，库鲁病是先出现震颤及共济失调，后有痴呆。患者多在起病 3 个月至 2 年内死亡。病程一般为 3～9 个月，通常可分为三个阶段：

1. 最初阶段　本病最早的症状是躯干震颤、步态蹒跚和共济失调引起的姿势不稳。患者感到头痛和关节痛。在他人未发现患者有何异常之前，患者先察觉自己患病。某些患者自诉头痛和肢痛等前驱症状。患者主观感觉站立和步态不稳，往往还自觉发声，手和眼的运动有异常，说话含糊不清，并逐渐加重。眼运动失调，但无真正的眼球震颤。病初常常呈现内斜视，并持续存在。运动失调先发生于下肢，而后逐渐累及上肢。站立时为维持平衡，脚趾用力抓住地面。病初即不能以一只脚站立几秒钟，这是诊断本病很有用的线索。

2. 中期阶段　数周之后出现行走困难，并伴有肢体颤抖。患者没有他人的帮助已不能行走。震颤和运动失调加重。肢体的僵化常进一步发展，伴有广泛性的阵挛或不时发生休克样的肌肉不自主运动，偶尔出现手足徐动症和舞蹈病样运动。在患者因姿势不稳而过度惊恐时尤好发，甚至在突然受噪声或强光刺激时也会发作。通常有踝阵挛，膝阵挛也常见。虽然肌肉活动已很少，但无束状的或真正的衰弱和肌肉萎缩。患者时常情绪不稳，并可导致病理性的笑发作，微笑和笑声缓慢地停止，这一症状有时甚至见于疾病的第一阶段。患者思维明显迟钝，但没有严重的痴呆。

3. 晚期阶段　患者会丧失记忆，死前伴随大笑。患者从自己不能坐起开始，发展为运动失调、震颤、语音障碍更加严重，逐渐失去行动能力。有腱反射亢进，出现抓握反射，部分患者呈现锥体外系症状和运动障碍。最后两便失禁，并因吞咽困难导致饥渴。患者出现衰弱、营养不良和延髓受累的症状、变哑、丧失反应性，多因发生褥疮和坠积性肺炎而死亡。

（三）杰茨曼-斯脱司勒-史茵克综合征

本病是 1936 年在澳大利亚一个家庭中发现的，为由人朊毒体蛋白基因突变所致的一种罕见的常染色体显性遗传朊毒体病。发病年龄一般在 40～50 岁，患者存活时间相差较大，从 2 个月到 12 年不等，平均约 5 年。临床表现以小脑病变为主，如共济失调、步履蹒跚、行走障碍等。可伴有辨距和构音障碍、肢体和眼球震颤等，极少出现痴呆，且仅在晚期出现。肌阵挛少见。由于吞咽障碍，患者常死于吸入性肺炎所致的继发感染。

（四）致死性家族性失眠症

本病是于 1986 年新发现的一种家族性常染色体显性遗传性朊毒体病，非常罕见，多在中晚年起病，病程约 1 年余。临床表现为难治性失眠、进行性脑神经功能紊乱和运动障碍。多数患者伴内分泌异常，但痴呆少见。

五、实验室检查

1. 组织病理学检查　病变脑组织可见海绵状空泡、淀粉样斑块、神经细胞丢失伴胶质细胞增生、极少白细胞浸润等炎症反应。

2. 免疫学检查　常用免疫组织化学、酶联免疫吸附试验、免疫印迹等方法检测组织中的 PrPsc。取材包括脑、脊髓、扁桃体、脾、淋巴结、视网膜及胸腺等多种组织。利用免疫印迹方法，检测脑脊液中 14-3-3 蛋白质，可能具有较高的诊断价值。

3. 动物接种试验　将可疑组织匀浆脑内或口服接种于动物（常用鼠、羊等），观察被接种动物的发病情况，发病后取其脑组织活检是否具有朊毒体病的特征性病理改变。此法敏感性受种属间屏障限制，且需时较久。

4．物理检查　脑电图检查可有特征性的周期性尖锐复合波（periodic sharp wave complexes，PSWCs），有辅助诊断价值。此外，CT 及 MRI 的脑影像学检查也具有一定的诊断价值。

5．分子生物学技术　蛋白印迹技术已被用于检测 PrPsc；用荧光标记的特异探针检测脑脊液中的微量 PrPsc。另外，从患者外周血白细胞提取 DNA，进行 PCR 扩增及序列测定，可发现家族遗传性朊毒体病的朊蛋白基因特征性突变。

六、诊断

朊毒体病的确诊须依赖于脑组织的病理检查，故生前诊断较为困难，绝大部分病例是死后通过病理检查而确诊。

1．诊断依据包括流行病学资料、临床表现和实验室检查三个方面。

（1）流行病学资料：进食过可疑患有疯牛病动物来源的食品；接受过可能感染朊毒体的移植器官或可能被朊毒体污染的电极植入手术；使用过器官来源的人体激素；有朊毒体病家族史。这些资料对朊毒体病的诊断均有较大的帮助。

（2）临床表现：朊毒体病大多数表现为渐进性的痴呆、共济失调及肌阵挛等，但不同的朊毒体病又有各自的一些特点，如散发性克-雅病发病年龄较大，先有痴呆后有共济失调，但新变异型克-雅病发病年龄较轻；杰茨曼-司脱斯勒-史茵克综合征一般仅有共济失调等小脑受损表现，痴呆少见；库鲁病震颤显著，往往先有共济失调，后出现痴呆；致死性家族性失眠症以进行性加重的顽固失眠为特征。

（3）实验室检查：脑组织的海绵样病理改变及免疫学监测 PrPsc 阳性对确诊朊毒体病有重要意义。脑脊液中特征性脑蛋白 14-3-3 及特征性脑电图改变具有辅助诊断价值。朊蛋白基因的 PCR 扩增和序列分析有助于家族性朊毒体病的诊断。

2．鉴别诊断　本病应注意与其他渐进性的神经系统疾病相鉴别，如阿尔茨海默病、多发性硬化等，鉴别的关键是脑组织是否存在海绵状改变和朊毒体蛋白。

七、预后

预后极差，到目前为止，死亡率为 100%。

八、治疗

目前尚无特效的治疗方法。主要措施为支持治疗，改善生活质量，但至今尚无有效的病原治疗。抗病毒剂阿糖胞苷、阿糖腺苷、干扰素和金刚烷胺等已被试用，但疗效甚微。有报道认为刚果红、二甲亚砜、酚噻嗪、氯丙嗪、抗朊毒体抗体及寡肽可能对延缓病情有一定的作用，但效果和适应证有待进一步研究。具有三环结构和中间一个芳香族侧链的吖啶和吩噻嗪及其一些衍生物如米帕林（阿的平）、氯丙嗪可延长小鼠的存活时间，但在出现临床症状后应用疗效不佳。另外，在动物实验中降胆固醇药物辛伐他汀可以延缓朊病毒体病的进展，提高小鼠的生存率。

九、预防

鉴于该病目前尚无有效治疗，预防就显得尤为重要。预防重点应是严格处理朊毒体病患者的脑组织和脑脊髓以及与患者组织体液接触或用过的手术器械、敷料及其废弃物，要采取严格消毒措施。手术器械消毒可高压 132℃ 60 分钟；或 10% 次氯酸钠溶液浸泡 60 分钟，共 3 次；

或 1 mol/L 氢氧化钠溶液浸泡 30 分钟共 3 次。敷料和尸检病理组织以焚烧处理为宜，取血注射器和针头宜用一次性制品，用后应作严格销毁焚烧处理为妥。

1．控制和消灭传染源　消灭已知的感染牲畜，对患者进行适当的隔离。

2．切断传播途径　严把海关进出口国门，严禁从疯牛病疫区进口动物源性饲料、生物制品和与牛相关的制品；查内源，加强对疯牛病的监测，预防医源性感染；禁止食用污染的食物，对神经外科的操作及器械消毒要严格规范，对角膜及硬脑膜的移植要排除供者患病的可能；对有家族性疾病的家属更应注意防止其接触该病。

3．保护易感人群　人群普遍易感，目前尚无特效的保护方法，疫苗研究进展十分缓慢。

（盖中涛）

第三章　病毒感染性疾病

第一节　病毒性肝炎

病毒性肝炎（viral hepatitis）是由多种肝炎病毒引起的以肝损害为主的一组全身性传染病。根据病原学类型，目前已确定的病毒性肝炎包括甲型肝炎（hepatitis A）、乙型肝炎（hepatitis B）、丙型肝炎（hepatitis C）、丁型肝炎（hepatitis D）和戊型肝炎（hepatitis E）。甲、戊型肝炎以急性肝炎为主要临床类型，主要经粪-口途径传播；乙、丙、丁型肝炎可表现为急性和慢性肝炎两种临床类型，主要经血液及各种体液传播。各型病毒性肝炎的主要临床表现相似，多为乏力、食欲减退、厌油腻、恶心、腹胀及肝区不适等，部分病例出现黄疸，乙型肝炎亦常见无症状感染者。部分慢性肝炎可进展为肝硬化。

一、病原学

（一）甲型肝炎病毒（hepatitis A virus，HAV）

法因斯东（Feinstone）等于1973年首次应用免疫电镜方法在急性肝炎患者的粪便中观察到HAV，1981年将其归类为小核糖核酸病毒科肠道病毒属72型，于1987年获得HAV全长基因序列，1993年归入微小RNA病毒科的嗜肝RNA病毒属。HAV是由32个壳粒组成的直径27～32nm的20面体对称球形颗粒，核心为单股正链RNA，无包膜，在电镜下可见实心和空心两种颗粒，实心颗粒为完整的HAV，有传染性；空心颗粒为不含HAV RNA的未成熟颗粒，有抗原性，无传染性。HAV基因组为单股线状RNA，全长7478个核苷酸，根据核苷酸序列的同源性，可分为7个基因型，其中Ⅰ、Ⅱ、Ⅲ、Ⅶ型来源于人类，Ⅳ、Ⅴ、Ⅵ型来自于猿猴。至今我国分离出的HAV均为Ⅰ型。能感染人的HAV仅有1个血清型，1个抗原抗体系统，感染早期（多于起病12周内）产生IgM型抗体，恢复期产生IgG型抗体并可长期存在。

1979年普罗沃斯特（Provost）等在狨猴原代肝细胞中培养HAV获得成功，目前体外培养主要采用亚历山大肝癌细胞、二倍体成纤维细胞和猴肾细胞等。

HAV对外界抵抗力较强，耐酸碱，室温下可存活1周，在干粪中25℃可存活30天，在贝壳类动物、污水、淡水、海水、泥土中能存活数月。80℃5分钟或100℃1分钟可完全灭活，在-80℃甘油内可长期保存。对常用消毒剂和紫外线敏感，3%甲醛溶液（25℃）5分钟、10～15ppm余氯溶液30分钟、紫外线（1.1W，距离0.9cm）1分钟可将其灭活。对有机溶剂有一定耐受性，在20%乙醚中4℃放置24小时仍存活。

（二）乙型肝炎病毒（hepatitis B virus，HBV）

1963年，布伦贝里（Blumberg）等发现一位澳大利亚土著人的血清可与一位血友病患者的血清发生反应，于是把存在于前者血清中的抗原物质称为"澳大利亚抗原"（Australia antigen，简称"澳抗"）。1967年布伦贝里与克鲁格曼（Krugman）证实此抗原与肝炎有关，称之为"肝炎相关抗原（hepatitis associated antigen，HAA）"。1970年Dane等在电镜下发现HBV完整颗粒，即Dane颗粒。1972年世界卫生组织（World Health Organization，WHO）将其命名为乙型肝炎表面抗原（hepatitis B surface antigen，HBsAg）。1979年获得了HBV全基因序列。HBV属嗜肝 DNA 病毒科正嗜肝 DNA 病毒属，此属成员还包括土拨鼠（美洲旱獭）肝炎病毒、地松鼠（美洲黄鼠）肝炎病毒及鸭乙型肝炎病毒，后三者病毒仅感染动物，只有 HBV 感染人类。

1. 形态及生物学特性　电镜下观察，HBV 感染者血清中可见三种形态的颗粒：①大球形颗粒：即 Dane 颗粒，为完整的 HBV 颗粒，直径 42nm，由包膜与核心组成，包膜厚 7nm，内含 HBsAg、糖蛋白与细胞脂质，核心直径 27nm，内含环状双股 DNA、DNA 聚合酶（DNA polymerase，DNAP）及核心抗原，是病毒复制的主体；②小球形颗粒：直径 22nm；③管形颗粒：长 100～700nm，直径 22nm；后两种颗粒为含 HBsAg 的病毒包膜，无感染性。血清中小球形颗粒最多，Dane 颗粒最少。

2. HBV 基因　HBV 基因组为非闭合双股环状 DNA，分为长的负（L）链和短的正（S）链。L 链由 3200 个核苷酸组成，长约 3.2kb，3′端有 11 个碱基组成的重复序列。S 链呈半环状，长度为 L 链的 50%～80%，3′端具有与 L 链相同的 11 个碱基的重复序列，该区是 DNA 成环和病毒复制的关键区。

L 链有 4 个开放读码框（open reading frame，ORF），分别称为 S、C、P 和 X 区。S 区又分为前 S1、前 S2 及 S 基因，分别编码包膜上的前 S1、前 S2 抗原及 HBsAg，三者合称大分子蛋白；前 S2 蛋白与 HBsAg 合称中分子蛋白；HBsAg 称为主蛋白或小分子蛋白。大、中、小分子蛋白的分子量分别为 39、33 和 24。C 区（含前 C 和 C 基因）编码 HBcAg 及 HBeAg。P 区是最长的读码框，编码 DNA 聚合酶、RNA 酶 H 等多种功能蛋白，参与 HBV 复制。X 区编码 X 蛋白（HBxAg），由 145～154 个氨基酸组成，能激活多种调控基因，促进 HBV 复制，可能与肝癌的发生有关。此外，在 HBV 基因组中还有启动子与增强子，在调节 HBV 基因表达中起重要作用。HBV 基因组易突变（包括 S 基因、前 C 区及 C 区、P 区）（彩图 3-1）。

HBsAg 有多个抗原决定簇，包括属特异性的"a"抗原决定簇和两对亚型抗原决定簇 d/y 和 r/w，根据这些决定簇的不同组合可分为 10 个亚型，主要亚型为 adw、adr、ayw 和 ayr。我国长江以北 adr 为优势亚型，长江以南 adw 和 adr 并存，亚型检测有助于流行病学调查。

根据 HBV 全基因序列差异≥8% 或 S 区基因序列差异≥4%，可分为 A～I 9 个基因型，西欧、北欧、北美、中非地区多为 A 型；地中海盆地、中东、印度地区多为 D 型；非洲地区多为 E 型；美国原住居民、波利尼西亚多为 F 型；而亚太地区多为 B、C 型。

3. 实验动物模型和细胞模型　黑猩猩和长臂猿等高等灵长类动物可作为人类 HBV 动物模型，其中黑猩猩最敏感，而美洲旱獭肝炎病毒、美洲黄鼠肝炎病毒和鸭乙型肝炎病毒类似人 HBV，目前被广泛作为乙型肝炎的动物模型；体外培养 HBV 尚未获得满意的效果，通过 HBV DNA 转染获得的肝癌细胞系（如 HeP2.2.15）是目前较常用的细胞模型，可实现完整病毒的复制和病毒蛋白的分泌，可用于 HBV 感染发病机制和药物疗效评价等研究。

4. 抗原-抗体系统

（1）HBsAg 和抗 HBs：HBsAg 是 HBV 感染后出现最早的血清学标志，感染后 1～12 周出现，急性感染者持续存在 5 周至 5 个月。HBsAg 消失后数周，血中出现具有保护作用的抗 HBs，可保持多年。少数病例 HBsAg 消失后始终不产生抗 HBs。自 HBsAg 消失至抗-HBs 出现之前，称"窗口期"。慢性乙型肝炎和无症状携带者血中 HBsAg 可持续存在多年，甚至终生。

（2）HBeAg 和抗 HBe：HBeAg 是病毒复制的重要指标，急性感染时 HBeAg 出现时间略晚于 HBsAg。HBeAg 与 HBV DNA 有良好的相关性，其存在表示病毒复制活跃且有较强的传染性。抗 HBe 在 HBeAg 转阴后出现，称为血清学转换，多提示 HBV 复制和传染性减弱，20%～50% 由于 HBV 基因前 C 区启动子变异导致 HBeAg 不能形成，但仍能检测到 HBV DNA。

(3) HBcAg 和抗 HBc：HBcAg 存在于 HBV 颗粒的核心及感染的肝细胞核内，血液中不易检出，但其具有较强的免疫原性，可刺激机体产生抗体。HBsAg 阳性后 2～4 周出现抗 HBc IgM，为 HBV 急性感染及慢性感染病情活动的标志，抗 HBc IgG 出现较迟，见于急性感染恢复期和慢性感染期。

(4) HBV DNA：是病毒复制和具有传染性的直接标志，位于 HBV 核心部分，几乎与 HBeAg 同时出现于血液中，其载量可反映 HBV 复制的活跃程度、传染性强弱和抗病毒疗效。

5．抵抗力　HBV 对外界抵抗力强，对热、低温、干燥、紫外线等均能耐受。在 37℃可存活 7 天，56℃可存活 6 小时，在血清中 30～32℃可保存 6 个月，-20℃可保存 15 年。煮沸 10 分钟、65℃ 10 小时或高压蒸汽消毒可灭活，环氧乙烷、戊二醛、过氧乙酸和聚维酮碘（碘伏）对 HBV 有较好的灭活作用。

（三）丙型肝炎病毒（hepatitis C virus，HCV）

1989 年美国初（Choo）等应用分子克隆技术从受感染的黑猩猩血液标本中获得输血后非甲非乙型肝炎病毒的克隆，同年 9 月在东京国际会议上正式命名为 HCV。1991 年国际病毒命名委员会将 HCV 归入黄病毒科的丙型肝炎病毒属。HCV 病毒颗粒呈球形，直径 60nm，核心部分直径 33nm，为含 9400 个核苷酸的单股正链 RNA 基因组，外包被核壳蛋白、囊膜和棘突。

HCV 基因组含有一个 ORF，编码十余种结构和非结构（non structured，NS）蛋白，其中结构区包括 3 个区域即 C 区（核衣壳）、E1 和 E2（被膜）区，而非结构区有 4 个区域（NS2～NS5）。NS3 蛋白是一种多功能蛋白，氨基端具有蛋白酶活性，羧基端具有螺旋酶/三磷酸核苷酶活性；NS5B 蛋白是 RNA 依赖的 RNA 聚合酶，均为 HCV 复制所必需，是抗病毒治疗的重要靶位（彩图 3-2）。

国际上根据核苷酸序列同源程度，依据西蒙兹（Simmonds）命名系统将 HCV 分为 6 个基因型（1～6）及多个亚型（如 1a、2b、3c 等），基因型分布具有明显的地域性，基因 1 型 HCV 慢性感染为难治性丙型肝炎，呈全球性分布，约占所有 HCV 感染的 70%。

猩猩、狨猴对 HCV 均易感，是较好的动物模型。接种 HCV 后 13～32 周可产生抗 HCV。体外细胞培养 HCV 非常困难，尚未获得满意的效果。

HCV 经 1:1000 甲醛或 37℃ 6 小时、60℃ 10 小时、100℃ 5 分钟，可使其传染性消失。HCV 对有机溶剂敏感，10% 氯仿可杀灭 HCV。

（四）丁型肝炎病毒（hepatitis D virus，HDV）

1977 年意大利学者里泽托（Rizzetto）用免疫荧光法在慢性乙型肝炎患者的肝细胞核内发现了一种新的病毒抗原，称为 δ 因子（delta agent）。1983 年它被正式命名为 HDV。HDV 是一种缺陷性病毒，直径 35～37nm，核心含单股负链共价闭合的环状 RNA 和 HDV 抗原（HDAg），其外包以 HBsAg，必须有 HBV 或其他嗜肝 DNA 病毒的辅助才能复制增殖，因此多与 HBV 同时或重叠感染，并可导致 HBV 感染者的症状加重与病情恶化。

HDV 只有 1 个血清型，其标记物 HDAg、抗 HDV、抗 HDV IgM 和 HDV RNA 可在 HDV 感染者肝细胞、血液及体液中检出。急性感染后，HDAg 血症持续 5～25 天（平均 15 天），抗 HDV 于起病后 14～60 天出现，慢性感染可长期存在，但不是保护性抗体。黑猩猩、旱獭和鸭可作为 HDV 动物模型。HDV 对各种消毒剂如甲醛溶液、脂溶剂氯仿敏感，但耐干热，煮沸 20 分钟抗原性丢失不多。

（五）戊型肝炎病毒（hepatitis E virus，HEV）

1983 年巴拉物（Balayan）等用免疫电镜技术从感染者的粪便中检出消化道传播的非甲非乙型肝炎病毒颗粒。1989 年雷斯（Reyes）等应用分子克隆技术获得该病毒的基因克隆，并正式命名为 HEV。HEV 为无包膜球形颗粒，直径 32～34nm，为单股正链 RNA，全长

7.2～7.6kb，由3个ORF组成。ORF1主要编码和HEV复制相关的非结构蛋白；ORF2编码病毒的衣壳蛋白，为主要的结构基因编码区；ORF3编码产物为磷蛋白，与细胞的支架及HEV特异性免疫活性有关。HEV有7个基因型，1个血清型。狨猴、食蟹猴、恒河猴、非洲绿猴、短尾猴和黑猩猩等易感。HEV在镁或锰离子存在下可保存其完整性，在碱性环境下较稳定，100℃ 5分钟可灭活，对常用消毒剂敏感。

二、流行病学

（一）甲型肝炎

1. **传染源** 为急性期患者和隐性感染者。自发病前2周至发病后2～4周内的粪便具有传染性，以发病前5天至发病后1周最强。急性黄疸型肝炎患者在黄疸前期传染性最强。

2. **传播途径** 主要经粪-口途径传播，粪便中排出的病毒通过污染的手、水和食物等经口感染，可导致流行或暴发流行；日常生活接触亦可传播而引起散发性发病。

3. **人群易感性** 未感染者及未接种甲肝疫苗者均易感。幼儿、儿童、青少年感染居多，以隐性感染为主，感染后可获得持久免疫力。

4. **流行特征** 主要流行于发展中国家，以秋冬季和早春发病率高，多为散发。1988年上海居民因食用未煮熟的被HAV污染的毛蚶引起甲肝大流行，造成30万人感染和31人死亡。1993—2001年"全国乙类传染病疫情动态情况简介"数据显示：中国平均每年24万人罹患甲型肝炎，发病率高达21.4/10万。我国人群甲肝抗体流行率约为80%，在大城市和发达的江、浙、皖、沪等地，感染者逐年增多。

（二）乙型肝炎

1. **传染源** 主要为急、慢性乙型肝炎患者和HBV携带者。急性患者自发病前2～3个月即有传染性，并持续于整个急性期。慢性患者和HBV携带者均具有传染性。

2. **传播途径** HBV存在于患者的血液及各种体液（汗液、唾液、乳汁、阴道分泌物等）中。主要传播途径包括：①血液传播：通过输血及血制品、使用污染的注射器或针刺、拔牙、手术、血液透析、器官移植等，微量的污染血进入人体即可造成感染；其他如修足、文身、扎耳洞、医务人员工作中的意外暴露、共用剃须刀和牙刷等也可传播；②母婴垂直传播：妊娠期主要通过胎盘轻微剥离而传染，分娩时婴儿通过破损的皮肤、黏膜接触母血、羊水或阴道分泌物而传染，分娩后通过哺乳及密切接触而传染；③日常生活密切接触传播：HBV可以通过日常生活密切接触传播给家庭成员，例如共用牙刷、剃刀，易感者的皮肤、黏膜微小破损接触带有HBV的微量血液及体液等；④性接触传播：精液、阴道分泌物中含有HBV，无防护的性接触可以传播HBV。

HBV不经呼吸道和消化道传播，因此日常学习、工作或生活接触，如在同一个办公室工作（包括共用计算机等办公用品）、握手、拥抱、同住一个宿舍、在同一餐厅用餐和共用厕所等无血液暴露的接触，一般不会传染HBV。流行病学和实验研究亦未发现HBV能经吸血昆虫（蚊、臭虫等）传播。

3. **人群易感性** 抗HBs阴性人群对HBV普遍易感。婴幼儿免疫功能不健全，是HBV感染的危险时期，感染后大部分慢性化。HBsAg阳性母亲的新生儿、HBsAg阳性者的家庭成员、反复输血及血制品者、血液透析者、多个性伴侣者、静脉药瘾者及经常接触乙型肝炎患者的医务人员等是HBV感染的高危人群。

4. **流行特征** HBV感染呈世界性流行，但不同地区HBV感染的流行强度差异很大。据世界卫生组织报道，全球约有20亿人曾感染过HBV，其中3.5亿人为慢性HBV感染者。2006年全国乙型肝炎流行病学调查结果表明，我国1～59岁一般人群中HBsAg携带率为

7.18%，5岁以下儿童 HBsAg 携带率仅为 0.96%。全国慢性 HBV 感染者约有 9300 万人，其中慢性乙型肝炎患者约有 2000 万例。HBV 感染多呈散发性，常见家庭集聚现象，男性高于女性，婴幼儿感染多见。

（三）丙型肝炎

1. 传染源　为急、慢性丙型肝炎患者。
2. 传播途径　①血液传播：主要通过输血及血制品、经破损的皮肤和黏膜传播，如使用非一次性注射器和针头、未经严格消毒的牙科器械、内镜、侵袭性操作和针刺等，共用牙刷、剃须刀、文身及穿耳洞等也是潜在的传播方式；②性传播：HCV 感染者性伴侣或同性恋者感染风险较高，伴有其他性传播疾病者，特别是感染 HIV 者，感染 HCV 的危险性更高；③母婴传播：HCV RNA 阳性母亲传播给新生儿的感染率为 4%~7%，抗 HCV 阳性母亲感染新生儿的危险性为 2%，合并 HIV 感染者传播的危险性为 20%；④其他：散发的少数 HCV 感染者无明确的上述传播途径的暴露史，其感染途径不明。接吻、拥抱、打喷嚏、咳嗽、共餐、共用餐具和水杯、无皮肤破损及其他无血液暴露的接触一般不传播 HCV。
3. 易感人群　人群普遍易感。高危人群为反复大量输注血液或血制品者、接受可疑 HCV 感染者器官的移植患者、静脉药瘾者、血友病患者、血液透析者及 HIV 感染者等。
4. 流行特征　据世界卫生组织统计，HCV 全球流行率为 3%，约有 1.8 亿 HCV 感染者，每年新发丙型肝炎病例约 3.5 万例，不同国家、地区流行率存在较大差异。1992—1995 年，我国病毒性肝炎血清流行病学调查显示，HCV 感染者约有 3800 万人，感染率为 3.2%。1993 年，我国开始实施对献血人员抗 HCV 筛查，1995 年实施严格的血源管理，1998 年政府颁布实施《中华人民共和国献血法》，大力推行一次性注射器的使用，在阻断疾病传播方面发挥了重要作用。2006 年我国病毒性肝炎血清流行病学调查显示，1~59 岁人群抗 HCV 流行率为 0.43%。近年来我国 HCV 感染报告病例数呈逐年上升趋势，目前 HCV 感染者已突破 4300 万。抗 HCV 阳性率随年龄增长而逐渐上升，男女间无明显差异，我国常见 HCV 为 1b 和 2a 基因型，以 1b 型为主。

（四）丁型肝炎

1. 传染源　为丁型肝炎患者和 HDV 携带者。
2. 传播途径　与乙型肝炎相似。主要通过输血或血制品传播。母婴传播仅见于 HBeAg 阳性和抗 HDV 阳性母亲所生的婴儿。
3. 易感人群　HBsAg 阳性的急、慢性肝炎或无症状携带者。
4. 流行特征　丁型肝炎在世界各地均有发现，通常与乙型肝炎地方性流行一致。

（五）戊型肝炎

1. 传染源　为戊型肝炎患者及隐性感染者。以潜伏末期和发病初期的传染性最高。
2. 传播途径　与甲型肝炎相似，主要通过粪-口途径传播，也可经日常生活接触传播，后者是散发性发病的主要传播途径。
3. 易感人群　普遍易感，感染后具有一定的免疫力。
4. 流行特征　呈世界性分布，主要流行于亚洲、非洲和中美洲发展中国家，我国主要流行于新疆地区，多发生于雨季或洪水泛滥之后，水源或食物被污染可引起暴发流行，如 1986—1988 年新疆发生戊肝大流行，发病人数达 12 万人。隐性感染多见，显性感染主要为青壮年，儿童和老年人发病相对较少，男性多于女性，原有慢性 HBV 感染者或晚期孕妇感染 HEV 后病死率高。

各型肝炎之间无交叉免疫，可重叠感染、先后感染。

三、发病机制及病理

(一) 发病机制

1. **甲型肝炎** 经口感染 HAV 后，发病前有短暂的病毒血症阶段，然后再定位于肝。发病早期，HAV 在肝细胞中大量增殖直接作用及 $CD8^+$ 细胞毒性 T 细胞杀伤作用共同造成肝细胞损害。发病后期，由于宿主免疫反应、免疫复合物形成致肝细胞损伤。

2. **乙型肝炎** HBV 侵入人体后，未被单核-吞噬细胞系统清除的病毒到达肝或肝外组织，HBV 包膜与肝细胞膜融合，侵入肝细胞，HBV DNA 进入肝细胞核形成共价闭合环状 DNA（covalently closed circular DNA，cccDNA），开始 HBV 的复制。HBV 在肝细胞内的复制启动和激活机体特异性细胞毒性 T 淋巴细胞（cytotoxic T lymphocyte，CTL），一方面介导 HBV 感染的肝细胞溶解，另一方面 CTL 产生的细胞因子引起非特异性肝损伤。乙型肝炎的发病主要与宿主的免疫应答异常有关，尤其是细胞免疫应答。免疫应答既可清除病毒，亦可导致肝细胞损伤。根据 HBV 感染自然史，慢性 HBV 感染可分为免疫耐受期、免疫清除期、非活动或低（非）复制期和再活动期。当机体处于免疫耐受状态，如新生儿 HBV 感染，由于患儿免疫系统尚未成熟，约 95% 不发生免疫应答而成为慢性 HBV 携带者。青少年和成年时期机体免疫力正常，感染 HBV 后多无免疫耐受期，而直接进入免疫清除期，表现为急性肝炎，90%～95% 成人 HBV 感染可彻底清除病毒，5%～10% 发展为 HBeAg 阳性慢性乙型肝炎。在宿主免疫反应、病毒直接作用及基因变异、内毒素及免疫反应通路相关炎症因子如肿瘤坏死因子、白细胞介素-1、白细胞介素-6、内毒素共同作用下，可导致肝细胞大块或亚大块坏死而发生肝衰竭。

3. **丙型肝炎** HCV 进入人体后，首先引起病毒血症，进而导致肝细胞损伤，其主要机制为：①HCV 直接杀伤作用：HCV 在肝细胞内复制，干扰细胞内大分子的合成，增加溶酶体膜的通透性而引起细胞病变，从而导致肝细胞变性坏死。②宿主免疫因素：肝组织内存在 HCV 特异 CTL，攻击 HCV 感染的肝细胞。$CD4^+Th$ 细胞被致敏后分泌的细胞因子在协助清除 HCV 的同时，也导致了免疫损伤。③自身免疫：HCV 感染者常伴有自身免疫异常，可见血清中多种自身抗体如抗核抗体、抗平滑肌抗体、抗单链 DNA 抗体、抗线粒体抗体阳性。④细胞凋亡：正常肝细胞无 Fas 表达，HCV 感染后 Fas 表达明显上调，其可能机制为 HCV 可激活 CTL 表达 Fas 配体（Fas ligand，FasL）。Fas 和 FasL 是诱导细胞凋亡的膜蛋白分子，两者结合导致细胞凋亡。HCV 感染后慢性化率为 50%～85%，其慢性化机制为：①HCV 的高度变异性：由于机体免疫力使 HCV 不断发生变异，以逃避免疫监视，导致慢性化；HCV 在复制过程中由于依赖 RNA 的 RNA 聚合酶缺乏校正功能，复制过程容易出错。②HCV 对肝外细胞的泛嗜性：特别是存在于外周血单个核细胞中的 HCV，可能成为反复感染肝细胞的来源。③机体 HCV 免疫应答水平低下：可产生耐受，造成病毒持续感染。

4. **丁型肝炎** 其发病机制尚未完全阐明，HDV 直接损伤肝细胞和宿主免疫应答为可能的致病机制。

5. **戊型肝炎** 其发病机制尚不完全清楚，可能与甲型肝炎相似。HEV 感染机体后的免疫反应主要由 HEV ORF2 和 ORF3 蛋白诱发，体液免疫和细胞免疫均参与致病过程。

(二) 病理

1. **基本病变** 各型肝炎的基本病理改变表现为弥漫性肝细胞变性、坏死，同时伴有不同程度的炎症细胞浸润、间质增生和肝细胞再生。

（1）肝细胞变性：包括：①气球样变：见于病变早期，表现为肝细胞肿胀，胞核浓缩，胞浆颜色变浅、透亮，如气球状。②嗜酸性变：多发生在气球样变基础上，肝细胞体积缩小，胞浆皱缩，胞浆嗜酸性染色增强。③嗜酸性小体：由嗜酸性变发展而来，肝细胞缩小，胞核固缩甚至消失，形成深伊红色的圆形小体。

(2) 肝细胞坏死：包括单细胞坏死、点状坏死（肝小叶内数个肝细胞坏死）、灶状坏死（肝小叶数个肝细胞坏死，周围少量炎症细胞浸润）、碎屑状坏死（门管区以淋巴细胞为主的炎症细胞通过肝界板坏死形成的破口浸润肝实质，导致肝界板及其相邻的肝细胞簇状坏死，即界面性肝炎）、桥接坏死（门管区之间、小叶中央静脉之间或门管区与小叶中央静脉之间形成的条索状肝细胞坏死带）和融合坏死（累及多个小叶范围的大片肝细胞坏死）。

2. 各临床型肝炎的病理特点

(1) 急性病毒性肝炎：肝细胞弥漫性变性，嗜酸性变或形成嗜酸性小体；点、灶状坏死；肝细胞再生和门管区轻度炎症细胞浸润。黄疸型病例有明显的肝细胞内胆汁淤积。甲型和戊型肝炎门管区有较多浆细胞浸润，丙型肝炎门管区有滤泡样淋巴细胞聚集，小胆管变性，伴小叶内肝细胞脂肪变性及窦周淋巴细胞增生。

(2) 慢性病毒性肝炎：小叶内除有不同程度肝细胞变性和坏死外，门管区及门管区周围炎症常较明显，常伴不同程度的纤维化。

3. 肝衰竭

(1) 急性肝衰竭：肝组织一次性坏死，呈大块（坏死面积超过肝实质的2/3）或亚大块坏死（占肝实质的1/2～2/3），或桥接坏死，伴存活肝细胞严重变性，肝窦网状支架塌陷或部分塌陷。

(2) 亚急性肝衰竭：肝组织呈新旧不等的亚大块坏死或桥接坏死；较陈旧的坏死区网状纤维塌陷，或有胶原纤维沉积；残留肝细胞有程度不等的再生，并可见细、小胆管增生和胆汁淤积。

(3) 慢加急性（亚急性）肝衰竭：在慢性肝病病理损害的基础上，发生新的程度不等的肝细胞坏死性病变。

(4) 慢性肝衰竭：主要为弥漫性肝纤维化以及再生结节形成，可伴有分布不均的肝细胞坏死。

4. 淤胆型肝炎　主要表现为毛细胆管淤胆及显著肝纤维化，肝细胞重度破坏而炎症反应轻微。

5. 肝硬化

(1) 活动性肝硬化：肝硬化伴明显炎症，包括纤维间隔内炎症、假小叶周围碎屑坏死及再生结节内炎症病变。

(2) 静止性肝硬化：假小叶周围边界清楚，间隔内炎症细胞少，结节内炎症轻。

四、临床表现

潜伏期：甲型肝炎15～45日（平均30日），乙型肝炎28～180日（平均70日），丙型肝炎15～150日（平均60日），丁型肝炎同乙型肝炎，戊型肝炎10～75日（平均40日）。

(一) 急性肝炎

1. 急性黄疸型肝炎

(1) 黄疸前期：甲、戊型肝炎起病较急，有畏寒、发热；乙、丙、丁型肝炎多缓慢起病，常无发热，但急性免疫复合物（血清病样）表现如皮疹、关节痛等较甲、戊型肝炎多见。常见症状为乏力及消化道症状，如食欲不振、厌油、恶心、呕吐、腹泻或便秘，或有尿色加深。急性甲、戊型肝炎消化道症状较乙、丙型为重。丙型肝炎较乙型起病更隐匿，症状更轻。少数病例以发热、头痛、上呼吸道症状为主要表现。本期一般持续1周左右。

(2) 黄疸期：发热消退，消化道症状加重，尿色逐渐加深，巩膜、皮肤出现黄疸，于1～2周内达高峰。可有大便颜色变浅、皮肤瘙痒等梗阻性黄疸表现。肝轻度肿大，有触痛及叩击痛。部分病例有轻度脾大。此期持续 2～6 周。

（3）恢复期：黄疸逐渐消失，症状减轻以至消失，肿大的肝、脾恢复正常。此期持续 2 周至 4 个月，平均 1 个月。

2．急性无黄疸型肝炎　较常见，占急性肝炎病例的 90% 以上。症状较轻，有乏力、食欲减退、恶心、腹胀及肝区疼痛等。少数患者有短暂发热、恶心、腹泻等症状。多数患者存在肝大、轻触痛和叩击痛，脾大少见。由于症状较轻且无特异性，一般不易被诊断。病程约为 3 个月。

（二）慢性肝炎

肝炎病毒感染超过 6 个月或原有乙型、丙型或丁型肝炎病史，本次又因同一病原再次出现肝炎症状、体征及肝功能异常者可诊断为慢性肝炎。发病日期不明或虽无肝炎病史，但肝组织学检查符合慢性肝炎改变，或根据症状、体征、实验室检查及影像学检查综合分析亦可作出相应诊断。甲、戊型肝炎一般为自限性疾病，多无慢性化和病毒携带状态。

根据临床症状、体征及辅助检查结果，慢性肝炎也可以进一步分为轻、中、重三度：

（1）轻度：临床症状轻微或缺如，肝功能指标仅 1 或 2 项轻度异常者。

（2）中度：症状、体征、实验室检查居于轻度和重度之间者。

（3）重度：有明显和持续的肝炎症状，如乏力、纳差、腹胀、尿黄、便溏，伴有肝病面容、肝掌、蜘蛛痣、脾大而排除其他原因，且无门静脉高压症者。实验室检查：血清谷丙转氨酶（天冬氨酸转氨酶，ALT）和（或）谷草转氨酶（aspartate transaminase，AST）（天冬氨酸转氨酶）反复或持续升高，白蛋白降低或白蛋白/球蛋白（albumin/globumin，A/G）比值异常，蛋白电泳γ球蛋白明显升高。除前述条件外，凡白蛋白 ≤ 32g/L、胆红素大于 5 倍正常值上限（upper limit of normal，ULN）、凝血酶原活动度（prothrombin activity，PTA）为 40%～60%、胆碱酯酶 < 2500U/L，上述 4 项中有 1 项即可诊断为慢性重度肝炎（表 3-1）。

表3-1　慢性肝炎肝损伤程度参考指标

实验室检测指标	轻度	中度	重度
ALT和（或）AST（U/L）	≤3×ULN	>3×ULN	>3×ULN
胆红素（μmol/L）	≤2×ULN	(2～5)×ULN	>5×ULN
白蛋白（A）（g/L）	≥35	35～32	≤32
A/G	≥1.4	1.4～1.0	<1.0
血清γ球蛋白（电泳法，%）	≤21	21～26	≥26
凝血酶原活动度（PTA，%）	>70	70～60	60～40
胆碱酯酶（CHE，U/L）	>5400	5400～4500	≤4500

（三）肝衰竭

1．急性肝衰竭　急性起病，2 周内出现 II 级及以上肝性脑病（按 IV 级分类法划分）并有以下表现者：①极度乏力，明显厌食、腹胀、恶心、呕吐等严重消化道症状。②黄疸进行性加深。③出血倾向明显，PTA ≤ 40% 或国际标准化比值（international normalized ratio，INR）≥ 1.5，且排除其他原因。④肝进行性缩小。

2．亚急性肝衰竭　起病较急，2～26 周出现以下表现者：①极度乏力，有明显的消化道症状。②黄疸迅速加深，血清总胆红素（total bilirubin，TBil）> 10×ULN 或每日上升 ≥ 17.1μmol/L。③伴或不伴有肝性脑病。④出血倾向明显，PTA ≤ 40%（或 INR ≥ 1.5），且排除其他原因者。

3. **慢加急性肝衰竭** 在慢性肝病的基础上，短期内发生急性或亚急性肝功能失代偿的临床症候群，表现为：①极度乏力，明显消化道症状。②黄疸迅速加深，血清 TBil > 10×ULN 或每日上升 ≥ 17.1μmol/L。③出血倾向明显，PTA ≤ 40%（或 INR ≥ 1.5），且排除其他原因。④腹水。⑤伴或不伴有肝性脑病。

4. **慢性肝衰竭** 在肝硬化基础上，肝功能进行性减退和失代偿，表现为：①血清 TBil 明显升高。②白蛋白明显降低。③出血倾向明显，PTA ≤ 40%（或 INR ≥ 1.5）。④有腹水或门静脉高压等表现。⑤肝性脑病。

为了便于判定疗效及作预后估计，根据临床表现，亚急性和慢性肝衰竭均分为早、中、晚三期。

①早期：a. 有极度乏力，并有明显厌食、呕吐和腹胀等严重消化道症状；b. 黄疸进行性加深（血清 TBil ≥ 171μmol/L 或每日上升 ≥ 17.1μmol/L）；c. 有出血倾向，30% < PTA ≤ 40%（或 1.5 < INR ≤ 1.9）；d. 未出现肝性脑病或其他并发症。

②中期：在肝衰竭早期表现的基础上，病情进一步发展，出现以下两条之一者：a. Ⅱ级以下肝性脑病和（或）明显腹水、感染；b. 出血倾向明显（出血点或瘀斑），20% < PTA ≤ 30%（或 1.9 < INR ≤ 2.6）。

③晚期：在肝衰竭中期表现的基础上，病情进一步加重，有严重出血倾向（注射部位瘀斑等），PTA ≤ 20%（或 INR > 2.6），并出现以下四条之一者：肝肾综合征、上消化道大出血、严重感染、Ⅱ级以上肝性脑病。

（四）淤胆型肝炎

主要表现为较长期（超过 3 周）的肝内梗阻性黄疸，黄疸具有三分离特征，即消化道症状轻、ALT 上升幅度低、凝血酶原时间延长或 PTA 下降不明显，而与黄疸重呈分离现象。临床有全身皮肤瘙痒及大便颜色变浅或灰白、肝大等胆汁淤积表现。

（五）肝炎肝硬化

肝硬化是慢性肝炎发展的结果。

根据临床表现可以分为：

1. **代偿期肝硬化** 可有轻度乏力、食欲减退、腹胀及门静脉高压症表现（如脾功能亢进、血小板减少、食管-胃底静脉曲张），但尚无明显的肝功能失代偿表现（如出血、腹水和肝性脑病等）。PTA > 60%，一般属 Child-Pugh A 级（表 3-2）。

2. **失代偿期肝硬化** 多有明显的肝功能失代偿表现，如食管-胃底静脉曲张破裂出血、肝性脑病、腹水、肝肾综合征、感染等严重并发症。PTA < 60%，一般属 Child-Pugh B、C 级。

按肝炎症活动情况分为活动性肝硬化和静止性肝硬化。

（1）活动性肝硬化：有慢性肝炎活动的表现，血清 ALT 及胆红素升高，黄疸，白蛋白水平明显下降。肝质地变硬、脾进行性增大并伴有门静脉高压。

（2）静止性肝硬化：无肝炎症活动表现，无明显黄疸，ALT 基本正常，血清白蛋白水平低，PTA 可异常；症状轻或无特异性；可有肝硬化的体征。

表 3-2 Child-Pugh 分级

临床生化指标	1 分	2 分	3 分
肝性脑病（级）	无	Ⅰ~Ⅱ	Ⅲ~Ⅳ
腹水	无	轻度	中、重度
TBil（μmol/L）	<34	34~51	>51
白蛋白（g/L）	>35	28~35	<28
凝血酶原时间延长（秒）	<4	4~6	>6

注：A 级：5~6 分；B 级：7~9 分；C 级：≥10 分。

五、并发症

急性肝炎并发症较少。部分慢性肝炎进展至肝硬化或肝衰竭，可出现以下并发症。

1. 肝性脑病　常见诱因有上消化道出血、高蛋白饮食、感染、大量排钾利尿、放腹水、应用镇静剂等。主要表现为以代谢紊乱为基础的神经精神方面的异常，如行为异常、意识障碍，甚至昏迷。

2. 上消化道出血　由于门静脉高压致食管下段及胃底静脉曲张、胃黏膜广泛糜烂和溃疡及凝血因子、血小板减少等所致，表现为呕血和（或）黑便，急性消化道大出血（数小时内失血量超过1000ml或循环血量的20%）可出现休克的症状和体征，易诱发肝性脑病，严重者危及生命。

3. 肝肾综合征（hepatorenal syndrome，HRS）　往往是严重肝病的终末期表现。特点为自发性少尿或无尿、低尿钠、氮质血症、稀释性低钠血症。临床上分为两型：Ⅰ型表现为急性进展性肾衰竭，或肌酐清除率减少到20ml/min以下，多在Ⅱ型HRS基础上发生严重感染、胃肠道出血、大量穿刺放液及严重淤胆等情况下引发，患者预后很差；Ⅱ型常发生于肝功能相对较好的肝硬化患者中，表现为对利尿剂抵抗性顽固腹水，肾衰竭进展缓慢，可数月都保持稳定状态，常在上述诱因作用下转为Ⅰ型HRS。

4. 腹水　是肝硬化最常见的并发症，水、钠潴留是早期腹水产生的主要原因，门静脉高压、低蛋白血症是后期腹水的主要原因。

5. 感染　自发性细菌性腹膜炎是肝硬化常见并发症之一，可有腹痛、呕吐、腹泻、肠梗阻等腹膜炎表现，伴发热、寒战、心动过速和（或）呼吸急促等全身炎症表现，也有患者无临床症状。外周血和腹水中性粒细胞计数升高。

6. 原发性肝癌　HBV感染是导致肝癌发生的主要原因，HCV感染居第二位。原发性肝癌多在大结节性或大、小结节混合性肝硬化基础上发生，起病隐匿，早期缺乏典型症状，中晚期常有肝区疼痛、食欲减退、乏力、消瘦、黄疸和肝区肿物等表现。多经甲胎蛋白（α-fetoprotein，AFP）筛查和影像学检查发现。

六、实验室及辅助检查

（一）血常规

急、慢性肝炎患者血常规无明显变化。肝衰竭患者白细胞可升高，红细胞及血红蛋白降低。肝炎肝硬化伴脾功能亢进患者血小板、红细胞、白细胞减少。

（二）尿常规

尿胆红素和尿胆原的检测是早期发现肝炎的简易有效方法，肝细胞性黄疸时两者均为阳性，梗阻性黄疸以尿胆红素为主。

（三）生化学指标检测

1. ALT和AST　血清ALT和AST是反映肝细胞损伤的敏感指标，其中以ALT对肝病诊断的特异性高。80% AST存在于肝细胞线粒体，仅20%存在于胞浆，血清AST升高提示线粒体损伤，病情持久且较严重，通常与肝病严重程度相关。急性肝炎ALT明显升高，AST/ALT常小于1，黄疸出现后ALT开始下降。慢性肝炎和肝硬化时ALT轻至中度升高或反复异常，AST/ALT常大于1。如出现肝衰竭患者可出现ALT快速下降、胆红素不断升高的"胆-酶分离"现象，提示肝细胞大量坏死。

2. 胆红素　通常血清胆红素水平与肝细胞坏死程度有关，肝细胞性黄疸为直接胆红素和间接胆红素均同时升高，淤胆型肝炎以直接胆红素升高为主。肝衰竭患者血清胆红素常呈进行性升高，达10×ULN以上，每天上升≥1×ULN，可出现胆红素与ALT和AST分离现象。

3. 凝血酶原时间（prothrombin time，PT）及 PTA　PT 反映肝凝血因子合成功能，正常值为 11～15s，延长 3s 以上有意义。急性肝炎及轻型慢性肝炎 PT 正常，严重肝细胞坏死及肝硬化患者 PT 明显延长。PTA 是 PT 测定值的常用表示方法，正常值为 80%～120%，对判断疾病进展及预后有较大价值。PTA 降至 40% 以下为肝衰竭的重要诊断指标之一，<20% 者提示预后不良。此外，亦可采用 INR，其升高与 PTA 降低具有相同意义。

4. 胆碱酯酶　可反映肝合成功能，其降低的水平与病情严重程度相关，慢性病毒性肝炎或肝硬化代偿期可正常，肝硬化失代偿期或肝衰竭则明显下降。

5. 总蛋白、白蛋白与 A/G　重度慢性肝炎、肝硬化和肝衰竭患者的血清白蛋白降低，慢性肝炎及活动性肝硬化球蛋白升高，并可致总蛋白降低或 A/G 比值倒置。

6. 血氨　肝严重受损时清除氨的能力减退或丧失，导致血氨升高，常见于肝衰竭、肝硬化失代偿期患者。

7. 总胆固醇　是反映肝合成和储备功能的灵敏指标，60%～80% 由肝合成。重症肝炎、肝硬化失代偿期及肝衰竭患者血浆胆固醇明显下降。

8. 血糖　肝衰竭患者可出现空腹血糖降低和餐后血糖升高，尤以血糖降低多见，约见于 40% 的患者。

（四）AFP

AFP 升高可提示大量肝细胞坏死后的肝细胞再生，慢性肝炎活动期 AFP 可轻至中度升高。AFP 显著升高往往提示肝细胞癌。应注意 AFP 升高的幅度、持续时间、动态变化及其与 ALT、AST 的关系，并结合患者的临床表现和影像学检查结果进行综合分析。

（五）肝纤维化指标

血清透明质酸、层粘连蛋白、Ⅲ型前胶原、Ⅳ型胶原对肝纤维化诊断有一定参考价值，血清透明质酸和层粘连蛋白可反映肝纤维化进展与严重程度，Ⅲ型前胶原及Ⅳ型胶原对早期肝纤维化诊断价值较大，并可判断慢性肝炎或肝硬化预后。

（六）肝炎病毒标志物检测

1. 甲型肝炎　抗 HAV IgM 在感染早期出现，抗 HAV IgG 在恢复期长期存在。

2. 乙型肝炎　HBV 血清学标志包括 HBsAg、抗 HBs、HBeAg、抗 HBe、抗 HBc 和抗 HBc IgM，目前常采用酶联免疫吸附试验（enzyme-linked immunosorbentassay，ELISA）、放射免疫分析（radioimmunoassay，RIA）、微粒子酶免分析（microparticle enzyme immunoassay，MEIA）或化学发光免疫分析（chemiluminescence imnunoassay，CLIA）等方法检测。HBV DNA 是病毒复制和具有传染性的直接标志。HBV 感染血清学标志及临床意义见表 3-3。

表3-3　HBV感染血清学标志及临床意义

HBsAg	抗HBs	HBeAg	抗HBe	抗HBc	意义
+	−	+	−	+	急性肝炎、慢性肝炎或HBV携带者，HBV复制活跃，传染性强
+	−	−	+/−	+	急性肝炎恢复期、慢性肝炎非活动或低复制期或前C区变异，传染性弱
−	−	−	−	+	既往感染或急性肝炎恢复窗口期
−	−	−	+	+	急性肝炎恢复期，少数有传染性
−	+	−	+/−	+	HBV既往感染
−	+	−	−	−	乙肝疫苗免疫后

3. 丙型肝炎　HCV RNA 阳性为 HCV 感染和复制标志，抗 HCV 于急、慢性 HCV 感染及恢复期均为阳性，为非保护性抗体。

4. 丁型肝炎　抗 HDV IgM 阳性为急性 HDV 感染或慢性感染活动期，抗 HD IgG 提示 HDV 慢性感染。HDV RNA 是诊断 HDV 感染的直接依据。

5. 戊型肝炎　抗 HEV IgM 阳性是急性 HEV 感染的标志，抗 HEV IgG 在急性期滴度较高，恢复期则明显降低，持续时间长短不一，一般于发病后 6～12 个月转阴，亦可持续数年。

（七）肝组织病理学检查

可准确判断肝炎症活动度和纤维化程度，指导治疗和判断预后，免疫组织化学及分子免疫学检测如原位杂交、原位 PCR 等可进一步确定病原学及肝炎病毒复制情况。病理诊断主要根据炎症活动度和纤维化程度进行分级（grade，G）和分期（stage，S）（表3-4）。

表3-4　慢性肝炎分级和分期标准

炎症活动度（G）		纤维化程度（S）	
级	门管区及周围　小叶	期	纤维化程度
0	无炎症　　　　　　无炎症	0	无
1	门管区炎症　　　　变性及少数点、灶状坏死灶	1	门管区纤维化扩大，局限窦周及小叶内纤维化
2	轻度界面炎　　　　变性，点、灶状坏死或嗜酸小体	2	门管区周围纤维化，纤维间隔形成，小叶结构保留
3	中度界面炎　　　　变性、融合坏死或桥接坏死	3	纤维间隔伴小叶结构紊乱，无肝硬化
4	重度界面炎　　　　桥接坏死范围广，累及多个小叶（多小叶坏死）	4	早期肝硬化

（八）影像学检查

急性肝炎超声无特异性表现；慢性肝炎超声检查结果可协助判断病变程度：①轻度：肝、脾无明显异常改变。②中度：肝实质回声增粗，肝和（或）脾轻度肿大，肝内管道走行多清晰，门静脉和脾静脉内径无增宽。③重度：肝实质回声明显增粗，分布不均匀，肝表面欠光滑，边缘变钝；肝内管道走行欠清晰，或轻度狭窄、扭曲；门静脉和脾静脉内径增宽；脾大，胆囊有时可见"双边征"。肝硬化时腹部超声、CT 和 MRI 显示肝被膜不光滑，呈波浪状，肝各叶比例失调，肝裂增宽和胆囊窝扩大，肝右叶缩小，左叶代偿性增大，脾大，腹水，门静脉侧支循环形成等门静脉高压征象。近年来超声造影、CT 灌注成像、MRI 功能成像及肝弹性测定等现代医学影像技术和成像方法在肝纤维化和早期肝硬化的诊断中发挥出重要作用。

七、诊断及鉴别诊断

（一）诊断

根据流行病学资料、临床表现及实验室检查确定诊断。

1. 急性肝炎

（1）急性无黄疸型肝炎：①流行病学：如与病毒性肝炎患者密切接触史、注射史、不洁饮食史（如生食贝壳类食物和毛蚶等）等。②临床表现：近期内无明显诱因出现乏力、食欲减退、恶心等，肝大并有压痛和叩击痛，部分有轻度脾大。③实验室检查：血清 ALT 升高；甲型肝炎抗 HAV IgM 阳性；急性乙型肝炎 HBsAg 和 HBV DNA 阳性，但应该鉴别慢性感染的急性发作或并发其他急性肝炎（丁型肝炎、戊型肝炎、药物性肝炎等），肝活检组织学检查有助于鉴别。另外，如急性期 HBsAg 阳性，恢复期 HBsAg 转阴、抗 HBs 转阳也可诊断为急性乙型肝炎；急性丙型肝炎 HCV RNA 和抗 HCV 阳性；急性丁型肝炎 HBsAg 阳性，同时 HDAg 和（或）抗 HD IgM 和（或）HDV RNA 阳性；急性戊型肝炎为抗 HEV IgM 阳性或伴有抗 HEV IgG 阳性。

（2）急性黄疸型肝炎：凡符合急性无黄疸型肝炎的诊断条件，血清胆红素 > 17.1μmol/L 或尿胆红素阳性，并排除其他原因引起的黄疸，可诊断为急性黄疸型肝炎。

2．慢性肝炎　急性肝炎病程超过 6 个月。①病原学诊断：慢性乙型肝炎 HBsAg 及 HBV DNA 阳性；慢性丙型肝炎抗 HCV 和 HCV RNA 阳性；慢性丁型肝炎抗 HDV 和（或）HDAg 和（或）HDV RNA 和（或）抗 HDV IgM 阳性。②临床诊断标准依据临床表现、实验室及影像学检查结果。

中华医学会肝病学分会和感染病学分会于 2010 年 12 月修订了慢性乙型肝炎防治指南，将慢性 HBV 感染分为：

（1）HBeAg 阳性慢性乙型肝炎：血清 HBsAg、HBV DNA 和 HBeAg 阳性，抗 HBe 阴性，血清 ALT 持续或反复升高，或肝组织检查有肝炎病变。

（2）HBeAg 阴性慢性乙型肝炎：血清 HBsAg、HBV DNA 阳性，HBeAg 持续阴性，抗 HBe 阳性或阴性，血清 ALT 持续或反复异常，或肝组织检查有肝炎病变。

（3）隐匿性慢性乙型肝炎：血清 HBsAg 阴性，但血清和（或）肝组织中 HBV DNA 阳性，并有慢性乙型肝炎的临床表现。除 HBV DNA 阳性外，患者可有血清抗 HBs、抗 HBe 和（或）抗 HBc 阳性，但约 20% 隐匿性慢性乙型肝炎患者的血清学标志均为阴性。诊断需排除其他病毒及非病毒因素引起的肝损伤。

（4）携带者：a．慢性 HBV 携带者：血清 HBsAg 和 HBV DNA 阳性，HBeAg 或抗 -HBe 阳性，但 1 年内连续随访 3 次以上，血清 ALT 和 AST 均在正常范围，肝组织学检查一般无明显异常；b．非活动性慢性 HBsAg 携带者：血清 HBsAg 阳性、HBeAg 阴性、抗 HBe 阳性或阴性。HBV DNA 检测不到（PCR 法）或低于最低检测限，1 年内连续随访 3 次以上，ALT 均在正常范围。肝组织学检查显示：Knodell 肝炎组织学活动指数（histological activity index，HAI）< 4 或其他半定量计分系统显示病变轻微。

3．肝衰竭　病原学诊断基本与急性肝炎相同。临床诊断主要依据病史、临床表现、实验室及辅助检查。起病早期（≤ 2 周）出现进行性乏力及严重消化道症状、黄疸进行性加深、出血倾向及肝缩小伴 Ⅱ 度以上肝性脑病者为急性肝衰竭；起病 2～26 周出现上述表现伴或不伴肝性脑病者为亚急性肝衰竭；在慢性肝炎或肝硬化基础上出现急性或亚急性肝衰竭临床表现者为慢加急性肝衰竭。在肝硬化基础上，肝功能进行性减退和失代偿为慢性肝衰竭。

4．淤胆型肝炎　主要依据肝内胆汁淤积的临床表现、实验室及影像学检查，并除外其他原因引起的肝内外梗阻性黄疸。

5．肝炎肝硬化　多有慢性肝炎病史，有肝功能受损、门静脉高压症的临床表现，以及实验室和影像学检查证据。

（二）鉴别诊断

1．其他原因引起的肝炎

（1）其他非嗜肝病毒性肝炎：如巨细胞病毒感染、传染性单核细胞增多症等。应根据原发病的临床特点和病原学、血清学检查结果进行鉴别。

（2）感染中毒性肝炎：细菌、立克次体、钩端螺旋体感染都可引起肝大、黄疸及肝功能异常。它们都有原发病的临床表现，可资鉴别。

（3）酒精性肝病：有长期大量饮酒史；多伴有酒精性周围神经病性损害；血清 γ-GT 明显

升高，AST/ALT 升高；酒精戒断反应明显，戒酒后肝功能好转；肝炎病毒标志物阴性。

（4）药物或毒物性肝损伤：有接触药物（氯丙嗪）、毒物（毒蘑菇、鱼胆等）史。中毒性肝损伤程度常与药物剂量有关；机体对药物的特异质反应所引起的肝损伤多同时伴有发热、皮疹、关节痛、嗜酸性粒细胞增多等变态反应表现。

（5）自身免疫性肝炎：多见于女性；常伴有肝外系统表现；实验室检查红细胞沉降率加快，血清球蛋白明显升高，自身抗体阳性，肝炎病毒学检查常为阴性；肝组织学检查门管区有典型的淋巴细胞、浆细胞性界面炎；糖皮质激素和免疫抑制剂治疗有效。

（6）脂肪肝及妊娠期急性脂肪肝：脂肪肝大多继发于肝炎后或身体肥胖者，血清三酰甘油升高，腹部超声有较特异性的表现。妊娠急性脂肪肝多发生于妊娠晚期，突发恶心、呕吐及腹痛，出现肝衰竭表现，伴有尿素氮、肌酐升高，超声示脂肪肝及腹水。

（7）Wilson 病：为常染色体隐性遗传性铜代谢障碍性疾病，多发生于儿童及青少年，男性多于女性，可伴有锥体外系运动障碍。血清铜蓝蛋白明显下降，24 小时尿铜显著高于正常，裂隙灯检查角膜 Kayser-Fleischer 环（K-F 环）是该病的重要体征，肝病理学检查可见肝细胞脂肪变性、肝细胞内铜沉积。

2. 其他原因引起的黄疸

（1）溶血性黄疸：可有 ABO 血型不合、药物中毒、进食蚕豆、感染或红细胞内在缺陷如缺乏 6-磷酸葡萄糖脱氢酶、血红蛋白病或遗传性球形红细胞增多症等原因诱发。急性血管内溶血可有寒战、高热、肌肉酸痛、头痛、恶心、呕吐、休克等异性蛋白反应和血红蛋白尿，尿呈酱油色。一般有贫血、网织红细胞升高、血清间接胆红素升高、粪及尿中尿胆原升高。

（2）肝外梗阻性黄疸：黄疸色深绿，肝大，肝外胆管扩张，胆囊肿大常见，肝功能改变轻。有原发病的症状和体征。常借 X 线、超声、腹腔镜、胰胆管逆行造影或 CT 检查确诊。

八、预后

1. 急性肝炎　多数患者临床症状在 3 个月内康复，但肝组织学恢复稍晚。甲型肝炎预后良好，病死率约为 0.01%；急性乙型肝炎 60%～90% 可完全康复，10%～40% 转为慢性或病毒携带；急性丙型肝炎 50%～85% 转为慢性；急性丁型肝炎重叠 HBV 感染时约 70% 转为慢性；急性戊型肝炎病死率为 1%～5%，妊娠晚期合并戊型肝炎病死率为 10%～40%。

2. 慢性肝炎　轻度慢性肝炎患者一般预后良好；重度慢性肝炎预后较差，约 80% 患者 5 年内发展成肝硬化，少部分可转为原发性肝癌，病死率高达 45%。中度慢性肝炎预后居于轻度和重度之间。慢性 HBV 感染者 15%～25% 最终死于肝衰竭、肝硬化或肝细胞癌。

3. 肝衰竭　预后不良，病死率为 50%～85%，年龄较小、治疗及时、无并发症者病死率较低。急性肝衰竭存活者远期预后较好，多不发展为慢性肝炎和肝硬化；亚急性肝衰竭存活者多数转为慢性肝炎或肝炎肝硬化；慢性肝衰竭病死率最高，可达 80% 以上，存活者病情可多次反复。

4. 淤胆型肝炎　急性者预后较好，一般都能康复。慢性者预后较差，容易发展成胆汁性肝硬化，或者发生肝细胞液化性和凝固性坏死，而演变为亚急性或慢性肝衰竭，导致严重的后果。

5. 肝炎肝硬化　静止性肝硬化病情相对稳定，可长时间维持生命。活动性肝硬化预后不良。

九、治疗

治疗原则以休息、适当营养为主，辅以保肝药物，根据不同病原及临床类型制订具体治疗方案。

（一）急性肝炎

急性肝炎一般为自限性，多可完全康复，以一般治疗和对症支持治疗为主。急性期应进行隔离，宜卧床休息，症状明显改善后再逐渐增加活动量。饮食宜清淡，保证摄入足够的热量和维生素，进食量过少者可静脉补充葡萄糖和维生素C。根据患者病情酌情给予甘草甜素类、多烯磷脂酰胆碱等保肝降酶药物治疗。

50%～85%的急性丙型肝炎可转为慢性，早期进行抗病毒治疗能显著降低急性丙型肝炎的慢性化比例。因此，如检测到HCV RNA阳性，无论ALT是否升高，均可给予普通IFN-α或聚乙二醇干扰素α（peg-interferon alpha，peg-IFN-α）联合利巴韦林抗病毒治疗。

（二）慢性肝炎

根据患者病情采取以抗病毒治疗为主的综合治疗方案，包括合理的休息和营养，抗病毒、免疫调节、抗炎保肝、抗纤维化和对症支持治疗。

1. 乙型肝炎　治疗的总体目标是：最大限度地长期抑制或清除HBV，减轻肝细胞炎症坏死及肝纤维化，延缓和减少肝失代偿、肝硬化、肝细胞性肝癌及其并发症的发生，从而改善生活质量和延长存活时间。抗病毒治疗是关键，只要有适应证且条件允许，就应进行规范的抗病毒治疗。

（1）抗病毒治疗的适应证：HBeAg阳性者，HBV DNA $\geq 10^5$copies/ml（相当于20 000IU/ml）；HBeAg阴性者，HBV DNA $\geq 10^4$copies/ml（相当于2000IU/ml）；ALT $\geq 2\times$ULN；选择IFN治疗者，ALT $\leq 10\times$ULN，血清TBil $< 2\times$ULN；若ALT $< 2\times$ULN，肝组织学显示Knodell组织学活动指数≥ 4，或炎症活动度$\geq G2$，或纤维化$\geq S2$也可采用抗病毒治疗。代偿期乙型肝炎肝硬化患者：HBeAg阳性者的治疗指征为HBV DNA $\geq 10^4$copies/ml，HBeAg阴性者为HBV DNA $\geq 10^3$copies/ml，ALT正常或升高。失代偿期乙型肝炎肝硬化患者：只要能检出HBV DNA，不论ALT或AST是否升高，建议在知情同意的基础上，及时应用核苷（酸）类似物抗病毒治疗。

（2）抗病毒治疗药物：包括IFN-α和核苷（酸）类似物两大类。

1）IFN-α：有广谱抗病毒及调节免疫作用。目前，IFN-α的剂型有普通IFN-α（2a、2b和1b）和peg-IFN-α（2a、2b）。

适应证：慢性乙型肝炎、肝炎肝硬化早期（剂量需酌减）。

绝对禁忌证：妊娠、有精神病史（如严重抑郁症）、未能控制的癫痫、未戒掉的酗酒或吸毒者、未经控制的自身免疫性疾病、失代偿期肝硬化、有症状的心脏病、治疗前中性粒细胞计数$< 1.0\times 10^9$/L和血小板计数$< 50\times 10^9$/L。

相对禁忌证：甲状腺疾病、视网膜病、银屑病、既往抑郁症病史、未控制的糖尿病或高血压病、TBil $> 51\mu$mol/L。

疗程和剂量：普通IFN-α：5 MU，每周3次或隔日1次，皮下注射，一般疗程为1年或更长；如治疗6个月仍无应答，可改用或联合其他抗病毒药物。peg-IFN α-2a：180μg，peg-IFN α-2b：1.0～1.5μg/kg体重，均每周1次，皮下注射，疗程1年。

不良反应：主要包括流感样症候群、一过性骨髓抑制、精神异常、自身免疫性疾病（甲状腺功能紊乱、糖尿病、银屑病、类风湿性关节炎和系统性红斑狼疮样综合征）和少见的肾损害（间质性肾炎、肾病综合征和急性肾衰竭）、心血管并发症（心律失常、缺血性心脏病和心肌病等）、视网膜病变、听力下降和间质性肺炎等。治疗过程中应严密监测。发生少见的不良反应时，应停止IFN的治疗。

IFN治疗的监测和随访：

①治疗前检查指标：肝生化（ALT、AST、胆红素、白蛋白）、血糖及肾功能；血常规、

尿常规、甲状腺功能；病毒学标志，包括 HBsAg、HBeAg、抗 HBe 和 HBV DNA 的基线水平；排除自身免疫性疾病；进行尿人绒毛膜促性腺激素检测以排除妊娠；对于中年以上患者，应做心电图检查和测量血压。

②治疗过程监测：a. 开始治疗后第 1 个月，应每 1～2 周检查 1 次血常规，以后每月检查 1 次，直至治疗结束；b. 生化学指标：治疗开始后每月检查 1 次，连续 3 次，以后随病情改善可每 3 个月检查 1 次；c. 病毒学标志：治疗开始后每 3 个月检测 1 次 HBsAg、HBeAg、抗-HBe 和 HBV DNA；d. 其他指标：每 3 个月检测 1 次甲状腺功能、血糖和尿常规等指标；e. 如治疗前就已存在甲状腺功能异常或已患糖尿病者，应先用药物控制甲状腺功能异常或糖尿病，然后再开始 IFN 治疗，同时应每月检查甲状腺功能和血糖水平；f. 应定期评估精神状态，对出现明显抑郁症和有自杀倾向的患者，应立即停药并密切监护。

2) 核苷（酸）类似物：包括核苷类似物（拉米夫定、替比夫定、恩替卡韦）和核苷酸类似物（阿德福韦和替诺福韦）。适应证除同 IFN-α 外，因其毒、副作用均较小，还可用于肝炎肝硬化、肝衰竭及并发原发性肝癌患者。

剂量与疗程：拉米夫定、阿德福韦、恩替卡韦、替比夫定、替诺福韦的每日剂量分别为 100mg、10mg、0.5mg、600mg 和 300mg。HBeAg 阳性慢性乙型肝炎使用核苷（酸）类似物建议疗程：在达到 HBV DNA 低于检测下限、ALT 恢复正常、HBeAg 血清学转换后，再巩固至少 1 年（经过至少两次复查，每次间隔 6 个月）仍保持不变、且总疗程至少已达 2 年者，可考虑停药，但延长疗程可减少复发。HBeAg 阴性慢性乙型肝炎建议疗程：在达到 HBV DNA 低于检测下限、ALT 正常后，至少再巩固 1 年半（经过至少 3 次复查，每次间隔 6 个月）仍保持不变、且总疗程至少已达到 2 年半者，可考虑停药。

(3) 免疫调节治疗：免疫调节治疗是慢性乙型肝炎治疗的重要手段之一，但目前尚缺乏乙型肝炎特异性免疫治疗方法。胸腺素 α_1 可增强非特异性免疫功能，不良反应小，使用安全。用法：每次 1.6mg、每周 2 次皮下注射，疗程 6 个月。

(4) 抗炎、保肝及抗纤维化治疗：肝炎症坏死及其所致的肝纤维化是疾病进展的主要病理学基础，如能有效地抑制肝组织学炎症，有可能减少肝细胞破坏和延缓肝纤维化进展。常用保肝药物有：①甘草甜素类：如甘草酸二铵、复方甘草酸苷、异甘草酸镁等，具有减轻肝非特异性炎症，保护肝细胞作用。②还原型谷胱甘肽：抑制或减少自由基的产生，保护肝细胞免受损害。③多烯磷脂酰胆碱：增加细胞膜的流动性，对肝细胞的再生和重构具有非常重要的作用。④腺苷蛋氨酸：恢复胞质膜动力学特征和胞质膜的流动性，对于肝细胞摄入和分泌胆盐起着重要作用。⑤抗纤维化：多为中成药，如扶正化瘀胶囊、复方鳖甲软肝片、安络化纤丸等。

2. 丙型肝炎　HCV RNA 阳性、无治疗禁忌证的慢性丙型肝炎患者均应考虑抗病毒治疗。peg-IFN 联合利巴韦林已成为慢性丙型肝炎标准的治疗方案，可使半数以上的慢性丙型肝炎患者得到治愈。联合或单用小分子化合物治疗慢性丙型肝炎已在国外使用。

干扰素禁忌证同乙肝的抗病毒治疗。利巴韦林治疗的绝对禁忌证包括：妊娠、严重心脏病、肾功能不全、血红蛋白病；相对禁忌证包括：未控制的高血压、未控制的冠心病、血红蛋白 < 100g/L。

(1) 治疗方案及疗程：IFN-α 3MU/次，隔日 1 次，皮下注射；peg-IFN-α-2a 180μg 或 peg-IFN-α-2b 1.0～1.5μg/kg 体重，每周 1 次，皮下注射，联合利巴韦林 13～15mg/(kg·d)，分次口服。治疗前有条件者应进行 HCV 基因分型和血中 HCV RNA 定量检测，以决定抗病毒治疗的疗程和利巴韦林的剂量。

(2) 疗效判断

①快速病毒学应答（rapid virological response，RVR）：4 周时血清 HCV RNA 定量检测低于最低检测限。

②早期病毒学应答(early virological response,EVR):12周时血清HCV RNA定性检测阴性(或定量检测小于最低检测限),或定量检测降低2个对数级(log)以上。

③持续病毒学应答(sustained virological response,SVR):即治疗结束至少随访24周时,定性检测HCV RNA阴性(或定量检测低于最低检测限)。

(3) 各基因型治疗方案及疗效判断

①基因1型:推荐疗程48周。如24周HCV RNA下降低于2个log值,可终止治疗。②基因2或3型:在治疗后的第4、12、24周检测HCV RNA。在治疗4周后,如发生RVR,对于基线HCV RNA $< 6 \times 10^5$ IU/ml(低病毒载量)的患者,疗程可为24周;对于基线水平 $\geq 6 \times 10^5$ IU/ml(高病毒载量)的患者,疗程仍为48周。宿主基因白细胞介素(interleukin,IL)-28B(rs12979860)多态性可预测病毒学应答率。CC型应答率显著高于非CC型。我国患者IL-28B CC型多于欧美患者,应答率相对较高。③基因4型:在治疗12周后,如HCV RNA转阴,疗程为36~48周;如HCV RNA下降低于2个log值,可终止治疗;如HCV RNA下降大于2个log值,疗程为48周。

近年来,抗HCV药物研发迅速,包括NS3/4A蛋白酶抑制剂、NS5A抑制剂、NS5B核苷酸与非核苷酸多聚酶抑制剂等直接抗病毒药物,其中两种NS3/4A蛋白酶抑制剂博赛泼维和特拉泼维已于2011年在美国及欧洲上市,美国肝病学会推荐基因1型慢性HCV感染者的治疗方案为博赛泼维或特拉泼维联合peg-IFN-α和RBV,博赛泼维为800mg,每日3次;特拉泼维为750mg,每日3次。

(三)肝衰竭

采取综合性治疗方案,在支持和对症治疗基础上,最大限度促进肝细胞再生,预防和治疗各种并发症,必要时进行人工肝支持和肝移植。

1. 对症支持疗法 绝对卧床休息、稳定情绪,限制饮食中蛋白质的含量,以减少肠道氨的产生。采用静脉营养疗法以补充热量,积极纠正低蛋白血症,并酌情补充凝血因子改善凝血功能;注意纠正低钠、低氯、低钾血症和碱中毒等电解质及酸碱平衡紊乱。禁用损伤肝、肾的药物。

2. 抗病毒治疗 肝衰竭患者病情急剧恶化,多伴有HBV DNA载量升高,可在患者知情同意的基础上酌情使用核苷(酸)类似物,如拉米夫定、恩替卡韦、替比夫定等抗病毒治疗。

3. 免疫调节治疗 目前对于糖皮质激素在肝衰竭治疗中的应用尚存在不同意见,不推荐常规应用。为调节机体的免疫功能、减少感染等并发症的发生,可酌情使用胸腺素 α_1 等免疫调节剂。

4. 促进肝细胞再生 临床上常用的肝细胞生长因子(hepatocyte growth factor,HGF)为小分子多肽物质。动物实验表明HGF能刺激肝细胞增生,可能有一定的临床效果。

5. 改善肝功能及其他治疗 参考慢性肝炎的治疗。可应用肠道微生态调节剂、乳果糖或拉克替醇,以减少肠道细菌易位或内毒素血症。

6. 并发症的治疗

(1) 肝性脑病:去除诱因,如严重感染、出血、便秘及电解质紊乱等。限制蛋白质饮食。应用乳果糖或拉克替醇,口服或高位灌肠,可酸化肠道,促进氨的排出,减少肠源性毒素吸收。可采用不易吸收的非氨基糖苷类抗生素。利福昔明是利福霉素的衍生物,具有广谱、强效的抑制肠道内细菌生长的作用,口服后不吸收,只在胃肠道局部起作用,抑制产氨、产尿素酶细菌的生长,减少氨的产生。根据电解质和酸碱平衡情况酌情选择精氨酸、谷氨酸盐、门冬氨酸、鸟氨酸等降氨药物。酌情使用支链氨基酸,或支链氨基酸、精氨酸混合制剂以纠正氨基酸失衡。及早应用脱水剂以减轻脑水肿,防止向脑疝转化。

(2) 上消化道出血:首选生长抑素类似物,也可使用垂体后叶素(或联合应用硝酸酯类药物)。必要时可用三腔两囊管压迫止血或行内镜下硬化剂注射或套扎治疗止血。内科保守治疗无效时,可急诊手术治疗。对弥散性血管内凝血患者,可给予新鲜血浆、凝血酶原复合物和纤维蛋白原等补充凝血因子,血小板显著减少者可输注血小板,可酌情给予小剂量低分子肝素或普通肝素,对有纤溶亢进证据者可应用氨甲环酸或氨甲苯酸等抗纤溶药物。

(3) 肝肾综合征:对于Ⅰ型肝肾综合征患者的治疗首选特利加压素[0.5~1mg/(4~6h)]联合白蛋白,以充分改善肾功能,降低血肌酐。特利加压素替代药物有米多君联合奥曲肽,均同时使用白蛋白。肝移植是Ⅰ型和Ⅱ型肝肾综合征最好的治疗方法。

(4) 腹水:适当限制钠盐摄入(钠摄入 80~120mmol/d,相当于钠 4.6~6.9 g/d);联合应用醛固酮拮抗剂螺内酯及噻嗪类利尿剂呋塞米治疗,须注意维持水、电解质平衡。对大量腹水可行腹腔穿刺放液联合输注白蛋白(每升腹水输注白蛋白 6~8g),以预防腹腔穿刺大量放液后循环功能障碍。

(5) 感染:自发性细菌性腹膜炎是肝硬化常见并发症之一。常见病原体多为大肠埃希菌等革兰阴性杆菌。治疗前留取腹水标本进行细菌培养和药敏鉴定,并及早开始经验性抗生素治疗,一般首选第三代头孢菌素。备选药物包括阿莫西林-克拉维酸和喹诺酮类药物,如环丙沙星或氧氟沙星。

7. 人工肝治疗　人工肝是指通过体外的机械、物理化学或生物装置清除各种有害物质,补充必要物质,改善内环境,暂时替代肝部分功能的治疗方法,为肝细胞再生及肝功能恢复创造条件或等待机会进行肝移植。人工肝支持系统分为非生物型、生物型和组合型。

适应证:肝衰竭早、中期,凝血酶原活动度在 20%~40% 和血小板 $>50×10^9$/L 为宜;晚期肝衰竭和 PTA<20% 的患者也可进行治疗,但并发症多见,应慎重;未达到肝衰竭诊断标准,但有肝衰竭倾向者,也可考虑早期干预。

相对禁忌证:严重活动性出血或弥散性血管内凝血者;对治疗过程中所用血制品如血浆或药品如肝素和鱼精蛋白等高度过敏者;循环功能衰竭者。

8. 肝移植　是晚期肝衰竭有效的治疗手段。核苷类似物和乙型肝炎特异性免疫球蛋白的联合应用可明显降低移植肝的 HBV 再感染率。而丙型肝炎肝移植后复发率高,术后 5 年存活率仅为 30%~40%。

(四) 淤胆型肝炎的治疗

泼尼松或泼尼松龙 30~40mg/d 或地塞米松 10~20mg/d,3~7 天根据胆红素变化情况逐渐减量,注意不宜停药过快。此外,可选用熊去氧胆酸,1.3~1.5mg/(kg·d),分 2~3 次服用。

十、预防

(一) 控制传染源

甲、戊型肝炎按肠道传染病自起病日隔离 3 周。严禁急、慢性 HBV 和 HCV 感染患者献血及从事食品加工和保育工作,患者可照常工作和学习,但要注意个人卫生、经期卫生和行业卫生,同时加强随访。

(二) 切断传播途径

1. 推行健康教育制度　普及肝炎预防常识,搞好三管(管水、管饮食、管粪便),即管理与保护好水源;搞好饮水、食具消毒和食品、个人卫生;管理好粪便处理,这是切断甲、戊型肝炎传播途径的主要措施。

2. 乙、丙型肝炎　重点在于防止通过血液和体液的传播。具体措施包括:①加强血源管理,保证血液、血制品和生物制品的安全生产与供应。②医治及预防用的注射器应实行"一人一针一管"制。③多种医疗器械,包括口腔医疗器械、内镜等用具应实行"一人一用一消毒"制。④对带脓、血、分泌物及其污染物品必须严格消毒处理。⑤漱洗用具专用,牙刷、剃须刀及盥洗用具等应与健康人分开。⑥接触患者后用肥皂水和流动水洗手。⑦严格掌握血液和血制品的使用指征。⑧防止在血液透析、脏器移植时感染乙、丙型肝炎病毒。

(三)保护易感人群

目前已有免疫效果确切的甲、乙型肝炎病毒的疫苗。戊型肝炎病毒疫苗2013年由我国国家传染病诊断试剂与疫苗工程技术研究中心主任、厦门大学夏宁邵教授研制成功,尚待推广应用。丙肝病毒疫苗尚在研制中。

1. **甲型肝炎疫苗** 包括减毒活疫苗和灭活疫苗两种。我国常用的减毒活疫苗由纯化后的甲型肝炎病毒经1:4 000甲醛灭活后加氢氧化铝佐剂制成,使用剂量越高,免疫原性越强。接种对象为抗HAV IgG阴性者。减毒活疫苗接种一针(1岁以上儿童及成人),灭活疫苗接种两针(0、6个月)。接种部位均为上臂三角肌处皮下注射,一次1.0ml。对近期有与甲型肝炎患者密切接触的易感者,可用人血丙种免疫球蛋白进行被动免疫预防注射,剂量为0.02~0.05ml/kg。注射时间越早越好,不宜迟于接触后14天。

2. **乙型肝炎疫苗** 包括重组酵母和中国仓鼠卵母细胞(Chinese hamster ovary,CHO)乙型肝炎疫苗,有感染风险的易感者均可接种。1982年全球实施乙型肝炎疫苗普遍接种,2005年6月1日起我国实行新生儿全部免费接种乙型肝炎疫苗计划免疫。

(1)接种对象:主要是新生儿,其次为婴幼儿,15岁以下未免疫人群和高危人群(如医务人员、经常接触血液的人员、托幼机构工作人员、器官移植患者、经常接受输血或血液制品者、免疫功能低下者、易发生外伤者、HBsAg阳性者的家庭成员、男性同性恋或有多个性伴侣和静脉内注射毒品者等)。

(2)接种程序与方法:乙型肝炎疫苗全程需接种3针,按照0、1、6个月程序,即接种第1针疫苗后,间隔1个月及6个月注射第2及第3针疫苗。新生儿要求在出生后24小时内接种,越早越好。新生儿接种部位为臀前部外侧肌内注射,儿童和成人为上臂三角肌中部肌内注射。单用乙型肝炎疫苗阻断母婴传播的阻断率为87.8%。

(3)新生儿免疫程序:对HBsAg阳性母亲的新生儿,应在出生后24小时内尽早(最好在出生后12小时)注射乙型肝炎免疫球蛋白(hepatitis B immunoglobulin,HBIG),剂量应≥100IU,同时在不同部位接种10μg重组酵母或20μg CHO乙型肝炎疫苗,在1个月和6个月时分别接种第2和第3针乙型肝炎疫苗,可显著提高阻断母婴传播的效果。也可在出生后12小时内先注射1针HBIG,1个月后再注射第2针HBIG,并同时在不同部位接种1针10μg重组酵母或20μg CHO乙型肝炎疫苗,间隔1个月和6个月分别接种第2和第3针乙型肝炎疫苗。新生儿在出生12小时内注射HBIG和乙型肝炎疫苗后,可接受HBsAg阳性母亲的哺乳。对HBsAg阴性母亲的新生儿可用5μg或10μg酵母或10μg CHO乙型肝炎疫苗免疫;对新生儿时期未接种乙型肝炎疫苗的儿童应进行补种,剂量为5μg或10μg重组酵母或10μg CHO乙型肝炎疫苗。

(4)成人免疫程序:建议接种20μg酵母或20μg CHO乙型肝炎疫苗。对免疫功能低下或无应答者,应增加疫苗的接种剂量(如60μg)和针次;对3针免疫程序无应答者可再接种3针,并于第2次接种3针乙型肝炎疫苗后1~2个月检测血清中抗HBs,如仍无应答,可接种1针60μg重组酵母乙型肝炎疫苗。接种乙型肝炎疫苗后有抗体应答者的保护效果一般至少可持续12年,因此,一般人群不需要进行抗HBs监测或加强免疫。但对高危人群可进行抗HBs监测,如抗HBs<10mIU/ml,可给予加强免疫。

(5)意外暴露的处理:意外接触HBV感染者的血液和体液后,应立即检测HBV DNA、HBsAg、抗HBs、HBeAg、抗HBc、ALT和AST,并在3个月和6个月内复查。如已接种过乙型肝炎疫苗，且已知抗-HBs ≥ 10IU/L者，可不进行特殊处理。如未接种过乙型肝炎疫苗，或虽接种过乙型肝炎疫苗，但抗HBs < 10IU/L或抗HBs水平不详，应立即注射HBIG 200 ~ 400IU，并同时在不同部位接种1针乙型肝炎疫苗（20μg），于1个月和6个月后分别接种第2和第3针乙型肝炎疫苗（各20μg）。

（南月敏　王荣琦　赵素贤）

第二节　流行性感冒

流行性感冒（influenza）简称流感，是由流感病毒（influenza virus）引起的急性呼吸道传染病，主要通过飞沫传播，具有高度传染性。甲型流感病毒极易变异，易发生流行或大流行，临床起病急，全身中毒症状明显（高热、头痛、全身酸痛等），而呼吸道症状相对较轻。幼儿、老年人、孕妇及慢性病患者病情较重。诊断主要根据流行情况、临床表现，必要时进行病原学检测，治疗主要为对症和抗病毒治疗。

一、病原学

1．病毒的结构　流感病毒呈球形颗粒，属正黏液科病毒，直径80 ~ 120nm，分核心和外膜（囊膜）两部分。核心由单链RNA、RNA聚合酶及核蛋白组成，核蛋白为型特异性抗原，据此可将流感病毒分为甲（A）、乙（B）、丙（C）三型。外膜镶嵌有血凝素（hemagglutinin，H）、神经氨酸酶（neuraminidase，N）及基质蛋白M2。甲型H分为16个亚型（H1 ~ 16），N分为9个亚型（N1 ~ 9），两者都是糖蛋白。根据H和N这两种抗原的不同，同型病毒可组合成不同亚型。H抗体为中和抗体，有预防作用，N抗体能抑制病毒由细胞的释放，减少传染性。

国际对流感亚型的命名为：型别/分离地点/毒株序号/分离年代（血凝素，神经氨酸酶），如A/Hong Kong/1/68（H3 N2），常简以An（HnNn）表示（n为数字）。

2．病毒的变异　变异可分两种，一种是抗原漂移（antigenic drift），为H和（或）N的量变，变异较小，称为变种。甲型变异较快，每2 ~ 3年一次，乙型较慢，丙型尚未发现变异。变种常引起小流行。另一种是抗原突变（antigenic shift），为H和（或）N发生质变，出现新的亚型，常引起大流行。目前这种变异见于甲型。

除抗原突变外，还有核酸重组，例如，人流感病毒可感染猪，水鸟流感病毒也可感染猪，这样在猪体内各种流感病毒的核酸就可能发生重组，形成新的亚型，然后再感染人。

3．抵抗力　流感病毒不耐热，100℃ 1分钟即被灭活。对紫外线及常用消毒剂，如甲醛、氯仿等均敏感。但耐低温及干燥，真空干燥或–20℃以下可较长期保存。

二、流行病学

1．传染源　患者、隐性感染者等为主要传染源。动物如禽类、猪等为重要的储存宿主和中间宿主。

2．传播途径　主要经呼吸道空气飞沫传播。

3．人群易感性　人群普遍易感，病后有一定免疫力。但亚型之间无交叉免疫，病毒变异后可再次受染发病。

4．流行特征　流感病毒传染性强，为呼吸道传播，极易引起流行，特别是甲型流感，常引起大流行。流行常突然发生，迅速蔓延。一般规律是从大城市向小城市和农村扩散，从集体单位向居民扩散。常发生于冬、春季，大流行时也可发生于其他季节。乙型流感常引起局部小流行，丙型流感一般仅呈散发，目前全球主要的流行株为甲3（H3N2）和甲1（H1N1）。

历史上甲型流感所发生的大流行及危害为：1918年西班牙流感，为甲1（H1N1），导致数千万人死亡；1957年亚洲流感，为甲2（H2N2），导致数百万人死亡；1968年香港流感为甲3（H3N2），1977年俄罗斯流感为甲1（H1N1），均导致数十万人死亡。

2009年3月，墨西哥暴发"人感染猪流感病毒"疫情，并迅速在全球范围内蔓延。WHO后将其更名为"甲1（H1N1）流感"，同年6月11日WHO宣布将该流感大流行警告级别提升为6级。其病原为新甲型H1N1流感病毒株，病毒基因中包含有猪流感、禽流感和人流感三种流感病毒的基因片段。

三、发病机制及病理

病毒进入呼吸道后，借助于血凝素与上皮细胞的相应受体结合，黏附并进入细胞内，大量复制后通过神经氨酸酶水解细胞表面糖蛋白的N-神经氨酸，使成熟的病毒以芽生方式释放，同时引起细胞坏死、炎症，产生呼吸道症状及全身症状。大量病毒随分泌物排出体外，引起传播流行。

黏膜局部呈充血、水肿、淋巴细胞浸润、浅表溃疡等卡他性病变。可侵犯气管、支气管、肺泡及支气管周围组织。如继发细菌性感染，则可呈化脓性炎症。

四、临床表现

潜伏期1～7日。起病急，以全身中毒症状为主，呼吸道症状轻微。一般可分为两个类型。

1. 单纯型　最常见，轻者可类似普通感冒，病程仅为2～3日。大多数症状较明显，高热、头痛、全身酸痛及乏力等，伴有较轻的呼吸道症状。发热可持续2～5日，但乏力等持续时间较长，可持续2周以上。

2. 肺炎型　主要见于幼儿、老人、孕妇、慢性病患者及免疫功能低下者。初起类似单纯型流感，1～2日后病情加重，表现为高热不退、咳嗽剧烈、气促发绀，两肺可闻细小水泡音。胸片可见肺炎表现。病因可能为原发性流感病毒性肺炎、继发性细菌性肺炎及混合性肺炎，应注意鉴别。

此外，流感流行期间，尚可见以恶心、呕吐、腹泻为主要症状的"胃肠型流感"等。

五、实验室检查

1. 血象　白细胞计数减少，淋巴细胞相对增多。
2. 病原学及血清学检测　可用PCR法检测呼吸道分泌物及血等标本中的病毒核酸；检测患者呼吸道标本甲型流感病毒H抗原；取起病3日内和2～4周后的双份血清动态检测特异性抗体水平呈4倍或以上升高。
3. 病毒分离　起病3日内患者的咽拭子和咽喉洗漱液接种鸡胚羊膜腔或组织培养，可分离病毒。

六、诊断及鉴别诊断

流感流行期间诊断较易：当地有流感流行，出现典型症状。但在非流行期间，诊断常需依靠病原学检测。

流感主要应与人感染禽流感、普通感冒等进行鉴别，后者主要表现为鼻炎（鼻塞、流涕、喷嚏等)、咽炎(嗓子痛等),而全身症状较轻,传染性小,不易感染他人;但与轻型流感鉴别需依靠病原学检测。

七、治疗

主要为对症及支持治疗,感染甲型流感的高危人群和病情严重者应及时给予抗病毒治疗。

1. 抗病毒治疗　甲型流感病毒一般对神经氨酸酶抑制剂奥司他韦(达菲)、扎那米韦敏感,对金刚烷胺和金刚乙胺有一定耐药性。应尽可能在发病48小时以内(以36小时内最佳)给药,不必等待病毒核酸检测结果即可开始抗病毒治疗。孕妇在出现流感样症状后,宜尽早给予神经氨酸酶抑制剂治疗。对于就诊时病情严重、病情呈进行性加重的病例,须及时用药,即使发病已超过48小时,亦应使用。

(1) 奥司他韦:成人用量为75mg,每日2次,疗程5~7天。对于危重或重症病例,奥司他韦剂量可酌情加至150mg,每日2次。1岁及以上患儿应根据体重给药:体重不足15kg者,给予30mg,每日2次;体重15~23kg者,给予45mg,每日2次;体重23~40kg者,给予60mg,每日2次;体重大于40kg者,给予75mg,每日2次。对于吞咽胶囊有困难的儿童,可选用奥司他韦混悬液。

(2) 扎那米韦:成人用量为10mg,分2次吸入,每日2次,疗程5~7天。7岁及以上儿童用法同成人。

(3) 帕拉米韦:重症病例或无法口服者可用帕拉米韦氯化钠注射液,成人用量为300~600mg,静脉滴注,每日1次,疗程1~5天。目前临床对帕拉米韦应用数据有限,应严密观察不良反应。

(4) 金刚烷胺或金刚乙胺:一般用量为200mg/d,共5日。有一定的中枢神经系统副作用,如眩晕、共济失调等。老年患者剂量应减半。金刚乙胺的副作用较金刚烷胺轻。

轻症病例应首选奥司他韦或扎那米韦。应根据病毒核酸检测阳性情况决定是否延长疗程。对乙型流感可试用扎那米韦或奥司他韦。

对合并细菌感染者应选用有效的抗生素。儿童应避免应用阿司匹林,以免诱发致命的Reye综合征。

2. 中医药治疗　中药对流感有较好的疗效。

八、预防

主要为疫苗接种。

1. 疫苗　常用灭活疫苗,疫苗应与现行流行株一致。

(1) 接种对象:主要为高危人群,如孕妇、老人、幼儿、严重慢性病患者、免疫功能低下者及可能密切接触流感患者的保健人员等。

(2) 接种时间:由于接种2周后才能有保护作用,而流感常于12月开始发生,因此,疫苗接种应在10月初至11月中旬。每年接种一次。

(3) 接种效果:可减少50%~70%的住院率和75%~85%的病死率。

(4) 不良反应:最常见的为注射部位疼痛。儿童可有类似流感的症状,可持续1~2日。偶见过敏反应(对鸡蛋过敏者),罕见吉兰-巴雷综合征(Guillain-Barre syndrome)。

减毒活疫苗主要用于鼻腔喷雾接种,接种后血清抗体不高,但局部抗体很高,接种对象为健康成人及儿童。疫苗须与流行株高度一致,由于是活疫苗,免疫功能低下者及孕妇禁用。

2. 药物预防　一般仅用于受染或可能受染而尚未发病者,对于已接种疫苗不足2周或可能疫苗效果不好(如免疫功能低下等)者也可使用,可采用奥司他韦。

附 禽流感

禽流感（avian influenza，AV）是甲型流感病毒某些亚型引起的一种禽类传染病。病毒基因易发生变异，有可能感染人，其中以 H5N1、H7N9 引起的临床症状重，对人危害大，病情进展快，可引起呼吸系统和全身多脏器衰竭，病死率高。禽类感染 H5N1 流感病毒一般均发病，感染 H7N9 流感病毒多携带病毒不发病，但可以成为重要传染源。由 H5N1 引起的禽流感称高致病性禽流感。

一、病原学

禽流感病毒（avian influenza virus）为甲型流感病毒中的一种，其生物学特点和分型与流感病毒一致，为单股负链 RNA，球形。如前所述，甲型流感病毒分为 16 个 H 亚型（H1～H16）和 9 个 N 亚型（N1～N9），既能感染禽又能感染人的血清亚型主要是 H5N1、H7N9、H9N2、H7N7、H7N2、H7N3 等，其中感染 H5N1、H7N9 的患者病情较重，病死率高。

禽流感病毒对热敏感，常用消毒剂如福尔马林、过氧乙酸等能迅速破坏其传染性；分离禽流感病毒应在生物安全防护三级实验室（P3 实验室）进行。

二、流行病学

近年全球先后发现一定数量的人感染高致病性 H5N1 禽流感和人感染 H7N9 等亚型禽流感疑似和确诊病例。

1. **传染源** 主要为感染的鸡、鸭等家禽，其他禽类、各种鸟类及所污染的场地亦可成为传染源。
2. **传播途径** 主要为呼吸道传播，也可通过接触感染的家禽、鸟类或其粪便及污染物，以及直接接触病毒株而传染，可发生有限的人与人之间传播。
3. **易感人群** 从事禽类养殖、贩运、销售、宰杀、加工业等人员，或在发病前 1 周内去过家禽饲养场所（或货档）是危险因素。人群一般对禽流感不易感。

禽流感一年四季均可发生，以 11 月到第二年 4 月发病率相对较高。

三、临床表现

潜伏期：3 天左右（1～7 天），任何年龄均可发病，儿童和青壮年多见。一般对于 H5N1，常禽类流感发生在前，人感染 H5N1 禽流感在后；对于 H7N9，可无禽类流感发生，只出现人感染 H7N9 禽流感。

临床症状：起病急，早期表现类似普通流感，主要为发热，体温以稽留热和不规则热型多见，大多在 38.5℃ 以上，热程可达 7 天，伴有流涕、鼻塞、头痛、腹泻，可有咽痛、全身肌肉酸痛、全身不适、恶心、腹痛等症状，约半数患者肺部有实变体征，可闻及干、湿啰音。H5N1 与 H7N9 的临床特点异同详见表 3-5。

表 3-5　H5N1 与 H7N9 临床特点异同

	H5N1	H7N9
病原	H5N1	H7N9
人群易感性	10 年 45 例	3 个月 130 余例
地区分布	约 17 个省市	约 9 个省市

续表

	H5N1	H7N9
性别比（男：女）	1:1	2:1
年龄	青壮年为主	老年人为主
禽类接触史	约56%	约70%
病死率	约66%	约32%
禽类感染	均发病	可携带病毒不发病
人隐性感染	不清楚或无	有
季节	10月至来年5月	3—5月
临床症状	两者基本相同	
抗病毒治疗	两者相同	

部分患者病情进展快，有明显的出血征象，咳嗽，痰中带血，血压明显下降，休克，肺部炎症进行性加重，血氧饱和度、氧分压下降，可出现肺出血、反应性胸腔积液、急性呼吸窘迫综合征（acute respiratory distress syndrome，ARDS）、肾衰竭、败血症休克及Reye综合征、多脏器衰竭而死亡。

四、预后

预后与感染的病毒亚型有关，感染H9N2、H7N7、H7N2、H7N3者，大多预后良好；而感染H5N1者预后较差，病死率约为66%，H7N9病死率约为32%。

预后及临床症状轻重还与是否有基础性疾病、治疗是否及时及是否有并发症等有关。

五、实验室和影像学检查

1．外周血象　血白细胞总数降低，淋巴细胞相对增多。重症患者多有白细胞总数、淋巴细胞及血小板减少。

2．甲型流感病毒抗原、抗体检测　取患者呼吸道标本检测甲型流感病毒H抗原，仅可作为初筛实验；动态检测双份血清相关亚型禽流感病毒特异性抗体水平是否呈4倍或以上升高。

3．相关亚型病毒核酸检测　可用RT-PCR法检测相关亚型禽流感病毒RNA。

4．病毒分离　从患者呼吸道标本中（咽拭子、口腔含漱液、鼻咽或气管吸出物、痰或肺组织）分离相关的亚型禽流感病毒。

5．胸部影像学检查　可显示为肺内片状影。重症患者肺内病变进展迅速，呈大片状毛玻璃样影及肺实变影像，少数可有胸腔积液。

六、诊断及鉴别诊断

诊断主要结合流行病学史、临床表现和实验室检查。

1．医学观察病例　曾到过疫点，或与家禽及禽流感患者有密切接触史，1周内出现流感临床表现者。

2．疑似病例　曾到过疫点，或与家禽及禽流感患者有密切接触史（也可流行病学史不详），1周内出现流感临床表现，呼吸道分泌物、咽拭子、痰液、血清甲型流感病毒抗原阳性。

3．确诊病例　符合上述临床表现，或有流行病学接触史，且呼吸道分泌物标本中分离出相关禽流感亚型病毒；或相关禽流感亚型病毒核酸检测阳性，经过测序证实；或动态检测双份血清相关禽流感亚型病毒特异性抗体水平呈 4 倍及以上升高。

重症病例：肺炎合并呼吸衰竭或其他器官衰竭者为重症病例。

禽流感应注意与流感、上呼吸道感染、肺炎、严重急性呼吸综合征（severe acute respiratory syndrome，SARS）、军团菌肺炎、衣原体和支原体肺炎等鉴别。

七、治疗

1. **对症支持治疗**　对人感染禽流感目前无特异治疗方法，主要是综合对症支持治疗。密切观察病情变化，对高热、体温超过 39℃者，应每日拍 X 线胸片，查血气分析。重症病例可给予糖皮质激素、面罩吸氧、无创和有创呼吸机辅助通气治疗。

2. **抗病毒治疗**　对疑似病例应及早应用抗病毒药物，可试用奥司他韦、扎那米韦或帕拉米韦（详见"流行性感冒"）。实验室资料提示 H5N1、H7N9 亚型病毒对金刚烷胺和金刚乙胺耐药，不建议单独使用。

抗病毒药物的使用原则为：

（1）在使用抗病毒药物之前应留取呼吸道标本。

（2）抗病毒药物应尽量在发病 48 小时内使用。重点使用人群为：①人感染 H5N1、H7N9 禽流感病例。②甲型流感病毒抗原快速检测阳性的流感样病例。③甲型流感病毒抗原快速检测阴性或无条件检测的流感样病例，具有下列情况者：有密切接触史（包括医护人员）出现流感样症状者；发生聚集性流感样病例；有基础疾病如慢性心肺疾病、高龄、孕妇等流感样病例；病情快速进展及临床上认为需要使用抗病毒药物的流感样病例；其他不明原因肺炎病例等。

（3）对于临床认为需要使用抗病毒药物的病例，发病超过 48 小时亦可使用。

3. **抗生素**　禽流感患者常同时感染其他病原菌，可选用氟奎诺酮类或大环内酯类抗菌药物。

4. **转科或出院标准**

（1）因基础疾病或合并症较重，需较长时间住院治疗的患者，待人感染相关亚型禽流感病毒核酸检测连续 2 次阴性后，可转出隔离病房至相应病房或科室进一步治疗。

（2）体温正常，临床症状基本消失，呼吸道标本示人感染相关亚型禽流感病毒核酸检测连续 2 次阴性，可以出院。

八、预防

一旦发现禽类或其他动物感染 H5N1、H7N9 病毒，应按照《动物检疫法》有关规定，就地销毁，对疫源地进行彻底消毒。

收治患者的门诊和病房按 SARS 标准做好隔离消毒，对患者及疑似患者进行隔离；医护人员要做好个人防护。对密切接触者可口服奥司他韦。对人感染禽流感目前尚无有效疫苗，甲型 H1N1、H3N2 以及 B 型流感疫苗不能预防人感染禽流感。

（徐小元）

第三节　艾滋病

艾滋病即获得性免疫缺陷综合征（acquired immunodeficiency syndrome，AIDS），是由人类免疫缺陷病毒（human immunodeficiency virus，HIV）引起的一种慢性、进行性、致死性传染病。病毒特异性地侵犯 $CD4^+$ T 淋巴细胞，造成细胞免疫受损，最终导致机体免疫系统崩溃。临床上表现为急性期、无症状期和 AIDS 期，最后并发各种严重的机会性感染（opportunistic infection）和艾滋病相关肿瘤，病死率极高。

一、病原学

HIV 是 1983 年法国和美国科学家共同发现的，曾分别命名为淋巴结相关病毒（lymphadenopathy associated virus，LAV）和人类嗜 T 淋巴细胞病毒Ⅲ型（human T-cell lymphotropic virus Ⅲ，HTLV-Ⅲ），后来证明两者是同一病毒，于 1986 年由国际病毒分类委员会统一命名为 HIV。

HIV 是单链 RNA 病毒，属逆转录病毒科慢病毒属。根据 HIV 基因差异，分为 HIV-1 型和 HIV-2 型，两者主要感染 $CD4^+$ T 淋巴细胞，均能引起 AIDS；HIV-1 是引起 AIDS 的主要毒株。

1. **HIV 的形态**　呈圆形或椭圆形，直径为 90～140nm，外层为类脂包膜，表面有突出于病毒包膜之外的外膜蛋白 gp120，另一端与贯穿病毒包膜的运转蛋白 gp41 相连接，gp120 在分子构型上有与 CD4 分子结合的部位。gp41 起协同 HIV 进入宿主细胞的作用。核呈圆柱状，位于中央，含有两条单股 RNA 链、逆转录酶和结构蛋白等（图 3-3）。

2. **HIV 的基因结构**　病毒基因长约 9.7kb，有 9 个基因片段。有 3 个结构基因：*gag* 编码核心蛋白 P24、P17、P9 等；*env* 编码包膜蛋白 gp120 及 gp41；*pol* 编码反转录酶、整合酶和蛋白酶。有 3 个调节基因：*tat* 能使 $CD4^+$ T 淋巴细胞内病毒复制加速；*rev* 能增加 *gag* 和 *env* 基因表达；*nef* 为负调节子，可以抑制所有 HIV 基因的表达。另三种基因与病毒的成熟和释放有关：*vif* 表达病毒传染因子，*vpu* 表达病毒蛋白 u，*vpr* 表达病毒蛋白 r（图 3-4）。

HIV-1 可进一步分为不同的亚型，包括 M 亚型组（为主要的亚型组）、O 亚型组和 N 亚型组，其中 M 组有 A、B、C、D、E、F、G、H、I、J、K 11 个亚型。我国已发现的有 A、B（欧美 B）、B′（泰国 B）、C、D、E、F 和 G 8 个亚型，还有不同流行重组型。目前全球流行的主要是 HIV-1 型，一般所指的 AIDS 即为 HIV-1 型。

HIV-2 主要见于西非。其生物学特性与 HIV-1 相似，两型间氨基酸序列的同源性为 40%～60%。HIV-2 基因组不存在 *vpu* 基因，而存在一个 *vpx* 基因（表达病毒蛋白 x），功能尚未完全清楚。一般 HIV-2 毒力较弱，传染性较低，从感染进展到 AIDS 所需的时间要长得多，引起的艾滋病临床进展较慢，症状较轻，我国有少数 HIV-2 型感染者。

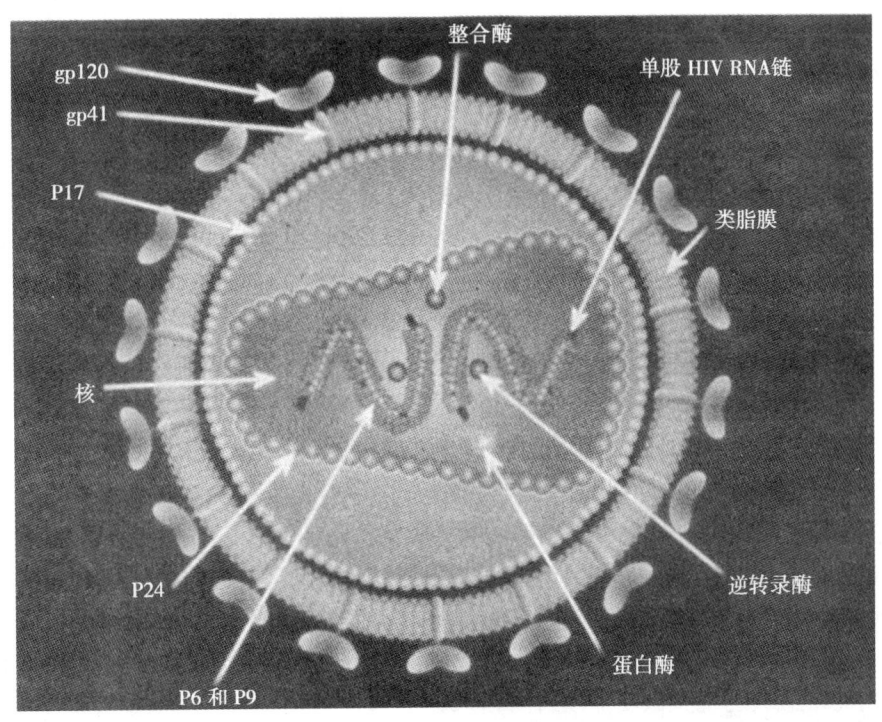

图 3-3　HIV 结构

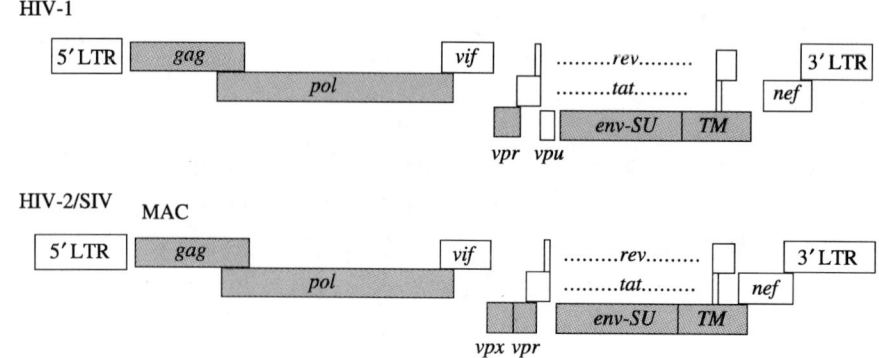

图 3-4 HIV 基因结构

注：LTR：长末端重复序列（long terminal repeat），SIV：猴免疫缺陷病毒（simian immunodeficiency virus，SIV）

3．HIV 的抵抗力　HIV 对外界抵抗力较弱，对热敏感，56℃ 30 分钟能灭活。25% 以上的乙醇即能杀灭病毒，70% 乙醇的效果最好；5%～8% 甲醛及有机氯溶液等均能灭活病毒。但对 0.1% 福尔马林、紫外线和 γ 线不敏感。

HIV 侵入人体数周至 6 个月后产生抗 -HIV，此抗体不是中和抗体，而是表示已被 HIV 感染，抗 -HIV 阳性的血清有传染性。

二、流行病学

自 1981 年报告首例 AIDS 以来，估计全球目前仍存活约 3300 万 HIV 感染者。全国累计报告 HIV 感染者和 AIDS 患者 32 万余例，其中 AIDS 患者 10 万余例；估计我国实际 HIV 感染者约有 74 万，其中 AIDS 患者约 10.5 万。目前，我国 AIDS 疫情已覆盖全国所有省、自治区、直辖市。我国的 AIDS 流行有四大特点：① AIDS 疫情上升幅度进一步减缓，AIDS 综合防治效果开始显现。②性传播持续成为主要传播途径，同性传播上升速度明显。③全国 AIDS 疫情总体呈低流行态势，但部分地区仍疫情严重。④全国受 AIDS 影响的人群增多，流行模式多样化。

1．传染源　患者和无症状病毒携带者是本病的传染源。患者的传染性最强，无症状病毒携带者在流行病学上意义更大。病毒主要存在于血液、精液、子宫和阴道分泌物中。

2．传播途径

（1）性接触传播：是本病主要的传播途径。欧美等发达国家以同性恋为主，约占 AIDS 的 70%；非洲以异性恋传染为主。男女发病比例在欧美地区以男性多见，在非洲地区男女发病率相似。

（2）血液传播：该途径含义较广，方式很多。注射途径传播主要指静脉毒瘾者之间共用针头；消毒隔离措施不严，使用非一次性注射器；输注含 HIV 或 HIV 污染的血或血制品；不规范的单采血浆等。

（3）母婴传播：感染本病的孕妇可以通过胎盘、产程中及产后血性分泌物等传播给婴儿。

（4）其他途径：如病毒携带者的器官移植、人工授精，还有经破损的皮肤、刮脸刀片、口腔操作等，但感染率较低。医护人员意外地被 HIV 污染的针头或其他物品刺伤亦可感染。

由于 HIV 在离体的情况下抵抗力很弱，很快就会失去活性和感染力，日常生活和工作接触是不会传播的，握手、拥抱，以及共用办公用具、马桶圈、卧具、浴池等也不会传播。接吻、共同进餐、咳嗽或打喷嚏也不可能传播。

蚊虫叮咬不会传播 AIDS，蚊子不是 HIV 的适宜宿主，HIV 在蚊子体内既不增殖，也不发育，且数小时或两三天内即消失。蚊子的食管和涎管不是同一条管腔，吸入的血液和吐出的唾液都是单向的，不会出现类似皮下注射的结果。

3. 高危人群　同性恋和性乱交者、静脉毒瘾者、血友病患者、接受可疑血及血制品或器官移植者、13岁以下儿童其双亲或双亲之一是 HIV 感染者等受感染的危险比较大，属高危人群，发病年龄主要为40岁以下的青壮年。

三、发病机制及病理

1. 发病机制　HIV 对 $CD4^+T$ 淋巴细胞（包括单核细胞、巨噬细胞和树突状细胞等）有特殊的亲嗜性。根据 HIV 亚株对不同类型细胞的亲嗜性，可分为嗜 T 淋巴细胞毒株（X4型）、嗜巨噬细胞毒株（R5型）和双嗜性毒株（X4R5型）。R5型病毒通常只利用 CCR5 受体，而 X4 型和 X4R5 型病毒常同时利用 CXCR4、CCR5 和 CCR3 等受体。

(1) HIV 复制过程：HIV 侵入人体后，在辅助受体（趋化因子受体）CCR5、CXCR4 等的协同作用下，病毒表面 gp120 与 $CD4^+T$ 淋巴细胞的 CD4 分子特异受体结合，借助于 gp41 脱去衣壳后，病毒核心蛋白及 RNA 进入细胞浆，病毒 RNA 链在逆转录酶的作用下，逆转录成单链 DNA，然后以此 DNA 为模板在 DNA 多聚酶作用下复制 DNA，部分存留在胞浆内，部分与宿主细胞内 DNA 整合，成为潜伏状态的前病毒 DNA（proviral DNA）。前病毒 DNA 可被某种因素所激活，复制、转录成病毒 RNA 和 mRNA，翻译病毒蛋白，装配成新病毒，以芽生方式释出，再感染其他细胞。

(2) $CD4^+T$ 淋巴细胞受损伤的方式有：

1) 直接损伤：HIV 在细胞内大量复制，导致细胞溶解或破裂。

2) 间接损伤：又称融合性损伤，受感染的 $CD4^+T$ 淋巴细胞表面有 gp120 表达，可与邻近未受感染的 $CD4^+T$ 淋巴细胞结合，形成融合细胞，使细胞膜通透性改变，细胞发生溶解破坏。血液中游离的 gp120 亦可以与 $CD4^+T$ 淋巴细胞结合，使之成为靶细胞。

3) 骨髓干细胞受损：HIV 可以感染破坏干细胞，使 $CD4^+T$ 淋巴细胞产生减少。

(3) HIV 对其他细胞的影响：HIV 可导致单核-巨噬细胞、B 淋巴细胞、自然杀伤细胞受损和功能异常。

(4) 机体免疫系统崩溃：HIV 进入人体后，24~48 小时到达局部淋巴结，5天左右在外周血中可以检测到病毒成分，继而产生病毒血症，导致急性感染，以 $CD4^+T$ 淋巴细胞短期内一过性迅速减少为特点。机体对 HIV 可产生较好的免疫反应，大多数感染者 $CD4^+T$ 淋巴细胞数可自行恢复至正常水平。由于机体的免疫系统不能完全清除病毒，形成慢性感染，包括无症状期和 AIDS 期，表现为 $CD4^+T$ 淋巴细胞数量持续缓慢减少；进入 AIDS 期后，$CD4^+T$ 淋巴细胞再次迅速减少，甚至降至 $200/mm^3$ 以下，最后 $CD4^+T$ 淋巴细胞耗竭，导致整个免疫系统崩溃。

$CD4^+T$ 淋巴细胞的损伤除了数量上的减少，还表现为功能异常。

2. 病理　AIDS 的病理变化呈多样性和非特异性。可有机会性感染引起的病变、淋巴结病变、中枢神经系统病变和肿瘤。

由于存在严重免疫缺陷，表现为多种机会性病原体反复重叠感染，组织中病原体繁殖多，炎症反应少。淋巴结和胸腺等免疫器官出现滤泡增殖、融合，淋巴结内淋巴细胞完全消失，胸腺可有萎缩、退行性或炎性病变，可有卡波西肉瘤（Kaposi's sarcoma, KS）和其他恶性肿瘤的发生。

四、临床表现

潜伏期为2周至6个月。HIV-1 侵入机体后 2~10 年可以发展为 AIDS，HIV-2 所需的时间更长。

1. AIDS 的分期　HIV 感染人体后分为 3 期。

(1) 1 期（急性期）：感染 HIV 后，大多数患者临床症状轻微，可出现发热、咽痛、头痛、厌食、全身不适及关节肌肉痛等症状。可伴有红斑样皮疹、腹泻、淋巴结肿大和血小板减少，$CD4^+/CD8^+$ 比例倒置。此时血液中可检出 HIV RNA 及 P24 抗原。此期持续 1～3 周。

HIV 感染初期，血清中虽有病毒和 P24 抗原存在，但 HIV 抗体尚未产生，此时临床检测抗-HIV 常呈阴性，称为窗口期，一般为数周到 3 个月。

(2) 2 期（无症状期）：本期可从急性期进入此期，或无明显的急性期症状而直接进入此期。临床上没有任何症状。但血中能检出 HIV RNA 及 HIV 抗体即抗-HIV，外周血单个核细胞中可检出 HIV DNA。此期可持续 2～10 年或更长。

原来的持续性全身淋巴结肿大综合征（persistent generalized lymphadenopathy，PGL）期现归入无症状期。其特点为除腹股沟淋巴结以外，全身两处或两处以上淋巴结肿大，直径大于 1cm，持续 3 个月以上，质地柔韧，无压痛，无粘连，可活动，活检为淋巴结反应性增生。

(3) 3 期（AIDS 期）：为感染 HIV 后的最终阶段。患者 $CD4^+$ T 淋巴细胞计数明显下降，多 < $200/mm^3$，HIV 血浆病毒载量明显升高。

本期主要表现有：①艾滋病相关综合征（AIDS related complex，ARC）：发热、乏力、全身不适、盗汗、厌食、体重下降（> 10%）、慢性腹泻、全身淋巴结肿大、肝、脾大等。②机会性感染：常见的是卡氏肺孢子菌、巨细胞病毒、结核分枝杆菌、EB 病毒、鸟分枝杆菌、弓形虫、隐球菌及假丝酵母菌等感染。③神经系统症状：头晕、头痛、恶心、呕吐，也可表现为反复发作的癫痫、进行性痴呆及瘫痪等。④因免疫缺陷而继发肿瘤：最常见的为卡波西肉瘤、非霍奇金淋巴瘤（non-Hodgkin lymphoma）等。

为了便于临床诊断和治疗，美国疾病控制中心和 WHO 按临床表现将 AIDS 分为 A、B、C 三类：

A 类：包括急性 HIV 感染、无症状 HIV 感染。

B 类：包括艾滋病相关综合征和机会性感染。

C 类：神经系统症状和重度机会性感染及肿瘤等。

每类根据 $CD4^+$ T 淋巴细胞计数和总淋巴细胞数又分成三级：

1 级：$CD4^+$ T 淋巴细胞 > $500/mm^3$（$0.5×10^9$/L），淋巴细胞总数 > $2000/mm^3$（$2.0×10^9$/L）；2 级：$CD4^+$ T 淋巴细胞 200～$499/mm^3$（0.2～$0.49×10^9$/L），淋巴细胞总数为 1000～$1999/mm^3$（1.0～$1.999×10^9$/L）；3 级：$CD4^+$ T 淋巴细胞 < $200/mm^3$（$0.2×10^9$/L），淋巴细胞总数 < $1000/mm^3$（$1.0×10^9$/L）。

AIDS 患者经过治疗后症状好转或消失，$CD4^+$ T 淋巴细胞和淋巴细胞总数上升，这时的诊断仍维持原来的诊断。

2. AIDS 常见的机会性感染和临床表现　AIDS 的主要临床表现是由机会性感染所引起的。

(1) 呼吸系统：最常见的机会性感染是卡氏肺孢子菌肺炎（pneumocystis carinii pneumonia，PCP），是由卡氏肺孢子菌引起的间质性浆细胞性炎症，肺泡内充满泡沫状液体及大量卡氏肺孢子菌，肺间质内有大量淋巴细胞和浆细胞浸润。临床表现为发热、咳嗽，咳少量白色泡沫样痰，呼吸困难，通气功能障碍，症状进行性加重。在痰、胸腔积液、气管灌洗液或气管内膜活检中找到病原菌即可诊断。

肺结核也较常见。此外，巨细胞病毒、军团菌、弓形虫、隐球菌、鸟分枝杆菌及假丝酵母菌等均常引起肺部感染。

(2) 消化系统：假丝酵母菌、巨细胞病毒和疱疹病毒等侵犯口咽部及食管引起溃疡或炎症，表现为吞咽痛、吞咽困难及胸骨后烧灼感等，内镜检查可确诊。疱疹病毒、隐孢子虫、鸟分枝杆菌可侵犯胃肠道引起腹泻，为水泻或脂肪泻。巨细胞病毒感染引起溃疡性结肠炎可出现黏液便或脓血便，腹泻可达数月，每日几次至几十次。由于长期腹泻使体重明显减轻，消瘦。诊断主要依靠大便检查和肠镜检查。

（3）神经系统：可造成隐球菌脑膜炎、巨细胞病毒性脑炎、脑弓形虫病、类圆线虫性脑炎。HIV 还可直接引起进行性亚急性脑炎、AIDS 痴呆综合征等。诊断主要依靠脑脊液检查、头颅 CT 和 MRI 检查等。AIDS 性脊髓病表现为进行性痉挛性截瘫、共济失调及尿失禁等。

（4）泌尿系统：主要是肾损伤，机会性感染是引起肾损伤的主要原因之一。巨细胞病毒、EB 病毒可引起免疫复合物肾炎，为局灶性或弥漫性系膜增殖性肾小球肾炎、急性肾小管坏死、肾小管萎缩及局灶性间质性肾炎等。HIV 本身亦能引起 HIV 相关性肾病，可于 2~4 个月内迅速发展至尿毒症。静脉药瘾者所致的海洛因相关肾病发展相对缓慢。

（5）血液系统：主要表现为粒细胞及血小板减少、贫血以及非霍奇金淋巴瘤等。

（6）皮肤、黏膜：口腔毛状白斑（oral hairy leucoplakia，OHL）表现为舌两侧缘有粗厚的白色突起，是 EB 病毒等病毒感染所致，抗真菌治疗无效。有时舌腹面形成白色纤维状毛苔，称为白毛舌，提示有真菌感染。其他常见的有假丝酵母菌等真菌感染，表现为局部黏膜潮红、剧烈触痛、舌苔白，用抗真菌药治疗可迅速好转，但反复发作。同性恋患者可发生肛周传染性软疣、肛周单纯疱疹病毒感染和疱疹性直肠炎。脂溢性皮炎样病变常发生在生殖器、头皮及面部等处。

（7）心血管系统：以心肌炎最多见，由病毒、细菌、真菌及心肌的其他机会性病原体感染所致。细菌性心内膜炎可为 AIDS 机会性感染的一种表现，心包炎在 AIDS 患者中常由隐球菌引起。

（8）卡波西肉瘤：来源于血管内皮细胞或淋巴管内皮细胞，因此可在各系统发生，造成肺、肝、肾和眼卡波西肉瘤等，多见于皮肤和面部。早期皮肤卡波西肉瘤通常是红色或紫红色斑疹或丘疹，数量多，压之不退色，迅速扩大，周围常伴有棕黄色瘀斑，在疾病进展期常融合成斑块。卡波西肉瘤早期无疼痛，在疾病进展期可出现疼痛，晚期常伴发致命性机会性感染。

（9）其他：AIDS 患者眼部可受累，常见的有巨细胞病毒性视网膜炎、弓形虫视网膜脉络膜炎等。AIDS 性肌病一般起病缓慢，表现为近端肌无力、肌酶异常等。

五、实验室检查

主要包括 HIV 抗体、病毒载量、$CD4^+T$ 淋巴细胞、HIV 基因型耐药等检测。HIV 抗体检测是 HIV 感染诊断的金标准；病毒载量和 $CD4^+T$ 淋巴细胞检测可判断疾病进展、临床用药、疗效和预后；病毒载量测定也是 HIV 感染早期诊断的重要指标。基因型耐药检测可指导高效联合抗逆转录病毒治疗（highly active anti-retrovirus therapy，HAART）方案的选择和更换。

1. 血象 可有不同程度的贫血，白细胞减少，多在 $4 \times 10^9/L$ 以下，分类中性粒细胞增加，少数表现为粒细胞减少。淋巴细胞明显减少，常低于 $1000/mm^3$（$1.0 \times 10^9/L$），血小板一般无变化，也可明显减少。

2. HIV1/2 检测 包括筛查试验（初筛和复检）和确证试验。HIV1/2 抗体筛查常用酶联免疫吸附试验，确证试验常用免疫印迹法。

3. 病毒载量测定 病毒载量一般用血浆中每毫升 HIV RNA 的拷贝数（copies/ml）或每毫升国际单位（IU/ml）来表示。常用方法有逆转录 PCR、核酸序列依赖性扩增技术和实时荧光定量 PCR。

4. 淋巴细胞亚群检查 $CD4^+T$ 淋巴细胞计数下降（正常值 $730 \sim 1200/mm^3$ 或 $0.73 \sim 1.2 \times 10^9/L$），$CD_4^+/CD_8^+ < 1.0$（正常值为 $1.75 \sim 2.1$）。

5. HIV 基因型耐药检测　耐药测定方法有基因型和表型,目前国内外多用基因型。高效联合抗逆转录病毒治疗病毒载量下降不理想或治疗失败需要改变治疗方案时,最好进行耐药检测。对于抗病毒治疗失败者,耐药检测需在病毒载量 > 1000copies/ml 且未停用抗病毒药物时进行,如已停药须在停药 4 周内进行基因型耐药检测。

6. 其他　尿蛋白、血肌酐、尿素氮可升高。本病极易反复发生机会性感染和恶性肿瘤,应及时进行 X 线、B 超、CT 和 MRI 等检查。

六、诊断及鉴别诊断

(一) 诊断

HIV 感染各阶段表现不同,应根据具体情况进行诊断。

1. 急性期　有流行病学史和临床表现,通过 HIV 抗体或病毒检查确诊。
2. 无症状期　有流行病学史,HIV 抗体阳性;或仅 HIV 抗体阳性。
3. AIDS 期　(1) 有流行病学史,HIV 抗体阳性,加下述各项中任何一项:①原因不明的 38℃以上持续不规则发热 > 1 个月。②慢性腹泻 > 1 个月。③ 6 个月内体重下降 10% 以上。④反复发作的口腔白假丝酵母菌感染。⑤反复发作的单纯疱疹病毒感染或带状疱疹病毒感染。⑥肺孢子菌肺炎。⑦反复发生的细菌性肺炎。⑧活动性结核或非结核分枝杆菌病。⑨深部真菌感染。⑩中枢神经系统占位性病变。⑪中青年出现痴呆。⑫活动性巨细胞病毒感染。⑬弓形虫病。⑭青霉菌感染。⑮反复发生的败血症。⑯卡波西肉瘤;⑰淋巴瘤。

(2) 有流行病学史,CD4$^+$T 淋巴细胞数 < 200/mm^3。

(二) 鉴别诊断

本病临床表现复杂多样,易与许多疾病相混淆。

1. 急性期应与传染性单核细胞增多症和结缔组织疾病等相鉴别。
2. 特发性 CD4$^+$T 淋巴细胞减少症(即类艾滋病)　目前已发现少数 CD4$^+$T 淋巴细胞明显减少,且并发严重机会性感染的患者,但通过各种检查没有发现 HIV 感染。鉴别主要依靠 HIV 抗体或病原学检查。
3. 继发性 CD4$^+$T 淋巴细胞减少　主要见于肿瘤和自身免疫性疾病经化疗或免疫抑制剂治疗后。
4. 淋巴结肿大应与血液系统疾病相鉴别,特别要注意与性病淋巴结病综合征相鉴别。后者淋巴结活检为良性反应性滤泡增生,血清学检查提示多种病毒感染。

七、预后

HIV 感染在临床上可表现为典型进展者、快速进展者和长期不进展者三种转归,与 HIV 含量、毒力、变异及 CD4$^+$T 淋巴细胞数量、功能、机体免疫状况和遗传背景等有关。

部分患者无症状感染期可达 10 年以上,如进行有效的抗病毒治疗,可停留于无症状期,而不发生 AIDS。进展至 AIDS,预后凶险,病死率极高,主要死因为机会性感染,一般存活期为 6~18 个月,但经抗病毒等治疗后能明显提高生存率。

八、治疗

目前 AIDS 治疗最为关键的是高效联合抗逆转录病毒治疗。其次,针对机会性感染和肿瘤采取相应治疗。

(一) 抗病毒治疗

1. 开始高效联合抗逆转录病毒治疗的指征　①急性 HIV 感染者。② CD4$^+$T 淋巴细胞计数<350/mm³。③CD4⁺T 淋巴细胞快速减少者（每年降低 > 100/mm³）。④无论 CD4⁺T 淋巴细胞计数多少，只要血浆 HIV RNA > 100 000copies/ml 者。⑤AIDS 患者（继发感染被控制后）无论 CD4⁺T 淋巴细胞计数多少，均应进行治疗。

对无症状早期 HIV 感染者建议不用抗病毒治疗，但应给予随访及观察，积极处理各种并发症。在开始进行 HAART 前，如果患者存在严重的机会性感染，应控制感染后再开始治疗。

如无法检测 CD4⁺T 淋巴细胞数，且出现临床症状，外周血淋巴细胞总数 ≤ 1200/mm³ 时可以开始 HAART。

2. 抗逆转录病毒（antiretrovirus，ARV）药物　目前共有 5 大类 25 种药物通过美国 FDA 的认可并应用于临床，根据其作用环节的不同，分为核苷类逆转录酶抑制剂（nucleoside reverse transcriptase inhibitor，NRTIs）、非核苷类逆转录酶抑制剂（non-nucleoside reverse transcriptase inhibitor，NNRTIs）、蛋白酶抑制剂（protease inhibitor，PIs）、整合酶抑制剂及融合抑制剂（fusion inhibitors，FIs）。国内的抗逆转录病毒药物有核苷类逆转录酶抑制剂、非核苷类逆转录酶抑制剂和蛋白酶抑制剂三类，共 12 种：

（1）核苷类逆转录酶抑制剂

①替诺福韦（tenofovir，TDF）：成人：每次 300 mg，每日 1 次。不良反应：恶心、呕吐、腹泻、腹胀等，偶见肾功能损害和骨密度下降。有肾功能损害危险的患者应定期监测肌酐清除率、血磷和肾功能。对有病理性骨折或骨硬化症风险的患者，应进行骨密度等的监测。

②齐多夫定（zidovudine，AZT）：成人：每次 300 mg，每日 2 次。不良反应：a. 骨髓抑制、严重的贫血或中性粒细胞减少症；b. 胃肠道不适，恶心、呕吐、腹泻等；c. 肌酸激酶和丙氨酸转氨酶升高，乳酸酸中毒和（或）肝脂肪变性。

③拉米夫定（lamivudine，3TC）：成人：每次 150mg，每日 2 次，或每次 300mg，每日 1 次。

④阿巴卡韦（abacavir，ABC）：成人：每次 300mg，每日 2 次。

⑤双肽芝（combivir，AZT+3TC）：成人：每次 1 片，每日 2 次。

⑥三协唯（trizivir，AZT+3TC+ABC）：成人：每次 1 片，每日 2 次。

⑦去羟肌苷（didanosine，DDI）和司坦夫定（stavudine，d4T）：因脂肪重新分布等副作用目前应用逐渐减少。

（2）非核苷类逆转录酶抑制剂

①奈韦拉平（nevirapine，NVP）：成人：每次 200 mg，每日 2 次。在开始治疗的最初 14 天需先从治疗量的一半开始（每日 1 次），如无严重的不良反应才可以增加到足量（每日 2 次）。

②依非韦伦（efavirenz，EFV）：成人：每次 600 mg，每日 1 次，睡前服用。

（3）蛋白酶抑制剂

①印地那韦（indinavir，IDV）：成人：每次 800mg，每日 3 次，空腹服用。奈韦拉平、依非韦伦可引起印地那韦血浓度下降，与奈韦拉平、依非韦伦合用时，印地那韦剂量增至每次 1000mg，每日 3 次。服药期间，每日均匀饮水 1.5～2L。

②利托那韦（ritonavir，RTV）：成人在服药初至少用 2 周的时间将服用量逐渐增加至每次 600mg，每日 2 次。通常为第 1、2 天口服每次 300mg，每日 2 次，第 3～5 天口服每次 400mg，每日 2 次，第 6～13 天口服每次 500mg，每日 2 次。由于利托那韦可引起较重的胃肠道不适，大多数患者无法耐受本药，故多作为其他蛋白酶抑制剂类药物的激动剂。

③克力芝（kaletra，lopinavir/ritonavir，LPV/RTV）：成人每次 3 粒，每日 2 次（克力芝每粒含量：LPV 133.3mg，利托那韦 33.3 mg）；与去羟肌苷合用时，去羟肌苷应在本药服用前 1 小时或服用后 2 小时再口服。

3. 常用的高效联合抗逆转录病毒治疗方案（曾称"鸡尾酒疗法"，Cocktail Therapy） 初治患者推荐方案为2种核苷类逆转录酶抑制剂+1种非核苷类逆转录酶抑制剂；或2种核苷类逆转录酶抑制剂+1种蛋白酶抑制剂。基于我国可获得的抗病毒药物，对于成人及青少年初治患者抗病毒治疗方案为（预防母婴传播除外）：

(1) 一线推荐方案：TDF（AZT）+3TC + EFV（NVP）。

(2) 二线推荐方案：(AZT) TDF+3TC + 克力芝；或 3TC+ABC+NVP 等。

4. 疗效的评估

(1) 病毒学指标：治疗有效时血浆中病毒载量4周内应下降1个lg copies/ml以上，3~6个月应达到检测不出。

(2) 免疫学指标：治疗有效时3个月后 $CD4^+$ T淋巴细胞计数与治疗前相比增加30%，或治疗1年后 $CD4^+$ T淋巴细胞计数增长 $100/mm^3$。

(3) 临床症状：治疗有效时临床症状能够缓解，机会性感染的发生率降低。

5. 抗病毒治疗监测

(1) 病毒监测：未治疗的无症状HIV感染者建议每年检测一次病毒载量；初治、调整治疗方案前或调整治疗方案初期每4~8周检测一次；病毒载量达到检测不出后，每3~4个月检测一次；已接受抗病毒药物6个月以上、病毒持续抑制的患者，可每6个月检测一次。病毒载量抑制不理想或需调整治疗方案时须根据患者的具体情况决定。

(2) $CD4^+$ T淋巴细胞检测：一般建议对于 $CD4^+$ T淋巴细胞数 $> 350/mm^3$ 的HIV无症状感染者，每6个月检测一次；对已接受抗病毒药物治疗的患者在治疗的第一年内应每三个月检测一次；治疗一年以上且病情稳定可每半年检测一次。

6. 免疫重建炎性反应综合征（immune reconstitution inflammatory syndrome，IRIS） 是指AIDS患者在经抗病毒治疗后，免疫功能恢复过程中出现的一组临床综合征，主要表现为发热、潜伏感染的出现或原有的机会性感染在抗病毒治疗后加重或恶化。如结核病、卡氏肺孢子菌肺炎、巨细胞病毒感染、水痘-带状疱疹病毒感染及新型隐球菌感染等；在合并HBV及HCV感染时免疫重建炎性反应综合征可表现为病毒性肝炎的活动或加重。免疫重建炎性反应综合征多出现在抗病毒治疗后3个月内，须与原发或新发的机会性感染相鉴别。

出现免疫重建炎性反应综合征后应继续进行抗病毒治疗。原有机会性感染恶化的免疫重建炎性反应综合征通常为自限性，不用特殊处理可自愈；而潜伏感染出现的免疫重建炎性反应综合征需要进行针对性的抗病原治疗；严重者可短期应用糖皮质激素或非类固醇抗炎药控制。

（二）机会性感染的病原治疗

1. 卡氏肺孢子菌肺炎 复方磺胺甲基异噁唑（复方新诺明）3片/次，每日3~4次，口服，总量一天一般不超过12片，疗程2~3周。复方新诺明针剂剂量同上，每日3~4次，静脉滴注。克林霉素每次600~900mg，静脉注射，每日4次，或每次450mg，口服，每日4次。

2. 巨细胞病毒感染 更昔洛韦每日10~15mg/kg，静脉滴注；2~3周后改为每日5mg/kg，静脉滴注，也可口服。或膦甲酸钠每日180mg/kg，2~3周后改为每日90mg/kg，静脉滴注。可两者联用。

3. 白假丝酵母菌感染 可口服氟康唑，首日200mg，1次，后改为50~100mg，每日1次，疗程1~2周。局部口腔黏膜病变处可用制霉菌素局部涂抹。

4. 弓形虫病 乙胺嘧啶首剂100mg，此后50~75mg，每日1次，加用磺胺嘧啶每次1.0~1.5g，每日4次，疗程3周，重症患者和临床、影像学改善不满意者疗程可延长至6周以上。

5. 结核分枝杆菌感染 包括肺结核及结核性脑膜炎、胸膜炎和腹膜炎等，可采用链霉素、利福平和异烟肼等联合治疗，疗程应适当延长。

6. 鸟分枝杆菌感染　克拉霉素每次 500mg，每日 2 次，或阿奇毒素每次 600mg，每日 1 次，加用乙胺丁醇 15 mg/kg，每日 1 次。重症患者可同时联合应用利福布汀或阿米卡星 10mg/kg，每日 1 次，肌内注射，疗程 6 个月。

7. 隐球菌脑膜炎　可用两性霉素 B 联合 5-氟胞嘧啶（5-FC）治疗。两性霉素 B，第 1、2、3 天剂量分别为 1mg、2mg、5 mg，加入 5% 葡萄糖注射液 500ml 中缓慢静脉滴注（不宜用生理盐水，需避光），滴注时间不少于 6 小时。若无不良反应，第 4 天可增量至 10mg。以后每日增加 5mg，一般达 30～40mg/d（最高剂量 50mg/d），疗程 3 个月以上，总剂量为 2～4g。两性霉素 B 与 5-氟胞嘧啶合用具有协同作用。5-氟胞嘧啶每次 1.5～2.0g，每日 3 次。两者共同使用至少 8～12 周。

（三）其他

包括对症、支持、免疫调节和中医中药治疗等。卡波西肉瘤可用长春新碱、阿霉素和博莱霉素等治疗，亦可用放疗等。

九、预防

1. 控制传染源　患者及 HIV 携带者血、排泄物和分泌物应进行消毒。AIDS 进展期患者应注意隔离。

2. 切断传播途径

（1）杜绝不洁注射，严禁吸毒，不共用针头、注射器，如被 HIV 感染者用过的针头或器械刺伤，应在 2 小时内服用 AZT，时间 4 周。

（2）加强血制品管理：血液抗-HIV 阳性者应禁止献血、血浆、器官、组织和精液。

（3）加强与 HIV 及 AIDS 有关的性知识、性行为的健康教育。

（4）切断母婴传播：女性 HIV 感染者应尽量避免妊娠，防止母婴传播。HIV 感染的母亲所生婴儿应人工喂养。

3. 保护易感人群　在进行手术及有创检查前应检测 HIV 抗体。加强对吸毒、卖淫、嫖娼等高危人群的 HIV 感染监测。接触患者的血液或体液时，应戴手套、穿隔离衣。

（徐小元）

第四节　肾综合征出血热

肾综合征出血热（hemorrhagic fever with renal syndrome，HFRS）又称流行性出血热（epidemic hemorrhagic fever，EHF），是由汉坦病毒（Hanta virus，HV）引起的以鼠类为主要传染源的一种自然疫源性疾病。临床上以发热、出血、休克和肾损害为主要表现。典型病例病程分为发热期、低血压休克期、少尿期、多尿期及恢复期。其基本病理改变为全身广泛性的小血管和毛细血管损害。本病广泛流行于亚欧等许多国家和地区，我国是肾综合征出血热危害最为严重的国家，发病人数占全世界报道病例数的 90% 以上。近几年汉坦病毒的研究进展较快，该病毒分布区域不断扩大，新型或新亚型病毒以及新的动物宿主被不断发现，为其生物学特性研究及相关疾病的防控提出了新的挑战。

一、病原学

病原为汉坦病毒，属于布尼亚病毒科，汉坦病毒属。

1. 形态及结构　病毒呈圆形或卵圆形，直径为 80～120nm。病毒颗粒核心为单股负链 RNA 及核壳，外层为脂质双层包膜，外膜上有纤突。

2. 基因结构及抗原性　汉坦病毒基因组可分为大、中、小三个片段，分别编码病毒 RNA 聚合酶、膜糖蛋白（G_1 和 G_2）及核衣壳蛋白（NP）。核衣壳蛋白是病毒的主要结构蛋白之一，它包裹着病毒的各基因片段，G_1 和 G_2 糖蛋白构成病毒的包膜。核蛋白抗原性较强，能诱发宿主产生强的免疫反应，且其抗体出现早，可用于早期诊断。膜蛋白含中和抗原和血凝抗原，前者能诱生具有保护作用的中和抗体，后者引起低 pH 依赖性细胞融合，对病毒进入胞浆起重要作用。

3. 病毒分型　目前根据汉坦病毒基因结构和抗原性的不同，将汉坦病毒至少分为 40 个血清型/基因型，其中经 WHO 认定的型别包括：Ⅰ型汉滩病毒（Hantaan virus，HTNV）、Ⅱ型汉城病毒（Seoul virus，SEOV）、Ⅲ型普马拉病毒（Puumala virus，PUUV）、Ⅳ型希望山病毒（Prospect hill virus，PHV）、Ⅴ型辛诺柏病毒（Sinnombre virus，SNV）。其余型别包括：多不拉伐 - 贝尔格莱德病毒（Dobrava-Belgrade virus，DOBV）、图拉病毒（Tula virus，TULV）、索托帕拉雅病毒（Thottapalayam virus，TPMV）、安第斯病毒（Andes virus，ANDV）以及大别山病毒（Saaremaa virus SAAV）等。目前已证实至少 22 个型的汉坦病毒可引起人类疾病，其中Ⅰ、Ⅱ、Ⅲ型和多不拉伐 - 贝尔格莱德病毒等 7 个型的病毒可引起人类肾综合征出血热，Ⅴ型等 15 个型可引起汉坦病毒肺综合征（Hantavirus pulmonary syndrome，HPS），尚有 10 多个型汉坦病毒与人类疾病的关系还不太清楚。不同型别病毒对人的毒力不同，所引起的人类疾病的临床症状轻重也各不相同，其中Ⅰ型较重，Ⅱ型次之，Ⅲ型多为轻型，多不拉伐 - 贝尔格莱德病毒与Ⅰ型相类似。

不同型别的汉坦病毒在全球的分布也各不相同。Ⅰ型病毒由黑线姬鼠携带，主要在亚洲、东欧等地流行；Ⅱ型病毒呈全球分布，由家鼠及实验室大白鼠携带；Ⅲ型病毒主要在欧洲流行；Ⅳ型病毒由美国田鼠体内分离出，与人类疾病的关系尚不明确；Ⅴ型主要在美洲流行。目前我国已经发现了 7 种型别的汉坦病毒，但仍以汉滩型和汉城型病毒为主。

4. 生物学特性　汉坦病毒抵抗力弱。不耐热，56℃ 30 分钟或 100℃ 1 分钟即可灭活，4～20℃ 温度下相对稳定。不耐酸，pH 5.0 以下易灭活。对紫外线和脂溶剂如乙醚、氯仿、丙酮、乙醇、碘酊等均敏感。

二、流行病学

1. 传染源　该病动物宿主非常广泛，已发现 173 种陆栖脊椎动物感染病毒，我国发现有 60 多种动物携带该病毒。不同国家和地区存在不同鼠种，不同血清型病毒具有明确而严格的鼠种依赖性。在我国，主要的宿主动物和传染源为黑线姬鼠（野栖）、褐家鼠（家栖）、大林姬鼠（林区）等啮齿类动物。其他动物如猫、狗、家兔、鼩鼱等亦可携带病毒。带病毒的动物可经粪、尿及唾液排毒，尿排病毒时间可长达 1 年。患者病程早期亦可携带病毒，但人不是主要的传染源。

2. 传播途径

（1）呼吸道传播：鼠类排泄物如尿、粪、唾液等污染空气后形成气溶胶，然后通过呼吸道传播而引起人体的感染。

（2）消化道传播：进食被鼠排泄物污染的食物而受染。

（3）接触传播：鼠咬伤或皮肤、黏膜接触带病毒的动物或其排泄物而受染。

（4）垂直传播：孕妇感染本病毒后，通过母体垂直传播给胎儿。

（5）虫媒传播：曾有报告寄生于鼠类身上的革螨或恙螨具有传播作用。

3. 人群易感性　人群普遍易感。本病隐性感染率低，为 2.5%～4.3%，感染后大多发病并获得稳定的免疫力。

4. 流行特征

(1) 季节性和周期性：一年四季均可发病，但有明显的季节高峰，与鼠的活动、密度、与人的接触机会有关。黑线姬鼠（野鼠）传播者以冬春季（11月至次年1月）为高峰，5—7月为小高峰。家鼠传播者以 3—5 月为高峰。野鼠传播者发病有周期性，间隔数年有一次大流行，家鼠传播者周期性不明显。

(2) 地区性：本病的发生遍及世界各地，疫区主要分布于亚洲，其次为欧洲和非洲，美洲病例较少。在目前世界上 32 个发病国家和地区中，我国疫情最重，其次为俄罗斯、韩国和芬兰。我国的流行趋势是老疫区病例逐渐减少，新疫区病例则不断增加。

(3) 人群分布：以男性青壮年农民和工人发病较多，发病的多少与接触传染源的机会多少有关。

三、发病机制及病理

（一）发病机制

汉坦病毒进入人体后随血流侵入血管内皮细胞、骨髓、肝、脾、肺、肾及淋巴结等组织，进一步增殖后再释放入血引起病毒血症，从而出现发热及毒血症症状。病毒及其引起的免疫损伤可造成全身小血管及多数脏器的损伤。主要损害机制包括：

1. 病毒直接致病作用　病毒侵入人体可致患者早期发生病毒血症，出现发热及毒血症等中毒症状。不同血清型病毒感染引起的病变及临床症状轻重程度不等，说明其毒力强弱与病变程度相关。在肾综合征出血热患者有病变的血管内皮细胞及脏器中均可检出病毒抗原，且病变部位和程度与病毒抗原的分布一致。体外培养结果表明，病毒可在正常人骨髓细胞和血管内皮细胞内复制、增殖。但病毒的直接作用并非唯一因素，病毒侵入仅为本病发病的启动因子，其诱发机体的免疫应答亦是重要的发病因素。

2. 免疫介导损伤

(1) 免疫复合物引起的损伤（Ⅲ型变态反应）：病毒抗原与机体产生的相应特异性抗体结合，形成特异性免疫复合物，沉积在小血管壁、血小板、肾小球基底膜、肾小管及肾间质血管，激活补体造成相应病变。此反应是使血管及脏器损伤的重要因素。

(2) 其他免疫反应

1) 变态反应：依据为：① 本病早期特异性 IgE 抗体升高，其上升水平与肥大细胞脱颗粒阳性率呈正相关，提示存在Ⅰ型变态反应。②患者血小板中存在免疫复合物，电镜下肾小管基底膜存在线状 IgG 沉积，提示临床上血小板的减少和肾小管的损害与Ⅱ型变态反应有关。③电镜观察发现淋巴细胞攻击肾小管上皮细胞，据此认为病毒可以通过细胞毒 T 细胞的介导损伤机体细胞，提示存在Ⅳ型变态反应。

2) 细胞免疫反应：多数研究表明肾综合征出血热患者急性期外周血 $CD8^+$ 细胞明显升高，CD_4^+/CD_8^+ 比值下降或倒置，抑制性 T 细胞（suppvessor T cell, Ts）功能低下，细胞毒性 T 淋巴细胞明显升高，且重型患者比轻、中型增加显著。细胞毒性 T 淋巴细胞的功能为分泌细胞毒素诱导细胞凋亡以及直接杀伤靶细胞。在患者肾尸检标本中能发现有大量 $CD8^+$ T 细胞积聚。

3) 细胞因子和介质的作用：汉坦病毒能诱发机体的巨噬细胞和淋巴细胞等释放各种细胞因子和介质，引起临床症状和组织损害。白细胞介素 -1（IL-1）、肿瘤坏死因子（tumor necrosis factor, TNF）、血浆内皮素和血栓素 B_2 等可引起休克，导致肾血流量减少和脏器损伤，是引起和加重肾及多脏器功能障碍的重要原因。IL-1 和 TNF 能引起发热，TNF 能引起休克和器官衰竭。血浆内皮素、血管紧张素-Ⅱ等的升高能显著减少肾血流量和肾小球滤过率，促进肾衰竭的发生。T 淋巴细胞亚群及 IL-6 和 IL-10 也起重要作用。

（二）病理生理

1. 休克　病程早期出现的低血压休克称为原发性休克，发生的主要原因是血管通透性增加，大量血浆外渗致使血容量不足。少尿期后发生的休克称为继发性休克，与大出血、继发感染及水、电解质紊乱等因素有关。

2. 出血　血管壁的损伤、血小板减少和功能障碍、肝素类物质增加和弥散性血管内凝血所致的凝血机制异常是主要原因。

3. 急性肾衰竭　其原因包括肾血流量不足，肾小球和肾小管基底膜的免疫损伤，肾间质水肿和出血，肾小球微血栓形成和缺血性坏死，肾素、血管紧张素Ⅱ的激活，以及肾小管管腔被蛋白、管型所阻塞等。

（三）病理解剖

1. 血管病变　本病的基本病变是全身小血管的广泛损伤，小动脉、小静脉和毛细血管内皮细胞肿胀、变性和坏死。管壁呈不规则收缩和扩张，最后呈纤维素样坏死和崩解，管腔内可有微血栓形成。由于广泛性小血管病变和血浆外渗使周围组织水肿和出血。

2. 肾　病变最为明显，外观明显肿大、水肿、充血及出血，切面见皮质苍白，髓质明显充血、出血及水肿。显微镜下可见肾小管上皮细胞变性，肾小球充血，基底膜增厚，肾间质水肿、出血、充血及炎症细胞浸润甚至纤维化，使肾小管受压变窄甚至闭塞。

3. 其他脏器　肉眼可见右心房内膜下广泛出血，甚至可达肌层或心外膜下。镜检心肌纤维有不同程度的变性、坏死，部分可断裂。脑垂体肿大，前叶有显著充血、出血和凝固性坏死。肝、胰和脑实质有充血、出血和细胞坏死。

4. 免疫组化检查　小血管、毛细血管的内皮细胞及肺、肝、肾、肾上腺、脑、胸腺、淋巴结、胃、肠、胰等脏器组织中均能检出汉坦病毒抗原。

四、临床表现

潜伏期一般为 7～14 日。

（一）临床分期及表现

典型临床经过分为五期，即发热期、低血压休克期、少尿期、多尿期及恢复期。非典型和轻型病例可以出现越期现象，而重型患者则可出现发热期、休克期和少尿期之间互相重叠。

1. 发热期

（1）发热及中毒症状：起病急剧，体温多在 39～40℃，为稽留热或弛张热，热程多在 3～7 天，个别可在 10 天以上，体温高、病程长者病情重。伴全身疼痛，尤以头痛、腰痛、眼眶痛（三痛征）最著。头痛为脑血管扩张充血所致，腰痛与肾周围组织充血、水肿以及腹膜后水肿有关，眼眶痛是眼周围组织水肿所引起的。常伴有食欲减退、恶心、呕吐、腹痛及腹泻等消化道中毒症状，可因剧烈腹痛、腹部压痛及反跳痛而被误诊为急腹症，亦可因腹泻或黏液血便诊断为中毒性细菌性痢疾。重症患者出现嗜睡、烦躁、谵妄及抽搐等神经精神症状。

（2）血管病变：毛细血管损害主要表现为皮肤和黏膜的充血、出血和渗出水肿，是早期较突出的体征。患者的颜面、颈部及上胸部出现明显的充血潮红，即"三红"征，重者呈酒醉貌。黏膜充血见于眼结膜、软腭和咽部。皮肤出血多见于腋下和胸背部，常呈条索点状或搔抓样瘀点。软腭黏膜可见针尖样出血点，眼结膜呈片状出血。少数患者有鼻出血、咯血、黑便或血尿。渗出水肿征表现为球结膜水肿,轻者眼球转动时结膜有涟漪波,重者球结膜呈水泡样,甚至突出眼裂(金鱼眼)。部分患者会出现腹水。

(3)肾损害:本期肾损害较轻,发热一两日即可有蛋白尿、血尿,尿量轻度减少,尿中有红细胞、白细胞及管型等。重症者常突然出现大量蛋白尿,尿中有膜状物。

2. 低血压休克期　一般发生于病程的4~6日,多数患者发热末期或热退同时出现血压下降,少数热退后发生。本期持续时间长短与病情轻重、治疗措施是否及时和正确有关。一般血压开始下降时四肢尚温暖,若血容量继续下降则表现为脸色苍白、四肢厥冷、脉搏细弱或不能触及以及尿量减少。当脑供血不足时可出现烦躁、谵妄。少数顽固性休克患者,由于长期组织灌注不良而出现发绀,并促进弥散性血管内凝血、脑水肿、急性呼吸窘迫综合征(ARDS)和急性肾衰竭的发生。

3. 少尿期　少尿期一般发生于病程的5~8日,常继低血压休克期而出现,亦可与低血压休克期重叠或由发热期直接进入此期。与休克期重叠的少尿应与肾前性少尿相区别。

(1)少尿或无尿:24小时尿量少于400ml为少尿,少于50ml为无尿。少尿程度通常与肾损害程度平行,但部分患者可无少尿现象而出现氮质血症,称为无少尿型肾衰竭。

(2)尿毒症、酸中毒和电解质紊乱:血尿素氮、肌酐上升,有厌食、恶心、呕吐、腹胀及腹泻等症状,可因低血钠或高血钾而出现乏力及心律失常,酸中毒时有呼吸加快或深长。

(3)出血:此期一些患者由于弥散性血管内凝血、血小板功能障碍或肝素类物质增加而出血现象加重,表现为皮肤瘀斑增加、鼻出血、便血、呕血、血尿等,少数患者出现颅内出血及其他内脏出血。

4. 多尿期　多出现在病程第9~14日,此期肾小管功能尚未恢复,血尿素氮等潴留物质可导致高渗性利尿作用从而引起多尿。根据尿量和氮质血症情况此期可分为三期:

(1)移行期及多尿早期:尿量可增加至每日2000ml,但肾小管功能尚未恢复,血尿素氮及肌酐仍异常或继续升高,症状及病情仍严重,仍可发生死亡。

(2)多尿后期:尿量不断增加至每日3000ml以上,甚至多达10 000ml以上。氮质血症及临床症状均逐渐好转,但亦存在因多尿造成的水、电解质紊乱,如脱水、低钾、低钠等,亦可发生继发感染及多脏器衰竭等并发症。

5. 恢复期　多数患者于病后3~4周肾的浓缩功能开始恢复,尿量逐渐降至3000ml/d以下,一般尚需1~3个月体力及精神才能全面恢复。少数患者可遗留高血压、肾功能障碍、心肌劳损及垂体功能减退等症状。

(二)临床分型

根据发热高低、中毒症状轻重和出血、休克、肾功能损害的严重程度,本病可分为五型。

1. 轻型　体温39℃以下,中毒症状轻,除出血点外无其他出血现象,肾损害轻,无休克和少尿。

2. 中型　即普通型,最多见。体温39~40℃,中毒症状较重,有明显球结膜水肿,病程中收缩压低于90mmHg或脉压小于26mmHg。有明显出血及少尿,尿蛋白(+++)。

3. 重型　体温≥40℃,中毒症状及渗出严重,可出现中毒性神经精神症状。有皮肤瘀斑和腔道出血,休克及肾损害严重,有明显出血及少尿,少尿持续5日以内或无尿2日以内。

4. 危重型　在重型基础上出现以下情况之一者,如难治性休克、重要脏器出血,少尿超出5日或无尿2日以上,以及血尿素氮高于42.84mmol/L,出现心力衰竭、肺水肿、脑水肿、脑出血或脑疝等中枢神经并发症,及严重感染。

5. 非典型型　发热38℃以下,皮肤、黏膜可有散在出血点,尿蛋白(±),血、尿特异性抗原或抗体阳性。

五、并发症

多发生在低血压休克期、少尿期，多尿期亦可发生，是引起本病死亡的重要原因。

1. 内脏出血 可有呕血、便血、咯血、血尿、阴道出血或自发性肾破裂引起的腹腔及腹膜后出血。

2. 中枢神经系统并发症 可引起高血压脑病、脑膜炎、脑膜脑炎、脑水肿、脑疝或脑出血。

3. 肺水肿

（1）心力衰竭性肺水肿：由高血容量综合征或心肌损害引起，主要由于心功能不良及肺泡内大量渗出致肺水肿。

（2）急性呼吸窘迫综合征：系由于严重肺间质水肿引起的急性呼吸衰竭，表现为呼吸急促、缺氧、发绀，血气分析显示氧分压及氧饱和度明显降低，肺泡动脉分压上升，可因呼吸衰竭死亡。

4. 继发感染 可引起呼吸道、消化道或泌尿道感染，亦可引起败血症，多为细菌感染，亦可引起真菌感染。

5. 重要脏器损伤 可引起心肌损害、肝病变甚至多个脏器病变及多脏器衰竭。严重病例可合并弥散性血管内凝血。亦可发生多种眼部并发症，如眼压升高、各种眼炎等而导致视力下降。

6. 高血容量综合征 发生在少尿期，因少尿、水潴留引起，表现为全身水肿、体表静脉充盈、高血压及脉搏洪大，可出现心力衰竭、肺水肿、脑水肿甚至脑疝，引起死亡。

六、实验室检查

1. 血象 其变化与病期及病情轻重有关。白细胞计数于第3病日后逐渐升高，可高达 $(15\sim30)\times10^9/L$ 或更高，早期中性粒细胞升高，重症患者可见幼稚细胞，呈类白血病反应。病程第4~5日后淋巴细胞升高，并可出现异型淋巴细胞。血小板低于 $100\times10^9/L$，并可见异型血小板。病程早期因血容量不足与血液浓缩，可出现血红蛋白及红细胞增加。

2. 尿检查 尿外观可见小片状膜样物，系由尿蛋白及脱落的上皮细胞凝聚而成。尿蛋白多在（+++~++++），显微镜下可见管型、红细胞及巨大融合细胞，巨大融合细胞内可检出病毒抗原。

3. 血液生化检查 多数患者的血尿素氮（blood urea nitrogen，BUN）和肌酐于低血压休克期开始上升，少数于发热期开始升高。发热期以呼吸性碱中毒多见，与发热换气过度有关。休克期和少尿期以代谢性酸中毒为主。血钠、氯、钙在本病各期多数降低，而血钾在发热期和休克期处于低水平，在少尿期升高，多尿期又降低。

4. 凝血功能检查 发热期开始血小板减少，其黏附、凝聚和释放功能降低。若出现弥散性血管内凝血，血小板常在 $50\times10^9/L$ 以下，高凝期则凝血时间缩短，消耗性低凝期则纤维蛋白原降低，凝血酶原时间延长和凝血酶时间延长。进入纤溶亢进期则出现纤维蛋白降解物（fibrinogen degradation product，FDP）升高。

5. 免疫学检查 免疫学检查为确诊本病的重要方法。

（1）特异性抗体检测：在第2~4病日即能检出特异性IgM抗体。1周后IgG抗体滴度4倍或以上升高具有诊断价值。

（2）特异性抗原检测：常用免疫荧光法或ELISA法，胶体金法更为敏感。早期患者的血清及周围血中性粒细胞、单核细胞、淋巴细胞以及尿沉渣细胞均可检出汉坦病毒抗原。

6. 分子生物学检查 可采用逆转录PCR（reverse transcription PCR，RT-PCR）法对汉坦

病毒进行基因检测，该方法有助于对早期和非典型患者进行快速诊断。

7. 病毒分离　将发热期患者的血清、血细胞和尿液等接种于 Vero-E6 细胞或 A549 细胞可分离出汉坦病毒。

8. 其他检查　约 50% 的患者血清 ALT 升高，少数患者血清胆红素升高。心电图检查可有心律失常、心肌受损及高血钾或低血钾引起的改变。胸部 X 线检查可见肺水肿、胸腔积液等表现。脑水肿患者可见视盘水肿。

七、诊断及鉴别诊断

（一）诊断

主要依靠临床特征性症状和体征，结合实验室检查，参考流行病学史进行诊断。

1. 流行病学资料　是否在疫区居住或在潜伏期内到过疫区，是否在发病季节发病及是否有鼠接触史，都可能为诊断提供重要线索和依据。

2. 临床特征　早期有发热、出血、三痛症状（头痛、腰痛、眼眶痛）和三红体征（面红、颈红及上胸部充血潮红）；典型病例有发热期、低血压休克期、少尿期、多尿期和恢复期五期经过。

3. 实验室检查　出现血液浓缩、血小板减少及出现异型淋巴细胞。尿蛋白大量出现，镜检有红细胞、白细胞及管型。血清、白细胞和尿沉渣细胞中检出病毒抗原和血清中检出特异性 IgM 抗体或间隔 1 周以上血清 IgG 抗体 4 倍上升可以确诊。RT-PCR 法检测汉坦病毒 RNA 可用于早期诊断及分型。

（二）鉴别诊断

发热期应与上呼吸道感染、败血症、急性胃肠炎和细菌性痢疾等鉴别；休克期应与其他感染性休克鉴别；少尿期则应与急性肾炎及其他原因引起的急性肾衰竭相鉴别；出血明显者须与消化性溃疡出血、血小板减少性紫癜和其他原因所致的弥散性血管内凝血相鉴别；腹痛者应与外科急腹症鉴别。此外，还应与以下疾病鉴别：

1. 黄疸出血型钩端螺旋体病　其特点为有疫水接触史，有腓肠肌痛及压痛，淋巴结肿大及压痛，尿常规检查有明显改变，肾损害明显，白细胞增加，红细胞沉降率加速，血培养可检出钩端螺旋体。钩体血清学反应阳性。

2. 败血症　有原发性化脓性病灶或迁徙性病灶，白细胞显著增多，休克出现较早，血培养可阳性，抗生素治疗有效。

3. 埃博拉出血热（Ebola hemorrhagic fever）　是由埃博拉病毒引起的急性传染病，其传染性十分强烈，死亡率很高。此病典型病例的症状包括：突然起病，流感样发热，头痛、胸痛、肌痛和咽痛，半数以上患者有咳嗽，通常在 6～7 天出现麻疹样皮疹，约 70% 患者在起病数天后发生轻重不一的出血倾向，包括鼻出血、咯血、呕血等。90% 的死亡病例有明显出血倾向，致死原因包括肝、肾、心、肺衰竭，以及大量出血等。

八、治疗

本病的治疗原则为三早一就（早发现、早诊断、早治疗、就近医治），把好五关（休克关、尿毒症关、高血压容量关、大出血关、继发感染关）。早期合理治疗可显著减少并发症，降低病死率。

（一）发热期

治疗原则为抗病毒、减轻血浆外渗、改善中毒症状和预防弥散性血管内凝血。

1. 补液治疗　由于高热、食欲减退、呕吐、腹泻加上血浆外渗，常导致血容量不足，如不注意补液，易发生低血压休克。一般以前一日尿量和额外损失量加 1000～1500ml 作为当天的补液量，以输晶体溶液为主，适当补钾。如渗出明显、血压不稳，可适量输入胶体溶液。

2. **抗病毒治疗** 利巴韦林能抑制病毒核酸合成，早期应用可能有一定效果。常用量每日 750～1000mg 加入 250～500ml 液体中静脉滴注，连用 3～5 天。早期亦可试用干扰素。

3. **对症治疗** 高热时予以物理降温，禁用大量退热药，以防因多汗进一步使血容量减少；中毒症状严重者可予以地塞米松 5～10mg/d 或氢化可的松 100～200mg/d 加入葡萄糖液内静脉滴注，有非特异性消炎及保护血管壁作用，可减轻炎症渗出和水肿，减少组胺、5-羟色胺和内源性致热源等物质的释放，减轻对血管的损伤，且有助于降温及减轻中毒症状。

4. **防治弥散性血管内凝血** 予以适量低分子右旋糖酐或丹参注射液静脉滴注；高热、中毒症状和渗出表现严重者，应定期监测凝血功能，如凝血时间试管法小于 3 分钟或部分凝血活酶时间小于 34 秒者为高凝状态，予以小量肝素抗凝。肝素剂量为每次 0.5～1mg/kg，于 6～12 小时内缓慢静脉滴注，并观察凝血时间，如试管法凝血时间大于 25 秒，应暂停一次，疗程 1～3 日。

（二）低血压休克期

治疗原则为积极补充血容量、注意纠正酸中毒和改善微循环。

1. **积极补充血容量，疏通微循环及降低血液黏稠度** 应早期、快速、适量补充平衡盐和胶体液，一般晶体与胶体液比例为 3∶1 即可，如渗出严重或血压难以纠正可酌情增加胶体液的比例。可选用的胶体液包括低分子右旋糖酐、血浆或白蛋白。渗出严重者使用低分子右旋糖酐，24 小时用量不得超过 1000ml。重症患者应用血浆或人血白蛋白等胶体液。本期因多伴有血液浓缩，故不宜输全血。

2. **纠正酸中毒** 休克状态下组织缺氧、乳酸积聚、小血管张力降低，常需吸氧，并输入适量的 5% 碳酸氢钠溶液以纠正酸中毒。

3. **血管活性药物** 扩充血容量及纠正酸中毒后，血压仍不上升，应及时应用血管活性药物以调节血管舒缩功能及提高血压。多巴胺 10～20mg 加入 10% 葡萄糖液内静脉点滴。亦可用山莨菪碱（654-2）0.3～0.5mg/kg 静脉注射，剂量可逐渐增加。

4. **强心剂** 当血容量基本补足，而心率仍在 140 次/分以上并考虑存在心功能不全时，可选用毛花苷 C（西地兰）等进行强心治疗。

5. 可短期应用糖皮质激素如地塞米松，10mg/d 静脉滴入，有利于纠正休克。

（三）少尿期

治疗原则为稳（稳定内环境）、促（促进利尿）、导（导泻）、透（透析）。

1. **稳定内环境** 由于部分患者少尿期与休克期重叠，因此，少尿早期须与休克所致肾前性少尿相鉴别。若尿比重 > 1.02，尿钠 < 40mmol/L，尿 BUN 与血 BUN 之比 > 10∶1，应考虑肾前性少尿。可静脉输入液体补充血容量，并观察尿量。如仍少尿则为肾实质损害所致少尿，此时应严格控制输入量。每日补液量为前一日尿量和呕吐量加 500～700ml。为防止高分解状态应补充足够的热量。主要输入高渗葡萄糖液（含糖量 200～300ml），以减少体内蛋白质分解，控制氮质血症。必要时加入适量胰岛素。

2. **促进利尿** 少尿初期可应用 20% 甘露醇 125ml 静脉快速滴注，以减轻肾间质水肿。用后利尿效果明显者可重复应用一次，但不宜长期大量应用。常用的利尿药物为呋塞米（速尿），可从小量开始，逐步加大剂量至每次 100～300mg，直接静脉推注或小壶。效果不明显时尚可适当加大剂量。亦可应用血管扩张剂如酚妥拉明每日 10mg，或山莨菪碱每日 10～20mg，每日 2～3 次，静脉推注或小壶。

3. **导泻** 可用桃仁承气汤或 20% 甘露醇口服，使体内潴留的液体及部分代谢产物从肠道排出，以缓解高血容量综合征和氮质血症。消化道出血时忌用。亦可应用硫酸镁或中药大黄煎水口服。有透析指征而不具备透析设备条件时，亦可采用导泻疗法。

4．**透析治疗** 通常采用血液透析或床旁血液滤过。应用腹膜透析较简便，可在基层开展，但透析中蛋白丢失较多，且可能引起腹腔出血和继发感染。血液透析和血液滤过收效较快。目前多主张早期给予血液净化治疗，凡有下述情况之一者即可考虑：①少尿5天或无尿2天以上。②尿素氮大于30.7mmol/L（85mg/dl），或每天上升7.15mmol/L（20mg/dl）以上。③血钾≥6.5mmol/L，且有明显高血钾心电图表现者。④有肺水肿、脑水肿、高血压等高血容量综合征表现。⑤严重酸中毒，且不能为碱性溶液纠正者。

（四）多尿期

此期尿量逐渐增多，氮质血症亦逐渐减轻，但因抵抗力低下，易继发感染，故应加强护理，改善营养。排尿过多有时会导致脱水和电解质紊乱，需适量补充水和电解质。少数患者虽出现多尿，但尿素氮却继续上升，仍应按少尿期急性肾衰竭处理。

（五）恢复期

主要是补充营养、适当休息、注意锻炼、促进体力的恢复。少数患者遗留有高血压、腰痛、神经衰弱等症状，可进行对症处理。

（六）并发症治疗

1．**消化道出血** 如有明显出血倾向应输以凝血酶原复合物、新鲜血小板或新鲜血，若有纤溶亢进可静脉滴注氨甲环酸250～500mg或氨甲环酸100～300mg，若血浆游离肝素增多可静脉推注鱼精蛋白50～100mg。

2．**心力衰竭、肺水肿** 应立即减慢输液速度或停止输液，取半卧位，吸氧，静注强心药物或缓慢滴注硝普钠，并作好血液透析的准备。

3．**ARDS** 应静注地塞米松10～20mg、静脉滴注白蛋白10～20mg以减轻肺间质水肿，还可采用呼气末正压通气促进肺泡舒张。

4．**继发感染** 如并发感染，应及时应用青霉素类、头孢菌素类或氟喹诺酮类抗菌药物。

九、预防

1．**疫情监测** 由于新疫区不断扩大，因此应作好鼠密度、鼠带病毒率、易感人群等监测工作。

2．**管理传染源** 用药物及机械等方法灭鼠。

3．**切断传播途径** 注意个人、饮食及环境卫生。灭螨及防螨。

4．**提高人群特异性免疫力** 流行地区易感人群须注射疫苗。在我国因主要系Ⅰ、Ⅱ型感染，故应注射双价疫苗。目前已研制出双价沙鼠肾细胞疫苗，注射4次（0日、7日、28日及1年时加强），特异性抗体产生率为90%以上，可维持2～3年。亦可3次注射（0日、14日及半年时加强），可取得同样效果。首次注射1周后即可出现抗体，故可应急接种。

附 汉坦病毒肺综合征

汉坦病毒肺综合征（Hantaan virus pulmonary syndrome，HPS）于1993年5月在美国西南部的新墨西哥、亚利桑那、科罗拉多和犹他州所交界的四角地区暴发，是一种由新血清型汉坦病毒感染引起的以ARDS为主要临床表现的急性发热性疾病。目前美国30个州均有本病例出现。除美国外，美洲的加拿大、巴西、巴拉圭、阿根廷、智利、玻利维亚以及欧洲的德国、前南斯拉夫、瑞典和比利时等国均报道了HPS病例。鉴于本病除肺水肿外可出现心力衰竭，所以北美等国又称本病为汉坦病毒心肺综合征（Hantavirus cardiopulmonary syndrome，HCPS）。本病病情危重，病死率高达52%～78%。我国目前虽未发现HPS病例，但存在HPS发生和流行的危险性。

一、病原学

本病病原为一种新型汉坦病毒，被命名为无名病毒或辛诺柏病毒（Sin Nombre virus，SNV）。SNV 呈粗糙的圆球形，平均直径 112nm，有致密的包膜及细的表面突起。根据病毒核苷酸序列测定结果，目前认为引起 HPS 的病原至少有 6 种以上，除 SNV 外，还包括纽约病毒（New York virus，NYV）、纽约 I 型病毒（NYV-1）、长沼病毒（Bayou virus）、黑渠港病毒（Black Creek Canal virus，BCCV）以及安第斯病毒（Andes virus）等。

二、流行病学

传染源主要为鹿鼠、白足鼠、棉鼠等鼠类，患者是否可成为传染源尚无定论。人类主要通过吸入携带病毒的鼠类排泄物如唾液、尿、粪等形成的气溶胶而感染，另外也可通过破损的皮肤和黏膜、摄入被污染的水或食物或被啮齿动物咬伤而感染。亦有报道存在人与人之间的传播。流行区的人群普遍易感，大部分患者居住于农村。一般流行于春夏季，4—7 月为主，秋季亦有发生。

三、发病机制

尚未完全明确，目前认为是病毒对细胞的直接损害或病毒介导的免疫反应导致细胞及脏器受损。肺是本病的主要靶器官，肺毛细血管内皮细胞是 HPS 相关病毒感染的主要靶细胞，感染后导致肺毛细血管通透性增加，大量血浆渗入肺间质和肺泡内，引起非心源性肺水肿，临床上出现呼吸窘迫综合征。免疫组化检查发现，病毒抗原广泛分布于肺毛细血管内皮细胞及心、肾、胰、肾上腺和骨骼肌等细胞内。

四、临床表现

潜伏期估计为 4～30 天（平均为 7～14 天）。本病可分为三期：

1. 前驱期　有畏寒、发热（38～40℃）、头痛、肌痛、乏力等中毒症状，亦可有恶心、呕吐、腹痛及腹泻等消化道症状。症状平均持续 4 天。

2. 心肺期　多在病后 2～3 天迅速出现咳嗽、气促及呼吸窘迫。体检有发绀、呼吸和心率加快，肺部可闻及湿啰音。严重者出现低血压、休克、心律失常及循环、呼吸衰竭。可由于肺水肿及呼吸、循环衰竭死亡。患者没有肾综合征出血热特征性的结膜出血、瘀斑和皮肤潮红等表现。多数患者从发病至死亡时间平均为 3～7 天。

3. 恢复期　呼吸平稳，缺氧纠正，体力亦逐渐恢复。一般无后遗症。

由辛诺柏病毒、纽约病毒和纽约 I 型病毒引起者一般无肾损害，而由长沼病毒和黑渠港病毒引起者可有肾损害并引起少尿。

本病预后极差，病死率高达 50%～78%。

五、诊断

居住地是否有本病及是否到过疫区；有上述临床表现；HPS 相关病毒的特异性 IgM 抗体阳性或 IgG 抗体效价逐步升高，或用 RT-PCR 法检测到血清、血浆和单个核细胞中存在病毒 RNA，为确诊依据。

六、治疗

1. **对症支持治疗** 应隔离患者。做好病情监护。注意维持水、电解质、酸碱平衡。呼吸困难时应及时给氧,必要时应用人工呼吸机。及时纠正低血压。
2. 美国 CDC 批准早期试用利巴韦林抗病毒治疗,但并无确切疗效。

(段钟平 陈 煜)

第五节 流行性乙型脑炎

流行性乙型脑炎(epidemic enciphalitits B)简称乙脑,是由嗜神经的乙脑病毒所致的急性中枢神经系统传染病,属于人兽共患的自然疫源性疾病。经蚊等吸血昆虫传播,流行于夏秋季,多发生于儿童,临床上以高热、意识障碍、惊厥、呼吸衰竭及脑膜刺激征为特征。部分患者留有严重后遗症,重症患者病死率较高。

一、病原学

乙脑病毒系虫媒病毒,属于黄病毒科(*Flaviviridae*),黄病毒属(*Flavivirus*)。黄病毒成员之间存在着不同程度的血清学抗体交叉反应,而抗原组内不同病毒之间交叉反应更为严重。

1. **形态和结构** 呈球形,有包膜,直径 20～30nm,为 20 面体结构。基因是正链单股 RNA,全长约 11kb。乙脑病毒的基因组只有一个开放读码框,其编码是由 3 个 432 个氨基酸组成的多聚蛋白前体,该多聚蛋白前体在宿主细胞内,包装于病毒核衣壳中,外层为脂膜(包膜)。病毒基因组编码核衣壳蛋白(C 蛋白)、膜蛋白(M 蛋白)、包膜蛋白(E 蛋白)、非结构蛋白(NS1～NS5)。其中 E 蛋白是病毒的主要抗原成分,由它形成的表面抗原决定簇具有血凝活性和中和活性,同时还与多种重要的生物学活性密切相关。
2. **抗原性** 乙脑病毒的抗原性比较稳定,人和动物感染后可产生补体结合抗体、血凝抑制抗体和中和抗体。对这些特异性抗体的检测有助于临床诊断和流行病学调查。
3. **生物学特性** 本病毒在外界环境中抵抗力不强,56℃ 30 分钟或 100℃ 2 分钟即可灭活。对各种常用消毒剂如乙醚、乙醇、丙酮及甲醛都很敏感,但对低温和干燥的抵抗力很强,用冰冻干燥法在 4℃ 冰箱中可保存数年。已知在蚊体内繁殖的适宜温度为 25～30℃。乙脑病毒能在乳鼠脑组织中传代,亦能在鸡胚、猴肾细胞及 Hela 等细胞内生长增殖,在细胞的核内和胞质内都有病毒核酸。

二、流行病学

乙脑于 1935 年在日本发现,故又称为日本乙型脑炎。我国 1940 年从脑炎死亡患者的脑组织中分离出乙脑病毒,证实本病存在。我国是乙脑高流行区,在 20 世纪 60 年代和 70 年代初期全国曾发生大流行,70 年代以后随着大范围接种乙脑疫苗,乙脑发病率明显下降,近年来发病率维持在较低的水平。近几年全国乙脑报告病例数每年在 5000～10 000 例,但局部地区时有暴发或流行。

1. **传染源** 乙脑是一种自然疫源性疾病。人和动物(猪、牛、羊、马、驴、狗、猫、鸡、鸭、鹅等)感染乙脑病毒后可发生病毒血症,成为传染源。但人感染人后病毒血症期短暂,且血中病毒量很少,故患者不是本病的主要传染源。动物中家禽及家畜特别是猪感染数量最多,每年大批新生猪及幼猪被蚊子叮咬后产生病毒血症,血内病毒效价高达 1:1000,因此猪为流行性乙型脑炎的主要传染源。猪感染率为100%，马及驴为94%，狗为66%。猪的感染高峰期比人类的流行高峰早1～2个月。因此在人群出现流行前检查猪的乙脑病毒感染率，能预测当年乙脑在人群中的流行强度。

2. 传播途径　本病主要通过蚊虫叮咬传播。国内研究证明，三带喙库蚊是本病的主要传播媒介。其他蚊种，如伊蚊、按蚊中的某些种均可成为本病的传播媒介。蚊虫吸血后，病毒先在其肠道内增殖，然后移行至蚊唾液腺，经叮咬传播给人或动物，再由动物感染更多的蚊虫。蚊虫感染乙脑病毒后，不仅可带病毒越冬，而且病毒可经蚊卵传代，从而成为乙脑病毒的长期储存宿主。此外，在华东地区从蠛蠓和库蠓中也分离到病毒，它们也可成为本病的传播媒介。

3. 人群易感性　人群对乙脑病毒普遍易感，感染后多数呈隐性感染，显性发病与隐形感染之比为1∶1000～1∶2000。感染后可获得持久免疫力。病例主要集中在10岁以下的儿童，以2～6岁组发病率最高，大多数成人因隐性感染而获得持久免疫力，婴儿可从母体获得抗体而具有保护作用。近年来由于儿童和青少年广泛接种疫苗，成人和老年人的发病率则相对增加。

4. 流行特征　东南亚和西太平洋地区是乙脑的主要流行区。我国是乙脑高流行区，除东北、青海、新疆及西藏外均有本病流行。本病在热带地区（如印度、马来西亚等）全年均可发生，而在亚热带和温带，本病的流行具有严格的季节性，80%～90%的病例都集中在7、8、9三个月内。但随地理环境的不同，流行季节略有上下波动，华南地区的流行高峰在6—7月，华北地区为7—8月，而东北地区则为8—9月，均与蚊虫密度曲线相一致。气温和雨量与本病的流行也有密切关系。感染乙脑病毒后绝大多数患者为隐性感染，故发病呈高度散发性，同一家庭同时有两个患者罕见。

三、发病机制及病理

（一）发病机制

人被带乙脑病毒的蚊虫叮咬后，病毒进入人体，先在单核-吞噬细胞内繁殖，随后进入血液循环，形成病毒血症。发病与否取决于病毒的数量、毒力和机体的免疫功能。绝大多数感染者不发病，呈隐性感染。当被感染者免疫力弱，且感染的病毒数量大及毒力强时，则病毒侵入中枢神经系统而发生脑炎。不同的神经细胞对病毒感受不同，以及脑组织在高度炎症时引起的缺氧、缺血、营养障碍等，造成中枢病变部位不平衡，如脑膜病变较轻，脑实质病变较重；间脑、中脑病变重，脊髓病变轻。有报道，在注射百日咳疫苗后或原有脑寄生虫病、癫痫等中枢系统疾病时，血-脑屏障功能降低，使病毒更易侵入中枢神经系统。

乙脑脑炎的发病机制与病毒致神经细胞变性、坏死和胶质细胞增生及炎症细胞浸润有关。细胞凋亡是乙脑病毒导致神经细胞死亡的普遍机制。此外，乙脑的发病还与免疫损伤有关，当机体特异性IgM与病毒抗原结合后，在脑实质和血管壁上沉积，激活补体系统和细胞免疫，产生免疫损伤，引起血管壁破坏，形成附壁血栓和大量炎症细胞渗出血管外，致脑组织供血障碍和坏死。

（二）病理

乙脑病变范围较广，可累及脑和脊髓，以大脑皮质、间脑和中脑病变最严重。病变部位越低，病情越轻。肉眼观察可见软脑膜大、小血管高度扩张与充血，脑的切面上可见灰质与白质中的血管高度充血、水肿，有时见粟粒或米粒大小的软化坏死灶。镜下可出现以下病变。

1. 神经细胞病变　神经细胞变性、肿胀与坏死，尼氏小体消失、核溶解，细胞内出现空泡。重者呈大小不等的点、片状神经细胞溶解坏死形成软化灶。软化灶形成后可发生钙化或形成空洞。如坏死灶不能被修复则可引起后遗症。

2. **细胞浸润和胶质细胞增生** 脑实质中有淋巴细胞和大单核细胞浸润，常聚集在血管周围，形成"血管套"，胶质细胞呈弥漫性增生，在炎症的脑实质中游走，起吞噬和修复作用，有的聚集在坏死的神经细胞周围形成胶质小结。某些病灶内可见小胶质细胞和中性粒细胞侵入神经细胞内，形成噬神经细胞现象（neuronophagia）。

3. **血管病变** 脑内血管充血扩张，大量浆液性渗出，形成脑水肿。血管内皮细胞肿胀、坏死、脱落，重者有小动脉血栓形成及纤维蛋白沉着，产生附壁血栓，形成栓塞。血管周围出现淤血、出血。

四、临床表现

该病潜伏期4～21天，一般为14天。感染乙脑病毒后，症状轻重不一。据病程分为初热期、极期、恢复期和后遗症期；据病情程度分为轻型、普通型、重型和极重型。

（一）病程分期

1. **初热期** 持续约3天，急性起病，1～2天内体温升到39℃，伴头痛、恶心、呕吐，可有不同程度的意识障碍。小儿可有呼吸道症状或腹泻。极重型患者起病时可有高热、抽搐、深昏迷而进入极期。

2. **极期** 持续5～10天，初期症状渐加重，突出表现为全身毒血症状及脑部损害症状。主要表现如下：

（1）持续高热：多呈稽留热，体温在39～40℃或以上，平均持续7～10天。重者可达3周以上，轻者持续3～5天。体温越高，热程越长，病情越重。

（2）意识障碍：为本病主要表现，包括嗜睡、谵妄、昏迷等，意识障碍最早可见于1～2天，但大多见于病后3～8天，通常持续7～10天，重者持续1个月以上。昏迷越深、持续时间越长，则病情越重，预后越差。

（3）惊厥或抽搐：与脑实质炎症、脑水肿、缺氧、高热和低钠脑病等有关，多见于病程2～5天，可表现轻度的手、足、面部抽搐或惊厥，重者表现为全身性阵发性抽搐或全身强直性痉挛，持续数分钟至数十分钟不等，均伴有意识障碍。频繁的抽搐可导致发绀，甚至呼吸暂停，加重缺氧和脑水肿，导致病情恶化。因此，惊厥或抽搐是乙脑的严重症状之一。

（4）呼吸衰竭：是乙脑最为严重的症状，也是重要的死亡原因，多见于重症患者。以中枢性呼吸衰竭为主，可由呼吸中枢损害、脑水肿、脑疝、低钠性脑病等原因引起，表现为呼吸节律不齐或幅度不均，如双吸气、叹息样呼吸、潮式呼吸、抽泣样呼吸，最后呼吸停止。乙脑患者有时也可出现外周性呼吸困难，表现为呼吸先快后慢，胸式或腹式呼吸减弱，发绀，但呼吸节律整齐。中枢性呼吸衰竭可与外周性呼吸衰竭同时存在。

高热、抽搐及呼吸衰竭是乙脑急性期的三联症，常互为因果，相互影响，加重病情。

（5）颅内高压：表现为剧烈头痛、呕吐、血压升高、心率减慢、意识障碍加深。重症者可发生脑疝，以小脑幕切迹疝多见，表现为面色苍白、心率减慢、反复或持续抽搐、昏迷加深、瞳孔忽大忽小、对光反射迟钝。较大儿童及成人均有不同程度的脑膜刺激征。婴儿多无此表现，但常有前囟隆起。

（6）其他神经系统的症状和体征：乙脑的神经系统表现多于病程10天内出现，第2周后就很少出现新的神经系统症状和体征。常有浅反射消失或减弱，深反射如膝腱反射、跟腱反射等先亢进后消失，呈上运动神经元性瘫痪，可有肢体强直性瘫痪、偏瘫或全瘫，伴有肌张力增高，病理性锥体束征阳性，常出现脑膜刺激征。还可伴有膀胱和直肠麻痹（大、小便失禁或潴留）。此外，根据病变部位不同，可有颅神经损伤或自主神经功能紊乱的表现。

此期还可出现循环衰竭、消化性溃疡、消化道大出血，严重者危及生命。

3. 恢复期　极期过后体温逐渐下降，精神神经症状逐日好转，各种反射逐渐恢复，一般于 2 周左右可完全恢复。部分患者需 1～3 个月的恢复期。但重症患者可有神志迟钝、痴呆、失语、多汗、吞咽困难、面瘫、四肢强直性瘫痪或扭转痉挛等恢复期表现。经积极治疗后大多数患者在 6 个月内恢复。

4. 后遗症期　患病 6 个月后仍留有精神神经症状者称后遗症。5%～10% 的重症患者可有后遗症。主要有意识障碍、痴呆、失语、肢体瘫痪、扭转痉挛和精神失常等，经积极治疗可有不同程度的恢复。癫痫后遗症可持续终身。

（二）临床分型

1. 轻型　体温在 39℃ 以下，无抽搐，可有头痛、恶心、呕吐等，但神志始终清醒，多在 1 周内恢复，无后遗症。

2. 普通型　体温 39～40℃，头痛、呕吐明显，有短暂浅昏迷，偶有惊厥或局部抽搐，浅反射减弱或消失，病理征阳性。多在 1～2 周恢复，恢复期多无症状或有轻度精神症状。

3. 重型　体温持续在 40℃，昏迷，反复抽搐，深反射先亢进后消失，病理征呈强阳性，可有中枢性呼吸衰竭。病程多在 2 周以上，恢复期有神经精神症状，部分患者留有后遗症。

4. 极重型　起病急骤，持续超高热（40℃ 以上），深昏迷，反复抽搐，并有呼吸衰竭及脑疝表现，多于 3～5 天内死亡，幸存者常有严重后遗症。

乙脑临床症状以轻型和普通型居多，约占总病例数的三分之二。流行初期重型多见，流行后期轻型多见。

五、实验室检查

1. 血常规　发病初期白细胞总数常升高，一般在 $(10～20)×10^9/L$，中性粒细胞常在 80% 以上，核左移，嗜酸性粒细胞可减少。后期白细胞分类计数恢复正常。

2. 脑脊液检查　外观清亮或微浑，压力轻度升高。白细胞计数多在 $(50～500)×10^6/L$，分类计数早期以中性粒细胞为主，后以淋巴细胞为主；蛋白可正常或轻度升高，糖正常或偏高，氯化物基本正常。少部分患者病初脑脊液正常。

3. 脑电图检查　急性期主要为弥漫性慢波改变（θ 或 δ 波改变）。

4. 头颅影像学　头颅 CT 和 MRI 主要表现为弥漫性脑水肿征象（脑沟回变浅，脑室系统缩小，脑灰质和脑白质界限不清）。

5. 血清学检查

（1）血凝抑制试验：可测定 IgM 抗体及 IgG 抗体，敏感性高，方法简便快速，但试验要求严格，偶见假阳性反应。双份血清效价增长 4 倍以上可确诊，单份血清抗体效价 1∶100 为可疑，1∶320 可作诊断，1∶640 可确诊。

（2）二巯基乙醇耐性试验：检测 IgM 抗体，将患者血清标本在二巯基乙醇处理前、后分别作血凝抑制试验，如处理后血凝抑制抗体效价下降 1/2～3/4，表示特异性 IgM 已被二巯基乙醇裂解，即为试验阳性。本法可在起病第 4～8 天即呈阳性，且由于单份血清即有辅助价值，故可对乙脑进行早期诊断。

（3）补体结合试验：特异性较高，但其阳性大都出现在第 4～7 周，双份血清抗体效价有 4 倍或以上的增长即可诊断。若仅单份血清，1∶2 为可疑，1∶4 以上有助于诊断。

（4）中和试验：病后 1 周血中出现中和抗体，效价增长 4 倍以上可确诊。早期为 IgM，后期为 IgG。抗体持续终生。此法特异性及敏感性均较高，一般用于流行病学调查。

（5）免疫荧光试验：发病初 1～2 天的血液或发热第 2～4 天的脑脊液及发热全程的脑室内的脑脊液，均可采用本法检测乙脑病毒抗原，方法快速，阳性率高，有早期诊断价值。

(6) 酶联免疫吸附试验：一般用于测定血清中的乙脑抗体，比较灵敏、特异。

6. 病毒分离及其他　采集脑脊液或尸解脑组织分离乙脑病毒。此外，采用免疫荧光法或聚合酶链反应可在脑组织中检测到病毒抗原和核酸片段。

六、诊断及鉴别诊断

（一）诊断

1. 流行病学资料　明显的季节性（夏秋季节），10岁以下儿童，起病前1～3周内，在流行地区有蚊虫叮咬史。大多近期内无乙脑疫苗接种史。

2. 临床症状和体征　突然发热，头痛、呕吐、意识障碍、脑膜刺激征等。

3. 实验室检查　白细胞总数和中性粒细胞均升高；脑脊液检查符合无菌性脑膜炎改变，血清学检查可助确诊。

（二）鉴别诊断

1. 中毒性细菌性痢疾　本病与乙脑有许多相似：发病年龄、发病季节相同，临床表现相似；但发病机制不同，治疗措施差异较大，因此是乙脑主要鉴别的疾病。但中毒性细菌性痢疾以下表现更突出，可与乙脑相鉴别：①起病更急，常在发病24小时内出现高热、抽搐与昏迷。②伴有中毒性休克。③一般无脑膜刺激征，脑脊液无改变。④大便或灌肠液可查见红细胞、白细胞、脓细胞及吞噬细胞。⑤大便或灌肠液培养有痢疾杆菌生长。

2. 化脓性脑膜炎　症状类似乙脑，但有以下特点：①没有严格的季节性，流行性脑膜炎冬春季节多见，其他化脓性脑膜炎为各季节散发。②化脓性脑膜炎多有原发病灶，肺炎双球菌脑膜炎、链球菌脑膜炎以及其他化脓性脑膜炎多见于幼儿，常先有或同时伴有肺炎、中耳炎、乳突炎、鼻窦炎或皮肤化脓性病灶，而乙脑则无原发病灶。③具有早期特有体征，如流行性脑膜炎早期瘀点、瘀斑。④脑脊液呈细菌性脑膜炎改变。⑤瘀点或脑脊液涂片或培养可发现细菌。

3. 结核性脑膜炎　无季节性。起病缓慢，病程长，症状以脑膜刺激征为主。常有结核病病史。脑脊液中，氯化物和糖偏降低，蛋白质明显增加；放置后脑脊液出现薄膜，涂片可找到结核分枝杆菌。

4. 流行性腮腺炎、脊髓灰质炎、柯萨奇病毒及埃可病毒等所致的中枢神经系统感染　这类患者脑脊液白细胞可在（0.05～0.5）$\times 10^9$/L，但分类以淋巴细胞为主。部分流行性腮腺炎患者可先出现脑膜脑炎的症状，以后发生腮腺肿胀，鉴别时应注意询问流行性腮腺炎接触史。少数乙脑患者可有弛缓性瘫痪，易误诊为脊髓灰质炎，但后者并无意识障碍。柯萨奇病毒、埃可病毒、单纯疱疹病毒、水痘病毒等也可引起类似症状。应根据流行病学资料、临床特征及血清学检查加以区别。

5. 钩端螺旋体病　本病的脑膜炎型易与乙脑混淆，但多有疫水接触史，乏力、腓肠肌痛、结膜充血、腋下或腹股沟淋巴结肿大，脑脊液变化轻微。可通过血清学试验加以证实。

6. 脑型疟疾　发病季节、地区及临床表现均与乙脑相似。但脑型疟疾热型较不规则。病初先有发冷、发热及出汗，然后出现脑部症状，还可有脾大及贫血。血片查找疟原虫可确诊。

七、预后

本病的预后与流行月份、发病年龄、病型、并发症、治疗早晚等密切相关。一般流行早期病情较重；婴儿病情较轻，老人较重；轻型多无死亡，重型和极重型病死率高；有持续超高热、反复惊厥、昏迷时间较长、吞咽困难或呼吸衰竭者，预后差。本病死亡多发生于极期，主要由于中枢性呼吸衰竭所致，存活者可留不同程度的后遗症。

八、治疗

乙脑尚无特异性抗病毒治疗手段,主要是对症和支持治疗,要把好高热、惊厥、呼吸衰竭三关。

1. 一般治疗 病房应安静、通风、备有防蚊及降温设备,室温宜维持在26℃左右。①密切监测患者的生命体征、意识、出入量。②保持呼吸道通畅,严防痰液窒息。③不能进食者可给予鼻饲或静脉补液。由于乙脑可伴有脑水肿,补液量不宜过多,成人每日补液量为1500~2000ml,儿童每日为50~80ml/kg。

2. 对症治疗 高热、抽搐及呼吸衰竭是危及患者生命的三大主要症状,可互为因果,形成恶性循环。高热时增加氧耗,加重脑水肿和神经细胞病变,从而使抽搐加重;而抽搐时机体产热增加,且抽搐时影响气体交换,导致呼吸衰竭的发生并进一步加重脑水肿,引起抽搐加重。因此在乙脑治疗过程中要及时处理高热、惊厥和呼吸衰竭。

(1) 高热:采用物理降温为主,药物降温为辅,使体温控制在38℃左右。①物理降温:包括冰敷额部、枕部和体表大血管部位(如腋下、颈部及腹股沟等处),乙醇擦浴,冷盐水灌肠等。②药物降温:幼儿、年老体弱者可用安乃近滴鼻,应避免用过量退热药,以免大量出汗而引起循环衰竭。③亚冬眠疗法:对持续高热伴抽搐的患者可采用此法。常用氯丙嗪和异丙嗪各0.5~1mg/kg,每4~6小时1次肌内注射。但如果此法掌握不当,可使呼吸中枢及咳嗽反射受抑制,故用药时要保持呼吸道通畅。

(2) 抽搐或惊厥:处理包括去除病因及镇静解痉。①因脑实质炎症所致者,可使用镇静剂。首选地西泮,成人每次10~20mg,儿童每次0.1~0.3mg/kg(每次不超过10mg),肌内注射或缓慢静脉推注;还可用水合氯醛鼻饲或灌肠,成人每次1~2g,儿童每次60~80mg/kg(每次不超过1g);也可采用亚冬眠疗法;苯巴比妥钠可用于预防抽搐,但有蓄积作用,不宜久用。②因脑水肿所致者,应以脱水为主,可用20%甘露醇静脉推注或快速滴注(20~30分钟内滴完),每次1~2g/kg,据病情每4~6小时重复使用,必要时可加用50%葡萄糖、呋塞米、糖皮质激素静脉推注,以降低血管通透性,防止脑水肿和脱水剂用后反跳。③因缺氧所致者,应吸氧、保持呼吸道通畅,必要时采用气管切开,加压呼吸。④因高热所致者则以降温为主。⑤因低钠性脑病或低血钙所致者应以纠正电解质为主。

(3) 呼吸衰竭:依据引起的病因进行相应的治疗。①氧疗:通过鼻导管或面罩给氧增加吸入氧浓度以纠正患者缺氧状态。②因脑水肿所致者用脱水剂治疗。③呼吸道分泌物梗阻所致者应定时吸痰、加强翻身拍背,若痰液黏稠不易排出者,可用化痰药物(α-糜蛋白酶、沐舒坦等)和糖皮质激素雾化吸入。如上述措施无效,应及早气管切开或气管插管以建立人工气道。机械通气是保证呼吸衰竭抢救成功、减少后遗症的重要措施之一,因此应适当放宽气管切开或气管插管的指征。④中枢性呼吸衰竭者可用呼吸兴奋剂,首选洛贝林,成人每次3~6mg,儿童每次0.15~0.2mg/kg,静脉推注或静脉滴注。也可用尼可刹米,成人每次0.25~0.5g,儿童每次5~10mg/kg,静脉推注或静脉滴注。在紧急抢救或心肺复苏时,上述两种药物可联用。⑤应用血管扩张剂可改善脑微循环、减轻脑水肿、兴奋呼吸中枢。可用东莨菪碱,成人每次0.3~0.5mg,儿童每次0.02~0.03mg/kg,加入葡萄糖液中静脉推注,每20~30分钟1次,总量不超过6.3mg。此外还可使用酚妥拉明、阿托品等。

(4) 循环衰竭:因脑水肿、脑疝所致者应用脱水剂及东莨菪碱治疗;因脱水过度、高热致血容量不足或电解质紊乱者,应及时补充血容量或纠正电解质紊乱;心功能不全者可用毛花苷C(西地兰)或毒毛旋花素K。

3. 中医中药治疗 乙脑在中医学中属"暑热",以清热解毒、芳香化浊、息风通下为主,可用银翘散或清营汤加减。病情极重者可配合应用安宫牛黄丸,有开窍安神、止痉作用。

4．恢复期及后遗症治疗 恢复期患者应加强护理，防治褥疮和继发感染的发生；进行语言、智力、吞咽和肢体功能锻炼；震颤、多汗、肢体强直者用盐酸苯海索（安坦）或美多巴片。对病情稳定，无抽搐的瘫痪、失语等患者，可采用高压氧治疗，12次为一疗程，对后遗症明显者一般要治疗3个疗程以上。

九、预防

本病预防应采取防蚊、灭蚊和预防接种为主的综合性预防措施。

1．控制传染源 隔离患者至体温正常。但本病的主要传染源是易感家畜，尤其是幼猪，故预防的重点应放在动物的管理和疫苗接种上，并做好饲养场所的环境卫生，并将人畜居住地分开。

2．切断传播途径 防蚊、灭蚊是预防本病的有效途径。灭蚊的方法包括灭越冬蚊、早春蚊，消灭蚊虫孳生地，尤其要搞好家畜棚等场所的灭蚊工作，以减少人群感染机会，在流行季节应用蚊帐和驱蚊剂，以防止蚊虫叮咬。

3．保护易感人群 预防接种是保护易感人群的根本措施。我国目前主要使用的是地鼠肾细胞灭活疫苗和地鼠肾细胞减毒活疫苗。采用地鼠肾细胞灭活疫苗，保护率可达60%～90%。接种对象以6～12个月的婴幼儿为主。接种方法：皮下注射2次，每次0.5ml，间隔7～14天；接种后2年和6～10岁时分别加强注射一次。而如使用地鼠肾细胞减毒活疫苗，只需要接种一剂作为基础免疫，隔一年后再接种一剂作为加强免疫，即可达到同等良好的儿童期保护效力。疫苗接种应该在流行前1个月完成。接种时注意不能与伤寒和副伤寒三联菌苗同时注射，以免发生过敏反应。有中枢神经系统疾病和慢性酒精中毒者禁用。近年来基因疫苗、合成肽疫苗及核酸疫苗等尚在研究中。

（邓存良）

第六节 登革病毒感染

登革热（dengue fever）是由登革病毒（dengue virus）经蚊媒传播引起的急性传染病。登革热广泛流行于全球热带和亚热带地区，是分布最广、发病最多、危害较大的一种虫媒病毒性疾病。

临床上主要分为登革热和登革出血热（dengue hemorrhagic fever）两种不同的临床类型。登革热的临床特征为起病急骤、高热、头痛、全身肌肉、骨骼及骨关节痛等，可有皮疹、淋巴结肿大、白细胞和血小板减少等，此类型传播迅速，可引起较大规模的流行，但病死率很低。登革出血热除以上表现外，还有出血、休克、肝大、血小板明显减少等出血表现，多发于10岁以下的儿童和免疫力低下者，病死率高。

一、病原学

病原为登革病毒，属黄病毒科（*Flaviviridae*）黄病毒属（*Flavivirus*）。

1．病毒形态 病毒颗粒呈哑铃状、棒状或球形（直径为20～50nm）。含单股线状核糖核酸，与蛋白质组成的20面立体对称的病毒颗粒，外层为两种糖蛋白组成的包膜，包膜含有型和群特异性抗原。

2．基因结构与分型 病毒基因为单股线状RNA，基因组长约11kb；含有1个开放读码框架，编码1个约有3 400个氨基酸的多聚蛋白，包含3个结构蛋白（包膜蛋白、核衣壳蛋白和膜蛋白）及7个非结构蛋白。登革病毒可分为Ⅰ、Ⅱ、Ⅲ、Ⅳ4个血清型，各型之间及与黄病毒属其他病毒如乙型脑炎病毒可发生交叉免疫反应。

3. 生物学特性　登革病毒在1~3日龄新生小白鼠脑、猴肾细胞株、伊蚊胸肌及C6/36细胞株内生长良好，其中以白纹伊蚊C6/36细胞株最为敏感，是目前分离登革病毒常用的细胞株。该病毒耐干燥和低温，不耐热，50℃ 30分钟或100℃ 2分钟皆能使之灭活；不耐酸、不耐醚。用乙醚、紫外线或0.05%福尔马林可以灭活。

二、流行病学

1. 传染源　患者和隐性感染者为主要传染源。患者在发病前6~8小时至病程第6天，具有明显的病毒血症，可使叮咬伊蚊受染。流行期间，轻型患者的数量为典型患者的10倍。隐性感染者为人群的1/3，可能是更重要的传染源。蝙蝠、猴、鸟类等动物体内可检测到登革病毒的抗体，但作为传染源，尚未能确定。

2. 传播媒介　伊蚊是本病的主要传播媒介，主要是埃及伊蚊和白纹伊蚊。广东、广西多为白纹伊蚊传播，而东南亚和我国南方沿海地区以埃及伊蚊为主。伊蚊叮咬患者或隐性感染者后，病毒进入蚊体内获得感染，病毒在蚊体内复制8~14天后具有传染性，传染期长者可达174天。具有传染性的伊蚊叮咬人体时，即将病毒传播给人。因在伊蚊卵巢中检出登革病毒颗粒，推测伊蚊可能是其储存宿主。

3. 易感人群　在新流行区普遍易感，但以青壮年发病者居多，年龄在20~40岁，以登革热为主要表现。在地方性流行区，发病者多为儿童，20岁以上的居民，100%在血清中能检出抗登革病毒的中和抗体。感染后对同型病毒有免疫力，并可维持多年，对异型病毒也有1年以上免疫力，但仍可感染另一亚型。各血清型之间及与其他黄病毒属之间有不同程度的交叉免疫力，如登革热流行后，乙脑发病率随之降低。

4. 流行特征　凡有伊蚊滋生的自然条件及人口密度高的地区均可发生地方性流行，在城市中流行一段时间之后，可逐渐向周围的城镇及农村传播。在同一地区，城镇发病率高于农村。发病季节与伊蚊密度、雨量相关。在气温高而潮湿的热带地区，蚊媒常年繁殖，全年均可发病。我国广东、广西发病高峰为5—12月，海南省为3—12月。

三、发病机制及病理

1. 发病机制　登革病毒侵入人体，在毛细血管内皮细胞和单核-巨噬细胞系统增殖至一定数量后，即进入血液循环（第一次病毒血症），再定位于单核-巨噬细胞系统和淋巴组织之中，复制后再释放入血流引起第二次病毒血症，引起临床表现。体液中的抗登革病毒抗体与登革病毒形成免疫复合物，激活补体系统，导致血管通透性增加、血浆外渗、血液浓缩，同时抑制骨髓，导致白细胞、血小板减少和出血倾向。

登革出血热的发病机制有两个学说。第一种学说认为与病毒的血清型、毒力及变异有关。Ⅱ型和Ⅲ型登革病毒有更强的嗜神经性和神经毒性，Ⅱ型病毒感染后更易发生登革出血热。另一种学说为抗体依赖增强作用：在每一次感染登革病毒后，可以产生中和抗体和增强性抗体等多种抗体。如再次感染另一型病毒，因中和抗体不能完全中和病毒，使病毒在单核-巨噬细胞中大量复制和毒力增强，形成严重的全身感染中毒症状，并活化细胞毒性T淋巴细胞，作用于单核-巨噬细胞后，释放可裂解补体C3的蛋白酶、凝血活酶和血管通透因子，再激活补体系统和凝血系统，导致血管通透性增加、血浆蛋白及血液有形成分渗出，引起血液浓缩、出血、休克和心、脑、肝损伤及弥散性血管内凝血（DIC）等病理生理改变。

2. 病理变化　主要是细胞变性、水肿和出血。有肝、肾、心和脑的退行性变；心内膜、心包、胸膜、胃肠黏膜、肌肉、皮肤及中枢神经系统有不同程度的出血；皮疹内小血管内皮肿胀，血管周围水肿及单核细胞浸润。重症患者可有肝小叶中央坏死及淤胆、小叶性肺炎、肺小脓肿形成等。登革出血热的病理变化为全身微血管损害，导致血浆蛋白渗出及出血。消化道、心内膜下、皮下、肝包膜下、肺及软组织均有渗出和出血，内脏小血管及微血管周围水肿、出血和淋巴细胞浸润。脑型患者尸检可见蛛网膜下腔及脑实质灶性出血、脑水肿及脑软化。

四、临床表现

潜伏期 2～15 日，平均 6 日左右。按 WHO 标准分为登革热和登革出血热，后者又分为无休克的登革出血热和登革休克综合征（dengue shock syndrome）。可将我国近年来所见的登革热分为典型登革热、轻型登革热和重型登革热。

（一）登革热

1. 典型登革热

（1）发热：所有患者均发热，起病急，先寒战或畏寒，随之体温迅速升高，24 小时内可达 40℃。一般持续 5～7 日，然后骤降至正常，热型多不规则，部分病例于第 3～5 日体温降至正常，1 日后又再升高，称为双峰热或鞍形热。儿童病例起病较缓，热度也较低。发热时伴头痛，全身骨骼、关节和肌肉疼痛（故曾有"断骨热"之称），还可有颜面、颈部和上胸部皮肤潮红、结膜充血，呈"醉酒貌"。消化道症状可有食欲下降、恶心、呕吐、腹痛、腹泻。脉搏早期加快，后期变缓。严重者疲乏无力，呈衰竭状态。

（2）皮疹：约 70% 患者有皮疹，儿童发生率高。病后 3～6 日出疹，为斑丘疹或麻疹样皮疹，也有猩红热样皮疹、红色斑疹，重者变为出血性皮疹，皮疹持续 3～4 日，分布于全身、四肢、躯干及头面部，多有痒感，疹退后无脱屑及色素沉着。

（3）出血：病程的 5～8 日，25%～50% 病例有不同程度、不同部位出血，如牙龈出血、鼻出血、消化道出血、咯血、血尿、阴道出血、胸腔和腹腔出血等。

（4）淋巴结肿大：全身淋巴结可有多处肿大，伴轻触痛。

（5）其他：约 1/4 病例有肝大、压痛，个别病例可出现黄疸、束臂试验阳性，脾大少见。此外还可有心、肺、肾的损害等。

2. 轻型登革热　表现类似流行性感冒，短期发热，全身疼痛较轻，皮疹稀少或无疹，无出血倾向，常有表浅淋巴结肿大，病程 1～4 日。流行期多见此型病例，因症状不典型，容易误诊或漏诊。

3. 重型登革热　早期具有典型登革热的所有表现，但于 3～5 日突然加重，出现剧烈头痛、呕吐、谵妄、昏迷、抽搐、大汗、血压骤降、颈强直、瞳孔变化等脑膜脑炎表现，有些病例表现为消化道大出血和出血性休克。此型病情凶险，进展迅速，多于 24 小时内死于中枢性呼吸衰竭或出血性休克。本型罕见，但死亡率很高。

（二）登革出血热

1. 登革出血热　开始表现为典型登革热，高热、头痛、肌痛、腰痛、面红、酒醉貌、肝大等。瘀点出现于第 2～3 日，常见于面部前额或四肢远端，束臂试验在瘀点出现前即呈阳性。出血倾向严重，如鼻出血、呕血、咯血、尿血、便血等，有两个以上器官大量出血，出血量大于 100ml。血液浓缩，红细胞压积增加 20% 以上，血小板计数 $< 100 \times 10^9$/L。有的病例出血量虽小，但因位于脑、心脏、肾上腺等重要脏器而危及生命。

2. 登革休克综合征　具有典型登革热的表现，在病程中或退热后，病情突然加重，有明显出血倾向伴周围循环衰竭。表现为皮肤湿冷、脉快而弱，脉压进行性减小（<20mmHg），血压下降甚至测不到，并有烦躁、昏睡、昏迷等。病情凶险，如不及时抢险，可于4～6小时内死亡。

五、实验室检查

1. 一般常规检查　登革热患者白细胞总数大多显著减少，从发病第2天开始下降，发病后4～5日降至最低点，退热后1周恢复正常。登革出血热患者白细胞总数正常或增多，后者见于严重病例及继发感染者，一般在 $10×10^9/L$ 以上，高者可达 $(20～40)×10^9/L$。1/4～3/4病例血小板减少，最低可降至 $10×10^9/L$ 以下。因有血液浓缩，血红蛋白和红细胞比容常明显升高。脑型病例脑脊液压力升高，白细胞和蛋白质正常或稍增加，糖和氯化物正常。部分患者尿常规、血液生化轻度异常。

2. 免疫学检查　单份血清补体结合试验效价超过1：32，红细胞凝集抑制试验效价超过1：1280者有诊断意义。双份血清恢复期抗体效价比急性期高4倍以上者可以确诊。近年来有用ELISA法检测IgM抗体作为早期诊断。荧光定量PCR方法可用于检测登革病毒RNA，在感染后5～6小时即可诊断。

3. 病原学检查　将急性期（病程1～3日）患者血清接种于白纹伊蚊细胞株C6/36进行病毒分离，阳性率高达60%～80%。分离病毒后经型特异性中和试验或红细胞凝集抑制试验加以鉴定。

六、诊断及鉴别诊断

（一）诊断

1. 流行病学史　在流行区或15天内到过流行区，在流行季节发病。
2. 临床表现　急性起病，有高热、全身疼痛、皮疹、出血、淋巴结肿大、肝大、白细胞和血小板减少等症状者应考虑为登革热。早期面部及四肢出现明显瘀斑或瘀点，束臂试验阳性并迅速出现休克，有明显出血者对登革出血热的诊断有重要参考价值。

WHO诊断登革出血热的标准为：①典型登革热的症状。②明显出血现象。③血小板下降（$≤100×10^9/L$）。④入院时血细胞比容较恢复期增加20%以上。⑤病毒分离和血清学检测为确诊的主要依据。同时伴有休克者，为登革休克综合征。

（二）鉴别诊断

登革热应与流行性感冒、麻疹、钩端螺旋体病、猩红热、药疹等相鉴别；登革出血热应与黄疸出血型的钩端螺旋体病、流行性出血热、败血症、流行性脑脊髓膜炎等相鉴别。

七、预后

登革热为自限性疾病，预后良好，病死率为3/10 000，死亡病例多数属于重型。登革出血热病死率为1%～5%。登革休克综合征预后不良。

八、治疗

本病尚无特效治疗方法，主要采用综合治疗措施。

1. 病原治疗　抗病毒药物的应用各家报道疗效不一，有待进一步观察。早期发热病例可试用利巴韦林10～15mg/kg，静脉滴注，4日后改为半量，6日为一个疗程。

2. 一般治疗　急性期应卧床休息，进流质或半流质饮食，在有防蚊设备的病室中隔离到完全退热为止。保持皮肤和口腔清洁。

3．对症治疗

（1）高热：以物理降温为主。对出血症状明显者，避免乙醇擦浴。解热镇痛剂对本病退热不理想，且可诱发溶血，应慎用。对中毒症状严重者，可短期使用小剂量糖皮质激素，如口服泼尼松每次5mg，每日3次。

（2）补液治疗，维持水、电解质平衡。对于大汗或腹泻者应鼓励其口服补液，对频繁呕吐、不能进食或有脱水、血容量不足者，应及时静脉输液，但应警惕输液致脑水肿发生。

（3）有出血倾向者可选用止血药物，对大出血病例，应输入新鲜全血或血小板、大剂量维生素 K_1 静脉滴注、口服云南白药等。严重上消化道出血可口服凝血酶、雷尼替丁或静脉推注奥美拉唑等。

（4）休克病例应快速输液以扩充血容量，并加用血浆和代血浆，合并弥散性血管内凝血的患者，不宜输全血，避免血液浓缩。

（5）脑型病例应及时用20%甘露醇250～500ml快速静脉注入，同时静脉滴注地塞米松，以降低颅内压，防止脑疝发生。

（6）防治弥散性血管内凝血，消除弥散性血管内凝血的诱因如防治休克和纠正酸中毒。当纤维蛋白原和D-二聚体升高时，应尽早使用低分子肝素；当纤溶亢进时，宜选用抗纤溶制剂和补充凝血因子。

九、预防

应做好疫情监测，早发现、早诊断、及时隔离治疗。防蚊灭蚊、切断传播途径是预防本病的根本措施。登革热的预防接种目前还处于研究阶段，不能用于疫区。

（邓存良）

第七节 狂犬病

狂犬病（rabies）又名恐水症（hydrophobia），是由狂犬病病毒（rabies virus）引起的一种以侵犯中枢神经系统为主的严重的人兽共患传染病。人多因被病兽咬伤、抓伤或舌舔后感染发病。临床表现为特有的狂躁、恐惧不安、怕风恐水、流涎和咽肌痉挛，终至发生瘫痪而危及生命。病死率几乎为100%。

一、病原学

狂犬病病毒属弹状病毒科（Rhabdoviridae）拉沙病毒属（Lyssavirus genus），形似子弹，大小约75nm×180nm。病毒中心为单股负链RNA，外绕以核衣壳和含脂蛋白及糖蛋白的包膜。狂犬病病毒含5种主要蛋白，即糖蛋白（G）、核蛋白（N）、聚合酶（L）、磷蛋白（NS）和膜蛋白（M）。其中只有G蛋白能与乙酰胆碱受体结合，这决定了病毒的嗜神经性，能刺激机体产生中和抗体，诱导机体产生保护性免疫应答。N蛋白是荧光免疫法检测的靶抗原，有助于临床诊断。

从患者和患病动物直接分离的病毒称野毒株（wild strain）或街毒株（street virus），其特点是毒力强，能在唾液中繁殖。固定毒株（fixed virus）是街毒株连续在兔脑内多次传代获得的毒株，特点为毒力弱，自然感染不能侵犯中枢神经系统，但仍能保持其抗原性，可用于制作狂犬病疫苗。

狂犬病病毒易被脂溶剂（肥皂水、氯仿、丙酮等）、乙醇、碘制剂和季胺类化合物（如苯扎溴铵）等灭活；对日光、紫外线和热敏感，其悬液经56℃ 30～60分钟或100℃ 2分钟即失去活力；对酚有高度抵抗力，在冰冻干燥下可保存数年。乳鼠接种能分离病毒，也可用地鼠肾细胞、人二倍体细胞等细胞株增殖、传代。

二、流行病学

本病存在于87个国家，其中东南亚国家的发病率尤高，我国狂犬病疫情主要分布在人口稠密的华南、西南、华东地区，包括广西、贵州、广东、湖南和四川等地。

1. 传染源　带狂犬病病毒的动物是本病的传染源，由其传播者占90%。我国狂犬病主要传染源是病犬，其次为猫、猪、牛、马等家禽。发达国家和基本控制了犬狂犬病的地区的主要传染源为野生动物如蝙蝠、臭鼬、浣熊、狼和狐狸等。患病动物唾液中含有大量的病毒，于发病前数日即具有传染性。一些貌似健康的犬或其他动物的唾液中也可带病毒，也能传播狂犬病。患者的唾液中可分离病毒，但数量少，是否能够人传染人尚不肯定。

2. 传播途径　主要通过咬伤伤口进入人体，也可由带毒犬的唾液通过其他皮肤损伤或黏膜使人受染。少数可在接触病兽的血、组织或吸入含有病毒的气溶胶而发病，有报告角膜移植可传播狂犬病。

3. 易感人群　人群普遍易感。人被病犬咬伤而未采取预防措施者的发病率为15%～30%，被病狼咬伤后发病率为50%～60%。人被病兽咬伤后是否发病与下列因素有关：①咬伤部位：头、面、颈、手指被咬伤后发病机会多。②伤口的严重程度：伤口大而深者发病率高。③伤口的处理情况：咬伤后迅速彻底清洗者发病机会少。④是否注射疫苗：及时、全程、足量注射狂犬病疫苗者发病率低。⑤衣着厚者受感染机会少。⑥免疫功能低下或免疫缺陷者发病机会多。

三、发病机制及病理

（一）发病机制

狂犬病病毒入侵机体后，对神经组织有很强的亲和力，致病过程可分为三个阶段。

1. 组织内病毒小量增殖期　病毒先在伤口附近肌细胞内小量增殖，再侵入附近的神经末梢。

2. 侵入中枢神经系统期　病毒沿神经轴突向中枢神经进行向心性扩张，至脊髓的背根神经节后再大量复制，入侵脊髓并很快到达脑部。主要侵犯脑干、小脑等处的神经细胞。

3. 向各器官扩散期　病毒自中枢神经向周围神经扩散，侵入各器官组织，尤以唾液腺、舌部味蕾、嗅神经上皮等处病毒量较多。由于迷走、舌咽和舌下脑神经核受损，可致咽肌及呼吸肌痉挛，出现恐水、吞咽和呼吸困难。交感神经受刺激，使唾液分泌和出汗增多。迷走神经节、交感神经节和心脏神经节受损时，可发生心血管系统功能紊乱或猝死。

（二）病理

病理变化主要为急性弥漫性脑脊髓炎，以大脑基底、海马回和脑干部位（中脑、脑桥和延髓）及小脑损害最为明显。因病毒沿受伤部位传入神经，经背根节、脊髓入脑，故咬伤部位相应的背根节、脊髓段病变常很严重。脑实质外观呈充血、水肿及微小出血，镜下有非特异的神经细胞变性和炎症细胞浸润。具有特征性的病变是嗜酸性包涵体，又称内基小体（Negri body），为病毒集落，呈圆形或卵圆形，直径3～10μm，染色后呈樱桃红色，具有诊断意义。内格里小体最常见于海马和小脑浦肯野细胞中。

四、临床表现

潜伏期长短不一，短的 5 日，长的 1 年以上，多数 1~3 个月，潜伏期最长可达 10 年以上。典型病例临床表现分为三期。

1. 前驱期或侵袭期　大多数患者有低热、头痛（多在枕部）、乏力、纳差、恶心、全身不适，酷似"感冒"；继而恐惧不安、烦躁失眠，对声、风、光等刺激开始敏感而出现咽喉紧缩感。较有诊断意义的早期症状是在伤口部位及附近出现麻木、发痒、刺痛或蚁走感等异样感觉，此乃病毒繁殖时刺激神经元所致，见于 80% 的病例。本期持续 2~4 天。

2. 兴奋期　患者表现为极度兴奋、极度恐惧、烦躁、恐水、怕风、呼吸困难、体温升高（38~40℃）。恐水是本病的特征，但不一定每例均有。典型患者虽极渴但不敢饮，饮水、见水、闻流水声或仅提及饮水时均可引起咽肌严重痉挛。外界多种刺激如风、光、声也可引起咽肌痉挛。常因声带痉挛伴声嘶、说话吐字不清，严重发作时可出现全身肌肉阵发性抽搐，因呼吸肌肉痉挛致呼吸困难和发绀。患者交感神经功能亢进，表现为大量流涎、乱吐唾液、大汗淋漓、心率加快、血压上升。因括约肌功能障碍而出现排尿、排便困难者也相当多见。患者神志多清楚，部分患者可出现精神失常、幻觉、谵妄等。病程进展很快，很多患者在发作中死于呼吸衰竭或循环衰竭。本期持续 1~3 天。

3. 麻痹期　患者肌肉痉挛减少或停止，逐渐安静，进入昏迷状态，出现全身弛缓性瘫痪，眼肌、颜面部肌肉及咀嚼肌也可受累。患者的呼吸渐趋微弱或不规则，并可出现潮式呼吸；脉搏细数、血压下降、反射消失，最终因呼吸麻痹和循环衰竭而死亡。本期持续 6~18 小时。

本病全病程一般不超过 6 日，偶见超过 10 日者。

除上述典型病例外，有的患者无兴奋躁动、恐水、怕风或吞咽困难，而以高热、头痛、呕吐、咬伤处疼痛起病，继之出现肢体无力、共济失调、肌肉瘫痪及大、小便失禁等症状。瘫痪呈横断型或上升型，严重者死于呼吸肌麻痹。本型病变主要源于脊髓或延髓受损，称为"麻痹型（静型）狂犬病"，也称"哑狂犬病"。

五、实验室检查

1. 血象和脑脊液　白细胞总数轻至中度增多，中性粒细胞多在 80% 以上。脑脊液压力稍增高，细胞数稍增多，一般不超过 $200×10^6$/L，主要为淋巴细胞，蛋白质增高，可达 2.0g/L 以上，糖和氯化物正常。

2. 病原学检查　①抗原检测：可取患者唾液或脑脊液涂片、角膜印片、咬伤部位皮肤组织或脑组织通过免疫荧光抗体技术检测病毒抗原，阳性率达 95%。②病毒分离：可取患者的唾液、脑脊液、皮肤或脑组织接种鼠脑分离病毒。③内基小体检查：取动物或死者的脑组织作切片染色，镜检找内基小体。④核酸测定：采用 RT-PCR 检测狂犬病毒 RNA。

3. 病毒抗体检测　现 WHO 和美国 CDC 推荐用快速荧光灶抑制试验（rapid fluorescent focus inhibition test，RFFIT）检测血清或脑脊液中和抗体。该方法快捷，特异性和敏感性均高。当血清中和抗体阳性但不足作出诊断时，可通过检测脑脊液中和抗体来确定。国内多采用 ELISA 检测血清中和抗体，主要用于流行病学调查，也可用于证实狂犬病的诊断。

六、诊断及鉴别诊断

（一）诊断

对发作阶段的病例，根据被病兽咬伤或抓伤史及典型的临床症状，如咬伤部位的感觉异常，患者有兴奋躁动、恐水怕风、咽喉痉挛、流涎多汗、各种瘫痪等，即可作出临床诊断。但在疾病早期，咬伤史不明确的情况下，容易误诊。确诊有赖于检查病毒抗原、病毒核酸、尸检脑组织内基小体或病毒分离等实验室检查。

（二）鉴别诊断

本病应与破伤风、病毒性脑炎、吉兰-巴雷综合征、脊髓灰质炎、类狂犬病性癔症、接种后脑脊髓炎等疾病相鉴别。

1. 破伤风　有外伤史，潜伏期短，多为6～14天。有牙关紧闭、角弓反张、全身阵发性强直性痉挛，持续时间长，而无高度兴奋和恐水现象。但须注意，狂犬病患者被咬伤时，也可同时感染破伤风。

2. 其他病毒所致脑炎和脑膜炎　有神志改变，甚至昏迷，此与狂犬病患者神志清楚、惊恐不安的情况不同。可通过脑脊液变化和病原学检查鉴别。

3. 类狂犬病性癔症　患者在被动物咬伤后不定时间内出现喉紧缩感，饮水困难且兴奋，但无怕风、流涎、发热和瘫痪，经暗示、说服、对症治疗后，常可迅速恢复。

七、预后

狂犬病是所有传染病中最凶险的病毒性疾病，一旦发病，病死率达100%。

八、治疗

本病无特效疗法，主要以对症综合治疗为主。

1. 一般处理　严格隔离患者，尽量保持患者安静，减少光、风、声等刺激。医护人员最好是经过免疫接种者，并应戴口罩和手套以防感染。须严格消毒患者的分泌物和排泄物。

2. 加强监护　患者常于出现症状后3～10日内死亡。致死原因主要为肺气体交换障碍、肺部继发感染、心肌损害及循环衰竭。因此，必须对呼吸、循环系统并发症加强监护。

3. 对症处理　补充热量，注意水、电解质及酸碱平衡。对烦躁、痉挛及狂躁的患者予镇静剂，有脑水肿时给予脱水剂。必要时作气管切开，间歇正压输氧。有心动过速、心律失常、血压升高时，可应用β受体阻滞剂或强心剂。

九、预防

尚缺乏肯定有效的治疗药物，因此预防尤为重要。

1. 管理传染源　尽量捕杀野犬，管理和免疫家犬，并实行进出口动物检疫等措施。对病死动物应立即焚毁或深埋，切不可剥皮或进食。

2. 伤口处理　早期伤口处理最重要，咬伤后立即用20%肥皂水或0.1%苯扎溴铵（新洁尔灭）反复彻底清洗伤口和抓伤处，至少30分钟，力求去除犬涎、挤出污血，再用大量清水冲洗。冲洗后，再用75%乙醇或2%碘酊涂擦，以清除和杀死病毒。如有人抗狂犬病免疫球蛋白或免疫血清，可在伤口底部及四周作浸润注射。伤口一般不予缝合或包扎，以便引流。亦可酌情应用抗菌药物及破伤风抗毒素（TAT）。

3. 预防接种

（1）疫苗接种：疫苗接种可用于暴露后预防，也可用于暴露前预防。暴露后预防：①被狼、狐等野兽所咬者。②被发病随后死亡或下落不明的犬、猫所咬者。③皮肤伤口被狂犬唾液玷污者。④伤口在头、颈处，或伤口较大而深者。⑤医务人员的皮肤破损处被狂犬病患者唾液玷污时，均需作暴露后预防。原则上是越早越好。人狂犬病可有较长的潜伏期，暴露者只要未发病，不管距离暴露时间多久仍应尽快按暴露当时的免疫程序接种疫苗。暴露后处置：免疫接种5次,每次2ml,肌内注射,于0、3、7、14和28日完成;如咬伤严重,可全程10针注射,于当日至第6日每日1针,随后于10、14、30、90日各注射1针。暴露前预防:主要用于高危人群,如兽医、动物管理人员、野外工作者、可能接触狂犬病病毒的医务人员、山洞探险者等。接种3次,每次2ml,肌内注射,于0、7、21日(或28日)进行;2~3年加强注射1次。

WHO推荐使用的疫苗有:①人二倍体细胞疫苗(human diploid cell vaccine,HDCV)。②原代细胞培养疫苗,包括地鼠肾细胞疫苗、狗肾细胞疫苗和原代鸡胚细胞疫苗等。③传代细胞疫苗,包括非洲绿猴肾传代细胞(Vero细胞)疫苗和幼仓鼠肾细胞疫苗等。我国主要采用原代地鼠肾组织培养狂犬病疫苗及Vero细胞疫苗。

(2)免疫球蛋白注射:凡咬伤严重、有多处伤口者,或头、面、颈和手指被咬伤者,在接种疫苗的同时还应注射免疫血清。人抗狂犬病毒免疫球蛋白(human anti-rabise immunoglobulin,HRIG),20IU/kg或马抗狂犬病毒免疫血清40IU/kg,总量一半在伤口行局部浸润注射,剩余剂量臂部肌内注射。马抗狂犬病毒免疫血清使用前应做皮肤过敏试验。

(邓存良)

第八节 严重急性呼吸综合征

严重急性呼吸综合征(severe acute respiratory syndromes,SARS),又称传染性非典型肺炎(infectious atypical pneumonia),是由SARS相关冠状病毒(SARS-associated coronavirus,SARS-Cov,简称SARS病毒)引起的急性呼吸系统传染病。以发热、头痛、肌肉酸痛、乏力、干咳少痰等为主要临床表现,严重者可出现呼吸窘迫。

一、病原学

病原为SARS病毒,属冠状病毒科冠状病毒科,单股正链RNA病毒。

1. **形态** SARS病毒为有包膜病毒,直径60~120nm,包膜表面有棘突,长约20nm或更长,成熟病毒呈圆球形、椭圆形,未成熟的病毒体可出现很多形态,如肾形、鼓槌形、马蹄形、铃铛形等。

2. **基因组和抗原性** SARS病毒基因组含29 736个核苷酸,其中编码聚合酶蛋白la/lb、棘蛋白(S)、小膜蛋白(E)、膜蛋白(M)、核壳蛋白(N)的基因已被证实。发病后1周,患者体内的IgM开始产生,最多可持续3个月;7~10天IgG开始产生,1个月左右抗体滴度达到高峰并全部转阳,至患者恢复后12个月仍持续高水平阳性。实验证明IgG抗体可能是保护性抗体,可以中和体外分离到的病毒颗粒。

3. **生物学特性** SARS病毒在干燥塑料表面最长可存活4天,在尿液中至少存活1天,在腹泻患者粪便中至少存活4天以上;在4℃培养存活21天;-80℃保存稳定性佳。但当暴露于常用的消毒剂或固定剂后即失去感染性。对热、乙醚、酸均敏感,37℃可存活4天,56℃加热90分钟、75℃加热30分钟能够灭活病毒;紫外线照射60分钟可杀死病毒;乙醚4℃条件下作用24小时可完全灭活病毒,75%乙醇作用5分钟可使病毒失去活力,含氯的消毒剂作用5分钟可以灭活病毒。

二、流行病学

1. **传染源** 患者是本病的主要传染源。急性期传染性最强,少数"超级传染者"可感染数人至数十人。

2. 传播途径

(1) 呼吸道传播：SARS 病毒存在于呼吸道黏液或纤毛上皮脱落细胞里。患者咳嗽、打喷嚏或大声讲话时，近距离呼吸道飞沫传播是 SARS 传播最重要的途径。气溶胶传播是经空气传播的另一种方式。

(2) 接触传播：通过密切接触患者的呼吸道分泌物、消化道排泄物或其他体液，或者接触被患者污染的物品，亦可导致感染。

(3) 消化道传播：患者腹泻物中的病毒经建筑物的污水排放系统和排气系统造成环境污染，可能造成局部流行。

3. 易感人群　人群普遍易感。患病后可能获得一定程度免疫。

4. 流行特征　首例病例于 2002 年 11 月发生于我国广东省佛山市。到 2003 年 2 月，SARS 已呈现全球流行的态势。

病例主要分布于亚洲、欧洲、美洲等地区。亚洲发病的国家主要为中国、新加坡等。该病患者以青壮年为，男女性别间发病无显著差异。SARS 具有显著的家庭和职业聚集特征。医务人员、患者家人、与患者有社会关系的人为高危人群。人口密度高、流动性大、卫生条件差、不良的卫生习惯，均有利于疾病的传播。

三、发病机制和病理

(一) 发病机制

发病机制尚未明。

SARS 病毒通过短距离飞沫、气溶胶或接触污染的物品侵入人体后，在细胞内繁殖，入血后引起短暂病毒血症。SARS 病毒在呼吸道黏膜上皮、肺泡上皮细胞和肺血管内皮细胞内复制，并直接损伤肺泡上皮细胞和毛细血管内皮细胞，同时伴有炎症反应，引起浆液和纤维蛋白原的大量渗出，渗出的纤维蛋白原凝集成纤维素，与坏死的肺泡上皮共同形成透明膜。激活的巨噬细胞和淋巴细胞可释放细胞因子和自由基，进一步增加肺泡毛细血管的通透性和诱发成纤维细胞增生。受损的肺泡上皮细胞脱落到肺泡腔内可形成脱屑性肺泡炎，且肺泡腔内含有多量的巨噬细胞，增生脱落的肺泡上皮细胞和巨噬细胞可形成巨细胞或引起肺微循环障碍，使肺泡换气功能失常，机体缺氧，肺泡表面活性物质合成和分泌减少，肺泡表面张力增高导致渗透性肺水肿，呼吸道阻力增加，肺泡萎缩，患者出现严重低氧血症，晚期可继发多脏器衰竭。

在 SARS 的发展过程中，SARS 病毒的长期存在和作用，可能与 T 细胞明显凋亡、巨噬细胞杀伤病毒的能力减弱和所分泌的细胞因子功能紊乱及治疗中糖皮质激素的应用等有关，在 SARS 病程中，脾和全身淋巴结明显萎缩，淋巴细胞尤其是 T 淋巴细胞明显减少，一些研究结果证实 SARS 病毒可诱导淋巴细胞凋亡，因此，认为细胞免疫介导的免疫损伤在本病的发生机制中起重要作用。

(二) 病理

SARS 的病理改变主要显示弥漫性肺泡损伤和炎症细胞浸润，早期有肺水肿及透明膜形成、脱屑性肺炎及灶性肺出血等病变。3 周后肺间质纤维化，肺泡纤维闭塞、小血管内微血栓和肺出血、散在的小叶性肺炎，肺泡上皮脱落、增生，仅部分病例出现明显的纤维增生，导致肺纤维化甚至硬化。肺门淋巴结多充血、出血，并有淋巴组织减少。

四、临床表现

潜伏期 2～14 天（平均 3～6 天），潜伏期长短与吸入病原体的数量及被感染者免疫状态相关。

起病急，以发热为首发症状，体温一般为 38 ~ 39℃，呈弛张热、不规则热或稽留热，热程多为 1 ~ 2 周，伴有头痛、肌肉酸痛、全身乏力，部分患者有腹泻、恶心、呕吐等消化道症状，无上呼吸道卡他症状，肺部体征多不明显，部分患者可闻及少许湿啰音。常有干咳，偶有血丝痰，胸痛，发病早期开始可有明显的气短及进行性呼吸困难。10 ~ 14 天达到高峰，全身感染中毒症状加重，频繁咳嗽，气促和呼吸困难，尤其在活动后明显。出现低氧血症、肺渗出、多脏器衰竭，易发生继发感染，约 10% 的患者出现 ARDS 而危及生命。病程 2 ~ 3 周后，发热渐退，其他症状与体征减轻，肺部炎症吸收较慢。

儿童 SARS 临床表现较轻，一般没有严重的呼吸衰竭、死亡病例和后遗肺纤维化样改变；较少有头痛、关节肌肉酸痛、乏力症状；肺部阴影的吸收较成人患者更为迅速；CD_4^+、CD_8^+ 细胞降低没有成人患者严重；可以有轻度心肌和肝损害，但很快恢复。

五、实验室检查

1. **血象** 白细胞计数正常或降低，常有淋巴细胞减少，部分病例血小板减少，T 淋巴细胞亚群中 $CD3^+$、$CD4^+$ 及 $CD8^+$ T 淋巴细胞均减少，尤以 $CD4^+$ 亚群降低明显。

2. **血液生化检查** 谷丙转氨酶（alanine aminotransferase，ALT）、乳酸脱氢酶（lactate dehydrogenase，LDH）及其同工酶等均有不同程度升高，血气分析发现血氧饱和度降低。

3. **影像学检查** X 线胸片的肺部阴影是 SARS 的主要表现，也是临床诊断的主要依据。阴影改变与临床症状和体征可不一致，必须动态观察肺部病变情况。1 周内出现肺纹理粗乱、斑片状或片状渗出影，典型的改变为磨玻璃影及肺实变影。病灶多在中下叶并呈外周分布。少数出现气胸和纵隔气肿。

CT 可见小叶内间隔和小叶间隔增厚、细支气管扩张和少量胸腔积液。病变后期部分患者肺部有纤维化改变。

4. **血清学检测** 可用单克隆抗体技术检测特异性抗原，用于早期诊断。免疫荧光抗体法（immunofluovescence assay，IFA）和 ELISA 检测血清中 SARS 病毒特异性抗体。IgM 发病 1 周后出现，急性期和恢复早期达高峰，3 个月后消失，IgG 病后 2 周末检出率 80% 为以上，第 3 周末为 95% 以上，病后 6 个月仍保持高滴度。

5. **分子生物学检测** 早期可用鼻咽部分泌物、血、尿、便等标本进行病毒分离和 RT-PCR 检查 SARS 病毒 RNA。

六、诊断及鉴别诊断

1. **诊断** 发病前 2 周内有与 SARS 患者密切接触、传染给他人的证据或曾经前往或居住于目前有 SARS 流行的区域。起病急，发热，伴头痛、关节酸痛、肌肉酸痛、乏力、腹泻，可有干咳，偶有血丝痰，可有呼吸道和全身症状。血白细胞正常或降低。有胸部影像学变化。SARS 病原学检测阳性。排除其他表现类似的疾病，可以作出 SARS 的诊断。

2. **鉴别诊断** 需要与 SARS 鉴别的疾病有：普通感冒、流行性感冒、各种病原体引起的肺炎以及艾滋病和其他免疫抑制患者合并肺部感染等。若规范地进行抗菌治疗后无明显效果，有助于排除细菌或支原体、衣原体性肺部感染。必要时辅以病原学检查帮助鉴别。

七、预后

本病是自限性疾病，大部分患者经综合性治疗后痊愈，少数重症患者可进展至 ARDS，甚至死亡。至 2003 年 8 月，32 个国家报告临床诊断病例 8422 例，死亡 916 例。中国大陆、香港、澳门、台湾，共发病7748例，死亡829例（分别占全球总数的91.3%和89.5%）。病死率为10.7%，中国大陆5327例，死亡349例，发病率为0.39/10万，病死率为6.6%。WHO公布的全球平均病死率为10.88%。

八、治疗

SARS缺乏特异性治疗手段，临床上以对症治疗和针对并发症的治疗为主。疑似患者和确诊患者应分别治疗。

1．一般治疗和监测病情　卧床休息，避免劳累，注意保持水、电解质平衡。疑似病例应安排合理收住条件，减少院内交叉感染。确诊病例要加强关怀与解释，引导患者加强对本病的自限性和可治愈的认识。多数患者在发病2～3周内属于进展期，应密切观察病情变化，监测症状、体温、呼吸频率、血氧分压、血象、X线胸片以及心、肝、肾功能等。

2．对症治疗　咳嗽剧烈者给予镇咳处理；发热超过38.5℃者，可给予冰敷、乙醇擦浴、降温毯等物理降温。儿童禁用水杨酸类解热镇痛药。出现气促或者缺氧时，给予持续鼻导管或面罩吸氧。

3．糖皮质激素　可以抑制异常免疫病理反应，减轻肺渗出、损伤，防止或减轻后期的肺纤维化，成人推荐剂量相当于甲泼尼龙80～320mg/d，可根据病情及个体差异进行调整。有以下指征之一即可应用：

（1）有严重中毒症状，对症治疗高热3日不退。

（2）进展迅速，X线胸片显示48小时内肺部阴影进展超过50%且占双肺总面积的1/4以上。

（3）达到急性肺损伤或ARDS的诊断标准。

4．抗病毒药物　目前尚无针对性特效药物，早期可试用蛋白酶类抑制剂类药物如洛匹那韦以及利托那韦等。

5．免疫治疗　重症患者可试用胸腺素、丙种球蛋白等，但是尚无肯定疗效。恢复期患者血清的临床疗效尚待评估。

6．抗菌治疗　应用目的主要为两个，一是用于对疑似患者的试验治疗，以帮助鉴别诊断；二是用于治疗和控制继发细菌、真菌感染。

7．中医药治疗　本病属于中医学瘟疫、热病的范畴。主要病位在肺，也可累及其他脏腑；基本病机为邪毒壅肺、湿痰瘀阻、肺气郁闭、气阴亏虚。中医药治疗的原则是早治疗、重祛邪、早扶正、防传变和辨证论治。

8．重症SARS患者的治疗　有30%左右的SARS患者属于重症病例，可能进展至急性肺损伤或ARDS。应做到：

（1）严密动态观察，加强监护：观察和监护生命体征、出入液量、心电图及血糖，尽可能收入重症监护病房。

（2）呼吸支持治疗：SARS患者应经常监测SpO_2的变化。活动后SpO_2下降是呼吸衰竭的早期表现，应该给予及时的处理。

1）氧疗：即使在休息状态下无缺氧的表现，也应给予持续鼻导管吸氧。使SpO_2维持在93%或以上，必要时可选用面罩吸氧。

2）无创正压人工通气（noninvasive positive pressure ventalilation，NIPPV）：可改善呼吸困难的症状和肺的氧合功能，应用时应选择合适的密封的鼻面罩或口鼻面罩；全天持续应用（包括睡眠时间），间歇应短于30分钟。应用指征为：①呼吸频率＞30次/分；②在吸氧5L/分条件下，SpO_2＜93%。禁忌证为：①有危及生命的情况，需要紧急气管插管。②意识障碍。

③呕吐、上消化道出血。④气道分泌物多和排痰能力障碍。⑤不能配合无创正压通气治疗。⑥血流动力学不稳定和有多器官衰竭。

3）有创正压人工通气（invasive positive pressure ventilation，IPPV）：应用无创正压通气 2 小时仍没达到预期效果（$SpO_2 \geq 93\%$，气促改善），可考虑改为有创通气。SARS 患者实施有创正压人工通气的指征为：①使用 NIPPV 治疗不耐受，或呼吸困难无改善，氧合改善不满意，$PaO_2 < 70mmHg$，并显示病情恶化趋势。②有危及生命的临床表现或多器官衰竭，需要紧急进行气管插管抢救。

9. 及时给予对症治疗，合理使用糖皮质激素，加强营养支持和器官功能保护。注意水、电解质平衡，预防和治疗继发感染，及时处理并发症。

九、预防

SARS 已被列入《中华人民共和国传染病防治法》法定传染病进行管理，是需要重点防治的重大传染病之一。

1. 控制传染源　SARS 的传染源主要是患者，因此在疫情流行期间及早隔离患者是疫情控制的关键。要做到早发现、早报告、早隔离、早治疗。对临床诊断病例和疑似诊断病例应在指定的医院按呼吸道传染病分别进行隔离观察和治疗。对医学观察病例和密切接触者，在指定地点接受为期 14 天的隔离观察。如发现疑似患者，立即以专门的交通工具转往指定医院。

2. 切断传播途径　SARS 的传播主要是通过人与人之间传播。出现 SARS 暴发或流行时实施国境卫生检疫和国内交通检疫。注意个人卫生，保持良好的个人卫生习惯，确保住所或活动场所通风。医院应设立发热门诊，建立本病的专门通道，病房、办公室等均应通风良好。住院患者应戴口罩，不得任意离开病房。患者不设陪护，不得探视。

3. 保护易感人群　尚无效果肯定的预防药物可供选择。医护人员和其他人员进入病区时应注意做好防护工作。保持乐观稳定的心态，均衡饮食，避免疲劳。

（韩永霞）

第九节　传染性单核细胞增多症

传染性单核细胞增多症（infectious mononucleosis）是由 EB 病毒（Epstein-Barr virus，EBV）感染所致的单核 - 巨噬细胞系统增生性疾病，多为急性、自限性病程。临床上表现为不规则发热、淋巴结肿大、咽痛；实验室检查可发现周围血液单核细胞显著增多，出现异常淋巴细胞，嗜异性凝集试验以及抗 EB 病毒的抗体阳性。

一、病原学

EB 病毒属于疱疹病毒，γ 亚科。基本结构含核样物、衣壳和包膜三个部分。EB 病毒基因组含双链线状 DNA。EB 病毒培养与繁殖条件要求非常特殊，仅在非洲淋巴瘤细胞、传染性单核细胞增多症患者的血液，以及白血病细胞和健康人脑细胞等培养中繁殖，因此病毒分离困难。

二、流行病学

1. 传染源　病毒携带者和患者为本病传染源。EB 病毒感染人体后，可在人口咽部上皮细胞和唾液腺内繁殖而释放病毒至唾液内，排毒时限可长达数月甚至数年。

2. 传播途径　主要为经口密切接触传播，飞沫传播不是主要途径。

3. 人群易感性　人群普遍易感。发病以15～30岁为多，性别差异小。6岁以下儿童多呈隐性或轻型感染，15岁以上感染者多出现典型症状。一次得病后可获得较持久的免疫力。

4. 流行特征　本病分布广泛，多呈散发，也可引起小范围流行。四季均可发病，晚秋至初春较多。

三、发病机制及病理

（一）发病机制

尚未完全阐明。病毒入侵人体口腔后，在鼻咽部上皮细胞内繁殖后入血而致病毒血症，并进一步累及淋巴系统的各组织和脏器。因B淋巴细胞表面有EB病毒受体，故先受累，病毒侵入B淋巴细胞后导致其抗原性改变，继而引起T淋巴细胞强烈反应，形成细胞毒性T淋巴细胞效应，直接破坏被感染的B淋巴细胞。

在疾病早期，自然杀伤细胞、非特异细胞毒性T淋巴细胞对控制EB病毒感染的B淋巴细胞增生扩散十分重要；疾病后期，自然杀伤可以特异性地破坏病毒感染的细胞。在感染的控制中，细胞免疫可能较体液免疫发挥了更重要的作用。

（二）病理

基本病理改变是淋巴组织的良性增生，肝、脾、心肌、肾、肾上腺、肺及中枢神经系统均可受累，表现为异常的淋巴细胞浸润。

四、临床表现

本病的潜伏期一般在5～15天，大多数是10天。起病急缓不一，近半数患者有全身不适、鼻塞、畏寒、头痛、头昏、食欲不振、恶心、呕吐等前趋症状。主要临床表现为：

1. 发热　除极轻型外，均有发热，体温为38.5～40℃不等，可呈稽留热、弛张热或不规则热。发热时可伴有畏冷、寒战，热骤退或者渐退，开始发病时可能伴有相对缓脉。热程数日至数周，少数患者发热长达2～4个月。

2. 淋巴结肿大　全身淋巴结皆可被累及，以颈淋巴结最为常见，腋下、腹股沟次之，纵隔、肠系膜淋巴结也可能累及。60%以上患者有浅表淋巴结肿大，而90%以上有淋巴结病变。淋巴结质地中等，无明显压痛，两侧不对称，分散而不粘连，直径为1m至4cm。通常肿大淋巴结在3周内消退，偶可持续较长的时间。

3. 肝、脾大　约10%的病例有肝大。50%以上病例脾大，偶可发生脾破裂。

4. 咽峡炎　约半数患者咽、腭垂充血，扁桃体充血、水肿或肿大，少数有溃疡或假膜形成。

5. 皮疹　约10%的患者出现皮疹，常在起病后1～2周内出现，3～7天后消退，不留痕迹，未见脱屑。多见于躯干部。皮疹呈多形性，可见猩红热样皮疹、结节性红斑、斑丘疹、荨麻疹等，偶呈出血性。比较典型者为黏膜疹，表现为多发性针尖样瘀点，见于软、硬腭交界处。

6. 神经系统症状　神经系统极少被累及，表现为急性无菌性脑膜炎、脑膜脑炎、脑干脑炎、周围神经炎等。

五、并发症

并发症较为少见，表现为脑膜脑炎、自身免疫性溶血性贫血、再生障碍性贫血、咽峡部溶血性链球菌感染、肝炎、急性肾炎、脾破裂、心肌炎等。

六、实验室检查

1. 血常规　白细胞计数在病初时可以正常，发病后 10～12 天常可升高，可达 $60×10^9$/L，第 3 周恢复正常；异常淋巴细胞在发病的第 1～12 天可达 10%～20% 或更高。血小板计数可减少，50% 患者的血小板计数小于 $14×10^9$/L，但罕见引起紫癜者。

2. 嗜异性凝集试验　方法简便，适用于临床常规检查，一般认为其效价在 1∶80 以上具有诊断价值。第 1 周的阳性率为 40%，到第 3 周阳性率可达 80%～90%。如逐周测定效价上升 4 倍以上，则意义更大。在青少年原发 EB 病毒感染中其阳性率为 80%～90%，5 岁以下的患儿不易出现高效价或出现较晚。有时，血清病、霍奇金病、白血病、风疹、甲型肝炎、结核病、日本血吸虫病等患者甚至一些正常人的血清亦可呈现阳性反应，但在这些疾病中，除血清病以外，其余的凝集反应滴定度一般都较低。

3. EB 病毒特异性抗体检测　病毒衣壳抗原（viral capsid antigen，VCA）可产生抗体，分 IgM 及 IgG 2 型，分别出现于本病的急性期及恢复期。VCA IgM 抗体在早期出现，多于 1～2 个月后消失，是 EB 病毒近期感染的标志。VCA IgG 抗体出现稍迟于前者，但可持续多年或终生，不能区别近期感染与既往感染。

4. 肝功能检查　50%～80% 肝功能异常，以转氨酶（ALT、AST）的异常为主，出现黄疸的比例约为 5%。

七、诊断及鉴别诊断

1. 诊断　诊断以临床表现、典型血象以及嗜异性凝集试验阳性为主要依据，尤以后者为重要，EB 病毒特异性抗体检测有助于诊断。

2. 鉴别诊断　本病应与病毒性肝炎、急性弓形虫病、乙型溶血性链球菌性咽峡炎、巨细胞病毒感染、传染性淋巴细胞增多症等疾病鉴别。

八、治疗

本病的治疗以对症、支持治疗为主。急性期应注意卧床休息，有肝损伤时按病毒性肝炎对症治疗。

抗生素对本病无效，仅在咽部、扁桃体继发细菌感染时可选用。一般选用青霉素 G，疗程 7～10 天。

重型患者，如咽部及喉头严重病变或水肿，有中枢神经系统并发症以及心肌炎、心包炎、溶血性贫血、严重血小板减少症等可酌情短疗程使用糖皮质激素。应随时警惕脾破裂发生的可能，及时确诊并迅速处理。

九、预后

该病预后良好，但极个别患者病情迁延，反复发作，转变为慢性活动性 EB 病毒感染。该病病死率为 1%～2%，主要死因为脾破裂、脑膜炎、心肌炎等。

十、预防

本病尚无有效的预防措施。急性期患者应进行呼吸道隔离，其呼吸道分泌物及痰杯应用漂白粉或煮沸消毒，因病毒血症可持续长达数月，故病后至少 6 个月不能参加献血。疫苗尚在研制中。

（林明华）

第十节 巨细胞病毒感染

巨细胞病毒感染是由人巨细胞病毒（cytomegalovirus，CMV）感染所致的一种先天性或后天性全身感染性疾病。巨细胞病毒感染大多呈亚临床型，显性感染者有多样化临床表现，可导致泌尿生殖系统、中枢神经系统、肝、肺、血液循环系统等全身各器官组织病变。

一、病原学

巨细胞病毒属疱疹病毒科，具有潜伏-活化的生物学特性。它可感染人、牛、马、猪等多种哺乳动物，其中感染人类的巨细胞病毒称为人巨细胞病毒（human cytomegalovirus，HCMV），是人疱疹病毒科中最大、结构最复杂的病毒，直径约为300nm，病毒壳体为20面对称体，含有162个壳粒。由双层含脂糖蛋白外膜所包被；其基因组为线性双链DNA。

巨细胞病毒对外界抵抗力差，对乙醚、氯仿等脂溶剂敏感，65℃加热30分钟、紫外线照射5分钟可被灭活。

二、流行病学

1. 传染源　传染源为患者及无症状感染者。已发现在感染者血液、唾液、泪液、尿液、精液、乳汁、粪便、子宫颈和阴道分泌物等中存在巨细胞病毒，可间歇或持续排毒达数月或数年。

2. 传播途径

（1）垂直传播：母婴垂直传播是巨细胞病毒感染的重要途径。可通过胎盘、产道、哺乳或密切接触的方式由母体传染给子代。

（2）水平传播：可经乳汁、唾液、尿液、精液、阴道分泌物等传播。

（3）医源性传播：经输血、器官移植、体外循环等方式传播。

3. 人群易感性　人群普遍易感，易感性与年龄、免疫功能状态等因素有关。一般年龄越小，易感性越强，症状也较重。年长儿及成人以隐性感染多见，孕龄妇女中血清巨细胞病毒抗体阳性率为20%～50%，60岁以上成人大多为阳性。当机体免疫功能低下时，体内的病毒激活，则隐性感染可转化为显性感染。

三、发病机制和病理

发病机制尚未完全阐明。巨细胞病毒主要通过细胞膜融合或吞饮作用进入宿主细胞，可广泛存在于各器官组织。感染可直接导致受染宿主细胞损伤，还可能通过免疫病理机制产生致病效应。在健康人中呈潜伏状态，但在免疫低下时可活化并复制，引起宿主细胞损伤。

巨细胞病毒主要侵犯上皮细胞。受累细胞变性，体积增大呈巨细胞化，特征性改变为受染细胞体积显著肿大，细胞质内首先出现嗜碱性包涵体，继之细胞核内出现嗜酸性包涵体，位于核中央，周围有一透亮晕环与核膜分开，酷似"猫头鹰眼"。

四、临床表现

临床表现变化很大，可随年龄、患者机体状况和感染途径不同而异。

1. 宫内感染　系孕妇体内的巨细胞病毒通过胎盘感染胎儿，造成胎儿先天感染。受染胎儿90%为隐性感染，仅10%表现为临床感染，但后果较为严重，尤其当感染发生在妊娠头4个月内时，更易造成胎儿损害。部分受染胎儿呈现发育迟缓，出生时体重不足，或呈现小头畸形、肢体畸形、先天性心脏病等先天畸形；或在出生后短期内出现黄疸，肝、脾大，溶血性贫血、脑积水、肺炎、心肌炎、昏迷、抽搐等多器官损害，可于数周内死亡。巨细胞病毒宫内感染还可造成死胎、流产、早产。

2．后天感染　多呈隐性感染或症状轻微，但少数患者临床表现较为严重。新生儿可呈迁延性肺炎；儿童及成人感染可发生巨细胞病毒肝炎（症状、体征类似于病毒性肝炎）。部分患者可表现为畏寒、发热、咽痛、头痛、身痛。血中出现异形淋巴细胞，发生率可达10%～20%。其临床表现颇似于EB病毒感染所致的传染性单核细胞增多症，但嗜异性凝集试验呈阴性。

3．器官移植术后及应用免疫抑制剂患者如有巨细胞病毒感染可导致肝炎、溃疡性胃肠道炎、肺炎等。巨细胞病毒感染也常见于人类免疫缺陷病毒感染者。艾滋病患者感染后，则易形成全身播散性巨细胞病毒感染，系艾滋病患者的一个重要死因。

五、实验室检查

1．血常规和其他检查　血常规显示白细胞总数及淋巴细胞增多，出现异型淋巴细胞。婴幼儿可出现贫血、血小板减少。尿常规可见蛋白尿，并见少量红、白细胞。累及肝，导致巨细胞病毒肝炎，可出现肝功能异常。

2．组织学检查　从受染的肝、肺、胃等组织中以及患者的尿液、脑脊液中可见特征性的巨细胞样变细胞及胞核内嗜酸性包涵体。

3．病毒分离　从患者尿液、唾液、血液或活检组织标本分离病毒可确诊本病。但巨细胞病毒生长缓慢，不能用于早期诊断。

4．特异性核酸检测　应用PCR法检测巨细胞病毒DNA，敏感性及特异性较高。

5．血清学检查　应用补体结合试验、间接免疫荧光试验、免疫酶试验、间接血凝试验和放射免疫试验等检测IgG和IgM抗体。特异性IgG抗体阳性提示既往巨细胞病毒感染，特异性IgM抗体阳性提示活动性巨细胞病毒感染。

六、诊断及鉴别诊断

（一）诊断

1．临床特点

（1）婴幼儿母亲妊娠期有可疑巨细胞病毒感染史（表现为肝炎、肺炎、异型淋巴细胞增多等）；先天性畸形；新生儿黄疸延迟消退、肝和脾大、重度溶血性贫血等。

（2）成人接受输血、器官移植或免疫抑制剂治疗后出现单核细胞增多，而嗜异凝集试验阴性，发生间质性肺炎或原因不明的肝炎；艾滋病患者出现发热、视力减退或视物模糊，以及肝和脾大、肝功能异常等。

2．确定诊断依据　检测外周血抗-CMV IgM阳性，抗-CMV IgG滴度于病程中呈4倍以上升高，表明新近存在巨细胞病毒感染，对婴幼儿患者可诊断本病。临床上应用最为广泛的确定诊断方法为抗-CMV IgM阳性和CMV DNA阳性。

（二）鉴别诊断

由于巨细胞病毒感染的临床表现多样性，需要根据主要的临床表现与相应疾病进行鉴别。先天性巨细胞病毒感染应与弓形虫病、风疹、单纯疱疹等相鉴别；后天性巨细胞病毒感染应与传染性单核细胞增多症、病毒性肝炎以及其他病因所致的肝大、黄疸等相鉴别。

七、治疗

妊娠早期发现有原发巨细胞病毒感染时，应尽快终止妊娠。妊娠中晚期感染者应进一步检查胎儿有无畸形而采取相应的治疗措施。目前尚无满意的抗病毒特效药物。常用抗病毒药物有：

1. **更昔洛韦** 实验室观察可抑制 CMV DNA 的合成。用法：5mg/kg，12 小时一次，每次静脉滴注时间在 1h 以上，共 2～3 周。对免疫抑制个体需延长疗程。主要副作用为肝功能损害，白细胞、血小板减少，静脉滴注局部肿痛、皮疹、恶心、呕吐和头痛等。更昔洛韦对巨细胞病毒肺炎无效。

2. **膦甲酸钠** 常用于不能耐受更昔洛韦或更昔洛韦治疗无效的患者。已获准用于艾滋病并发巨细胞病毒视网膜炎患者。剂量：60mg/kg，8 小时一次，疗程为 2～3 周。主要副作用为肾毒性、电解质紊乱、贫血、胃肠道症状。

八、预防

对巨细胞病毒抗体阳性的孕妇须加强围生期医学保健。加强对器官移植（包括骨髓移植）供者的巨细胞病毒感染筛查措施及输血血源的巨细胞病毒感染筛查。目前尚无有效的巨细胞病毒疫苗制剂投入临床使用。

（林明华）

第十一节 流行性腮腺炎

流行性腮腺炎（mumps）是由腮腺炎病毒（mumps virus）引起的急性呼吸道传染病。主要发生在 4～15 岁的儿童和青少年，亦可见于成人。临床特征为单侧或双侧腮腺的非化脓性肿胀、疼痛。腮腺炎病毒常侵犯各种腺体组织及神经系统，引起脑炎、睾丸炎、胰腺炎、卵巢炎等。

一、病原学

腮腺炎病毒属于副黏液病毒，RNA 型。人是腮腺炎病毒唯一宿主。病毒对物理和化学因素的作用均甚敏感，乙醇、甲醛、加热及紫外线均可使其灭活，在 4℃时其活力可保持数天。

二、流行病学

1. **传染源** 早期患者和隐性感染者是主要传染源。腮腺炎病毒随患者和隐性感染者的唾液排出体外后，散播在空气中。发病前 7 天至腮腺肿大后 9 天均有传染性。

2. **传播途径** 患者鼻咽部携带的病毒经由空气飞沫通过呼吸道传播。被病毒污染的食物、餐具、衣物亦可成为传染源。

3. **易感人群** 人群普遍易感，易感性随年龄的增加而下降，90% 患者为 15 岁以下儿童。近年来成人病例有增多趋势。病愈后可获得持久免疫力。

三、发病机制及病理

腮腺炎病毒首先侵入口腔和鼻腔黏膜，在局部黏膜上皮和淋巴结中大量繁殖后进入血液（第一次病毒血症），经血流侵及腮腺，并在其中繁殖，再次进入血流（第二次病毒血症），并侵犯上次未波及的一些脏器，如颌下腺、舌下腺、睾丸、卵巢等，临床上出现不同器官相继发生病变，出现相应的临床表现。腮腺炎实际上是一种多系统、多器官受累的疾病。病程早期可从口腔、呼吸道分泌物、血、尿、乳汁、脑脊液及其他组织中分离到腮腺炎病毒。

腮腺炎的病理特征是腮腺非化脓性炎症。腺体肿胀、发红，腮腺导管的壁细胞肿胀、导管周围及腺体壁淋巴细胞浸润、间质组织水肿等导致腮腺导管阻塞，唾液的排出受到阻碍，故摄食酸性饮食时可因唾液分泌增加而胀痛，唾液中含有淀粉酶可经淋巴系统而进入血液循环，导致血中淀粉酶升高，并从尿中排出，尿淀粉酶亦可升高。病毒易侵犯成熟的睾丸，幼年患者很少发生睾丸炎，睾丸曲精管的上皮显著充血，有出血斑点及淋巴细胞浸润，在间质中出现水肿及浆液纤维蛋白性渗出物。腮腺炎病毒所致脑膜脑炎目前考虑是病毒的血溶-细胞融合糖蛋白所致。

四、临床表现

潜伏期 14～25 天，平均 18 天。

初期可有发热、乏力、食欲不振、头痛等症状，但多数患者症状不明显。起病 1～2 天后出现颧骨弓或耳部疼痛，腮腺肿大，可伴发热，体温 38～40℃。多数先见于一侧腮腺肿痛，1～2 天后对侧开始肿痛。双侧腮腺肿大者约占 75%。腮腺肿胀以耳垂为中心，向周围蔓延，局部皮肤不红，表面灼热，有弹性感及触痛。腮腺管口可见红肿。患者感到局部疼痛和感觉过敏，张口、咀嚼时更明显，进食酸性食物时疼痛加剧。部分患者累及颌下腺和舌下腺，可见颈前下颌处肿胀。腮腺肿大多于 2～3 天到达高峰，持续 4～5 天逐渐消退，整个病程 10～14 天。

并发脑炎或脑膜炎患者占 15%，出现高热不退、头痛、恶心、呕吐、抽搐、嗜睡、昏迷和（或）脑膜刺激征，发生于病程 4～5 天，症状在 1 周内消失，重症患者可死亡。睾丸炎常见于腮腺肿大开始消退时患者又出现发热、睾丸肿胀和疼痛，也可并发附睾炎、鞘膜积液和阴囊水肿。睾丸炎多为单侧，约 1/3 累及双侧。症状持续 7～10 天逐渐好转。部分患者发生不同程度的睾丸萎缩，由于睾丸细胞破坏所致，不育症罕见。卵巢炎发生于 5% 成年女性，出现下腹痛，右侧卵巢炎酷似阑尾炎。胰腺炎发病率低于 10%，可有恶心、呕吐和中上腹疼痛和压痛。心肌炎、甲状腺炎、肾炎等可在腮腺炎发生前后出现。

不典型病例可无腮腺肿胀，而以单纯睾丸炎或脑膜脑炎的症状出现，也有仅见颌下腺或舌下腺肿胀者。

五、实验室检查

1. 血常规白细胞计数正常或稍降低，分类淋巴细胞相对增加。并发睾丸炎者白细胞可升高。

2. 血清和尿淀粉酶测定　90% 患者发病早期即有血清和尿淀粉酶升高，无腮腺肿大者也可升高。血、尿淀粉酶增高不能作为胰腺炎的诊断。血脂肪酶增高有助于胰腺炎的诊断。

3. 脑脊液检查并发脑炎时，压力增高，外观清亮，白细胞计数轻度升高，淋巴细胞升高，蛋白轻度增加，氯化物、糖正常，少数患者糖降低。

4. 血清学检查　ELISA 法检测血清中核蛋白的 IgM 抗体可作为近期感染的诊断。近年来应用单克隆抗体检测腮腺炎病毒抗体或 PCR 技术检测腮腺炎病毒 RNA，可作早期诊断。

5. 病毒分离　应用早期患者的唾液、尿或脑膜炎患者脑脊液接种于原代猴肾、Vero 细胞或 Hela 细胞分离病毒。

六、诊断及鉴别诊断

（一）诊断

根据流行情况及接触史，以及腮腺肿痛的特征，易于诊断，血、尿淀粉酶升高有助于临床诊断。对于无腮腺肿痛或再发病例及不典型可疑病例的确诊有赖于血清学检查及病毒分离。

（二）鉴别诊断

1. 化脓性腮腺炎　通常为单侧腮腺肿大，不伴睾丸炎或脑炎，当脓肿形成时，挤压腮腺腺体可见有脓液自腮腺管口流出。白细胞总数及中性粒细胞计数明显升高。

2. 腮腺区急性淋巴结炎　又称假性腮腺炎，是腮腺包膜下或腺实质内淋巴结的炎症。发病缓慢，病情较轻，开始为局限性肿胀，以后逐渐扩展。腮腺腺体无分泌障碍，导管口不流脓。

3. 嚼肌间隙感染　多见于青壮年，有牙痛史，特别是下颌第三磨牙冠周炎。患者张口受限，咀嚼困难。典型的嚼肌间隙感染常以下颌角稍上为肿胀中心，不难与之区别。部分患者感染咀嚼肌部分纤维斜向后上扩散，以耳屏前区为中心肿胀，和急性化脓性腮腺炎的表现极其相似。

七、预后

大多数预后良好。病死率为1%以下，主要死于重症腮腺炎并发脑炎。

八、治疗

1. 一般治疗　休息，多饮水，避免进食酸性饮料。注意口腔卫生，餐后漱口。

2. 对症治疗　高热可给予物理降温或应用解热镇痛药物，如复方锌布洛芬颗粒、右旋布洛芬栓肛塞。对腮腺明显肿痛者可给予仙人掌捣碎后外敷，或青黛散用醋调，外涂局部，可减轻局部胀痛。睾丸炎可局部制动，用丁字带托起睾丸，硫酸镁湿敷阴囊。成人患者在本病早期应用己烯雌酚，每次1mg，每日3次，有减轻肿痛之效。

3. 抗病毒治疗　发病早期应用利巴韦林，疗程5~7天，也可应用干扰素肌内注射。

4. 应用糖皮质激素　对于并发脑膜脑炎、睾丸炎、心肌炎、胰腺炎时，可短期使用，如甲泼尼龙或者地塞米松静脉应用。

九、预防

应用疫苗是预防最有效的方法，儿童应按时完成预防接种。目前有麻腮疫苗和麻风腮疫苗。部分儿童接种后仍发病，可能与个体免疫功能有关。

（丁国锋）

第十二节　水痘和带状疱疹

水痘（chickenpox，varicella）和带状疱疹（herpes zoster）是由同一种病毒，即水痘-带状疱疹病毒（varicella-zoster virus，VZV）感染所引起的两种不同临床表现的传染病。初次感染为水痘，多见于儿童，临床以皮肤、黏膜分批出现斑丘疹、水疱和结痂，且各期皮疹同时存在为特征。潜伏在感觉神经节的水痘-带状疱疹病毒再激活后引起带状疱疹，多见于成人，以沿身体一侧周围神经出现呈带状分布、成簇出现的疱疹为特征。

一、病原学

水痘-带状疱疹病毒属疱疹病毒科，为双链DNA病毒。病毒糖蛋白主要存在于病毒包膜和感染细胞的胞膜中，与病毒的致病性和免疫原性有密切关系。病毒在外界环境中的生活力很弱，不耐酸、不耐热，对乙醚敏感。

二、流行病学

1. 传染源　患者是唯一的传染源，病毒存在于病变皮肤黏膜组织、疱疹液及血液中，自发病前1~2天直至疱疹完全结痂均有传染性。

2. 传播途径　主要通过空气飞沫经呼吸道和直接接触疱疹液感染，也可通过接触被污染的用具传播。

3. 人群易感性　水痘传染性极强，易感者接触后90%发病，以幼儿和学龄儿童发病较多，6个月以下的婴儿较少见。孕妇患水痘时可感染胎儿。病后可获得终身免疫，但以后可发生带状疱疹。

三、发病机制及病理

病毒经呼吸道和口咽黏膜进入机体后，在局部黏膜组织短暂复制，经血液和淋巴液（原发性病毒血症）播散至单核-巨噬细胞系统，经多个繁殖周期后，再次进入血液（第二次病毒血症）而播散到全身各器官，特别是皮肤、黏膜组织，导致水痘。临床上水痘皮疹分批出现与病毒间歇性播散入血有关。部分病毒潜伏于脊髓背侧神经根和三叉神经节的神经细胞内，形成潜伏性感染，再次发病即表现为带状疱疹。

水疱是由于皮肤棘细胞肿胀变性所致，同时还有核内嗜酸性包涵体的多核巨细胞形成，肿胀细胞或多核巨细胞裂解及组织液渗入后，即形成疱疹。水疱液中含有大量的感染性病毒颗粒。

四、临床表现

潜伏期10~21日，一般为14日左右。水痘痊愈可在多年后再发感染出现带状疱疹。

（一）典型水痘

水痘发生于婴幼儿及学龄儿童，成人少见。多伴有发热，1~2日后即进入发疹期。皮疹先见于躯干，逐渐延及面部，最后达四肢。皮疹分布以躯干为多，面部及四肢较少，呈向心性分布。开始为粉红色斑疹，数小时内变为丘疹，再经数小时变为疱疹，多数疱疹数日后结痂，即斑疹→丘疹→疱疹→结痂。皮疹发展快是该病特征之一。疱疹稍呈椭圆形，2~5mm大小，基部有一圈红晕，当疱疹开始干结时红晕亦消退，皮疹常伴瘙痒。疱疹液最初呈清澈透明，以后稍混浊。疱疹壁较薄易破。数日后从疱疹中心开始干结，最后成痂，经1~2周脱落。痂疹愈合后在正常皮肤上有新发皮疹，故在病程中可见各期皮疹同时存在。水痘皮损表浅，无继发感染者痂脱后不留瘢痕。口腔、咽部或外阴等黏膜也常见皮疹，早期为红色小丘疹，迅速变为水疱疹，随之破裂成小溃疡。有时眼结膜、喉部亦有同样皮疹。

多数患者全身症状轻，少数患者累及内脏（如肺部和脑），全身症状亦重，发热程度高，热程长。成人水痘常属重型。妊娠期感染水痘，可致胎儿畸形、早产或死胎。

（二）不典型水痘

儿童少见，多见于成人。

1. 出血性和播散性水痘　主要见于应用糖皮质激素或其他免疫抑制药物治疗的患者。出血性水痘疱疹内有血性渗出，或在正常皮肤上有瘀点、瘀斑。播散性水痘患者可全身遍布皮疹，中毒症状重。

2. 大疱型水痘　疱疹融合成为大疱，皮疹处皮肤及皮下组织坏死而形成坏疽型水痘，患者病情重，高热，全身症状亦重。

（三）带状疱疹

以沿单侧周围神经分布的簇集性小水疱为特征，常伴有明显的神经痛。

发病前常有低热、乏力等前驱症状，随后出现沿神经节段分布的局部皮肤疼痛和烧灼感。最常见的为胸腹或腰部带状疱疹，约占70%，其次为三叉神经带状疱疹，约占20%，损害沿三叉神经的三支分布。但在60岁以上的老年人，三叉神经较脊神经更易罹患。

疱疹初起时皮肤呈不规则或椭圆形红斑，数小时后在红斑上发生水疱，疱疹大小不等，分批出现，沿神经支配的皮肤呈带状排列，伴有明显的神经痛。严重者可为血疱，有继发感染则为脓疱。数日后，疱疹内液体混浊而吸收，形成痂壳，1～2周脱痂，遗留色素逐渐消退，一般不留瘢痕，皮疹多为一侧性，极少超过躯体中线。老年人病程常为4～6周，也有超过8周者。三叉神经第一支除额部外，可累及眼角黏膜，甚至失明；第二支累及唇、腭及颞下部、颧部、眶下皮肤；第三支累及舌、下唇、颊及颏部皮肤。病毒入侵膝状神经节可出现外耳道或鼓膜疱疹，膝状神经节受累的同时侵犯面神经的运动和感觉神经纤维时，表现为面瘫、耳痛及外耳道疱疹三联征，称为Ramsay-Hunt综合征。

带状疱疹常伴有神经痛，但多在皮肤、黏膜病损完全消退后1个月内消失，少数患者可持续1个月以上，称为带状疱疹后遗神经痛，常见于老年患者。

五、实验室检查

1. 血常规　白细胞总数正常或减少，淋巴细胞升高。
2. 免疫学检查　常用补体结合试验检测特异性抗体。水痘患者于出疹后1～4日血清中即出现抗体，2～6周达高峰，6～12个月后逐渐下降。
3. 病毒学检查
(1) 电子显微镜检查：取新鲜疱疹内液体直接在电镜下观察疱疹病毒颗粒。
(2) 病毒分离：起病3日内，取疱疹内液体接种人胚羊膜组织，病毒分离阳性率较高。
(3) 分子生物学检查：用PCR方法检测水痘-带状疱疹DNA，为敏感和快速的早期诊断手段。

六、诊断与鉴别诊断

（一）诊断

典型患者根据水痘接触史、既往患病史和典型皮疹特征，不难作出临床诊断。非典型患者需实验室检查明确诊断。

（二）鉴别诊断

主要与各种皮疹患者相鉴别。

1. 脓疱疮　好发于鼻唇周围或四肢暴露部位，初为疱疹，继成脓疱，然后结痂。无分批出现的特点，无全身症状。
2. 丘疹样荨麻疹　系梭形水肿性红色丘疹，丘疹中心有针尖或粟粒大小的丘疱疹或水疱，扪之较硬。分布于四肢或躯干，不累及头部或口腔，不结痂，但有奇痒感。
3. 手足口病　由柯萨奇病毒A等一组肠道病毒引起，皮疹主要分布于口腔、手、足和臀部，也可累及关节周围及四肢，皮疹较小，多伴发热，学龄前儿童多发。
4. 其他病毒感染　单纯疱疹病毒感染也可引起水痘样皮损，这类播散性的单纯疱疹病毒感染常继发于异位皮炎或湿疹等皮肤病，确诊有赖于病毒分离。

七、治疗

水痘为自限性疾病，一般可在 2 周内痊愈。糖皮质激素可导致病毒播散，一般忌用，因其他疾病已用糖皮质激素的水痘患者，在情况许可时，应尽快减至生理剂量或逐渐停用。但出血性水痘及水痘肺炎患者可给予糖皮质激素。

1．一般治疗和对症处理　发热期应卧床休息，体温高者可给予退热剂。皮肤瘙痒较显著者，可外用炉甘石洗剂或口服抗组胺药物，避免抓伤而继发细菌感染。疱疹破裂者，涂以 1% 甲紫，有继发感染者可局部应用磺胺嘧啶银。重症患者可应用丙种球蛋白 3～5 天。

2．抗病毒治疗　阿昔洛韦是治疗水痘和带状疱疹最常用的药物，剂量为每次 5～10mg/kg，8 小时 1 次，口服或静脉滴注，疗程 7 日或直至 48 小时无新的皮损出现。也可用干扰素抑制病毒复制，10 万～20 万U/d，连用 3～5 天。每日肌内注射维生素 B_{12}，也有一定的疗效。

3．带状疱疹

(1) 止痛：三叉神经痛可用卡马西平，开始一次 0.1g，一日 2 次；第二日后每隔一日增加 0.1～0.2g，直到疼痛缓解，维持量每日 0.4～0.8g，分次服用；最高量每日不超过 1.2g。但应注意白细胞和血小板减少、皮疹及肝、肾功能变化等，有房室传导阻滞病史及骨髓抑制病史者禁用。

(2) 糖皮质激素的应用有争议，多认为早期使用可降低宿主炎性反应，减少组织损伤，尤其对防止持久性脑神经麻痹和严重的眼部疾患有积极意义。

(3) 局部治疗：若有口腔糜烂溃疡，可用醋酸氯己定或 0.1% 高锰酸钾液含漱，也可用中药西瓜霜、锡类散局部涂抹。如有疱疹可局部涂少量 3% 阿昔洛韦软膏。

(4) 物理疗法：用紫外线、红外线或超短波照射患处，有助于缓解疼痛，促进结痂。

八、预后

预后良好。痂脱落后大多无瘢痕，在疱疹深入皮层以及有继发感染者，可留有浅瘢痕。重症水痘或并发重型脑炎、肺炎者可导致死亡。

九、预防

1．严格管理传染源　患者应隔离至全部疱疹干燥结痂为止，一般不少于病后 2 周。

2．保护易感人群　①主动免疫：减毒活疫苗对自然感染的预防效果为 68% 以上，我国尚未将水痘疫苗接种纳入计划免疫中。②被动免疫：肌内注射水痘 - 带状疱疹免疫球蛋白用于免疫缺陷、使用免疫抑制剂、患严重疾病及易感孕妇等高危易感人群。

（丁国锋）

第十三节　麻　疹

麻疹（measles）是由麻疹病毒引起的急性呼吸道传染病，主要临床表现有发热、咳嗽、流涕、眼结膜炎、口腔麻疹黏膜斑（Koplik spots）及皮肤斑丘疹。

一、病原学

病原体为麻疹病毒,属于副黏病毒科(Paramyxovirus)麻疹病毒属,其抗原性稳定,只有一个血清型,与其他副黏病毒不同之处是该病毒无特殊的神经氨酸酶。电镜下病毒呈球状或丝状,中心为单链RNA,其基因组有16 000个核苷酸,外有脂蛋白包膜,包膜有三种结构蛋白。麻疹病毒体外抵抗力弱,不耐热,56℃ 30分钟即可灭活。但耐寒及耐干燥,室温下可存活数日。对紫外线及一般消毒剂敏感。–70℃下可存活数年。

二、流行病学

1. 传染源 人类为麻疹病毒唯一宿主,故患者是唯一传染源。急性患者为最重要的传染源,发病前2天至出疹后5天内均具有传染性,前驱期传染性最强,出疹后逐渐降低,疹消退时已无传染性。传染期患者口、鼻、咽、眼结膜分泌物均含有病毒,恢复期不带病毒。

2. 传播途径 经呼吸道飞沫传播。患者咳嗽、打喷嚏时,病毒随排出的飞沫传播给易感者。密切接触者亦可经污染病毒的手传播,通过第三者或衣物间接传播甚少见。

3. 人群易感性 人类普遍易感,易感者接触患者后90%以上发病,病后可获持久免疫力。6个月内婴儿获得母传抗体患病少见,6个月至5岁小儿发病多见。

4. 流行特征 以冬春季多,但全年均可发生。自20世纪60年代麻疹疫苗问世以来,普遍接种疫苗的国家发病率已大大下降。我国自普遍接种麻疹疫苗以来,麻疹流行得到了有效控制。

三、发病机制与病理解剖

麻疹病毒经飞沫到达易感者的呼吸道、口咽部或眼结膜,在上皮细胞内复制,并从原发灶侵入局部淋巴组织,繁殖后入血,于感染后第2~3天引起第一次病毒血症。病毒随后进入全身单核-巨噬细胞系统中增殖。感染后第5~7天,大量复制后的病毒再次侵入血流,形成第二次病毒血症。病毒由血白细胞携带播散至全身各组织器官,主要部位有呼吸道、眼结膜、口咽部、皮肤、胃肠道等,此时出现一系列临床表现。约病程第15天以后,由于机体特异性免疫应答致病毒被清除,临床进入恢复期。感染麻疹病毒后,人体可产生补体结合抗体、血凝抑制抗体及中和抗体,前者为IgM,表示新近感染,后两者为IgG,表示对麻疹病毒具有免疫力。麻疹的病理特征是感染部位数个细胞融合而成多核巨细胞,皮疹为病毒或免疫损伤致皮肤浅表血管内皮细胞肿胀、增生、渗出,以及真皮淋巴细胞浸润、充血肿胀所致。由于崩解的红细胞和血浆渗出,使皮疹消退后遗留色素沉着,表皮细胞坏死及退行性变形成脱屑。口腔麻疹黏膜斑的病变与皮疹相似。整个病程中,呼吸道病变最显著,肠道黏膜可有呼吸道黏膜同样的病变。并发脑炎时脑组织可出现充血、水肿、点状出血或脱髓鞘病变。麻疹病毒可导致严重的免疫抑制。

四、临床表现

潜伏期为6~21天,平均为10天左右。曾接受过被动或主动免疫者延长至3~4周。典型麻疹临床过程可分为三期:

1. 前驱期 从发热到出疹为前驱期,一般持续3~5天。此期主要为上呼吸道炎症及眼结膜炎所致的卡他症状。急性起病,表现为发热、流涕、眼结膜充血、畏光,以及咽痛、咳嗽等。部分患者有腹泻。在病程2~3天,约90%以上患者口腔颊黏膜出现麻疹黏膜斑,为麻疹前驱期的特征性体征,具有早期诊断价值。麻疹黏膜斑为0.5~1mm针尖大小的小白点,周围有红晕,2~3天内消失。

2. 出疹期 为病程第3~5天,皮疹先见于耳后、发际,渐及前额、面、颈,后渐蔓延至胸、腹、背及四肢,直至手掌与足底,2~3天遍及全身。皮疹初为淡红色斑丘疹,压之退色，大小不等，疹间皮肤正常。出疹高峰时皮疹可融合，颜色转暗，部分病例可有出血性皮疹，压之不退色。随出疹至全身，体温可达40℃，患者可有嗜睡或烦躁不安，甚至谵妄、抽搐、咳嗽加重。因喉部和气管炎症，可出现声音嘶哑、呼吸困难，肺部炎症状明显，肺部可闻及干、湿啰音，可出现心力衰竭。维生素A缺乏者结膜炎表现严重。皮疹的严重程度反映麻疹病情的轻重。

3．恢复期　皮疹达高峰后，常于1～2天内体温下降，全身症状明显减轻，皮疹按出疹顺序依次消退，留有浅褐色色素沉着斑，1～2周后消失。疹消退时有糠麸样细小脱屑。如皮疹消退或脱屑时仍持续发热，应疑有并发症发生。

由于感染者的年龄不同、机体免疫状态不同、病毒毒力强弱不一、侵入人体数量不同等因素，临床上可出现非典型麻疹，包括轻型、重型、出血性、异形麻疹。

五、诊断

根据当地有麻疹流行，出疹前6～21天有麻疹接触史，典型麻疹的临床表现，如急起发热、上呼吸道卡他症状、结膜充血、口腔麻疹黏膜斑及典型的皮疹等即可诊断。非典型患者难以确诊者，依赖于实验室检查。

六、鉴别诊断

1．风疹　前驱期短，全身症状和呼吸道症状轻，无麻疹黏膜斑，发热1～2天出疹，皮疹分布以颈、躯部为主。1～2天疹退，无色素沉着和脱屑，常伴耳后、颈部淋巴结肿大。

2．幼儿急疹　突起高热，持续3～5天，上呼吸道症状轻，热降后而出疹。皮疹散在，呈玫瑰色，多位于躯干。1～3天皮疹完全消退，热退后出疹为其特点。

3．猩红热　前驱期发热，咽痛明显，1～2天后全身出现针尖大小红色丘疹，疹间皮肤充血，压之退色，口周呈苍白圈，皮疹持续4～5天，随热降而消退，出现大片脱皮。外周血白细胞总数及中性粒细胞升高显著。

4．药物疹　有近期服药史，皮疹多有瘙痒，低热或无热，无黏膜斑及卡他症状，停药后皮疹渐消退。血嗜酸性粒细胞可增多。

七、预后

单纯麻疹预后良好，重型麻疹病死率较高。

八、治疗

尚无特效抗麻疹病毒药物，主要为对症治疗、护理，预防和治疗并发症。

1．一般治疗　患者应单间呼吸道隔离，保持室内空气新鲜，温度适宜。患者应卧床休息，直至体温正常或至少出疹后5天。眼、鼻、口腔应保持清洁，多饮水。

2．对症治疗　高热可用小剂量解热药物或头部冷敷；咳嗽可用祛痰镇咳药，剧咳和烦躁不安可用少量镇静药；体弱病重患儿可早期注射丙种球蛋白；必要时给氧，保证水、电解质、酸碱和热量平衡等。如有结膜溃疡可补充维生素A。

3．并发症治疗

（1）肺炎：是麻疹最常见的并发症，发病率为10%，致死率最高，多见于5岁以内儿童，常发生在出疹期，表现为体温上升、呼吸困难。治疗同一般肺炎，主要为抗菌治疗，参考痰菌药敏试验选用抗生素。

（2）喉炎：发生率为1%～4%，多见于2～3岁幼儿。可蒸汽雾化吸入稀释痰液，使用抗生素，对喉部水肿者可试用糖皮质激素。喉梗阻严重时及早行气管切开。

(3) 心肌炎：出现心力衰竭者应及早静脉注射强心药物如毛花苷 C 或毒毛花苷 K，同时应用利尿药，重症者可用糖皮质激素保护心肌。

(4) 脑炎：发生率为 1‰，处理基本同乙型脑炎。

九、预防

预防麻疹的关键措施是对易感者接种麻疹疫苗，提高其免疫力。宗教、风俗等会影响麻疹疫苗接种率。在暴露后 2~3 天内注射人免疫球蛋白进行被动免疫非常有效，儿童剂量为 0.2ml/kg。免疫球蛋白可用于麻疹疫苗禁忌者、恶性肿瘤及应用糖皮质激素或细胞毒性类药物引起免疫抑制的儿童，也可用于孕妇、活动性肺结核和艾滋病患者。隔离患者至出疹后 5 天，伴呼吸道并发症者应延长到出疹后 10 天。易感的接触者检疫 3 周，并使用被动免疫制剂。目前我国初种麻疹疫苗的年龄为 6~8 个月，第 1 次皮下注射 0.2ml，7 岁时复种。

（袁 宏 陈 琳）

第十四节 手足口病

手足口病（hand foot and mouth disease，HFMD）是由多种肠道病毒引起的急性传染病。多发生于学龄前儿童，尤以 5 岁以下幼儿发病率最高。临床表现为手、足、口腔等部位的斑丘疹、疱疹。少数重症病例可出现脑炎、脑膜炎、脑干脑炎、心肌炎、肺水肿、肺出血、循环衰竭等，病情发展快。致死原因主要为脑干脑炎及神经源性肺水肿。

一、病原学

引发手足口病的肠道病毒属于小 RNA 病毒科，有 20 多种（型），其中以柯萨奇病毒 A16 型（CoxA16）和肠道病毒 71 型（EV71）最为常见。重症多由 EV71 引起。病毒对紫外线、干燥、各种氧化剂均敏感，加热 50℃ 可迅速灭活。

二、流行病学

1. 传染源　患者和隐性感染者均为传染源，发病前数天患者咽部和粪便均可检出病毒，疱疹液中含大量病毒，破溃后病毒溢出，发病 1 周内传染性最强。

2. 传播途径　主要通过消化道和呼吸道（飞沫、咳嗽、打喷嚏）传播，也可因接触患者口鼻分泌物、皮肤或黏膜疱疹液、被污染的手和物品等而感染。

3. 人群易感性　人对肠道病毒普遍易感，各年龄组均可发病，年长儿和成人也可发病，5 岁以下儿童发病率最高。感染后可获得特异性免疫力，持续时间尚不明确。病毒的各型间极少有交叉免疫。

三、发病机制

引起手足口病的肠道病毒主要经由呼吸道和消化道侵入局部黏膜，通过血液或淋巴液进入体内，在局部黏膜上皮细胞或淋巴组织中增殖，经两次病毒血症引起全身多系统、多器官受累。

四、临床表现

潜伏期为 2~12 天，平均 3~5 天。

1. 普通病例　急性起病，多数有发热，一般为 38～39℃，可伴有咳嗽、流涕、食欲不振等症状。发热同时或数天后出现典型皮疹，患儿手、足、口腔和臀部出现红色斑丘疹、疱疹，亦可累及肘、膝部，疱疹周围可有炎性红晕，疱内液体较少。皮疹偶可见于躯干及四肢，数天后变暗、消退。也可先出现皮疹后有发热，部分病例仅表现为皮疹或疱疹性咽峡炎，也可表现为单一部位斑丘疹。病程为 7～10 天。

2. 重症病例　少数病例（尤其是小于 3 岁者）病情进展迅速，在发病 1～5 天出现脑膜炎、脑炎（以脑干脑炎最为凶险）、肺水肿、循环障碍等，极少数病例病情危重，可致死亡，存活病例可留有后遗症。

(1) 神经系统表现：精神差、嗜睡、易惊、头痛、呕吐、谵妄甚至昏迷；肢体抖动，肌阵挛、眼球震颤、共济失调、眼球运动障碍；无力或急性弛缓性麻痹；惊厥。腱反射减弱或消失，巴宾斯基征阳性。

(2) 呼吸系统表现：呼吸浅促、呼吸困难或节律改变，口唇发绀，咳嗽，咳白色、粉红色或血性泡沫样痰液；肺部可闻及湿啰音或痰鸣音。

(3) 循环系统表现：面色苍白、皮肤花纹、四肢发凉，指（趾）发绀；出冷汗；毛细血管再充盈时间延长。心率加快或减慢，脉搏浅速或减弱甚至消失；血压升高或下降。

五、实验室检查

1. 血常规　白细胞计数正常或降低，重症患儿白细胞计数可明显升高。
2. 血生化检查　部分病例可有肝功异常，心肌酶升高，病情危重者可有肌钙蛋白（cTnI）、血糖升高。C 反应蛋白一般不升高。
3. 脑电图　可表现为弥漫性慢波，少数可出现棘（尖）慢波。
4. 脑脊液检查　神经系统受累时可表现为外观清亮，压力增高，白细胞数增多，多以单核细胞为主，蛋白正常或轻度增多，糖和氯化物正常。
5. 病原学检查　RT-PCR 方法检测 CoxA16、EV71 等肠道病毒特异性核酸阳性，已被广泛应用临床。咽部、呼吸道分泌物、疱疹液、粪便阳性率较高。阳性率低与标本采集不当有关。
6. 血清学检查　急性期与恢复期血清 CoxA16、EV71 等肠道病毒中和抗体有 4 倍以上升高。
7. 胸部 X 线检查　可表现为双肺纹理增多，网格状、斑片状阴影，部分病例以单侧为著，易误诊为普通肺炎。
8. 血气分析　呼吸系统受累时可有动脉血氧分压降低、血氧饱和度下降，二氧化碳分压升高，酸中毒。
9. 磁共振　神经系统受累者可有异常改变，以脑干、脊髓灰质损害为主。

六、诊断及鉴别诊断

（一）临床诊断标准

1. 在流行季节发病，常见于学龄前儿童，5 岁以下婴幼儿多见。
2. 发热伴手、足、口、臀部皮疹，部分病例可无发热。

极少数重症病例皮疹不典型，临床诊断困难，需结合病原学或血清学检查作出诊断。无皮疹病例，临床不宜诊断为手足口病。

（二）确诊标准

临床诊断病例具有下列之一者即可确诊。

1. 肠道病毒（CoxA16、EV71 等）特异性核酸检测阳性。

2. 分离出肠道病毒，并鉴定为CoxA16、EV71或其他可引起手足口病的肠道病毒。

3. 急性期与恢复期血清CoxA16、EV71或其他可引起手足口病的肠道病毒中和抗体有4倍以上升高。

（三）重症病例临床特征及早期识别

早期识别重症患者非常重要，具备以下2条以上表现者应考虑为重症且有可能在短期内发展为危重病例，需密切观察病情变化，尤其是脑、肺、心等重要脏器功能。①持续高热不退，超过3天。②精神差、呕吐、易惊、肢体抖动或无力。③呼吸、心率加快。④出冷汗，末梢循环不良。⑤高血压。⑥外周血白细胞计数明显升高。⑦高血糖。

（四）鉴别诊断

1. 其他儿童发疹性疾病　手足口病普通病例需要与丘疹性荨麻疹、水痘、不典型麻疹、幼儿急疹、带状疱疹以及风疹等鉴别。可根据流行病学特点、皮疹形态、部位、出疹时间、有无淋巴结肿大以及伴随症状等进行鉴别，以皮疹形态及部位最为重要。最终可依据病原学和血清学检测进行鉴别。

2. 其他病毒所致脑炎或脑膜炎　由其他病毒引起的脑炎或脑膜炎如单纯疱疹病毒、巨细胞病毒、EB病毒、呼吸道病毒等，临床表现与手足口病合并中枢神经系统损害的重症病例表现相似，结合病原学或血清学检查作出诊断。

3. 暴发性心肌炎　以循环障碍为主要表现的重症手足口病病例须与暴发性心肌炎鉴别。暴发性心肌炎无皮疹，有严重心律失常、心源性休克、阿-斯综合征发作表现。

七、治疗

1. 一般治疗与对症治疗　注意隔离，避免交叉感染。适当休息，清淡饮食，做好口腔和皮肤护理。发热时应用物理降温或右旋布洛芬栓肛塞。

2. 抗病毒治疗　目前无特效药，利巴韦林是一种有效的抗病毒药，也可应用清热解毒中药。

3. 神经系统受累治疗

（1）控制颅内高压：限制入量，给予20%甘露醇降颅压，每次5ml/kg，4～6小时一次，30分钟快速静脉注射。根据病情调整给药间隔时间及剂量，必要时加用呋塞米。

（2）酌情应用糖皮质激素治疗：参考剂量：甲基泼尼松龙1～2mg/（kg·d），或氢化可的松3～5mg/（kg·d），或地塞米松0.2～0.5mg/（kg·d），病情稳定后，尽早减量或停用。个别进展快、病情凶险病例可考虑加大剂量。

（3）酌情应用静脉注射免疫球蛋白，总量为2g/kg，分2～5天给予。

（4）其他对症治疗：降温、镇静、止惊。

4. 呼吸、循环衰竭治疗　保持呼吸道通畅，吸氧。呼吸功能障碍时，及时进行气管插管，使用正压机械通气，根据血气、X线胸片结果随时调整呼吸机参数。

八、预后

多数可自愈，预后良好，无后遗症。危重症患儿可遗留神经系统后遗症。

九、预防

目前尚无疫苗预防，注意卫生、房间通风等可减少感染机会。

（丁国锋）

第十五节 发热伴血小板减少综合征

发热伴血小板减少综合征(severe fever with thrombocytopenia syndrome,SFTS)是由发热伴血小板减少综合征布尼亚病毒(severe fever with thrombocytopenia syndrome Bunyavirus,SFTSV)引起的,以发热、消化道症状、出血倾向、意识障碍、浅表淋巴结肿大伴外周血白细胞、血小板减少为主要临床表现的新发传染病,危重者可因休克、呼吸衰竭、弥散性血管内凝血以及多器官衰竭而死亡。

一、病原学

1. 形态结构　布尼亚病毒科(*Bunyaviridae*)是一类主要通过虫媒传播给人类的球形、有包膜和分节段负链RNA病毒。目前已确定有5个属,即布尼亚病毒属、白蛉病毒属、汉坦病毒属、内罗病毒属和番茄斑萎病毒属。发热伴血小板减少综合征布尼亚病毒属于布尼亚病毒科白蛉病毒属,病毒颗粒呈球形,直径80~100nm,外有脂质包膜,表面有棘突。基因组由大(L)、中(M)、小(S)3个单股负链RNA片段组成,其中L片段全长6368个核酸,包含单一读码框架编码RNA依赖的RNA聚合酶;M片段全长3378个核酸,含有单一的读码框架,编码1073个氨基酸的糖蛋白前体;S片段是一个双义RNA,基因组以双向的方式编码病毒核蛋白和非结构蛋白。SFTSV基因组序列核苷酸和氨基酸与布尼亚病毒科其他病毒相比均呈现高度差异,与白蛉病毒属其他病毒相比,S片段相对保守,但氨基酸同源性最高仅可达41%左右,L和M片段氨基酸的同源性在21%~36%。

2. 生物学特性　布尼亚病毒科病毒抵抗力弱,不耐酸,布尼亚病毒易被热、乙醚、去氧胆酸钠和常用消毒剂及紫外线照射等迅速灭活。但对于SFTSV的理化特性和灭活条件仍须进一步研究。

二、流行病学

2006年以来,我国河南、安徽、湖北、山东等地陆续发现了多例以不明原因发热伴血小板减少、多器官损害为主要临床表现的病例,最初诊断为人粒细胞无形体病,但未检测到无形体特异性核酸或抗体。2009年以来中国CDC通过对这些患者血液标本进行细胞培养和病毒RNA检测,结合电子显微镜形态学分析,确定了该不明原因发热与布尼亚病毒科白蛉病毒属的一种新病毒感染有关,命名为发热伴血小板减少综合征布尼亚病毒。

1. 传染源　SFTSV可感染牛、羊、狗等脊椎动物和蜱等节肢动物,啮齿类动物中至今未检测到抗SFTSV抗体,目前尚不能确定是否可因接触家畜而传染,但是其在疾病传播中的作用不容忽视。多篇报道证实了SFTSV人传人的存在,发热伴血小板减少综合征患者病毒血症时间较长,可持续数日甚至十余日,因此患者作为传染源的意义值得进一步研究。

2. 传播途径

(1) 虫媒传播:白蛉病毒属布尼亚病毒主要由白蛉传播,但对于SFTSV的传播,蜱是最重要的传播媒介,发病地区的蜱中可分离到该病毒,部分病例发病前有明确的蜱叮咬史。

(2) 接触传播:近期研究证实了SFTSV人传人的存在,推测可能通过接触患者血液、分泌物或排泄物而感染,裸露皮肤直接接触患者血液具有较高的危险性。

3. 易感人群　人群普遍易感,在丘陵、山地、森林等地区生活、生产的居民和劳动者以及赴该类地区从事户外活动的人群感染风险较高。目前病例资料显示,97%的患者为农民,中老年居多,年龄分布在39~83岁,其中50岁以上患者占75%,56%的患者为女性,没有明显的性别差别。

4. 流行病学特征　SFTSV 感染病例一般始于 3 月，高峰期在 5—7 月份，占病例总数的 96%，可以延续至 11 月份。多散发于呈丘陵地貌的农村地区，病例呈高度散在分布，目前已在河南、湖北、山东、江苏、安徽、辽宁等省发现发热伴血小板减少综合征病例。

三、发病机制

SFTSV 的致病机制尚有待更多的临床数据和实验室研究进行阐明。目前认为 SFTSV 感染机体后能诱导机体产生炎症反应和免疫反应，介导免疫活性细胞及炎性因子对宿主细胞的攻击。病毒进入机体后激活细胞免疫功能，尤其是 $CD4^+$ T 淋巴细胞可分泌大量 IFN-γ 介导抗感染作用。在清除病原体的同时，过激的免疫反应造成了组织损伤和严重的器官功能障碍。动物实验显示，病毒仅于动物模型 C57/BL6 鼠的脾内复制，而肝、肾等器官未观察到病毒复制，提示脾可能是 SFTSV 感染的主要靶器官。黏附 SFTSV 的血小板在体外更易被巨噬细胞所吞噬，推测脾的巨噬细胞对外周血黏附病毒血小板的吞噬可能是导致血小板显著减少的主要原因。

四、临床表现

潜伏期一般为 7～14 天（平均 9 天）。急性起病，表现为发热、消化道症状、全身中毒症状、意识障碍及多器官损害等。根据发热伴血小板减少综合征的临床发生、发展过程和实验室检查动态变化规律，临床上大致可以分为三期：发热期、多器官功能损伤期和恢复期。

1. 发热期　热程长，持续时间多为 6～16 天，平均 10 天左右。同时伴有明显的食欲不振、恶心、呕吐等消化道症状，以及乏力、头痛、肌肉酸痛等全身中毒症状。体格检查可见表情淡漠、相对缓脉，常有腹股沟、腋下、颈部等处孤立或 2～3 个浅表淋巴结肿大伴明显触痛，表面红肿，有重要的诊断价值。此期外周血白细胞、血小板减少，活化部分凝血酶原时间（actived partial thromboplastin time，APTT）延长。ALT、AST、肌酸激酶（creatine kinase，CK）升高。尿蛋白及尿潜血阳性。

2. 多器官功能损伤期　可与发热期重叠，一般出现在病程 5～10 天，个别重症病例发病 2～3 天即出现多器官功能损伤。肝、肾、血液系统、脑、心、肺等全身器官均可受累。部分患者可出现表情淡漠、反应迟钝、嗜睡、烦躁、抽搐及昏迷等不同程度的意识障碍，以及皮肤瘀斑、消化道出血、肺出血等并发症，如不及时救治，可因休克、呼吸衰竭、弥散性血管内凝血以及多脏器衰竭而死亡。死亡病例多发生在此期，死亡时间一般出现在发病后 6～12 天。非死亡病例此期一般持续 3～5 天后进入恢复期。

3. 恢复期　体温恢复正常，症状改善，各器官功能逐渐改善，各项实验室指标逐渐恢复正常。

五、实验室检查

1. 常规检查　绝大多数患者外周血血小板计数显著降低，多为 $(30～60)×10^9$/L，重症者可低于 $30×10^9$/L。多数患者白细胞计数减少，多为 $(1.0～3.0)×10^9$/L，重症者可降至 $1.0×10^9$/L 以下，中性粒细胞、淋巴细胞比例多正常。半数以上病例尿常规检查出现蛋白尿（＋～＋＋＋），少数病例出现尿隐血或血尿。骨髓穿刺检查多数病例三系增生正常，部分病例粒系增生活跃。

2. 生化检查　可出现不同程度 LDH、CK、CK-MB 及 AST、ALT 等升高，尤以 AST、

CK-MB 升高为主，常有低钠血症。少数病例可有肾功能损害。

3．凝血功能检查　大部分患者出现 APTT 延长，而少有凝血酶原时间延长，纤维蛋白原多正常。

4．脑脊液检查　白细胞计数正常或轻度升高，蛋白、糖、氯化物正常。部分患者脑脊液中可检测到 SFTSV 核酸。

5．病原学检查

（1）病毒核酸检测：可采用 RT-PCR 和实时 PCR（real-PCR）方法，患者血清中扩增到特异性核酸，可确诊 SFTVS 感染。一般发病 2 周内患者血清可检测到病毒核酸。

（2）病毒分离：利用患者急性期血清标本，接种 Vero、Vero E6 等细胞或其他敏感细胞，进行传代，采用 ELISA、免疫荧光或实时 PCR 病毒核酸检测等方法，确定患者血清中分离到的病毒即可确诊。

6．免疫学检查　主要采用 Mac-ELISA 方法检测血清或血浆样本中的 IgM 抗体和间接法 ELISA 方法检测 IgG 抗体。SFTSV-IgM 抗体阳性，IgG 抗体阳转或恢复期滴度较急性期 4 倍以上增高者，可确认为新近感染。

六、诊断及鉴别诊断

依据流行病学史（流行季节在丘陵、林区、山地等地工作、生活或旅游等或发病前 2 周内有被蜱叮咬史）、临床表现和实验室检测结果进行诊断。

1．疑似病例　具有上述流行病学史、发热等临床表现且外周血血小板和白细胞数降低者。

2．确诊病例　疑似病例具备下列之一者：①血清标本 SFTSV 核酸检测阳性。② SFTSV-IgM 抗体阳性，IgG 抗体阳转或恢复期滴度较急性期 4 倍以上升高者。③细胞培养分离到 SFTSV。

多种疾病可表现为发热伴白细胞、血小板减少，应与发热伴血小板减少综合征鉴别。①人粒细胞无形体病是由嗜吞噬细胞无形体侵染人末梢血中性粒细胞引起的，以发热伴白细胞、血小板减少和多脏器功能损害为主要表现的蜱传疾病。临床表现与发热伴血小板减少综合征极为相似，不易鉴别。2006 年安徽省诊断了我国首例人粒细胞无形体病，但此后均未找到该病原体。2009 年 SFTSV 被发现后，多数专家认为，之前诊断的大部分人粒细胞无形体病可能为发热伴血小板减少综合征，两者的鉴别需依赖病原学检查。②发热伴血小板减少综合征还要和引起发热、血小板减少的其他疾病，如肾综合征出血热、登革病毒感染、伤寒、血小板减少性紫癜相鉴别。如患者有被蜱叮咬或与蜱接触的病史，应与一些蜱媒传染病，如斑点热、莱姆病等相鉴别。

七、预后

多数患者预后良好，但既往有基础疾病、出现精神神经症状、出血倾向明显的老年患者易重症化，进展迅速，预后较差。若不及时进行针对性治疗，患者可因全身多脏器衰竭及各种严重并发症而死亡。

八、治疗

1．病原学治疗　体外实验提示利巴韦林对 SFTSV 有抑制作用，可试用利巴韦林 10mg/(kg·24h) 静脉滴注。继发或伴发立克次体、细菌、真菌感染者，应当选择敏感抗生素治疗。对危重患者，建议及早给予免疫球蛋白，总量 1～2g/kg，分 2～3 日给予。

2．对症支持治疗　卧床休息，进食易消化的食物，补充能量并摄入适量的维生素和水分，保证水、电解质和酸碱平衡，注意纠正低钠血症。①高热者可给予物理降温，必要时使用退热药物。②有明显出血倾向或血小板明显降低（如低于 $30\times10^9/L$）者，可输注血浆、血小板等。白细胞明显减少者易继发细菌、真菌感染，中性粒细胞低于 $1.0\times10^9/L$ 者，建议应用粒细胞集落刺激因子。④注意对肝、肾、心脏等重要器官的保护，避免使用对肝、肾等重要器官有损害的药物，防止发生多脏器衰竭。⑤心功能不全者，应绝对卧床休息，可用强心药、利尿剂控制心力衰竭，对合并有弥散性血管内凝血者，可早期使用肝素。

3．并发症的治疗　由于该病容易重症化，可出现肝功能严重受损、呼吸衰竭、颅内出血及胃肠道出血、继发真菌及细菌感染等严重并发症，如出现并发症必须积极治疗，严密动态观察病情，加强监护。

4．糖皮质激素　目前尚无证据证明糖皮质激素的治疗效果，对于部分重症患者可在给予免疫支持的情况下短期慎重使用。

九、预防

1．管理传染源　清理和杀灭家居环境中游离蜱和家畜身上的附着蜱；对患者的血液、分泌物、排泄物及被其污染的环境和物品进行消毒处理；对接触过患者的血液、体液、血性分泌物或排泄物等且未采取适宜防护措施的接触者，进行医学观察14天。

2．切断传播途径　进入草地、树林等地区时，要做好个人防护，涂抹或喷洒驱蜱剂；加强个人防护，避免与患者的血液直接接触。

3．保护易感人群　目前仍无相应的疫苗上市。

（盖中涛）

第十六节　病毒感染性腹泻

病毒感染性腹泻是由病毒引起的急性病毒性胃肠炎，常见的病原体有诺沃克病毒、轮状病毒、肠腺病毒。主要表现为腹泻、呕吐、腹痛及全身不适等，腹泻严重者可导致脱水及电解质紊乱。儿童发病率高，成人也不少见。

一、病原学

1．轮状病毒　人轮状病毒为呼肠病毒科，球形，内含双股RNA，由11个基因组成。有双层衣壳，从内向外呈放射状排列，似车轮状，故称轮状病毒。轮状病毒可分为A～G 7个组，仅A、B、C组能引起人类腹泻。A组轮状病毒最常见，是导致婴幼儿腹泻和死亡的主要病因之一，亦称婴幼儿轮状病毒。该病毒在外界环境中较稳定，耐酸碱。在室温中可存活7个月，在粪便中可存活数日或数周。95%乙醇、酚类消毒剂、漂白粉等有较强的灭活作用。

2．诺沃克病毒　诺沃克病毒属人类杯状病毒科，无包膜，表面粗糙，呈对称的20面体球形。诺沃克病毒含单股正链RNA，可分为5个基因群（GI～GV），对人类致病的主要是GⅠ和GⅡ群。诺沃克病毒易发生基因重组，各群之间无交叉免疫。诺沃克病毒耐热，对乙醚和常用消毒剂抵抗力较强，加热至60℃ 30分钟仍有传染性。含氯消毒剂10 mg/L 30分钟可灭活。

3．肠腺病毒　能引起人类腹泻的腺病毒仅为F组的40型和41型，称肠腺病毒。该病毒为20面体对称颗粒，无包膜，内含双链线型DNA。肠腺病毒耐酸碱，4℃可存活70天，36℃

存活 7 天，但加热 56℃ 2~5 分钟即灭活，紫外线照射 30 分钟可灭活。

4．其他致腹泻的病毒　柯萨奇病毒、埃可病毒、星状病毒、呼肠病毒、杯状病毒、小圆病毒、冠状病毒、微小双核糖核酸病毒和瘟病毒等均可致腹泻，但不常见。

二、流行病学

人和动物为病毒感染性腹泻的常见传染源，以消化道为主要传播途径。

1．传染源　患者及无症状带毒者是主要的传染源。许多家畜、家禽可携带轮状病毒，是人类潜在的传染源。诺沃克病毒传染期为从病后 3~4 天持续至症状消失后 2 天。

2．传播途径　主要通过消化道途径传播，亦可通过呼吸道传播。水源、食物被诺沃克病毒污染可引起暴发流行，散发病例多为接触感染。

3．人群易感性　儿童较成人易感，病后有一定免疫力。A 组轮状病毒主要感染婴幼儿，以 9~12 月龄发病率最高。B 组轮状病毒主要感染青壮年，C 组轮状病毒主要感染儿童，成人偶有发病。不同组的病毒之间缺乏交叉免疫。诺沃克病毒感染多见于成人和大龄儿童，感染后免疫力短暂。肠腺病毒感染多见于 3 岁以下儿童，以 6~12 月龄婴幼儿高发，成人很少发病。

4．流行病学特征　秋冬季多见，儿童多于成人。A 组轮状病毒是婴幼儿腹泻的主要病因，可在家庭和医院内传播，常在新生儿病房引起暴发流行。B 组轮状病毒主要见于我国，C 组轮状病毒于世界各地散发，导致儿童腹泻。我国肠腺病毒性腹泻患病率仅次于轮状病毒，是医院感染的病毒性腹泻的第二位致病原。诺如病毒可在社区、学校、部队、托儿所、餐馆、医院等处集体暴发。

三、发病机制及病理

发病与否取决于病毒的数量、机体免疫状态和生理特征。病毒侵入人体后通过两个途径引起腹泻，一是病毒直接损害肠绒毛上皮细胞，引起病理改变；二是病毒破坏肠黏膜上皮细胞正常的吸收功能，引起腹泻。

1．轮状病毒　感染轮状病毒后，目前认为肠上皮刷状缘的乳糖酶是轮状病毒受体，病毒藉此酶脱去衣壳进入上皮细胞。婴儿肠黏膜上皮细胞含大量乳糖酶，易感染轮状病毒。乳糖酶的含量随年龄增长而减少，易感性亦下降。

轮状病毒的感染部位主要在十二指肠及空肠，导致上皮细胞变性、坏死，肠黏膜微绒毛变短，有单核细胞浸润。轮状病毒在上皮细胞内复制，致肠绒毛上皮细胞受损，乳糖酶等二糖酶减少，乳糖转化为单糖减少，乳糖在肠腔内积聚造成肠腔内高渗透压，水分进入肠腔，导致腹泻和呕吐。此外，轮状病毒的非结构蛋白 NSP4 类似于肠毒素，可引起肠道上皮细胞分泌增加，也是导致腹泻的重要机制之一。频繁吐泻可丢失大量的水和电解质，导致脱水、酸中毒和电解质紊乱。

2．诺沃克病毒　诺沃克病毒主要引起十二指肠及空肠黏膜的可逆性病变，空肠黏膜保持完整，肠黏膜上皮细胞绒毛变短、变钝，线粒体受损，无细胞坏死。在肠固有层见单核细胞及中性粒细胞浸润。病变可在 2 周完全恢复。其致病机制不详。可能因病毒感染致上皮细胞刷状缘上多种酶的活力下降而引起对脂肪、D-木糖和乳糖等吸收障碍，肠腔液体增加而引起腹泻。

3．肠腺病毒　主要感染空肠和回肠。病毒感染致肠黏膜绒毛变短、变小，细胞变性、溶解，导致小肠吸收功能障碍而引起渗透性腹泻。

四、临床表现

病毒感染性腹泻潜伏期短，起病急，主要表现为腹泻、呕吐、腹痛等急性胃肠炎症状。大便呈黄色稀水便或水样便，无黏液脓血，无里急后重。病程自限。但年幼、免疫力低下或老年患者可出现明显脱水而危及生命。

1. 轮状病毒性腹泻　潜伏期1～3天。6～24月龄婴幼儿症状较重，大龄儿童或成人多为轻型。起病急，呕吐、腹泻，每日十次到数十次不等，多为水样，或黄绿色稀便，无黏液及脓血便。重者有脱水及代谢性酸中毒、电解质紊乱。可伴轻、中度发热及呼吸道症状。本病为自限性，病程约1周。

2. 诺沃克病毒性腹泻　潜伏期一般为1～2天。起病急，以恶心、呕吐、腹痛、腹泻为主要症状，腹泻为黄色稀水便，每日数次至十数次，伴有腹绞痛。可有低热、头痛、肌痛、乏力及食欲减退等。儿童先出现呕吐，而后腹泻。体弱者及老人病情较重。病程1～3天自愈，死亡罕见。

3. 肠腺病毒性腹泻　潜伏期较长，平均7天。随后呕吐1～2天，继之水样腹泻，持续1～2周，可伴有低热及呼吸道症状。多数病程自限。少数患儿腹泻延至3～4周，或转为慢性腹泻，可致营养不良，影响儿童生长发育。

五、实验室检查

1. 血常规　外周血白细胞多正常，少数可略升高。
2. 大便常规　无脓球及红细胞，可有少许白细胞。
3. 病原学检查
（1）电镜或免疫电镜：利用电镜技术从大便提取液中检出致病的病毒。
（2）PCR技术：利用PCR技术检测大便中病毒DNA或RNA。
（3）补体结合试验、免疫荧光试验、放射免疫试验、ELISA：检测大便中病毒特异性抗原。
4. 血清抗体的检测　检测患者双份血清的特异性IgM抗体，若抗体效价呈4倍以上升高有诊断意义。

六、诊断及鉴别诊断

秋冬季节，突然出现呕吐、腹泻、腹痛等急性胃肠炎症状或住院期间发生原因不明的腹泻，而外周血白细胞无明显变化，大便常规检查正常或仅有少量白细胞时应怀疑本病。实验室的特异性病原学检测对鉴别不同病因及确定诊断有重要意义。确诊需经电镜找到病毒颗粒，或大便中检出特异性抗原，或血清中检出特异性抗体。

本病须与大肠埃希菌、沙门菌、志贺菌等引起的细菌感染性腹泻，以及真菌、寄生虫等感染引起的腹泻相鉴别。

七、治疗

目前尚缺乏病原治疗方法，主要以补液和对症治疗为主。

1. 饮食　发生病毒感染性腹泻时可继续进食以促进胃肠功能恢复。以清淡及流质饮食为宜，暂停乳类及双糖类食物。吐泻重者可暂禁食8～12小时，然后逐步恢复正常饮食。

2. 液体疗法　及时补液，纠正脱水。可用米汤加盐、糖盐水或口服补液盐（oral rehydration salts，ORS）纠正轻度脱水及电解质紊乱。如有严重脱水应静脉补液，注意补钾及补碳酸氢钠，病情改善后可改为口服补液。

3．止泻剂　消旋卡多曲是近年上市的新型止泻剂，对水样泻有较好疗效。肠黏膜保护剂如蒙脱石散等对各种腹泻及新生儿腹泻亦有良好疗效。中医中药等也可用于止泻。

八、预防

1．管理传染源　对病毒性腹泻患者应积极治疗，对吐泻物消毒。对密切接触者及疑诊患者严密观察。

2．切断传播途径　加强饮食卫生和水源管理及粪便管理。尤其是注意婴幼儿的饮食卫生，防止病从口入。

3．接种免疫　尚无成熟的疫苗可供使用。人乳在一定程度上可以减轻严重的轮状病毒性腹泻。

（张跃新　孙晓风）

第四章 立克次体病

第一节 流行性斑疹伤寒

流行性斑疹伤寒（epidemic typhus）又称虱传斑疹伤寒（louse-borne typhus），是由普氏立克次体（*Rickettsia prowazeki*）经人虱传播的急性传染病。本病全身感染症状较重，以急性起病、稽留高热、剧烈头痛、皮疹与中枢神经系统症状为临床特点。

一、病原学

普氏立克次体呈多形性微小球杆状，大小为（0.3～1）μm×（0.3～0.4）μm，革兰染色阴性，吉姆萨染色为淡紫红色。其化学组成和代谢物有蛋白质、糖、脂肪、磷脂、DNA、RNA、内毒素样物质、各种酶等，其胞壁组成近似革兰阴性杆菌的细胞壁，具有两种抗原，一是可溶性耐热型组（群）特异性抗原，用以鉴别斑疹伤寒与其他立克次体，二是颗粒性不耐热种（型）特异性抗原，用以区分普氏与莫氏两型斑疹伤寒。普氏立克次体与变形杆菌 OX_{19} 有部分共同抗原。因此，变形杆菌可与普氏立克次体感染患者的血清发生凝集，用于普氏立克次体感染的诊断。

普氏立克次体对热、紫外线及一般化学消毒剂均敏感，56℃ 30分钟或37℃ 5～7小时均可灭活，耐低温和干燥，-20℃以下可长期保存，在干燥的虱粪中能存活数月。

二、流行病学

本病呈世界性分布，在第一、第二次世界大战期间曾大流行。在国内，新中国成立前常有流行，新中国成立后由于人民生活改善与防疫措施加强，本病在国内已基本得到控制，仅在寒冷地区的郊区、农村等地区有散发或小流行。

1. **传染源** 患者是唯一的传染源，自潜伏期末至热退后数天均具传染性，病后第1周传染性最强，一般不超过3周。

2. **传播途径** 人虱是本病的传播媒介，以体虱为主。当虱叮咬患者时普氏立克次体随血液进入虱肠内，侵入肠壁上皮细胞内增殖，约5天后胀破上皮细胞溢入肠腔，随后随虱粪排出，或因虱被压碎而散出，可通过皮肤瘙痒后抓伤皮肤而进入人体。干燥虱粪中的立克次体偶可经呼吸道、口腔或眼结膜感染。虱习惯生活于29℃左右的环境中，当患者发热或死亡后即转移至健康人体而造成传播。

3. **人群易感性** 人普遍易感，病后可获持久免疫力，立克次体可长期存在于个别患者的单核-巨噬细胞内，当机体免疫力降低时大量繁殖而致流行性斑疹伤寒复发。

4. **流行特征** 多发生于寒冷地区，冬春季节多发，因衣着较厚，且少换洗，有利于虱的寄生和繁殖。战争、灾荒和群体个人卫生差时，易引起流行。

三、发病机制及病理

（一）发病机制

流行性斑疹伤寒的发病主要为普氏立克次体所致的小血管病变、毒素引起的毒血症以及立克次体和毒素引起的变态反应。普氏立克次体侵入人体后，主要在小血管和毛细血管内皮细胞内繁殖，后进入血液循环引起立克次体血症。立克次体播散至远处的小动脉和小静脉及内脏内皮细胞，使其感染而直接损伤。其释放的内毒素样毒性物质将引起全身毒血症症状。病程第 2 周出现的变态反应可加重病变程度。

（二）病理

本病的基本病变是小血管炎，典型病变是形成斑疹伤寒结节，即增生性血栓坏死性血管炎及周围炎症细胞浸润形成的肉芽肿。该病变遍及全身，尤以皮肤真皮、心肌、脑及脑膜、骨骼肌、肺、肾、肾上腺明显，可引起皮疹、心肌炎、脑膜炎、间质性肺炎或支气管肺炎、间质性肾炎及肾小球肾炎等病变。脾及淋巴结可因单核 - 巨噬细胞增生而肿大。

四、临床表现

潜伏期一般为 10 ~ 14 天（可达 5 ~ 23 天）。

1. 典型斑疹伤寒

(1) 发热及中毒症状：起病急骤，体温在 1 ~ 2 天内迅速上升至 40℃以上。第 1 周呈稽留热，第 2 周起有弛张热，发热持续 2 ~ 3 周后迅速下降，并于 3 ~ 4 天内降至正常。发热时伴寒战、乏力、剧烈头痛、全身肌痛、颜面及结膜充血等全身毒血症状。

(2) 皮疹：约 90% 以上患者于第 4 ~ 5 病日开始出疹。初见于胸背部，1 ~ 2 天内遍及全身，但面部通常无疹，手掌及足底很少累及。皮疹初为鲜红色、充血性斑丘疹，压之退色，继而变为暗红色、出血性、独立存在的皮疹。普通皮疹 1 周左右消退，瘀点样皮疹可持续 2 周，常遗留色素沉着或脱屑。

(3) 中枢神经系统症状：出现早，持续时间长，症状较明显。表现为剧烈头痛、头晕、耳鸣及听力下降，也可出现反应迟钝或惊恐、谵妄，偶有脑膜刺激征，手、舌震颤，甚至大、小便失禁等。

(4) 肝、脾大：约 90% 患者出现脾大，少数患者肝轻度大。

(5) 心血管系统症状：可有脉搏加快，合并中毒性心肌炎时可有心音低钝、心律失常、奔马律、低血压甚至循环衰竭。

(6) 其他：还可出现咳嗽、胸痛、呼吸急促、恶心、呕吐、食量减少、便秘、腹胀等呼吸道、消化道症状以及急性肾衰竭等其他表现。

2. 轻型斑疹伤寒　近年国内多散发。热度低（多在 39℃以下），热程短（8 ~ 9 天）。全身中毒症状较轻，有明显的头痛和全身疼痛，但很少出现意识障碍和其他神经系统症状。皮疹稀少或无，为充血性，常于出疹后 1 ~ 2 天即消退。肝、脾大者少见。

3. 复发型斑疹伤寒　又称 Brill-Zinsser 病，多见于东欧及东欧人民移居美国、加拿大者。临床症状较轻，为低至中度发热，热程 7 ~ 11 天。无皮疹或仅有稀少斑丘疹。毒血症症状及中枢神经系统症状较轻。散发，无季节性，高年龄组发病率明显较高。

五、实验室检查

1. 血、尿常规　白细胞计数多在正常范围内，中性粒细胞常增多，嗜酸性粒细胞显著减少或消失；血小板常减少；尿蛋白常为阳性。

2. 脑脊液检查　有脑膜刺激征者应做脑脊液检查。脑脊液外观大多澄清，白细胞和蛋白稍增高，糖一般在正常范围。

3. 血清学检测

（1）外斐反应（Weil-Felix reaction，变形杆菌 OX_{19} 凝聚试验）：发病后第1周出现阳性，第2~3周达高峰，持续数周至3个月，效价大于1∶160或病程中滴度4倍以上增高者有诊断价值，阳性率为70%~80%。复发型斑疹伤寒常呈阴性。本试验特异性差，出现晚，因操作简便，临床仍常用。

（2）立克次体凝集反应：特异性强，阳性率高，效价1∶40即为阳性，病程第5日阳性率达85%，第16~20日可达100%。可与莫氏立克次体鉴别。

（3）补体结合试验：补体结合抗体在病程第1周内即可达有意义的效价（大于1∶32），第1周阳性率为50%~70%，第2周可达90%以上，低效价可维持10~30年，故可用于流行病学调查。

（4）间接血凝试验：灵敏度高，特异性强，用于与其他群立克次体的鉴别，便于流行病学调查及早期诊断。

（5）间接免疫荧光试验：特异性强，灵敏度高，检测特异性IgM及IgG抗体，IgM抗体的检出有早期诊断价值。可鉴别流行性斑疹伤寒与地方性斑疹伤寒。

4. 核酸检测　用DNA探针或PCR检测核酸，特异性好，快速、敏感，有助于早期诊断。

5. 病原体分离　不适用于一般实验室。取发热期（最好5病日以内）3~5ml患者血液接种于雄性豚鼠腹腔。7~10天后豚鼠发热，阴囊仅有轻度发红而无明显肿胀，取其睾丸鞘膜和腹膜刮片或取脑、肾上腺、脾组织涂片染色镜检，可在细胞质内找到大量立克次体。亦可接种于鸡胚卵黄囊中培养分离立克次体。

六、诊断及鉴别诊断

（一）诊断

当地有斑疹伤寒流行或1个月内去过流行区，有虱叮咬史及与带虱者接触史。出现发热、剧烈头痛、皮疹与中枢神经系统症状。外斐反应滴度较高（1∶160以上）或呈4倍以上升高即可诊断。如有条件也可加做其他血清学试验。

（二）鉴别诊断

1. 其他立克次体病

（1）恙虫病：恙螨叮咬处可见焦痂和淋巴结肿大，变形杆菌 OX_K 凝集试验阳性。

（2）Q热：无皮疹，主要表现为间质性肺炎，外斐反应阴性，贝纳立克次体血清学试验阳性。

（3）地方性斑疹伤寒：见表4-1。

2. 伤寒　多见于夏秋季，起病较缓慢，全身中毒症状较轻，皮疹典型且出现晚，可有相对缓脉；白细胞多减少，肥达反应阳性，血或胆汁、骨髓中可培养出伤寒杆菌。

3. 回归热　由体虱传播，冬春季发病；起病急，皮疹少见，发热，热退数日后可再发热；发热时患者血液和骨髓涂片可见螺旋体。

4. 其他　其他急性传染病，如钩端螺旋体病、流行性出血热、流行性脑脊髓膜炎、成人麻疹等均应进行鉴别。

表4-1 流行性斑疹伤寒和地方性斑疹伤寒的鉴别

	流行性斑疹伤寒	地方性斑疹伤寒
病原	普氏立克次体	莫氏立克次体
疾病性质	中度至重度，神经系统症状明显	轻度至中度
流行特点	流行性，多发生于冬春季	地方散发性，一年四季都可发生，但更多见于夏秋季
皮疹	斑丘疹，瘀点或瘀斑常见，多遍及全身	斑丘疹，稀少
血小板减少	常见	不常见
外斐反应	强阳性，1:320～1:5120	1:160～1:640
接种试验	病原体可引起豚鼠睾丸肿胀，但甚轻	病原体引起豚鼠睾丸严重肿胀
病死率	6%～30%	<1%

七、预后

预后与年龄、有无并发症、治疗早晚有关。未有特效治疗前的病死率为10%～60%，近年来，病死率已降至1.4%。

八、治疗

四环素、多西环素、氯霉素等对本病及复发型斑疹伤寒均具特效，但须早期使用，氯霉素由于骨髓抑制不作为首选。近年来，多西环素已基本取代氯毒素与四环素，成人每日200mg顿服，联合应用甲氧苄啶（TMP）疗效更佳。服药后12～24小时病情即有明显好转，一般用药24～48小时开始退热，热退后再用3～4天，总疗程为3～6天。成人患者也可选择喹诺酮类药物，磺胺类药物可加重病情，禁用。

有严重毒血症症状者应注意卧床休息，供给足量水分及热量，可在应用抗生素的同时短期应用糖皮质激素，剧烈头痛者予以镇静剂，慎用退热剂，以防大汗虚脱。

九、预防

灭虱是控制本病流行的关键。

1. 管理传染源　早期隔离患者，密切接触者医学观察21天。
2. 切断传播途径　发现患者后，同时对患者及接触者进行灭虱。加强卫生宣教，勤沐浴更衣。
3. 保护易感者　对疫区居民及新入疫区人员进行疫苗接种，国内常用鼠肺灭活疫苗。第一年注射3次，以后每年加强1次，6次以上可获较持久的免疫力。免疫接种只能减轻病情，而发病率无明显降低，不能代替灭虱。

（陈士俊　杨　洋）

第二节　地方性斑疹伤寒

地方性斑疹伤寒（endemic typhus）又称鼠型斑疹伤寒（murine typhus），或蚤传斑疹伤寒

(flea-borne typhus)，是由莫氏立克次体（*Rickettsia mooseri*）引起的以鼠蚤为传播媒介的急性传染病。其发病机制、临床表现及治疗措施与流行性斑疹伤寒相似，但病情较轻、病程短，并发症及病死率极低。目前，本病不典型病例多，易误诊及漏诊。

一、病原学

莫氏立克次体的形态、染色特点、生化反应、培养条件及抵抗力均与普氏立克次体相似。但具有以下不同点：①形态上多形性不明显，多为短丝状。②两者有相同的耐热可溶性抗原而有交叉反应，但不耐热型颗粒抗原不同，可用补体结合试验或立克次体凝聚试验区别。③接种雄性豚鼠可引起阴囊及睾丸明显肿胀，称为豚鼠阴囊现象，此为与普氏立克次体的重要鉴别点。④除豚鼠外，莫氏立克次体对大鼠和小鼠均有明显的致病性，可用之做动物接种、繁殖，亦可用于分离及保存病原体。

二、流行病学

本病散发于世界各地，我国也有发生，近年来发病明显减少，但仍有流行。

1. 传染源　家鼠为本病的主要传染源，莫氏立克次体通过鼠蚤在鼠间传播，鼠感染后不立即死亡，而鼠蚤只在鼠死后才叮咬人使人受感染，因此，人受感染属偶然现象。此外，患者及牛、羊、猪、马、骡等也可能作为本病的传染源。

2. 传播途径　鼠蚤为主要传播媒介。鼠受染后，立克次体在其血液循环，此时鼠蚤吸血，莫氏立克次体随血进入蚤肠内，侵入肠壁上皮细胞内繁殖，病原体可在蚤体内长期存在，当蚤叮咬人时，不是直接将莫氏立克次体注入人体内，而是排出含病原体的粪便和呕吐物，随后通过皮肤瘙痒后的抓伤伤口而进入人体。另外，蚤被压碎后，其体内病原体可经同一途径侵入。进食被病鼠排泄物污染的食物也可患病。蚤干粪内的病原体偶可形成气溶胶，经呼吸道和眼结膜使人受染。如感染莫氏立克次体的患者有人虱寄生，亦可作为传播媒介。

3. 易感人群　人群普遍易感，感染后可获得强而持久的免疫力，与流行性斑疹伤寒有部分交叉免疫。

4. 流行特征　本病属自然疫源性疾病，全球散发，多见于热带和亚热带。国内华北、西南、西北诸省发病率较高。以晚夏和秋季多见，可与流行性斑疹伤寒同时存在于同一地区。

三、发病机制及病理

与流行性斑疹伤寒相似，但病变较轻，小血管的血栓形成较少见。

四、临床表现

潜伏期为1～2周，临床表现与流行性斑疹伤寒相似，但病情较轻，病程较短。

1. 发热　大多急骤起病，为稽留热或弛张热，体温一般为39℃左右，持续9～14天，最短4天，最长25天，伴寒战、全身酸痛、显著头痛、结膜充血等。

2. 皮疹　50%～80%患者出现皮疹，多见于第4～7病日。初发于胸、腹，24小时内遍布背、肩、臂、腿等处，脸、颈、足底、手掌一般无皮疹。开始为斑疹，粉红色，直径1～4mm，按之即退；继成斑丘疹，色暗红，按之不消失。皮疹于数日内消退，极少数患者的皮疹呈出血性。

3. 中枢神经系统症状　症状轻，大多数患者仅表现为头痛、头晕、失眠、听力减退，而烦躁不安、谵妄、昏迷、大小便失禁、脑膜刺激征等少见。

4. 其他　50%以上病例有脾大，肝大者较少。大多有便秘、恶心、呕吐、腹痛等。并发症以支气管炎最多见，支气管肺炎偶有发生，其他并发症少见。

五、实验室检查

1. 血常规　血白细胞总数及分类多正常，中性粒细胞可稍高，少数患者于病程早期出现血小板减少。
2. 生化检查　约90%患者血清ALT、AST、ALP和LDH轻度升高。
3. 免疫学检测　外斐反应亦阳性，但滴度较流行性斑疹伤寒低。可进一步通过补体结合试验、凝集试验或间接免疫荧光试验检测特异性抗体，并与流行性斑疹伤寒鉴别。
4. 病原体分离　将发热期患者血液接种入雄性豚鼠腹腔内，接种后5～7天动物发热，阴囊因睾丸鞘膜炎而肿胀，鞘膜渗出液涂片可见肿胀的细胞质内有大量病原体。

六、诊断及鉴别诊断

（一）诊断

流行病学资料对诊断有帮助，对流行区发热患者或发病前1个月内去过疫区者，应警惕本病的可能。临床表现与流行性斑疹伤寒相似，但症状轻，皮疹少见，热程短，外斐反应有筛选价值，需进一步做补体结合试验以及立克次体凝集试验，以与流行性斑疹伤寒鉴别。

（二）鉴别诊断

1. 其他立克次体病
(1) 恙虫病：恙螨叮咬处可见焦痂和淋巴结肿大，变形杆菌OX_K凝集试验阳性。
(2) Q热：无皮疹，主要表现为间质性肺炎，外斐反应阴性，贝纳立克次体血清学试验阳性。
(3) 流行性斑疹伤寒：见流行性斑疹伤寒章节。
2. 伤寒　多见于夏秋季；皮疹典型且出现晚，可有相对缓脉；白细胞多减少，肥达反应阳性，血或胆汁、骨髓可培养出伤寒杆菌。
3. 回归热　体虱传播，冬春发病；起病急，皮疹少见，发热，热退数日后可再发热；发热时患者血液和骨髓涂片可见螺旋体。
4. 其他　应与其他急性传染病进行鉴别，如钩端螺旋体病、流行性出血热、流行性脑脊髓膜炎、成人麻疹等。

七、预后

预后良好，经多西环素、氯霉素等抗生素治疗后患者很少死亡。近年来本病虽有暴发流行，但无死亡病例报告。

八、治疗

治疗同流行性斑疹伤寒。国内报道多西环素疗效优于四环素，近来使用氟喹诺酮类，如环丙沙星、氧氟沙星和培氟沙星等对本病治疗也有效。体温常于治疗后1～3天内降至正常，体温正常后再用药3～4天。

九、预防

灭鼠、灭虱是最主要的预防措施，对患者应及早隔离治疗。因本病多散发，故一般不进行疫苗接种。对从事灭鼠工作人员及与莫氏立克次体有接触的实验室工作人员，接种方案同流行性斑疹伤寒。

（陈士俊　杨　洋）

第三节　恙虫病

恙虫病（tsutsugamushi disease）又名丛林斑疹伤寒（scrub typhus），是由恙虫病立克次体（*Rickettisa tsutsugamushi*）（也称恙虫病东方体）引起的，经恙螨幼虫传播给人的一种急性自然疫源性传染病。临床上以叮咬部位焦痂或溃疡形成、突发高热、皮疹、淋巴结肿大、肝和脾大以及周围血液白细胞数减少等为特征。

一、病原学

恙虫病立克次体呈球形或球杆状，专性细胞内寄生，革兰染色阴性，但以吉姆萨染色显色较好，呈紫蓝色。根据恙虫病立克次体抗原性的差异，可分为10个血清型，不同血清型的致病力、病情严重程度和病死率有较大差异，但感染不同血清型后有一定的交叉免疫作用。恙虫病立克次体与变形杆菌OX_k株有交叉免疫原性。临床上利用变形杆菌OX_k的抗原与患者的血清进行凝集反应，有助于本病的诊断。

恙虫病立克次体抵抗力弱，有自然失活、裂解倾向，不易保存，对各种消毒方法都很敏感，如在0.5%苯酚溶液中或加热至56℃10分钟即死亡，但在液氮中可保存1年以上。

二、流行病学

本病主要流行于亚洲太平洋地区，尤以东南亚多见。我国多发于东南沿海地区。

1．传染源　鼠类是主要传染源。此外，兔、猪、猫和鸡等也能感染本病。恙螨被恙虫病立克次体感染后，可经卵传给后代，亦能起到传染源的作用。患者作为传染源的意义不大。

2．传播途径　恙螨是本病的传播媒介。只有幼虫时期的恙螨有寄生性，成虫多聚居于杂草丛生的丛林中。当鼠类行经时，幼虫即附着鼠体吸食其组织液，饱食后跌落于地，发育成稚虫、成虫。当幼虫叮咬带有恙虫病立克次体的鼠时即受到感染，经过蛹、稚虫、成虫、卵，将立克次体传给第二代幼虫。此代幼虫再叮咬鼠类时，又可将病原体传染给鼠，如此在鼠类中循环，形成自然疫源性。人进入疫区被带有病原体的幼虫叮咬而得病。

3．人群易感性　人群普遍易感。从事野外劳动、较多接触丛林或杂草者发病率高，病后对同一血清型的病原体有较持久的免疫力。人体对不同血清型的免疫力较弱，仅维持数月，可再次感染。

4．流行特征　本病多散发，亦可流行。我国南方地区多发生于夏秋季，以6—8月为高峰，但北方省份多发于秋冬季，流行高峰出现在10月，多发于灌木、杂草丛生的平坦地带，其中以海岛、沿海地区较多，山区少见。

三、发病机制和病理

病原体从叮咬处侵入人体，先在局部繁殖，引起局部皮损，继而直接或经淋巴系统进入血流，形成恙虫病立克次体血症。病原体在血管内皮细胞和单核-巨噬细胞内生长繁殖，产生毒素，引起全身毒血症状和多脏器炎性病变。

本病的基本病理变化为全身小血管炎、血管周围炎及单核-巨噬细胞增生。恙螨叮咬处皮肤很快出现充血、水肿，形成小丘疹、水疱、焦痂、溃疡。焦痂或溃疡附近的淋巴结显著肿大，并可伴全身淋巴结肿大。内脏普遍充血，心肌、肝、脾、肺、肾及脑膜等都可有炎性变化。

四、临床表现

潜伏期4～20天，常为10～14天。南方夏季型恙虫病临床表现重，而北方秋冬型表现较轻。

起病急，体温在1～2天内升至39～41℃，多呈弛张热，亦可呈持续热型或不规则热型，持续1～3周。常伴有寒战、剧烈头痛、全身酸痛、疲乏、嗜睡、食欲下降、恶心、呕吐等急性感染症状，亦可有颜面及颈胸部潮红、结膜充血等表现。病程进入第2周后，病情常加重，神经系统表现为神情淡漠、重听、烦躁、谵妄，甚至抽搐或昏迷，亦可出现脑膜刺激征；循环系统可有心率加快、心音弱、心律失常等心肌炎表现；呼吸系统可出现咳嗽、气促、胸痛、两肺啰音等肺炎表现；少数患者可有广泛的出血现象，如鼻出血、胃肠道出血等。危重病例表现为严重的多器官损害，出现心、肝、肾衰竭，还可发生弥散性血管内凝血。第3周后，体温渐降至正常，病情恢复。

恙虫病有一些特征性体征，分述如下：

1. 焦痂与溃疡　为特征性表现，见于70%～100%的患者。焦痂多单发，呈圆形或椭圆形，直径1～15mm，边缘突起，如堤围状，周围有红晕。如无继发感染，则不痛不痒，也无渗液。痂皮脱落后即成溃疡，其基底部为淡红色肉芽创面，起初常有血清样渗出液，后逐渐减少，形成一个光洁的凹陷面，偶有继发化脓。焦痂可见于体表任何部位，但以腋窝、外生殖器、腹股沟、会阴、肛周和腰背等处多见。

2. 淋巴结肿大　焦痂附近的局部淋巴结常明显肿大，大小不一，可移动，不化脓，常伴疼痛、压痛，多见于腹股沟、腋下、耳后等处，消退较慢，在疾病的恢复期仍可扪及。全身浅表淋巴结常轻度肿大。

3. 皮疹　多出现于病程的第4～6天，为暗红色充血性斑丘疹。少数呈出血性，不痒。直径为2～5mm，多散在分布于躯干和四肢，面部很少，手掌和脚底部更少。皮疹持续3～7天后消退，不脱屑，可遗留少许色素沉着。

4. 肝、脾大　肝大占10%～30%，脾大占30%～50%，质软，表面平滑，可有轻微触痛。

五、并发症

较常见的并发症是中毒性肝炎、支气管肺炎、心肌炎、脑膜脑炎、消化道出血和急性肾衰竭等。

六、实验室检查

1. 血常规　周围血白细胞数多减少或正常，重型患者或有并发症时可增多，分类常有中性粒细胞核左移，淋巴细胞数相对增多。

2. 血清学检查

(1) 外斐反应：外斐反应最早可于第4病日出现阳性，到病程第1周末约30%为阳性，第2周末约为75%，第3周可达90%左右，效价自1∶160～1∶1280不等，大于1∶160有诊断意义。其阳性率自第4周开始下降，至第8～9周多转为阴性。若在病程中隔周效价升高4倍以上，诊断意义更大。但本试验方法特异性较低，亦可出现假阳性。

(2) 补体结合试验：阳性率较高，特异性较强。持续时间可达 5 年左右。

(3) 免疫荧光试验：采用间接免疫荧光技术检测血清抗体。在病程的第 1 周末开始出现阳性，第 2～3 周末达高峰，2 个月后效价逐渐下降，但可持续数年。

3．分子生物学检查　采用 PCR 技术可检测细胞、血液等标本中的恙虫病立克次体基因，敏感度高，特异性强。

4．病原体分离　可采用动物实验、鸡胚卵黄囊接种或 HeLa 细胞培养等方法分离恙虫病立克次体。临床上常用小鼠作病原体分离。

七、诊断及鉴别诊断

（一）诊断

1．流行病学　发病前 3 周内是否到过恙虫病流行区，在流行季节有无户外工作、露天野营或在林地草丛上坐卧等。

2．临床表现　起病急、高热、颜面潮红、焦痂或溃疡、皮疹、浅表淋巴结肿大、肝和脾大。尤以发现焦痂或特异性溃疡最具临床诊断价值。

3．实验室检查　周围血白细胞数多减少或正常，外斐反应阳性，效价≥1∶160，必要时可用小鼠作病原体分离检测恙虫病立克次体。

（二）鉴别诊断

须与其他立克次体病、伤寒、钩端螺旋体病、疟疾等鉴别，并要注意混合性感染的病例，如恙虫病合并伤寒、恙虫病合并钩端螺旋体病。

八、预后

若能早期诊断并进行有效的病原治疗，绝大部分患者预后良好。老年人、孕妇、有并发症者预后较差。未用抗生素者病死率为 9%～60%，自应用有效抗生素治疗后病死率已降至 1%～5%。病死率除与恙虫病立克次体的株间毒力强弱差异有关外，还与病程的长短有关。

九、治疗

氯霉素、四环素和红霉素对本病有良好疗效，用药后大多在 1～3 天内退热。氯霉素剂量成人为 2g/d，儿童为每天 25～40mg/kg，分 4 次分服。热退后剂量减半，再用 7～10 天，以防复发。四环素的剂量与氯霉素相同。红霉素的成人剂量为 1g/d。氯霉素有骨髓抑制作用，四环素对儿童的不良反应较多，宜慎用。

近年来，国外多以多西环素取代以上药物，疗效较好，用法为 200mg 顿服，连服 7 日。此外，罗红霉素、阿奇霉素、诺氟沙星、甲氧苄啶等对本病亦有疗效。少数患者可出现复发，用相同抗生素治疗同样有效。

十、预防

1．控制传染源　主要是灭鼠，不必隔离患者。

2．切断传播途径　除杂草，消除恙螨孳生地。

3．保护易感人群　不要在草地上坐卧。在野外工作活动时，必须扎紧衣袖口和裤脚口，并可涂上防虫剂，如邻苯二甲酸二苯酯或苯甲酸苄酯等。目前疫苗仍在研制中。

（陈士俊　杨　洋）

第五章 细菌感染性疾病

第一节 伤寒与副伤寒

一、伤寒

伤寒（typhoid fever）是由伤寒杆菌（*salmonella typhi*）引起的急性肠道传染病。典型病例以持续发热、玫瑰疹、表情淡漠、相对缓脉、肝和脾大和白细胞减少为特征，严重并发症为肠出血和肠穿孔。

（一）病原学

伤寒杆菌属沙门菌属 D 群，革兰染色阴性，有鞭毛，无芽胞和荚膜。为需氧及兼性厌氧菌，在普通培养基上可生长，在含胆汁的培养基上生长更好。

伤寒杆菌菌体裂解时释放内毒素是致病的主要因素。该菌具有菌体（O）抗原、鞭毛（H）抗原和表面（Vi）抗原，三种抗原分别刺激机体产生相应的抗体，有助于临床诊断。

伤寒杆菌在自然环境中生存力较强，能耐低温，在水中能存活 2~3 周，在粪便中可存活 1~2 个月。伤寒杆菌对热和干燥抵抗力不强，60℃ 15 分钟或煮沸、紫外线照射均可杀灭，对一般化学消毒剂敏感。

（二）流行病学

1. 传染源　患者及带菌者为传染源。患者从潜伏期开始即从粪便排菌，病程第 1 周末开始从尿中排菌，第 2~4 周传染性最大，其后逐渐降低。少数患者可持续排菌 3 个月以上，称为慢性带菌者，粪便中间断或持续排菌。

2. 传播途径　本病经消化道传播。伤寒杆菌从患者或带菌者的粪、尿排出后，通过污染水源、食物、玩具、日常密切接触等而传播，水源和食物污染可引起暴发流行。

3. 人群易感性　人群均易感，病后可获得持久免疫力，二次发病者罕见。但与副伤寒无交叉免疫力。

4. 流行特征　本病在卫生条件差、经济不发达国家发病率高，局部常有暴发流行。全年均可发病，夏秋季高发。各年龄均可发病，以儿童及青壮年居多。

（三）发病机制及病理

伤寒杆菌感染人体后是否发病与摄入细菌数量、毒力及人体免疫力等因素有关。胃酸过低、重度营养不良、贫血、低蛋白血症等是促发因素。

伤寒杆菌随污染的水或食物等进入胃，如未被胃酸杀死则进入小肠，穿过黏膜屏障侵入肠系膜淋巴结中繁殖，再经胸导管进入血流，形成第一次菌血症。如机体免疫力弱，则细菌随血流扩散至骨髓、肝、脾及淋巴结等组织大量繁殖，至潜伏期末再次大量侵入血流，形成第二次菌血症，此时菌体裂解释放内毒素，出现发热、皮疹、表情淡漠及肝和脾大等临床症状。同时细菌可随血液循环扩散至全身各器官及组织引起病变，如急性化脓性骨髓炎、肾脓肿、脑膜炎、急性胆囊炎、心包炎等。

伤寒的主要病理变化为全身单核 - 巨噬细胞系统的增生性反应，以回肠下段淋巴组织病变最显著。病程第1~3周，肠壁淋巴结出现髓样肿胀、增生、坏死。经胆道进入肠道的伤寒杆菌，部分再度侵入肠壁淋巴组织，在原已致敏的淋巴组织中产生严重的炎症反应，引起肠壁坏死及溃疡形成。若病变波及血管则可引起肠出血，若溃疡深达浆膜可致肠穿孔。病程第4~5周，人体免疫力增强，内毒素逐渐被清除，肠壁溃疡愈合，不留瘢痕或狭窄。病变镜检可见吞噬了淋巴细胞、红细胞、伤寒杆菌及坏死组织碎屑的巨噬细胞，称为"伤寒细胞"。若伤寒细胞聚积成团，形成小结，则称为"伤寒小结"，是本病的特征性病变。

（四）临床表现

潜伏期1~3周，多数10~14天，整个病程为4~5周。典型伤寒的临床表现分为四期。

1. **初期** 病程第1周。起病缓慢，发热为首发症状，体温呈阶梯样上升，3~7天可达39~40℃。发热前可有畏寒，少有寒战，出汗不多。常伴有全身不适、乏力、食欲不振、咽痛、咳嗽、腹部不适等。

2. **极期** 病程第2~3周。出现伤寒特有的症状和体征。

（1）持续高热：多数为稽留热，少数呈弛张热或不规则热。若不给予有效抗生素治疗，高热持续时间可达10~14天。

（2）消化系统症状：食欲不振明显，腹部不适，腹胀，可有便秘或腹泻，右下腹有深压痛。

（3）相对缓脉：即体温每升高1℃，每分钟脉搏增加次数少于15~20次。原因是内毒素导致副交感神经兴奋性增强，但儿童及并发中毒性心肌炎时可无相对缓脉。

（4）神经系统症状：表现为表情淡漠、呆滞、反应迟钝、听力减退。重症患者可有谵妄、昏迷或脑膜刺激征（虚性脑膜炎）等中毒性脑病的表现。多数随体温下降而逐渐恢复，是由内毒素引起。

（5）玫瑰疹：于病程第7~14天胸、腹部皮肤可见淡红色斑丘疹，压之退色，直径2~4mm，一般在10个以下，分批出现，2~4日内消退，偶可见于背部和四肢，对伤寒诊断具有重要价值。

（6）肝、脾大：多数患者有肝、脾大，质软，有压痛，肝区有叩击痛，并发中毒性肝炎时可出现肝功异常或黄疸。

3. **缓解期** 病程第3~4周。体温逐渐下降，症状减轻、食欲好转、腹胀消失，肿大的肝、脾回缩。本期仍可出现肠穿孔、肠出血等并发症。

4. **恢复期** 病程第4~5周。体温正常，症状消失，食欲恢复，一般在1个月左右完全康复，但在体弱或原有慢性疾病患者，其病程往往延长。

（五）临床类型

1. **普通型** 具有以上典型临床表现者，由于目前多数患者发病初期应用有效抗生素，普通型少见。

2. **轻型** 病程短，1~2周内痊愈，全身症状轻，多见于发病初期及时应用有效抗生素者。此型多被误诊或漏诊。

3. **逍遥型** 病情轻，患者照常工作或学习，常以肠出血或肠穿孔为首发症状。

4. **迁延型** 临床表现同典型伤寒，但发热持续不退，可迁延1~2个月，甚至数月，肝、脾大明显。多见于合并其他慢性疾病患者。

5. **暴发型** 起病急，毒血症状重，有畏寒、高热、肠麻痹、中毒性心肌炎、中毒性脑病、中毒性肝炎、休克等临床表现，可并发弥散性血管内凝血（DIC）。延误救治可致死亡。

（六）特殊人群及病程发展阶段中的伤寒特点

1. **小儿伤寒** 症状不典型，起病急、病情重，常有呕吐及腹泻，高热伴惊厥，肝、脾大明显，易并发肺炎，多无皮疹及相对缓脉，血白细胞计数可增多。

2. 老年人伤寒　体温可不高，易出现虚脱，并发肺炎及心功能不全多见，病程迁延，病死率相对高。

3. 复发（relapse）　体温正常后1～2周再次出现发热等临床症状，血培养再度阳性。复发后症状轻，病程短，并发症少。原因为病灶内的细菌未被完全清除及机体免疫力低，病灶内的细菌再次繁殖并侵入血流。

4. 再燃（recrudescence）　部分患者在病程2～3周时（进入恢复期前），体温开始下降但未降至正常时，体温再次升高，症状加重，持续5～7天后降至正常。血培养阳性，原因为菌血症尚未被完全控制。

（七）并发症

1. 中毒性肝炎　为最常见并发症，发生率为10%～50%。表现为肝大伴有压痛，肝功能异常，部分患者出现黄疸。

2. 肠出血　为常见严重并发症，发生率为2%～15%，多出现于病程第2～3周。可见大便潜血阳性至大量血便。大量出血时体温骤降，大便呈柏油样便，脉搏细速，并有烦躁、口渴、面色苍白、冷汗、血压下降等失血性休克表现。常见诱发因素为腹泻、饮食不当、饱餐、食用多渣难消化或易胀气食物、排便用力，也可因滥用泻药、治疗性灌肠等使肠道压力增加诱发。

3. 肠穿孔　为最严重的并发症，发生率为1%～4%。多见于病程第2～3周。表现为突然腹部剧痛，伴有恶心、呕吐、呃逆、出冷汗、体温暂时下降等，但不久体温又迅速上升，并出现腹膜炎征象。查体可见腹壁紧张、压痛与反跳痛、肝浊音界消失等，肠鸣音减弱或消失。X线检查膈下有游离气体，白细胞计数升高伴核左移。诱因与肠出血相同。

4. 肺炎　见于病程第2～3周，出现咳嗽、咳痰、胸闷症状，肺部X线检查提示肺实质炎症，多见于儿童及老年人。

5. 中毒性心肌炎　见于病程第2～3周伴有严重毒血症患者。临床表现为心慌、胸闷、心率加快、第一心音低钝、心律失常、期前收缩、血压低，心电图提示T波及ST段改变，心肌酶可升高。

6. 其他　如溶血性尿毒综合征、中毒性脑病、急性胆囊炎、肾盂肾炎、血栓性静脉炎、DIC等。

（八）实验室检查

1. 血、尿、大便常规

(1) 血常规：白细胞总数降低或正常，中性粒细胞减少，嗜酸性粒细胞减少或消失，血小板也可减少。数量消长与病情相一致，对诊断及观察病情、疗效均有价值。

(2) 尿常规：极期可出现尿蛋白及管型。

(3) 大便常规：肠出血时有肉眼血便或潜血试验阳性。

2. 细菌培养

(1) 血培养：病程第1周阳性率最高，可达80%～90%，以后逐渐下降，第3周降至50%以下。已用抗生素患者阳性率大大降低。

(2) 骨髓培养：较血培养阳性率高，其阳性率受病程及使用抗生素的影响较小，全病程均可获较高的阳性率。

(3) 大便培养：整个病程中均可呈阳性，第2～4周阳性率最高，可达75%。

(4) 尿培养：初期多为阴性，病程第3～4周阳性率为25%左右，不能用于早期诊断。

(5) 玫瑰疹刮取物也可获阳性培养结果。

(6) 胆汁培养：用十二指肠引流的胆汁培养，对病程后期的诊断和发现带菌者有意义。

3. 免疫学检查　肥达反应（Widal reaction，又称伤寒血清凝集试验）：所用抗原有伤寒杆菌O抗原、H抗原以及副伤寒甲、乙、丙杆菌的鞭毛抗原5种。测定患者血清中相应抗体的凝集效价，对伤寒有辅助诊断价值。常在病程第1周末出现阳性，其效价随病程的演变而递增，第4～5周达高峰，阳性率为80%，痊愈后阳性反应可持续数月。分析结果时应注意以下几点：

(1) 抗体效价O≥1:80，H≥1:160，尤其是效价增高4倍以上有诊断价值，5～7天复查，凝集效价逐次增高诊断意义更大。

(2) O为部分沙门菌共同抗原，O抗体增高仅提示沙门菌感染，且该抗体产生较早，持续时间较短，H抗体产生较晚，持续时间较长，因此仅H抗体高提示既往感染。O和H抗体同时增高才有临床诊断价值。

(3) 约10%伤寒患者肥达反应始终阴性。早期使用抗生素或糖皮质激素、免疫反应低下、丙种球蛋白缺乏症、使用免疫抑制剂时可不产生抗体。

(4) 部分疾病如结核病、风湿免疫性疾病、溃疡性结肠炎、败血症等可出现假阳性。

(5) Vi抗体用于慢性带菌者的流行病学调查。

4. 其他　检测血清或尿中伤寒抗原或血清中特异性抗体IgM，对伤寒的早期诊断有意义。DNA探针或PCR方法均可检测伤寒杆菌，特异性高，敏感性低，尚未被应用于临床。

(九) 诊断与鉴别诊断

1. 诊断

(1) 流行病学资料：夏秋季，有不洁饮食史，提示有感染可能。如出现暴发流行则有共同就餐或进食同一水源或食物史。

(2) 临床特征：发热持续1周以上，有相对缓脉、表情淡漠、肝和脾大、玫瑰疹。发热伴中毒性肝炎、肠出血或肠穿孔也应考虑到该病。

(3) 实验室检查：肥达反应阳性有辅助诊断意义。从血、骨髓、大便、尿、玫瑰疹刮取物中，任一标本培养出伤寒杆菌即可确诊。

2. 鉴别诊断

(1) 病毒感染：包括上呼吸道或肠道病毒感染，此类患者起病较急，常无相对缓脉、脾大或玫瑰疹，伤寒的病原与血清学检查均为阴性，常在1～2周内痊愈。

(2) 斑疹伤寒：包括流行性和地方性斑疹伤寒，一般起病较急，伴有明显头痛。第4～6病日出现皮疹，数量多且可有出血性皮疹。外斐反应阳性。

(3) 布鲁菌病：患者有与病畜（牛、羊、猪）接触史，或有饮用未消毒的乳制品史。本病起病缓慢，发热多为波浪形，退热时伴大汗，常有关节痛或肌痛等症状。病程迁延，易于复发。血液或骨髓培养出病原体或布鲁杆菌凝集试验阳性可确诊。

(4) 急性粟粒型肺结核：患者多有结核病史，发热不规则，常伴盗汗，结核菌素实验强阳性等。发病2周后X线胸片检查可见双肺弥漫的细小粟粒状病灶。

(5) 急性病毒性肝炎：伤寒并发中毒性肝炎易与病毒性肝炎相混淆，但前者肝功能损害较轻，黄疸出现后仍发热不退，并有伤寒的其他特征性表现，且肝炎病原学及血清学检查均为阳性。

(6) 败血症：少部分败血症患者的白细胞计数不增高，可与伤寒混淆。败血症多有原发病灶，热型多不规则，常呈弛张热，伴寒战，无相对缓脉。白细胞总数虽可减少，但中性粒细胞升高，血培养可分离出致病菌。

(7) 其他：须与疟疾、恶性组织细胞病、风湿热以及亚急性坏死性淋巴结炎等进行鉴别。

(十) 治疗

1. 一般治疗　按消化道传染病隔离，临床症状消失后每隔5～7天送检大便培养，连续2次阴性可解除隔离。发热期患者须卧床休息，退热后2～3天可轻度活动。

给予高热量、高营养、易消化的饮食，包括足量糖类、蛋白质及各种维生素，以补充发热期的消耗，促进恢复。发热期间宜用流质或细软无渣饮食，少量多餐。忌吃坚硬多渣食物，以免诱发肠出血和肠穿孔，一般退热后2周恢复正常饮食。

2．对症治疗　高热可用物理降温或药物降温，便秘时用生理盐水低压灌肠，腹泻时可给予小檗碱口服。

有严重毒血症或休克患者，可在足量有效抗菌治疗配合下使用糖皮质激素。常用氢化可的松25～50mg或地塞米松1～2mg，每日1次静脉缓慢静脉滴注；或口服泼尼松，疗程不超过3天。

3．病原治疗　选择对伤寒杆菌敏感的抗生素是治疗的关键。

(1) 喹诺酮类：为首选抗生素，口服吸收好，在血液、胆汁、肠道和尿路中浓度高，不易产生耐药。包括环丙沙星、诺氟沙星、洛美沙星和莫西沙星等。总疗程为2周。因影响骨骼发育，18岁以下儿童、哺乳期妇女及孕妇应禁用。

(2) 第三代头孢菌素：抗菌活性强，在胆汁中浓度高，不良反应少，常用于耐药菌株的治疗及老年伤寒和儿童伤寒的治疗。常用药物有头孢噻肟、头孢哌酮、头孢他啶、头孢曲松等。

(3) 氯霉素：目前临床上很少应用，主要是因为耐药，应注意骨髓抑制的不良反应。

(4) 氨苄西林：用于敏感菌的治疗，疗程不短于2周。本药优点是胆汁浓度高，不良反应少。

(5) 其他：对耐药菌株引起的伤寒可选用阿米卡星及利福平等药物，但应注意其对肝、肾的毒副作用。

4．并发症的治疗

(1) 肠出血：①绝对卧床休息，严密观察血压、脉搏、神志变化及便血情况。②暂禁饮食或进少量流质。③止血药：加用维生素K、卡巴洛克（安络血）等止血药。④根据出血情况酌量输血。⑤如患者烦躁不安可注射镇静剂如地西泮（安定）、苯巴比妥钠。⑥经积极治疗仍出血不止者应考虑手术治疗。

(2) 肠穿孔：除局限者外肠穿孔伴发腹膜炎的患者应及早手术治疗，同时应用足量有效的抗生素。

(3) 其他：中毒性肝炎、心肌炎、肺炎、胆囊炎、DIC等，采用相应的内科治疗措施。

（十一）预后

一般预后较好。老年人、婴幼儿、明显贫血、营养不良者预后较差。并发肠穿孔、肠出血、心肌炎、严重毒血症等病死率较高。

（十二）预防

1．管理传染源　按肠道传染病隔离患者。隔离期至体温正常后15天，或停药后连续大便培养2次（每周1次）阴性。对慢性带菌者应彻底治疗。

2．切断传播途径　搞好"三管一灭"（管水、管饮食、管粪便，消灭苍蝇），做到饭前便后洗手，不进食生水和不洁食物。

3．保护易感人群　流行区内的易感人群可接种伤寒菌苗。目前使用的有伤寒、副伤寒甲和乙三联菌苗及伤寒Ty21a口服活菌苗。

二、副伤寒

副伤寒（paratyphoid fever）是由副伤寒甲、乙、丙三种沙门杆菌引起的一组急性传染病。副伤寒甲、乙的临床表现与伤寒相似，副伤寒丙的临床表现较为特殊，可表现为轻型伤寒、急性胃肠炎或脓毒血症。副伤寒的流行病学、发病机制及临床表现、处理措施与伤寒大致相同。

以下为副伤寒的临床特征。

1. 副伤寒甲及副伤寒乙　与伤寒的表现极为类似。但病情相对较轻，病程也较短。肠道病变表浅，范围较广，可波及结肠。起病时常有腹痛、腹泻、呕吐等急性胃肠炎表现。副伤寒甲复发率较高。

2. 副伤寒丙　临床表现较为复杂。可分为：①伤寒型：临床表现与伤寒及副伤寒甲、副伤寒乙相似。②急性胃肠炎型：以胃肠炎症状为主，病程短。③脓毒血症型：常见于体弱的儿童。起病急，寒战、高热，半数以上患者可出现迁徙性化脓性并发症。常需外科手术引流脓液。

（丁国锋）

第二节　细菌性食物中毒

细菌性食物中毒（bacterial food poisoning）是指由于进食被细菌或其毒素所污染的食物而引起的急性中毒性疾病。本病多发生在夏秋季，突然起病。临床上可分为胃肠型食物中毒和神经型食物中毒两大类。

一、胃肠型食物中毒

胃肠型食物中毒较多见，以恶心、呕吐、腹痛、腹泻为主要特征。

（一）病原学

引起胃肠型食物中毒的细菌很多，常见的有沙门菌、副溶血弧菌、大肠埃希菌、蜡样芽胞杆菌、变形杆菌、葡萄球菌等。

1. 沙门菌　鼠伤寒沙门菌、肠炎沙门菌、猪霍乱沙门菌、病牛沙门菌、鸭沙门菌等常常可引起胃肠型食物中毒。沙门菌为革兰阴性杆菌，需氧，不产生芽胞，无荚膜，绝大多数有鞭毛，能运动。对外界的抵抗力较强，在水和土壤中能存活数月，在粪便中能活 1~2 个月，在冰冻土壤中能越冬；不耐热，60℃ 10~20 分钟死亡，5% 苯酚或 1:500 氯化汞 5 分钟内即可将其杀灭。

沙门菌广泛存在于多种家畜、家禽、鸟类、鼠类、鱼类及野生动物的肠腔中。蛋类、乳类和肉类制品易受污染。进食未煮熟的该类食品易造成感染。需要指出的是，沙门菌在食品中繁殖后，并不影响食品的色、香、味。

2. 副溶血弧菌　为革兰阴性多形态菌。菌体两端浓染，有荚膜，一端有单根鞭毛，运动活泼。在 37℃、pH 7.4~8.0、含 3~3.5% 氯化钠的环境中生长最适。对酸敏感，在食醋中 3 分钟即死亡。不耐热，56℃ 5 分钟即可被杀死。对低温及高盐抵抗力甚强。致病性菌株能溶解人及家兔的红细胞。致病力与其溶血能力相平行。

副溶血弧菌有鞭毛（H）、荚膜（K）和菌体（O）抗原，其 O 和 K 抗原有助于血清型分型。带鱼、黄鱼、乌贼、梭子蟹等海产品带菌率极高，被污染的其他含盐量较高的食物如咸菜、咸肉、咸蛋亦可带菌。

3. 大肠埃希菌　为革兰阴性短杆菌，多数菌株有鞭毛，能运动。无芽胞。体外抵抗力较强，在水和土壤中能存活数月，在阴凉处室内尘埃中可存活 1 个月。

大肠埃希菌为人和动物肠道正常寄居菌，某些类型可致病。大肠埃希菌中能引起食物中毒的血清型很多。特殊的致病性决定了细菌致病的类型，常见的有致病性大肠埃希菌（enteropathogenic escherichia coli，EPEC）、产肠毒素大肠埃希菌（enterotoxigenic escherichia coli，ETEC）、侵袭性大肠埃希菌（enteroinvasive escherichia coli，EIEC）、肠出血性大肠埃希菌（enterohemorrhage escherichia coli，EHEC）。

4. **变形杆菌** 为革兰阴性多形性小杆菌，两端钝圆，无芽胞，有鞭毛，能运动。在食物中能产生肠毒素。以普通变形杆菌、奇异变形杆菌、莫根变形杆菌较常见。莫根变形杆菌可使蛋白质中的组氨酸脱羧成组胺，从而引起过敏反应。

变形杆菌广泛存在于水、土壤、腐败有机物及人和家畜、家禽的肠道中。致病食物以鱼、蟹类为多。

5. **蜡样芽胞杆菌** 为革兰阳性杆菌，兼性需氧，可形成芽胞，芽胞不突出菌体，菌体两端较平整，多数呈链状排列。致病因子是肠毒素（分泌亢进而导致腹泻）和催吐毒素。编码产生这两种毒素的基因存在于菌体内的质粒或噬菌体之上。该菌广泛存在于自然界：土壤、尘埃、水、草、腐物、人及动物肠道。人多因食用剩米饭及未再加热的熟肉、鱼等引起感染。

6. **产肠毒素的金黄色葡萄球菌** 能引起食物中毒的金黄色葡萄球菌仅限于产生肠毒素的金黄色葡萄球菌。本菌为革兰染色阳性球菌，无芽胞，无荚膜。在乳类、肉类、蛋类食品中极易繁殖，在剩饭菜中亦易生长。本菌在30℃下经1小时后即可产生耐热性很强的肠毒素，经煮沸30分钟仍能致病。

葡萄球菌广泛存在于人体的皮肤、鼻腔、鼻咽和指甲下，容易污染淀粉类和鱼、肉、蛋、乳制品等蛋白类食物。

（二）流行病学

1. **传染源** 带菌动物如家畜、家禽、鱼类、野生动物、海产品为本病的主要传染源，患者带菌时间较短，作为传染源意义不大。
2. **传播途径** 被细菌及其毒素污染的食物经口进入消化道而得病。食品本身带菌，或在加工、贮存过程中被污染。苍蝇、蟑螂亦可作为沙门菌、大肠埃希菌污染食物的媒介。
3. **人群易感性** 人群普遍易感，病后无明显免疫力。
4. **流行特征**
（1）地区分布：在饮食卫生监督不严的地区尤易发生。
（2）时间分布：5—10月较多，7—9月尤易发生。
（3）人群分布：常因聚餐而集体发病。

（三）发病机制与病理解剖

1. **发病机制** 病原菌在污染的食物中大量繁殖，产生大量肠毒素或菌体裂解释放内毒素。进入体内的细菌和毒素可引起人体剧烈的胃肠道反应。

（1）肠毒素：肠毒素刺激肠壁上皮细胞，激活腺苷酸环化酶或鸟苷酸环化酶，使环磷酸腺苷（cAMP）或环磷酸鸟苷（cGMP）水平升高，促进上皮细胞水和氯离子的分泌，抑制水和钠的重吸收，导致腹泻。

（2）内毒素：细菌菌体裂解后释放的内毒素致病性较强，能引起发热、胃肠黏膜炎症、消化道蠕动，产生呕吐和腹泻。

（3）细菌侵袭：沙门菌、副溶血弧菌、变形杆菌能侵袭肠黏膜上皮细胞，引起黏膜充血、水肿、上皮细胞变性、坏死。

（4）过敏反应：变形杆菌能使蛋白质中的组氨酸脱羧而成组胺，引起过敏反应。

2. **病理解剖** 由肠毒素、内毒素和细菌侵袭可引起肠黏膜上皮细胞变性、坏死，可见黏膜充血、水肿、渗出和溃疡，肠腔内充满气体和液体。过敏反应性病理改变轻微，无炎症改变。

（四）临床表现

潜伏期短，超过72小时的病例可基本排除食物中毒。金黄色葡萄球菌潜伏期为1～5小时。产气荚膜杆菌潜伏期为8～16小时。沙门菌、副溶血弧菌、大肠埃希菌、变形杆菌潜伏期一般为16～72小时。

表现为急性胃肠炎。起病急，常先有上腹部不适，上中腹部持续或阵发性疼痛，继之出现恶心、呕吐、腹痛、腹泻等。体检上腹部和中腹部可有压痛，肠鸣音亢进。吐泻严重者可导致脱水、血压下降、酸中毒，甚至休克。

葡萄球菌食物中毒呕吐较明显，呕吐物含胆汁，有时带血和黏液。腹痛以上腹部及脐周多见。腹泻频繁，多为黄色稀便和水样便。侵袭性细菌引起的食物中毒可有发热、腹部阵发性绞痛和黏液脓血便。副溶血弧菌食物中毒的部分病例大便呈血水样。变形杆菌可发生颜面潮红、头痛、荨麻疹等过敏症状。

细菌性食物中毒病程短，多数在1~3天内恢复，很少超过1周。

（五）实验室检查

1. 血象　大肠埃希菌、沙门菌感染者的血白细胞一般在正常范围。副溶血弧菌及葡萄球菌感染者的白细胞可升高，在$10\times10^9/L$以上，以中性粒细胞为主。

2. 大便镜检　可见白细胞和（或）红细胞。

3. 细菌培养　将患者的吐泻物和可疑食物进行细菌培养，如所获病原体相同则可确诊。

4. 血清学检查　患者病程初期和恢复期双份血清抗体效价比较在四倍或以上升高有诊断价值。

（六）诊断及鉴别诊断

1. 诊断

（1）流行病学资料：有进食变质或不洁食品、海产品、腌制食品史，春末及夏秋季节短期内集体发病。

（2）临床资料：有急性胃肠炎表现，病程较短，恢复较快。

（3）实验室资料：收集吐泻物及可疑食物作细菌培养可分离到同种细菌。怀疑细菌毒素中毒者，可做动物试验，以确定细菌毒素的存在。

2. 鉴别诊断

（1）非细菌性食物中毒：食用发芽马铃薯、苍耳子、苦杏仁、河豚、生鱼胆或毒蕈以及有机磷农药、氯化汞等中毒者，潜伏期仅为数分钟至数小时。一般不发热，以频繁呕吐为主，腹痛、腹泻较少，但神经症状较明显，病死率较高。吐泻物及可疑食物中可检出毒物。

（2）霍乱：为无痛性腹泻，先泻后吐居多，吐泻较严重。成人一般不发热，大便呈清水样或米泔水样，常出现脱水、酸中毒和周围循环衰竭。大便涂片暗视野显微镜镜检及细菌培养找到霍乱弧菌可确定诊断。

（3）急性细菌性痢疾：短期内大批患者发病少见。呕吐较少，常有发热、里急后重，大便多混有脓血，左下腹压痛，大便镜检有红细胞、白细胞，大便培养约半数有痢疾杆菌生长。

（4）病毒性胃肠炎：潜伏期为24~72小时，以急性小肠炎为特征，主要表现有发热、恶心、呕吐、腹胀、腹痛及腹泻，大便呈黄水样或清水样，吐泻严重者可发生水、电解质及酸碱平衡紊乱。

（七）治疗

1. 一般治疗　及时收集资料，进行流行病学调查及细菌学的检验工作，以明确病因。卧床休息，进清淡易消化的流质或半流质食物，多饮糖盐水。吐泻严重者暂禁食。

2. 对症治疗　腹痛严重者口服复方颠茄片1~2片或注射阿托品0.5mg。高热者用物理降温或退热药。变形杆菌食物中毒过敏型者予抗组胺药物治疗如苯海拉明等，必要时加用糖皮质激素。及时纠正水与电解质紊乱及酸中毒。

3. 抗菌治疗　通常可不应用抗生素。考虑侵袭性腹泻者及病情严重者，应及时选用氟喹诺酮类或第三代头孢菌素类抗生素，葡萄球菌食物中毒可用苯唑西林或万古霉素治疗。

（八）预防

做好饮食卫生监督，对从事餐饮人员应定期进行健康检查及卫生宣传教育。禁止食用病死禽畜。肉类、乳类、蛋类在食用前应注意冷藏。一旦发现食物中毒，应立即报告当地卫生防疫部门，及时进行调查分析，制订防疫措施。

二、神经型食物中毒

神经型食物中毒，亦称肉毒中毒，是因进食含有肉毒杆菌外毒素的食物而引起的中毒性疾病。临床上以恶心、呕吐及中枢神经系统症状如眼肌及咽肌瘫痪为主要表现。如抢救不及时，病死率高。

（一）病原学

肉毒杆菌为革兰染色阳性厌氧梭状芽胞杆菌，次极端有大形芽胞，有鞭毛，能运动。芽胞体外抵抗力极强，干热180℃ 15分钟、湿热100℃ 5小时、高压灭菌120℃ 20分钟方可杀灭。5%苯酚、2%福尔马林24小时才能杀灭。

肉毒杆菌分泌的外毒素称肉毒毒素。按其抗原性不同，可分为A、B、C、D、E、F、G 7型，对人致病者以A、B、E 3型为主，F型较少见，C、D型主要见于禽畜感染。肉毒毒素是一种嗜神经毒素，剧毒，对人的致死量为0.1～1μg。肉毒毒素对胃酸有抵抗力，但不耐热。肉毒毒素在干燥、密封和阴暗的条件下可保存多年。

肉毒杆菌主要存在于土壤和家畜、家禽及鱼类的肠道中。缺氧环境可造成肉毒杆菌大量繁殖，产生大量肉毒毒素。

（二）流行病学

1. 传染源　家畜、家禽及鱼类为传染源。肉毒杆菌由动物肠道排出，污染土壤及海底泥沙。

2. 传播途径　主要通过食物传播，多见于腌肉、腊肉、猪肉及制作不良的罐头食品，部分地区曾因食用发酵豆制品和发酵面制品而发生肉毒中毒者。也有肉毒杆菌芽胞污染创伤伤口所致的创伤性肉毒中毒和吸入含肉毒毒素的气溶胶所致的吸入性肉毒中毒。

3. 易感性　普遍易感。肉毒中毒不引起人与人之间传染。病后可获一定的免疫力。

（三）发病机制与病理解剖

肉毒毒素主要由上消化道吸收，毒素进入小肠和结肠后则吸收缓慢。肉毒毒素吸收后主要作用于脑神经核、外周神经-肌肉接连处及自主神经末梢，阻断胆碱能神经纤维的传导，神经冲动在神经末梢突触前被阻断，从而抑制神经传导介质乙酰胆碱的释放，使肌肉收缩运动障碍，发生软瘫，但肌肉仍能保持对乙酰胆碱的反应性。静脉注射乙酰胆碱能使瘫痪的肌肉恢复功能。

病理变化主要是脑神经核及脊髓前角产生退行性变，脑干神经核也可受损。脑及脑膜显著充血、水肿，并有广泛的点状出血和血栓形成。显微镜下可见神经节细胞变性和脑神经根水肿。

（四）临床表现

潜伏期为12～36小时，最短为2～6小时，长者可达8～10日。中毒剂量愈大则潜伏期愈短，病情亦愈重。

起病突然，病初可有头痛、头昏、眩晕、乏力、恶心、呕吐，继之出现神经肌肉症状。主要表现为：①眼肌瘫痪：视力模糊、复视、眼睑下垂、瞳孔散大、对光反射消失。②咽肌瘫痪：吞咽困难、发音不能，严重者出现呼吸困难。③颈肌无力：头向前倾或倾向一侧。④自主神经先兴奋后抑制：泪腺、汗腺及涎腺先分泌增多而后减少。④四肢肌肉呈对称性弛缓性软瘫，深腱反射减弱或消失。

整个病程中患者神志清楚，不发热，感觉正常。消化道症状较轻，可有恶心、便秘或腹胀，无腹痛和腹泻。血、尿与脑脊液常规检查无异常改变。

病程长短不一，轻者5～9日内逐渐恢复，但全身乏力及眼肌瘫痪持续较久。重症患者抢救不及时多数死亡，病死率为30%～60%，死亡原因多为延髓麻痹所致呼吸衰竭、心功能不全及吸入性肺炎。

婴儿如吞入少量肉毒杆菌芽胞则芽胞可在肠内繁殖，产生肉毒毒素，吸收后可因骤发呼吸麻痹而突然死亡，为婴儿猝死综合征的原因之一。

（五）实验室检查

1. **细菌培养** 将可疑食物、吐泻物加热20分钟后接种于血琼脂作无氧培养，可检出致病菌。

2. **毒素试验** 动物试验、中和试验和禽眼睑接种试验对毒素的判断和定型有诊断价值。

（六）诊断及鉴别诊断

1. **诊断**

（1）有进食可疑食物，特别是火腿、腊肠、罐头或瓶装食品史，同餐者集体发病。

（2）有特殊的神经系统症状与体征，如复视、斜视、眼睑下垂、吞咽困难、呼吸困难等。

（3）确诊可用动物试验，检查患者血清及可疑食物中的肉毒毒素，亦可用可疑食物进行厌氧菌培养，分离病原菌。

2. **鉴别诊断** 应与脊髓灰质炎、流行性乙型脑炎、急性多发性神经根炎、毒蕈及河豚中毒等相鉴别。

（七）治疗

1. **一般治疗** 卧床休息，并给予适当镇静剂，以避免瘫痪加重。患者于进食可疑食物4小时内可用5%碳酸氢钠或1∶4000高锰酸钾溶液洗胃并清洁灌肠，以清除胃肠道内尚未吸收的毒素。出院后10～15天内应避免体力劳动。

2. **抗毒素治疗** 多价抗肉毒血清（A、B、E型）对本病有特效，必须及早应用，在起病后24小时内或瘫痪发生前注射最为有效，剂量为每次5万～10万U，静脉和肌内注射各半量。使用前先做皮肤过敏试验，过敏者行脱敏治疗，必要时6小时后重复给予同等剂量一次。病程已过2天者，抗毒素效果较差，但应继续注射，以中和血中残存毒素。

3. **抗菌治疗** 为消灭肠道内的肉毒杆菌，防止继续产生毒素，可给予大剂量青霉素。

4. **对症治疗** 如有咽肌麻痹宜用鼻饲及输液。呼吸困难者可吸氧，定期吸痰，必要时行气管切开。呼吸麻痹者用人工呼吸器辅助呼吸。

（八）预防

严格管理与检查食品，尤应注意罐头食品、火腿、腌制食品的制作和保存。罐头食品的两端若有膨胀现象，或内容物色、味香改变者，应禁止出售和食用，即使煮沸也不宜食用。谷类及豆类亦有被肉毒杆菌污染的可能，因此禁止食用发酵或腐败的食物。

遇有同食者发生神经型食物中毒时，其余人员应立即给予多价抗肉毒血清预防，1000～2000U皮下注射，每周1次，共3次。

（陈　煜）

第三节　霍　乱

霍乱（cholera）是由霍乱弧菌引起的以吐泻为主要症状的急性烈性肠道传染病，因发病急、传播快、波及范围广,在我国被列为甲类传染病。霍乱弧菌产生的霍乱肠毒素是主要致病毒素,藉此毒素介导引起肠黏膜细胞分泌亢进而致患者剧烈吐泻,引起机体大量脱水和电解质丢失,严重者引起周围循环衰竭及急性肾衰竭。

一、病原学

霍乱弧菌(vibrio cholerae)为革兰染色阴性菌,菌体弯曲,呈弧形或逗点状,有菌毛、无芽胞。除O139血清群有荚膜外,其余所有霍乱弧菌无荚膜。菌体一端有单根鞭毛,运动活泼,暗视野下镜检可见细菌呈穿梭状运动,吐泻物涂片染色可见霍乱弧菌平行排列似"鱼群样"。

霍乱弧菌对营养要求不高,可在普通培养基及无盐培养基中生长,需氧、耐碱、不耐酸,在pH 8.0~9.0的碱性蛋白胨水中生长迅速,故临床上常用碱性蛋白胨水增菌。因霍乱弧菌可在无盐培养基中生长而其他弧菌则不能生长,可藉此特性分离霍乱弧菌。

霍乱弧菌具有耐热的菌体(O)抗原和不耐热的鞭毛(H)抗原。根据菌体(O)抗原可分为139个血清群,其中仅O1血清群和O139血清群能产生外毒素(即霍乱肠毒素),具有致病性。霍乱毒素有抗原性,可使机体产生中和抗体。O1群霍乱弧菌有古典生物型和埃尔托生物型,其形态和免疫学特点大致相同。根据其特异性抗原(A、B和C型)的结构可分为小川型(A、B型)、稻叶型(A、C型)和彦岛型(A、B、C)三个血清型。

霍乱弧菌古典生物型抵抗力较弱,埃尔托生物型抵抗力较强。霍乱弧菌在河水、塘水、井水、海水中可存活1~3周,在各类食品上存活1~3天,在水果、蔬菜上可存活1周,在鲜鱼、虾或贝壳生物中可存活1~2周。对干燥、热、日光、酸及各种消毒剂敏感。在正常胃酸中仅能存活5分钟。煮沸1~2分钟、干燥2小时或加热55℃ 15分钟即死亡。自来水中的余氯,或用0.1%高锰酸钾浸泡蔬菜、水果30分钟即可将霍乱弧菌杀灭。

二、流行病学

1. 传染源 患者和带菌者是主要传染源。患者因吐泻大量排菌,是重要的传染源。但轻型患者和无症状带菌者作为传染源的意义更大。

2. 传播途径 主要经消化道传播。可通过污染水、食物及生活密切接触和苍蝇媒介而感染。水源、食物被污染可引起暴发流行。霍乱可沿水路、陆路、航空等交通向外地迅速传播。

3. 人群易感性 人群普遍易感。人感染霍乱弧菌后可获一定的免疫力。主要有特异性和非特异的免疫力,如胃酸、肠道分泌型IgA以及血清中特异性凝集抗体、杀菌抗体及抗毒素抗体等均有杀菌作用。感染数日后即出现特异性抗体,1~2周达高峰,后渐下降,持续3~6个月。肠道黏膜的分泌型IgA(SIgA)可抑制细菌运动、黏附和繁殖,以及中和肠毒素的作用,是机体主要的保护性免疫。霍乱弧菌O1群与非O1群之间无交叉免疫力。

4. 流行特征 霍乱有地方性疫源地。霍乱弧菌古典生物型发源于印度恒河地区,该地区被称为"人类霍乱的故乡";印度尼西亚的苏拉威西岛则是埃尔托弧菌的疫源地,历次世界大流行都是由此处扩散引起。自1817年以来,前六次世界大流行均由古典生物型引起,第七次则由埃尔托生物型所致。1993年开始至今引起的霍乱主要为O139血清群。我国在历次世界大流行中均被波及,每年在局部地区仍有外源性病例输入。目前霍乱主要发生于亚洲、非洲和南美洲等卫生条件差的国家和地区,与缺少安全饮用水密切相关。夏秋季霍乱高发。

三、发病机制和病理生理

霍乱弧菌致病的主要原因是霍乱肠毒素介导的肠黏膜细胞分泌亢进作用、细菌鞭毛的穿透作用、菌毛的黏附作用及神经氨酸酶增强肠毒素与上皮细胞的结合能力等。

霍乱弧菌经口摄入进入小肠后，藉鞭毛运动穿过黏液到达肠黏膜上皮细胞，菌毛黏附于上皮细胞刷状缘的微绒毛上，并生长繁殖产生肠毒素。霍乱弧菌不侵入肠上皮细胞和黏膜下层，也不侵入血流。霍乱肠毒素为外毒素，由2个A亚单位和5个B亚单位组成多聚体。A亚单位分为A1和A2两个亚单位，其中A1为霍乱肠毒素的毒性单位，具有酶活性；A2则与B亚单位结合。B亚单位能特异性地与小肠上皮细胞膜上的神经节苷脂（ganlioside M1，GM1）受体结合，使毒素分子变构，A1进入细胞内并活化，进而激活细胞内的腺苷环化酶，使腺苷三磷酸（ATP）转化为环磷酸腺苷（cAMP）。细胞内cAMP浓度增高，导致肠黏膜的隐窝细胞过度分泌水、氯化物及碳酸盐，同时抑制肠绒毛细胞对水和电解质的吸收，致使大量体液和电解质进入肠腔而引起剧烈吐泻。因大量脱水和电解质丢失，引起代谢性酸中毒、血液循环衰竭、休克，若不及时补液可加重肾衰竭，甚至死亡。

大量吐泻致脱水和电解质丢失是霍乱的主要病理生理改变。脏器多无炎性损伤，因脱水而萎缩，心、肝、脾等脏器缩小。肾小管可有变性、坏死。机体脱水致胆汁黏稠，分泌减少，使吐泻物呈清水样或"米泔水样"。低钠血症可引起腹直肌及腓肠肌痉挛，低钾血症引起心率加快、心律失常等，低碳酸氢盐引起酸中毒等。

四、临床表现

潜伏期为数小时至6天，平均2～3天。急起发病，部分患者在病初1～2天有头昏、乏力、腹胀及轻度腹泻等前驱症状。

（一）典型霍乱

病程分为三期。

1. 泻吐期　以剧烈腹泻开始，继而出现呕吐，无腹痛及里急后重。多无发热，少数可有低热。腹泻始为黄色糊状或稀水便，数次后为米泔水样或清水样，无粪臭。腹泻量多，每日十余次至数十次，甚至难以计数。呕吐为喷射性或连续性，始为胃内容物，后为清水样或米泔水样。

2. 脱水期　大量泻吐后出现脱水和电解质丢失的症状，严重者出现周围循环衰竭。脱水轻者表现为为口渴、口唇干燥，血压、尿量正常；脱水明显者表现为声音嘶哑、眼窝下陷、皮肤弹性消失、手指皱瘪似"洗衣工手"、舟状腹等，并有血压下降、尿量减少。严重者表现为神志淡漠、烦躁不安、昏迷、循环衰竭、呼吸加快，脉搏细速或不能触及，血压低，少尿或无尿，此期一般持续数小时至2～3天。严重低钠致腓肠肌和腹直肌痉挛。低钾可引起腱反射消失、心动过速、心律失常，心电图可见Q-T间期延长、T波低或倒置、U波出现。严重失水可导致低血容量性休克和代谢性酸中毒。轻、中、重度脱水的临床特征见表5-1。

3. 恢复期　脱水纠正后，多数症状消失。约1/3患者有中低热，为肠道毒素吸收而引起的反应性发热。

表5-1 脱水程度分级

特征	轻度	中度	重度
失水量（占体重）	<5%	5%~10%	>10%
神志	无改变	躁动	嗜睡或昏迷
脉搏	正常	加快	细速或测不到
血压	正常	降低	很低或测不到
皮肤弹性	恢复快	恢复慢	恢复很慢
眼窝	正常	轻度凹陷	明显凹陷
声音	正常	轻度嘶哑	嘶哑或失声
尿量	正常	减少	无尿

（二）临床类型

根据脱水、血压、尿量等表现分为三型。

1. 轻型　每日腹泻数次，呈稀糊状，无呕吐和脱水表现。血压、脉搏正常，尿量无明显减少。

2. 中型（典型）　吐泻次数多，每日 10～20 次，泻吐物呈清水样或米泔水样，有明显脱水症状，血压下降，脉搏细速，少尿。

3. 重型　吐泻频繁，有严重脱水表现，血压低，甚至测不出，脉搏快而弱，尿极少或无尿。

个别患者起病急骤，无泻吐症状，因循环衰竭死亡，肠道检出霍乱弧菌，称为暴发型或干性霍乱，为罕见的临床类型。

五、并发症

1. 急性肾衰竭　因脱水或休克未及时纠正所致，低血钾可加重急性肾衰竭。表现为少尿或无尿、氮质血症，重者出现尿闭。

2. 急性肺水肿　代谢性酸中毒致肺循环高压，或因补充大量生理盐水而未及时补碱性液体纠正酸中毒而加重肺水肿。表现为呼吸急促、口唇发绀，肺部布满湿啰音。

六、辅助检查

（一）常规及生化检查

(1) 血常规：因脱水致血液浓缩，红细胞计数、血细胞比容及血红蛋白升高，白细胞计数及中性粒细胞升高。

(2) 尿检查：正常。肾功能不全时尿中有蛋白、红细胞、白细胞及管型。

(3) 大便常规：为水样便，镜检多正常，偶有少许白细胞。

(4) 生化检查：血清钾、钠、氯化物和碳酸盐降低。治疗前因细胞内钾离子外移，血清钾可在正常范围，当酸中毒纠正后，钾离子移入细胞内而出现低钾血症。酸中毒时动脉血 pH 下降。尿少或无尿时，血清尿素氮、肌酐升高。

（二）病原学检查

(1) 涂片染色：取吐泻物或培养物涂片作革兰染色镜检，见革兰染色阴性弧菌，呈鱼群样排列。

(2) 悬滴检查及制动试验：取新鲜吐泻物标本作悬滴置暗视野下镜检，见呈穿梭状或流星样运动活泼的弧菌。若加入 O1 群和 O139 群霍乱多价血清后，弧菌运动消失则为制动抑制试验阳性，有诊断价值。

(3) 细菌培养：取吐泻物、肛拭子或可疑食物、水标本接种于碱性蛋白胨水中增菌，数小时后转至碱性琼脂平板培养基中，进一步培养作细菌分离鉴定及制动试验。

(4) PCR检测：取吐泻物、肛拭子或培养物提取核酸，应用PCR技术扩增霍乱毒素亚单位的基因（ctxAB）序列，可直接检测是否为产毒株。

(5) 霍乱弧菌快速辅助检测：检测标本中O1群或O139群霍乱弧菌，检出限为10^5个/毫升，对轻症患者和带菌者有漏检的可能，需增菌培养后检测，以提高检出率。

（三）血清学检查

采用血清凝集试验。在发病第1～3日及第10～15日各取1份血清，若第2份血清的抗体效价较第1份增高4倍或以上，有诊断参考价值。

七、诊断及鉴别诊断

（一）诊断

依据流行病学、临床表现及实验室检查结果进行综合判断。

1. 带菌者　无临床表现，但大便或肛拭子细菌培养可分离到O1群或O139群霍乱弧菌。
2. 疑似病例

(1) 在霍乱流行区生活，或5日内到过霍乱流行区，或发病前5日内有不洁食物或饮水史。与霍乱患者或带菌者有密切接触史或共同暴露史。

(2) 出现霍乱轻症的临床表现。

(3) 泻吐物或肛拭子标本经PCR检测霍乱毒素基因阳性。

3. 确诊病例

(1) 有上述流行病学史。

(2) 具备各型霍乱临床表现。

(3) 在吐泻物或肛拭子培养中检出O1群和或O139群霍乱弧菌。

（二）鉴别诊断

1. 急性胃肠炎　产肠毒素细菌感染可引起毒素介导性腹泻，如产肠毒素大肠埃希菌、副溶血性弧菌、非凝集性弧菌、金黄色葡萄球菌、变形杆菌等。临床表现类似于霍乱，亦可引起脱水及电解质紊乱的症状，须鉴别。吐泻物细菌培养分离出致病菌可确诊。

2. 急性细菌性痢疾　有不洁食物史或接触史，急起发热、腹痛、腹泻，排黏液脓血便，伴里急后重，大便镜检见大量白细胞、红细胞或脓细胞，大便培养出志贺痢疾杆菌可确诊。

3. 病毒性感染性腹泻　诺沃克病毒、轮状病毒引起急性胃肠炎表现，腹泻以水样便为多，注意与霍乱鉴别。病毒性感染性腹泻多见于秋冬季，婴幼儿高发。为稀糊状或水样便，镜检无红细胞、白细胞及脓细胞，细菌培养阴性。免疫电镜检查发现肠道病毒可确诊。

八、预后

每年全球报告有3百万～5百万霍乱病例，2010年因霍乱死亡人数为10万～13万人。霍乱预后与临床类型、治疗是否及时合理密切相关。未治疗的霍乱病死率高达50%～60%，若及时给予补液治疗，病死率低于1%，但老人、幼儿、孕妇及有并发症者的预后仍较差。主要死亡原因为循环衰竭和急性肾衰竭。

九、治疗

严格隔离、及时补液，辅助抗菌治疗和对症治疗。辅助抗菌治疗可减少排菌量，缩短病程，但对预后无影响。

（一）严格隔离

霍乱或疑似患者须按甲类传染病严格隔离。疑似患者应与确诊患者分别隔离，吐泻物应彻底消毒。症状消失后，大便培养连续2次阴性可解除隔离。

（二）补液

补液是治疗霍乱的关键措施。补液治疗包括静脉补液和口服补液，以何种方式补液和补液量视临床类型（脱水程度、血压、尿量等）而定。重、中度脱水应先给予静脉补液，脱水纠正后改为口服补液。补液原则为早期、迅速、足量，先盐后糖、先快后慢、纠酸补钙、见尿补钾。对老人、婴幼儿及心、肺功能不全者应注意控制补液量和速度。

1. 补液治疗　静脉输液多以541溶液（氯化钠5g，碳酸氢钠4g，氯化钾1g；即1L水中含 Na^+ 134mmol/L、Cl^- 99mmol/L、K^+ 13mmol/L、HCO_3^- 48mmol/L）为主，按0.9%氯化钠550ml、1.4%碳酸氢钠300ml、10%氯化钾10ml加10%葡萄糖140ml配制，可另加50%葡萄糖20ml，以防低血糖。严密观察治疗反应，及时调整输液量和速度。

（1）补液量：重度脱水补液量为8000～12 000ml/d，儿童为200～250ml/kg；中度脱水为4000～8000ml/d，儿童150～200ml/kg；轻度脱水为3000～4000ml/d，儿童120～150ml/kg。

最初2小时内宜快速静脉输入，待血压、脉搏恢复正常后，即可减慢输液速度，直至脱水纠正。部分液体可予口服补液补充之。原则上应于入院8～12小时内补进入院前累计损失量及入院后的继续损失量和每天生理需要量（成人2000ml/d），以后即按排多少补多少的原则给予口服补液。

（2）补钾与纠正酸中毒：在脱水好转并有尿时，应注意补充氯化钾，浓度不超过0.3%，剂量按0.1～0.3g/kg计算。酸中毒严重者应酌情加碳酸氢钠纠正。

2. 口服补液　口服补液盐适用于轻、中度脱水患者，已成为治疗霍乱补充水和电解质的重要措施。霍乱毒素不影响肠道吸收葡萄糖，而葡萄糖的吸收能带动水和 Na^+、K^+ 等电解质的吸收。重、中度脱水患者经静脉补液，尿量≥0.5ml/(kg·h)即可开始口服补液。口服补液对年老体弱、心肺功能不良及需要及时补钾的患者尤为重要，既能补充水和电解质，又可防止补液量不足或过多而引起的心、肺功能紊乱以及医源性低血钾。

既往的口服补液盐配方为1000ml水中含葡萄糖20g，氯化钠3.5g，碳酸氢钠2.5g，氯化钾1.5g，为等渗性口服补液盐（311mOsm/L）。目前，WHO推荐用低渗性口服补液盐（250mOsm/L），配方为1000ml水中含氯化钠2.6克、氯化钾1.5克、枸橼酸钠2.9克、无水葡萄糖13.5克。荟萃分析显示，儿童用低渗性口服补液盐可减少低钠血症发生，静脉补液量明显减少。此配方对儿童和成人均适用。对轻、中度脱水患者，口服补液盐用量在最初6小时成人750ml/h，儿童（＜20kg）250ml/h，以后的用量约为腹泻量的1.5倍。

3. 抗菌治疗　抗菌药物仅作为辅助治疗措施。对中、重度脱水霍乱患者用抗菌药物可缩短腹泻时间，减少吐泻量及缩短病程，但不能替代补液治疗。常用抗菌药物包括多西环素、氟喹诺酮类、复方新诺明等。阿奇霉素适用于儿童和孕妇。已发现有耐药菌株，可根据药物敏感试验选择用药。

十、预防

1. 控制传染源　建立肠道传染病门诊，及早发现患者及带菌者。对患者进行严格隔离治疗，直至症状消失后6日；或隔日粪便培养一次，连续3次阴性，方可解除隔离。做好国境检疫，一旦发现患者或带菌者立即进行隔离治疗，并对所乘交通工具进行彻底消毒。对接触者应严密检疫5日，留大便培养并服药预防：多西环素200mg顿服，次日100mg，连服2日；或诺氟沙星 200mg，每日 3 次，连服 2 日。

2. 切断传播途径　加强饮水和食品卫生管理，提供安全饮用水是预防霍乱的最有效措施。对大便排泄物进行严格的消毒处理，改善环境卫生。教育民众不饮生水，勿吃不洁食物，积极杀蛆灭蝇。

3. 提高人群免疫力　既往曾用全菌体死菌苗接种，由于保护率低，保护时间短，不能防止隐性感染及带菌者，且对 O139 群霍乱感染无预防作用，现已不用。目前应用基因工程技术研制的霍乱菌苗及减毒活菌苗有待验证其效果。

（张跃新　孙丽华）

第四节　细菌性痢疾

细菌性痢疾（bacillary dysentery）简称菌痢，是痢疾杆菌引起的肠道传染病。以急性发热等全身中毒症状与腹痛、腹泻、里急后重和黏液脓血便等肠道症状为主要临床表现，严重者出现感染性休克或（和）中毒性脑病。

一、病原学

病原体为痢疾杆菌，属肠杆菌科志贺菌属。

1. 形态及染色　为革兰染色阴性短杆菌，有菌毛，无鞭毛、荚膜及芽胞，兼性厌氧，在普通培养基上生长良好。

2. 分型和抗原性　志贺菌属有三种抗原：菌体（O）抗原、表面（K）抗原和菌毛抗原。据据抗原结构和生化反应可分为 A（痢疾志贺菌）、B（福氏志贺菌）、C（鲍氏志贺菌）、D（宋内志贺菌）4 群及 50 个血清型（包括亚型和变种）。

3. 生物学特性　抵抗力以宋内志贺菌最强，福氏志贺菌次之，痢疾志贺菌最弱。在低温的水中及蔬菜和水果上能存活 10 天。光照 30 分钟、加热 56℃ 10 分钟或煮沸 2 分钟即被杀死，对各种化学消毒剂均敏感。

痢疾杆菌产生的内毒素是致病的主要因素。志贺菌还可产生外毒素，临床症状较重。

二、流行病学

传染源为患者和带菌者，轻型患者、慢性患者及带菌者不易被发现，作为传染源意义更大。本病经粪 - 口途径传播。人群普遍易感。病后可获得短暂免疫力，不同群、型之间无交叉免疫。一年四季均可发病，夏秋季多见，散发多见，儿童和青壮年发病率较高。

三、发病机制及病理

（一）发病机制

痢疾杆菌经口进入消化道后，抵抗力强时可被胃酸杀灭，侵入肠道后可被肠道正常菌群和分泌型 IgA 排斥，阻止其对肠黏膜上皮细胞的吸附而不发病。抵抗力降低时，痢疾杆菌借菌毛作用黏附在肠黏膜上皮细胞表面并侵入上皮细胞和固有层内繁殖，引起肠黏膜炎症反应，使固有层小血管痉挛，导致局部黏膜缺血、缺氧，上皮细胞变性、坏死、脱落而形成浅表溃疡，出现腹痛、腹泻、脓血便和里急后重等。

痢疾杆菌裂解时释放内毒素，破坏肠黏膜形成炎性溃疡，溃疡脱落形成典型的黏液脓血便；内毒素还可作用于肠壁自主神经系统，导致肠功能紊乱，出现肠痉挛、肠蠕动增强而引起腹痛、腹泻，直肠括约肌受炎症刺激出现里急后重。

志贺菌群产生的外毒素具有三种生物活性：神经毒性（引起神经系统症状）、细胞毒性（抑制肠上皮细胞蛋白质合成，加剧黏膜炎症和坏死）和肠毒性（小肠黏膜渗出增加，出现病程早期的水样便）。

中毒性细菌性痢疾发病与个体敏感性及应激机能有关，交感-肾上腺髓质系统被内毒素激活，大量儿茶酚胺等多种血管活性物质释放，引起微血管痉挛和急性微循环障碍，造成重要脏器的功能衰竭，出现脑水肿、中毒性休克、DIC等表现。

慢性细菌性痢疾发病与患者抵抗力低下、原有肠道疾患、肠寄生虫感染或肠道分泌型IgA缺乏、急性细菌性痢疾治疗不及时或不彻底、B群或耐药菌株感染等因素有关。

（二）病理

肠道病变主要发生在乙状结肠和直肠，重者可波及整个结肠和回肠下段。急性期病变为弥漫性纤维蛋白渗出性炎症，肠黏膜充血、水肿，细胞浸润，散在点状出血及黏膜坏死，坏死组织脱落后形成浅表溃疡，病变仅限于固有层，故很少造成肠穿孔。

慢性细菌性痢疾肠黏膜增生，肠壁增厚，溃疡边缘可有息肉而造成肠腔狭窄。

中毒性细菌性痢疾肠道病变轻微，肠黏膜仅有轻度充血、水肿。主要病变为全身小动脉痉挛和渗出性增加，出现微循环障碍，脑组织水肿、点状出血，重者出现多脏器衰竭。

四、临床表现

潜伏期一般为1~2天（数小时至7天）。临床表现与痢疾杆菌的菌群、血清型及机体状况有关。痢疾志贺菌感染一般较重，宋内志贺菌较轻，福氏志贺菌感染介于两者之间，但易转变为慢性。根据病情轻重和病程长短可分为：

（一）急性细菌性痢疾

1. 普通型　起病急，畏寒、发热，体温在38℃左右。有腹痛、腹泻和里急后重，腹痛位于脐周或左下腹，多为阵发性坠胀痛，腹泻每日10~20次，初为稀水便，1~2天转为黏液脓血便，脓血多而粪质少。左下腹压痛明显，肠鸣音亢进。1~2周痊愈，少数转为慢性。

2. 轻型　无明显发热，腹泻每日少于10次，为水样便，偶有黏液但无脓血。腹痛轻，里急后重不明显。病程3~7天后痊愈，少数转为慢性。

3. 中毒性　多见于2~7岁体质较好的儿童。起病急骤，全身毒血症状重，肠道症状较轻。临床分为以下三型：

（1）休克型（循环衰竭型）：主要表现为周围循环衰竭，早期精神委靡、面色苍白、四肢湿冷、脉搏细速，血压正常或偏低，继而出现口唇及指（趾）甲发绀、皮肤花斑、血压下降、少尿或无尿及不同程度的意识障碍等。

（2）脑型（呼吸衰竭型）：因脑血管痉挛引起脑缺血、脑水肿、颅内压增高或脑疝，早期即出现面色苍白、嗜睡、反复惊厥，很快进入昏迷，瞳孔大小不等或忽大忽小，对光反射迟钝或消失，呼吸节律不整，深浅不均，表现为双吸气、叹气样呼吸或呼吸暂停等，常因呼吸衰竭而死亡。

（3）混合型：为以上两型之混合表现，是最为凶险的一型，病死率极高。

（二）慢性细菌性痢疾

病程超过2个月者为慢性细菌性痢疾。其发生可能与急性期诊断不及时、治疗不彻底或机体抵抗力低下、分泌型IgA不足或为耐药菌株的感染等有关。分为以下三型：

1. 慢性迁延型　急性细菌性痢疾后，患者长期反复出现轻重不等的腹痛、腹泻、腹胀等痢疾症状。大便不成形，常带黏液，偶带脓血，或便秘与腹泻交替出现。

2. 慢性隐匿型 1年内有急性细菌性痢疾史，临床无明显症状，大便培养有痢疾杆菌。乙状结肠镜检查见肠黏膜有病变或大便培养有痢疾杆菌。

3. 急性发作型 慢性细菌性痢疾常因受凉、进食生冷食物或劳累等诱因致急性发作。表现似急性细菌性痢疾，有腹痛、腹泻、里急后重和脓血便，但发热等毒血症状不明显。

五、实验室检查

1. **血常规** 急性期白细胞总数和中性粒细胞轻中度升高。慢性期白细胞多正常。
2. **大便检查**
（1）大便常规：为黏液脓血便，量少，无粪质。镜检有大量脓细胞或白细胞，少量红细胞，如发现巨噬细胞更有助于诊断。
（2）大便培养：用抗生素前取新鲜大便的黏液脓血部分或新鲜肛拭子及时送检，阳性者作菌群鉴定和药敏试验。
3. **乙状结肠镜或纤维结肠镜检查** 慢性细菌性痢疾可见结肠黏膜轻度充血、水肿，呈颗粒状，有浅表溃疡、息肉与增生性改变。
4. **免疫学检查** 有免疫荧光菌球法、新型乳胶凝集试验、微量反向间接血凝等方法，与细菌培养比较具有早期、快速之优点，但易出现假阳性。
5. **志贺菌核酸检测** PCR法可提高志贺菌标本的检出率。

六、诊断

1. **流行病学资料** 夏秋季，有患者接触史或不洁饮食史等。
2. **临床表现** ①典型细菌性痢疾：急起发热、腹痛、腹泻、里急后重、黏液脓血便、左下腹部压痛，易于诊断。②非典型细菌性痢疾应取大便镜检。③中毒性细菌性痢疾：有高热、反复惊厥、迅速出现休克或呼吸衰竭，而肠道症状很轻，应及时做肛拭子或盐水灌肠取大便检查。
急性细菌性痢疾者病程超过2个月以上为慢性细菌性痢疾。
3. **大便检查** 镜检见大量脓细胞、红细胞与吞噬细胞者即可诊断。确诊靠大便培养痢疾杆菌阳性。慢性患者可作乙状结肠镜检查以协助诊断。

七、鉴别诊断

（一）急性细菌性痢疾应与以下疾病相鉴别

1. **阿米巴痢疾** 为阿米巴原虫感染。起病缓慢、散发，多无发热和全身中毒症状。腹痛轻，无里急后重，大便次数少，呈暗红色果酱样血便，有腐败腥臭味。右下腹轻压痛。大便镜检白细胞少，红细胞多，有溶组织阿米巴滋养体即可确诊。乙状结肠镜检查有散在溃疡，溃疡间黏膜大多正常。
2. **其他细菌性腹泻** 侵袭性大肠埃希菌、空肠弯曲菌、沙门菌、变形杆菌等均可引起腹痛、腹泻、黏液或脓血便。须大便培养病原菌确诊。
3. **出血性坏死性肠炎** 见于儿童，起病急，发热，腹痛剧烈。短期可出现贫血、休克。大便中常混有坏死组织，镜检以红细胞为主。

（二）慢性细菌性痢疾应与下列疾病相鉴别

1. **直肠癌及结肠癌** 多见于40岁以上，有腹泻、血便、消瘦、贫血等，如继发感染，则发热，有脓血样便。直肠指诊、乙状结肠镜检查、钡剂灌肠或纤维结肠镜检查可协助诊断。
2. **慢性非特异性溃疡性结肠炎** 病程迁延，以腹痛、腹泻、脓血便为主，大便培养无痢疾杆菌，抗菌治疗无效，乙状结肠镜检查可见肠黏膜松脆，极易出血，可见深浅不一的散在溃疡。

（三）中毒性细菌性痢疾应与流行性乙型脑炎（简称乙脑）相鉴别

两者均为夏秋季儿童急起高热、惊厥、昏迷等，但乙脑发病相对缓慢。中枢神经系统症状以意识障碍为主，休克少见。脑脊液有炎性改变，大便检查无异常。乙脑 IgM 抗体阳性有诊断价值。中毒性细菌性痢疾直肠拭子镜检有白细胞与红细胞。

八、预后

急性细菌性痢疾大多在 1 周左右痊愈。婴幼儿患中毒性细菌性痢疾及年老体弱者病情常较重，并发症多，预后差。

九、治疗

（一）急性细菌性痢疾

1．一般治疗和对症治疗　患者应卧床休息，进易消化流质或半流质，忌食多渣、多油或有刺激性的食物。维持水、电解质及酸碱平衡。高热、呕吐、失水者可根据病情给予口服或静脉补液。腹痛明显者，可给予阿托品及腹部热敷，忌用显著抑制肠蠕动的药物，以免延长病程和排菌时间。

2．病原治疗　志贺菌属不断出现耐药菌株，且多重耐药现象日趋严重。应根据当地流行菌株耐药情况和药物敏感试验结果选用抗菌药物。用药剂量要足，疗程不宜短于 5～7 天。

（1）氟喹诺酮类：诺氟沙星，成人每次口服 200～300mg，每天 3 次；加替沙星、莫西沙星，400mg，每天一次；氧氟沙星，成人 300mg，每天 2 次；左旋氧氟沙星或环丙沙星等可有胃肠道反应及皮疹，且可影响骨骼发育，孕妇、哺乳期妇女及儿童忌用。

（2）氨基糖苷类：庆大霉素 8 万 U，每天 2～3 次，不良反应主要为肾及听神经损害，孕妇、婴幼儿及肾功能不全者忌用。或用阿米卡星 0.2g，每天 2～3 次，肌内注射或静脉滴注。

（3）头孢菌素类：头孢噻肟、头孢曲松、头孢他啶、头孢哌酮、头孢克肟和头孢泊肟酯等第三代头孢菌素类均有较高的抗菌活性。

（4）磺胺类：与甲氧苄啶（TMP）合用则有协同效果。复方新诺明（SMZ-TMP）成人每次 2 片，每天 2 次，儿童酌减。孕妇、肝和肾功能不全者慎用，对磺胺过敏或白细胞明显减少者禁用。

（二）中毒性细菌性痢疾

1．一般治疗　密切观察病情，加强护理，减少并发症。

2．病原治疗　氧氟沙星、左旋氧氟沙星 0.2～0.4g，静脉滴注，每天 1～2 次。头孢噻肟、头孢曲松每天 4～6g，分 2 次静脉滴注。

3．对症治疗

（1）控制高热和惊厥：高热者采用物理降温或药物降温。高热不降伴频繁惊厥者可给予亚冬眠疗法，氯丙嗪及异丙嗪每次各 1～2mg/kg 肌内注射。反复惊厥者可给予地西泮，每次 0.2～0.3mg/kg 静脉注射。

（2）休克型的治疗

①扩充血容量：早期快速滴注低分子右旋糖酐 500ml（儿童 10～15ml/kg）或输注平衡盐液，尽快改善微循环。病情改善后继续滴注葡萄糖生理盐水。

②纠正酸中毒：5% 碳酸氢钠 3～5ml/kg，静脉点滴。

③血管活性药物：可解除微血管痉挛。山莨菪碱每次 10～20mg，或阿托品每次 1～2mg，静脉注射。轻症每 30～60 分钟肌内注射或静脉注射一次，重症每 10～20 分钟静脉注射一次，至面色红润、四肢温暖、血压回升后减量或停用。如血压仍不回升，可用多巴胺及间羟胺或酚

妥拉明。

④强心治疗：心功能不全时用毛花苷 C，成人每次 0.2～0.4mg，儿童每次 10～15μg/kg，稀释后缓慢静脉注射。

⑤糖皮质激素：氢化可的松每日 5～10mg/kg 静脉滴注，可减轻中毒症状、降低周围血管阻力、加强心肌收缩、减轻脑水肿、保护细胞和改善代谢。成人每天 200～500mg，用药 3～5 天。

（3）呼吸衰竭的治疗：脑水肿时，用 20% 甘露醇，每次 1～2g/kg，快速静脉推注，6～8 小时重复使用。使用糖皮质激素减轻脑水肿。呼吸衰竭时，应保持呼吸道通畅，给氧，给予呼吸兴奋剂，必要时行气管切开及应用人工呼吸机辅助呼吸。

（三）慢性痢疾

采取全身和局部相结合的治疗原则。

1. 一般治疗　生活规律，进食少渣、易消化、富含营养、无刺激性食物，适当锻炼，积极治疗胃肠道慢性疾病和肠寄生虫病。

2. 病原治疗

（1）根据大便培养及药敏试验选择有效抗生素。必要时联合应用两种不同类型的抗生素，每个疗程 10～14 天，一般用 2～3 个疗程。

（2）药物保留灌肠疗法，常用 0.5% 庆大霉素，或阿米卡星溶液、0.3% 小檗碱，或 5% 大蒜液、1% 新霉素液，每次 100～200ml，每晚 1 次灌肠，10～14 天为一个疗程。灌肠液内可加 0.25% 普鲁卡因以减轻症状，或加小剂量糖皮质激素以增加药物渗透作用而提高疗效。

十、预防

患者隔离治疗至症状消失后 1 周或大便培养两次阴性。接触者医学观察 1 周。加强对饮食、饮水和大便的管理（三管）和消灭苍蝇及蛆（一灭），改善环境和个人卫生。口服多价痢疾减毒活菌苗可刺激肠黏膜产生特异性分泌型抗体 IgA，免疫力可维持 6～12 个月。流行期间口服大蒜、马齿苋、白头翁等也有一定的预防效果。

（韩永霞）

第五节　其他细菌感染性腹泻

其他细菌感染性腹泻是指除霍乱、痢疾、伤寒、副伤寒以外的细菌感染性腹泻，属于《中华人民共和国传染病防治法》中规定的丙类传染病。临床表现以胃肠道症状为主，轻重不一，多为自限性，少数可发生严重并发症，甚至死亡，一般散发，也可暴发流行。

一、病原学

常见细菌为大肠埃希菌、耶尔森菌、变形杆菌、艰难梭菌、类志贺邻单胞菌、亲水气单胞菌、沙门菌属、弯曲菌、金黄色葡萄球菌、副溶血性弧菌等。

1. 大肠埃希菌　属于埃希菌属，肠杆菌科，为短杆状革兰阴性菌，无芽胞，大多有鞭毛，运动活跃。15～46℃均能生长，在水中可存活数周至数月，在冰箱中可长期生存。耐酸，对热和化学消毒剂敏感，75℃以上 1 分钟死亡。肠致泻性大肠埃希菌已发现肠致病性、肠产毒性、肠侵袭性、肠出血性和肠集聚性黏附大肠埃希菌 5 种。近年来流行的出血性结肠炎主要为肠出血性大肠埃希菌 O157∶H7 所致，能产生志贺样毒素，对非洲绿猴肾异体细胞（Vero 细胞）

有毒性，故又称为 VT 毒素（vero toxin），具有神经毒、细胞毒和肠毒素作用。

2．耶尔森菌　为革兰阴性菌，无芽胞，兼性厌氧。-30～42℃均可生存，可产生热稳定性肠毒素，121℃ 30 分钟不被破坏，对酸、碱稳定，广泛存在于自然环境中。

3．变形杆菌　为肠杆菌科，革兰阴性菌，多形性，无芽胞和荚膜，有周鞭毛，运动活跃，最适温度为 37℃。产生肠毒素，在鱼、蟹及肉类中变形杆菌污染率较高，对外界适应力强，营养要求低。

4．艰难梭菌　为革兰阳性杆菌，专性厌氧，有芽胞。产生肠毒素，包括 A 和 B 两种，酶作用 24 小时后仍保留全部活性，B 毒素较 A 毒素细胞毒性强。艰难梭菌是人和畜肠道中的正常菌群，婴儿带菌率高。

5．类志贺邻单胞菌　为革兰阴性菌，单独或成双存在，短链或长丝状，兼性厌氧，有动力，无芽胞和荚膜。毒力比志贺菌低，不耐高盐，存在于淡水、温血及冷血动物体内。

6．亲水气单胞菌　为革兰阴性杆菌，单鞭毛，无荚膜和芽胞，广泛存在于自然界，河水、海水、供水系统中均可检测到本菌。亲水气单胞菌能产生溶血素、肠毒素和细胞毒素以及杀白细胞素、上皮细胞黏附因子等毒力因子，还可产生多种胞外酶。

二、流行病学

1．传染源　患者和携带者，人和动物均是肠出血性大肠埃希菌（EHEC）O157：H7 的传染源。

2．传播途径　经粪 - 口途径传播，或人与动物密切接触传播。

3．人群易感性　人群普遍易感，没有交叉免疫，病后可获得短暂免疫力。

4．流行特征　流行于世界各地。发展中国家以志贺菌属、沙门菌属、大肠埃希菌为主。沿海地区以沙门菌属、副溶血性弧菌更常见。全年均可发病，好发于夏秋季，耶尔森菌性肠炎好发冬季。各年龄均可患病，儿童和年老体衰者最易感染。一般为散发。

三、发病机制及病理

（一）发病机制

1．分泌性腹泻　产毒性大肠埃希菌、金黄色葡萄球菌、变形杆菌、亲水气单胞菌、不凝集弧菌、耶尔森菌、艰难梭菌等病原菌进入肠道后，不侵入小肠上皮细胞，在肠腔内繁殖，释放肠毒素，使肠黏膜分泌水和 Na^+ 的能力增加，超过肠黏膜的重吸收能力，引起腹泻。

2．侵袭性腹泻　沙门菌属、空肠弯曲菌、耶尔森菌、侵袭性大肠埃希菌、肠出血性大肠埃希菌等病原菌进入肠道后，通过菌毛侵入上皮细胞内生长繁殖，分泌外毒素，使细胞功能障碍和黏膜坏死、溃疡及炎性渗出，肠内渗透压升高，产生前列腺素，刺激分泌，肠动力增加，引起腹泻。

EHEC O157：H7 毒力强，侵入肠黏膜后生长繁殖释放 VT 毒素，可引起肠上皮细胞损伤，并可入血，导致肠道、中枢神经系统以及肾损伤。

（二）病理

1．分泌性腹泻　空肠和十二指肠黏膜病变轻微，绒毛顶端黏膜下水肿，隐窝细胞有伪足样突起。

2．侵袭性腹泻　小肠末端和结肠黏膜肠上皮细胞肿胀、线粒体消失、内积脂质的膜样囊泡增多和核固缩，上皮细胞内可见病原菌。

EHEC O157：H7 除作用于肠上皮细胞外，还作用于血管内皮细胞、肾、脾和神经组织细胞等。

四、临床表现

潜伏期为数小时至数天、数周,临床表现以胃肠道症状为主。侵袭性腹泻多出现腹痛和发热,分泌性腹泻一般无腹痛和发热。

1. **肠出血性大肠埃希菌感染** 起病急,轻者为水样泻,典型者突起剧烈腹痛、水样便,数天后出现血性便。低热或不发热。严重者伴有剧烈腹痛、高热、血便,感染1周后可合并溶血性尿毒症综合征(hemolytic-uremic syndrome,HUS)、血栓性血小板减少性紫癜、脑神经障碍,可危及生命,死亡率达5%~10%。

2. **耶尔森菌感染** 耶尔森菌易在低温下生长,故耶尔森菌感染又被称为"冰箱病"。感染后起病急,表现为发热、腹泻和右下腹腹痛,热程2~3天,腹泻1~2天,重者1~2周。多为黏液水样便或脓血便。耶尔森菌感染常引发多种肠外疾病,如结节性红斑、关节炎、肝炎等。

3. **变形杆菌感染** 主要表现为发热、恶心、呕吐、腹痛、腹泻。腹痛部位在上腹部和脐周,腹泻轻者每日数次,重者20~30次。变形杆菌是医院感染常见的机会致病菌。

4. **抗生素相关性腹泻** 多由艰难梭菌引起,又称为艰难梭菌相关性腹泻(clostridium difficileassociated diarrhea,CDAD),即假膜性肠炎,是医院感染性腹泻的主要病因。多表现为轻到中度水样腹泻、发热、腹胀、下腹或全腹散在痉挛性疼痛,重者见黏液便,可并发脱水、低蛋白血症、电解质紊乱、肠麻痹和肠穿孔。

5. **旅行者腹泻** 旅行者腹泻中细菌占61%,致病菌包括产毒性大肠埃希菌、肠聚集性大肠埃希菌、志贺菌属、沙门菌属、弯曲菌属、耶尔森菌、亲水气单胞菌及非霍乱性弧菌等。起病较急,40%腹泻症状轻微,重者腹泻明显,伴有腹部绞痛、恶心以及发热等症状。

6. **艾滋病相关性腹泻** 主要病原体为志贺菌属、沙门菌属、空肠弯曲菌、鸟分枝杆菌、艰难梭菌和侵袭性大肠埃希菌等。艾滋病病程中30%~80%有腹泻表现,常是艾滋病的首发症状和死亡原因,常伴有发热、周身不适、恶心、呕吐、厌食和体重下降等症状。

五、实验室检查

1. **血常规** 白细胞总数升高或正常,中性粒细胞增多或伴核左移。
2. **大便常规** 不同细菌感染后大便性状不同,可为稀便、水样便、黏液便、血便或脓血便。镜检可有多量红、白细胞,也可仅有少量细胞或无细胞。
3. **大便培养** 为确诊依据,应根据可疑致病菌选用相应的培养基与培养条件。
4. **免疫学检查** 主要用于大便中细菌和毒素,以及血清中特异性抗原和抗体的检测。
5. **核酸检测** 检测病原菌特异性基因片段。

六、诊断

流行病学资料包括发病季节、地区、年龄,有无不洁饮食史、集体发病史、动物接触史、疫水接触史及抗生素使用等。结合发病症状、体征、病程以及腹泻次数、性状等考虑可能的病原菌。确诊依赖于大便病原菌的分离培养及特异性检查。

七、治疗

1. 一般及对症治疗

(1)腹泻时一般不禁食,可进流食或半流食,为避免引起高渗性腹泻,应停饮牛奶及其他乳制品。腹泻频繁并伴有严重感染中毒症状者应卧床休息、禁食,并鼓励多饮水。尤其注意改善中毒症状及纠正水、电解质的平衡失调。

（2）腹泻伴有呕吐或腹痛剧烈者，用阿托品类药物镇痛治疗，但慎用或禁用阿片类制剂，以免加重中毒或诱发中毒性巨结肠。

2．液体疗法

（1）口服补液疗法：是急性腹泻轻中度脱水及重度脱水的辅助治疗，配方中含 Na^+ 75mmol/L、Cl^- 65mmol/L、K^+ 20mmol/L、枸橼酸根 10mmol/L、葡萄糖 75mmol/L，渗透压为 245mOs/L。

（2）静脉补液疗法：重度腹泻伴脱水、电解质紊乱、酸中毒或休克者推荐用乳酸林格液进行补液，继发酸中毒者静脉给予 5% 碳酸氢钠或 11.2% 乳酸钠，用量可根据血气分析结果先给予半量，视具体情况再决定，注意补钾、钙及纠正电解质平衡。

3．抗菌治疗　耶尔森菌轻症不必应用抗生素，重症或并发败血症者可选用氨基糖苷类抗生素、氯霉素、磺胺类和氟喹诺酮类药物。侵袭性、致病性或产肠毒素性大肠埃希菌可选用喹诺酮类或磺胺类。肠出血性大肠埃希菌感染所致腹泻治疗中，因抗生素可以促使 O157 菌释放志贺样毒素，使患者并发溶血性尿毒症综合征的危险性增加，因此肠出血性大肠埃希菌 O157 患者或疑似患者禁用抗生素。轻症艰难梭菌相关性腹泻停用抗生素即可使正常菌群恢复，症状缓解，若停用抗生素后腹泻持续 48 小时或 72 小时以上，应考虑选用甲硝唑和万古霉素。艾滋病相关性腹泻应及时、早期、足量应用抗菌药物，如头孢菌素及喹诺酮类药物。对较重病情的腹泻患者可联合用药或根据药敏实验选用敏感抗生素治疗。

4．微生态疗法　常用制剂有益生菌（双歧杆菌、乳酸菌、粪球菌等）和益生元（乳果糖、果寡糖、菊糖等）。注意口服活菌制剂时应与抗生素间隔 2 小时左右，以免活菌制剂被杀灭，影响疗效。

八、预防

1．管理传染源　主要采取隔离、治疗患者。
2．切断传播途径　处理好污水、污物，对患者的排泄物加入大便量 20% 的漂白粉或等量的 10% 漂白粉乳剂以切断传播途径。
3．保护易感人群　采用预防接种和其他预防措施保护易感人群。对于医源性腹泻的预防应防止交叉感染。由于艰难梭菌最主要的来源为医院环境，因此预防的重点在于正确使用抗生素。

（韩永霞）

第六节　流行性脑脊髓膜炎

流行性脑脊髓膜炎（epidemic cerebrospinal meningitis）是由脑膜炎奈瑟菌（*Neisseria meningitidis*）引起的急性化脓性脑膜炎，简称流脑。好发于冬春季节，儿童为主要发病人群，主要临床特征为突起高热、头痛、呕吐、皮肤和黏膜瘀点、瘀斑及脑膜刺激征，重症患者可出现感染性休克、脑实质损害导致呼吸衰竭，常可危及生命。

一、病原学

病原为脑膜炎奈瑟菌，属奈瑟菌属（*Neisseria*）。
1．形态及染色　脑膜炎奈瑟菌呈肾形或卵圆形，直径为 0.6～0.8μm，革兰染色阴性，常成对排列或四个相连，有荚膜，无鞭毛，不形成芽胞。

2. 分型及抗原性 脑膜炎奈瑟菌含有多种抗原成分，主要有荚膜多糖抗原、外膜蛋白抗原、脂寡糖抗原、菌毛抗原等。根据荚膜多糖抗原的不同，将本菌分为不同的血清群，现有 13 个血清群，为 A、B、C、D、X、Y、Z、29E、W135、H、I、K、L。在不同的血清群中，根据细胞外膜抗原的差异可分为不同的血清型。据流行病学调查，引起流行的菌株主要为 A、B、C、Y、W135 群，我国流行菌株仍然以 A 群为主，占 97.3%，其他少数菌群为 B 群、C 群或其他菌群，带菌者以 B、C 群为主。但近年来欧美国家流行株以 B、C 群为主，而 A 群鲜有发生。A 群荚膜多糖抗原有较强的抗原性，人体感染后可刺激机体产生特异性的抗体，常可单独或联合 C 群作为制备疫苗的菌株，B 群多糖抗原性较弱，一般不宜单独制备菌苗。

3. 生物学特征 脑膜炎奈瑟菌为专性需氧菌，培养条件要求比较高，用血液琼脂或巧克力培养基，在 37℃、含 5%～10% CO_2、pH 7.4 环境下容易生长。该菌抵抗力较弱，对干燥、冷、热均比较敏感，温度低于 30℃ 或加热至 50℃ 以上及一般消毒剂处理均极易使其死亡。

二、流行病学

1. 传染源 人是本菌的唯一宿主。带菌者及患者是本病的主要传染源。患者在潜伏期末至发病 10 日内具有传染性。人群带菌率超过 20% 时有发生流行的可能，所以带菌者作为传染源的意义更大。

2. 传播途径 主要通过呼吸道传播。病原菌借咳嗽、喷嚏等由飞沫直接从空气中传播，该菌在体外的抵抗力极弱，故通过日常用品间接传播的机会很少。对于 2 岁以下儿童，同寝、哺乳、接吻等密切接触亦有重要意义。

3. 人群易感性 人群普遍易感，男女发病率无明显差异。6 个月以内的婴儿可以自母体获得抗体而很少发病。发病人群主要为 15 岁以下儿童，其中以 6 个月至 2 岁的婴幼儿发病率最高。人患流脑后可获得对本群病原菌的持久免疫力，再次患病者罕见。人感染流脑后主要表现为隐性感染。据统计在流行季节 60%～70% 为无症状带菌者，仅约 1% 表现为典型流脑症状。

4. 流行特征 本病全年均可发病，主要发生于冬春季节。11 月至次年 5 月为流行期，3—4 月为发病高峰期。本病呈世界性分布，呈散发或流行性。我国各地均有病例报告，早些年呈周期性流行。我国自 1984 年广泛接种 A 群多糖疫苗后，发病率逐年下降，目前发病人群主要集中于农村和中小城市。

三、发病机制及病理

（一）发病机制

脑膜炎奈瑟菌自鼻咽部侵入人体后，发病与否及病情轻重取决于人体与病原菌之间的相互作用。如果人体健康且免疫力正常，则可迅速将病原菌消灭或成为带菌者；如果机体缺乏特异性杀菌抗体，或者细菌的毒力强、侵入的数量多，病原菌则从鼻咽部侵入血液循环形成菌血症，此时患者可无明显症状或仅在皮肤上出现瘀点，少数患者进展为败血症，出现高热、休克及全身中毒症状。病原菌如果通过血-脑屏障侵入脑脊髓膜则形成化脓性脑脊髓膜炎，表现为高热、头痛、脑膜刺激征甚至呼吸衰竭。

暴发型流脑败血症型又称华-佛综合征（Waterhouse-Friderichsen syndrome），是由于肾上腺皮质出血和坏死引起的急性肾上腺皮质衰竭所致。近年研究认为主要是由于脑膜炎奈瑟菌迅速繁殖并释放内毒素所致微循环障碍，并且激活凝血系统导致弥散性血管内凝血。同时内毒素还激活体液和细胞免疫反应系统，释放多种细胞因子，触发全身性施瓦茨曼反应（Shwartzman reaction）。

（二）病理

1. **败血症期**　主要病变为血管内皮损伤，血管壁炎症、坏死和血栓形成，败血症期皮肤血管内皮细胞及管腔内可见大量革兰阴性双球菌，小血管腔内有纤维蛋白、中性粒细胞、血小板混合而形成的血栓。肺、心、胃肠道和肾上腺等器官亦有广泛出血。

2. **脑膜炎期**　病变部位主要位于大脑半球表面及颅底的软脑膜。早期可见充血、少量浆液性渗出及局灶性出血，后期有大量纤维蛋白、血浆及中性粒细胞渗出，引起脑脊液浑浊和颅内压升高。颅底由于渗出液黏稠及化脓性病变的侵袭，可引起脑膜粘连，引起或加重视神经、动眼神经、面神经等颅神经损害。暴发型脑膜炎病变以脑组织为主，有明显的充血、水肿、出血及坏死，颅内压升高明显，严重者可发生脑疝。少数患儿由于脑室膜炎，大脑导水管阻塞，致脑脊液循环受阻而发生脑积水。

除脑脊髓膜外，其他脏器亦可有迁徙性化脓性病变，包括心内膜炎、心包炎、化脓性关节炎、肺炎、眼球炎等。

四、临床表现

潜伏期为1～7天，一般2～3天。病情复杂多变，轻重不一。按临床表现不同可分为四种临床类型。

（一）普通型

占全部病例90%左右。典型病例病程可分为四期，但由于起病急、进展快，临床常难以严格划分。

1. **上呼吸道感染期**　大多数患者不出现症状，部分有咽痛，鼻咽部黏膜充血及分泌物增多。鼻咽拭子培养常可发现脑膜炎奈瑟菌。此期持续1～2天。

2. **败血症期**　患者常无前驱症状，突起畏寒、高热，体温39～40℃，表现为全身乏力、肌肉酸痛、食欲不振、神志淡漠或烦躁不安等毒血症症状。幼儿有哭啼、烦躁不安及惊厥等。此期的特征性表现是70%左右的患者皮肤和黏膜可见瘀点或瘀斑，大小为1～2mm至1～2cm，分布不均，常见于四肢末端和肩、肘、臀部等易于受压部位。病情严重者瘀点、瘀斑可迅速扩大。此期血培养多为阳性，脑脊液检查可正常，持续1～2天迅速进入脑膜炎期。

3. **脑膜炎期**　大多数败血症患者于24小时左右出现中枢神经系统症状，此期体温可进一步升高达40℃或以上，并持续高热，伴剧烈头痛、频繁呕吐、烦躁不安，严重者出现惊厥、谵妄、嗜睡或昏迷等。有颈项强直，凯尔尼格征及布鲁津斯基征阳性。如经有效治疗多于2～5天进入恢复期。

婴幼儿发病临床表现多不典型，除高热、拒乳、啼哭及躁动不安外，尚可见腹泻、咳嗽等症状，部分患儿由于前囟尚未闭合，脑膜刺激征可缺如。老年患者上呼吸道感染期明显，热程长，皮肤瘀点、瘀斑及单纯疱疹的发生率高，暴发型流脑较多。

4. **恢复期**　体温逐渐降至正常，皮肤瘀点、瘀斑消失，神经系统症状恢复正常，此期持续1～3周。

（二）暴发型

此型患者起病急骤，病情凶险且发展迅速，如不及时抢救，常于24小时内甚至6小时之内危及生命，儿童多见。根据其临床特点可分为以下三型。

1. **休克型**　患者多突起高热、寒战，伴全身毒血症表现，精神极度委靡或烦躁不安。全身皮肤广泛出现瘀点、瘀斑，且迅速融合成大片。面色灰白，唇周及指（趾）端发绀，四肢厥冷，皮肤呈花纹状，脉搏细速，血压下降甚至测不出，可并发弥散性血管内凝血或急性呼吸窘迫综合征，数小时内患者可以死亡。此型患者脑膜刺激征大多缺如，脑脊液清亮，细胞数正常或轻度增加，血培养常为阳性。

2．脑膜脑炎型　以脑实质受损为主要表现。严重脑水肿、颅内高压为本型的突出特征。主要表现为剧烈头痛、呕吐、频繁抽搐或惊厥，可迅速进入昏迷状态。严重者可发生脑疝。如发生小脑幕切迹疝，患者表现为昏迷加深，瞳孔明显缩小或散大，或忽大忽小，瞳孔边缘不整，对光反射迟钝。双侧肌张力增高或强直。呼吸节律不规则，表现为抽泣样、点头样或潮式样呼吸，呼吸可突然骤停。

3．混合型　兼有上述两型临床表现，可先后或同时出现，病情最重，病死率极高。

（三）轻型

在流行期间，部分感染者仅表现为暂时性的菌血症，有低热、头痛、鼻咽部不适、皮肤和黏膜有少许瘀点，脑膜刺激征轻微或缺如，无意识障碍，脑脊液正常或轻微异常。多数患者可以自愈。对咽拭子或瘀点进行涂片或血培养可获得脑膜炎奈瑟菌阳性结果。

（四）慢性败血症型

本型较少见，多发生于成人，病程迁延数周或数月。临床表现为间歇性寒战、发热、皮肤瘀点、关节疼痛，少数患者有脾大。需多次血培养或瘀点涂片检查才能检测到病原菌，易误诊或漏诊。

五、并发症与后遗症

1．并发症　包括继发感染，为败血症期细菌播散至其他脏器而造成的化脓性病变以及脑膜炎本身对脑及其周围组织造成的损害，可出现以下并发症。

（1）继发感染：以肺炎多见，多见于老年与婴幼儿。其他有褥疮、角膜溃疡等。

（2）化脓性迁徙性病变：有中耳炎、化脓性关节炎、脓胸、心内膜炎、心包炎、全眼炎、睾丸炎及附件炎等。

（3）脑膜炎及其周围组织因炎症或粘连而引起的损害：有动眼神经麻痹、视神经炎、肢体运动障碍、失语、癫痫、脑脓肿等。慢性患者，尤其是婴幼儿，因脑室孔或蛛网膜下腔粘连以及间脑膜静脉发生栓塞性静脉炎，可发生脑积水或硬脑膜下积液。

2．后遗症　可由任何并发症引起，常见的为耳聋、失明、动眼神经麻痹、瘫痪、智力或性情改变、精神异常等。

六、实验室检查

1．血常规　白细胞总数明显升高，一般在 $(10 \sim 30) \times 10^9/L$ 以上，中性粒细胞在 $80\% \sim 90\%$ 以上，严重者可出现类白血病反应，若合并弥散性血管内凝血，血小板可减少。

2．脑脊液检查　脑脊液在早期仅有颅内压升高，外观清亮，而后出现浑浊。细胞数常达 $1 \times 10^9/L$，以中性粒细胞为主。蛋白显著增高。糖含量常低于 2.0mmol/L。暴发型败血症者脑脊液常清亮，细胞数、蛋白、糖含量亦可正常。

3．细菌学检查

（1）涂片检查：包括皮肤瘀点或脑脊液离心沉淀涂片检查，可作为早期快速诊断方法。做皮肤瘀点检查，发现革兰染色阴性双球菌的阳性率可达 80% 左右。脑脊液沉淀涂片阳性率为 $60\% \sim 70\%$。

（2）细菌培养：是确诊的最重要的方法，可做血培养或脑脊液培养。血培养阳性率较低，但对慢性败血症型的诊断非常重要。脑膜炎奈瑟菌含有自溶酶，标本离体后细菌数小时内可自溶死亡，所以临床采集的标本要及时送检。

4．免疫学检查　用于协助确诊，是近年来开展的快速诊断方法。

（1）特异性抗原检测：主要有对流免疫电泳、乳胶凝集试验、金黄色葡萄球菌A蛋白协同凝集试验、ELISA等，检测血液、脑脊液中的特异多糖抗原。一般在发病1～3天内可出现阳性。该方法快速、灵敏，特异性强，有助于早期诊断。

（2）特异性抗体检测：可用间接血凝实验、ELISA、固相放射免疫分析等方法检测血清特异性抗体，但不能作为早期诊断的方法，常作为回顾性诊断或流行病学调查方法。

七、诊断及鉴别诊断

（一）诊断

1．流行病学资料　主要发病于冬春季，2岁以下儿童多见，当地有本病发生或流行。

2．临床表现　突起高热、头痛、呕吐，皮肤黏膜瘀点、瘀斑及脑膜刺激征。重症患者可出现感染性休克、脑实质损害、脑水肿、脑疝及呼吸衰竭等。

3．实验室检查　外周血白细胞总数及中性粒细胞分类计数明显升高。脑脊液检查示颅内压升高，细胞数明显增多，呈化脓性改变。瘀点或脑脊液涂片如见革兰染色阴性双球菌，即可作出临床诊断。血培养或脑脊液培养出脑膜炎奈瑟菌可确诊。

（二）鉴别诊断

1．其他细菌性脑膜炎　①肺炎球菌脑膜炎：多见于成人，常继发于肺炎球菌肺炎、中耳炎、颅脑外伤、副鼻窦炎，易反复发作。②流感嗜血杆菌脑膜炎：多发生于2岁以下幼儿，发病与呼吸道感染相关，有咳嗽、流涕等前驱症状。③金黄色葡萄球菌脑膜炎：患者多有皮肤疖痈、金黄色葡萄球菌败血症或心内膜炎等脓毒症感染。④铜绿假单胞菌脑膜炎：多发生于医源性操作如腰椎穿刺或颅脑手术后，脑脊液呈黄绿色改变，较容易鉴别。

以上其他细菌性脑膜炎发病无明显季节性，一般无瘀点、瘀斑，确诊有赖于血液或脑脊液细菌培养。

2．结核性脑膜炎　多有结核病史或密切接触史。起病缓慢，初始有低热、乏力、消瘦、盗汗等结核中毒症状。随病情进展出现剧烈头痛、呕吐、高热、惊厥或昏迷等。脑脊液检查示颅内压明显升高，细胞数在$0.5 \times 10^9/L$以下，蛋白升高，糖和氯化物明显降低。

3．流行性乙型脑炎　通过蚊虫传播，有严格的季节性，主要发病于7—9月。表现为突起高热、频繁惊厥或抽搐、意识障碍，易出现中枢性呼吸衰竭。脑脊液检查除颅内压升高外，常规大多正常。检测血清乙脑病毒特异性IgM抗体有助于早期诊断。

4．中毒性细菌性痢疾　夏秋季发病，起病急骤，突起高热、腹痛、腹泻、黏液脓血便、里急后重。部分患儿无明显肠道症状，迅速出现循环障碍，脉搏细弱、皮肤湿冷、口唇或指（趾）端发绀、皮肤花纹，大便或肛拭子检查可见大量白细胞。

5．肾综合征出血热　多见于成人，以发热、出血、肾损害为三大主征，典型病例有发热期、低血压休克期、少尿期、多尿期、恢复期五期经过，血常规白细胞总数升高，血小板减少，尿常规可见血尿及蛋白尿。汉坦病毒抗体阳性。

八、治疗

本病治疗原则是早期诊断、早期治疗，及时正确使用抗生素是阻止病情进展、影响预后的关键所在。

（一）普通型流脑的治疗

1. 一般治疗　呼吸道隔离，卧床休息，清淡饮食，昏迷者给予鼻饲。做好护理，防止角膜溃疡、褥疮及呕吐物吸入等并发症。适量补充液体，保证热量供给，维持水、电解质和酸碱平衡。

2. 病原治疗　是治疗流脑最重要的措施，首选杀菌药物和容易透过血-脑屏障的抗生素。

（1）青霉素G：为治疗首选药物。青霉素通过抑制细菌细胞壁的合成而起杀菌作用，对脑膜炎奈瑟菌高度敏感，但不易透过血-脑屏障，脑脊液中的浓度仅为血液药物浓度的10%～30%，因此，在治疗时应大剂量应用青霉素。剂量及用法：成人20万U/(kg·d)，儿童20～40万U/(kg·d)，溶入生理盐水或5%葡萄糖溶液内，分3～4次静脉滴注，疗程为5～7天。脑膜炎奈瑟菌由于青霉素结合蛋白2的变异，可导致耐药株的出现，主要为B群、C群。自20世纪80年代中期欧洲首次报道对青霉素耐药的脑膜炎奈瑟菌以来，已经陆续有多个国家报道类似病例。

（2）头孢菌素：为β-内酰胺类抗生素，抑制细菌细胞壁的合成，为杀菌剂，抗菌谱广，对脑膜炎奈瑟菌有强大的抗菌活性。第三代、第四代头孢菌素在脑脊液中可以达到有效治疗浓度，对β-内酰胺酶稳定，不良反应少，可以用于治疗敏感菌引起的各种化脓性脑膜炎，有效率达80%～90%。常用药物有：头孢噻肟或头孢曲松，成人50～100mg/(kg·d)，儿童50～75mg/(kg·d)，溶于生理盐水，分2～3次静脉滴注，头孢曲松可每日应用一次；头孢吡肟或头孢匹罗，成人50～100mg/(kg·d)，儿童40～50mg/(kg·d)，溶于生理盐水，分2～3次静脉滴注。

（3）磺胺药：曾经是治疗流脑的首选药物。近年来B群脑膜炎奈瑟菌耐药率逐年增高。我国流脑以A群为主，耐药率为10%左右，仍可选用磺胺类药物治疗，但一般不宜作为暴发型流脑的首选抗生素。磺胺嘧啶易通过血-脑屏障，其在脑脊液中的浓度可达血药浓度的50%～80%。剂量：成人6～8g/d，分3～4次应用，首剂加倍，儿童100～150mg/(kg·d)；复方磺胺甲基异噁唑（每片含SMZ 400mg、TMP 80mg）3片，每日2次，疗程5～7天。同时给予等量碳酸氢钠以碱化尿液，充分饮水，防止结晶的形成，减少对肾的损害。如用磺胺药24～48小时后病情无好转或加重者，应考虑是否为耐磺胺药株引起，应及时改用青霉素或其他抗生素治疗。

（4）氯霉素：对脑膜炎奈瑟菌、肺炎球菌、流感嗜血杆菌脑膜炎均有较强的抗菌活性，易通过血-脑屏障。剂量：成人50mg/(kg·d)，儿童50～75mg/(kg·d)，分次静脉滴注，疗程5～7天。氯霉素有骨髓抑制等严重的不良反应，对婴幼儿及老年患者应权衡利弊，慎重使用。通常用于对青霉素或磺胺类药过敏者，或用于病原不明的重症患者。

（二）暴发型流脑的治疗

1. 休克型的治疗

（1）病原治疗：首选青霉素G，应尽早应用，用法及用量同前所述。若对青霉素过敏可选用头孢菌素或氯霉素等治疗。

（2）抗休克治疗

1）扩充血容量：是纠正休克的首要措施。补液原则为先快后慢、先晶后胶、见尿补钾。常用的晶体液有生理盐水、复方氯化钠注射液、2∶1液（2份生理盐水和1份1.4%碳酸氢钠液）和5%葡萄糖注射液等。胶体液常用的有低分子右旋糖酐、羟乙基淀粉（706代血浆）、新鲜血浆和白蛋白等。在扩充血容量时，最好监测中心静脉压，以判断补充液体量是否合适及心功能情况。

2）纠正酸中毒：休克时细胞缺血、缺氧出现代谢紊乱，常伴有酸中毒。成人患者可首先补充5%碳酸氢钠200～250ml，儿童每次5ml/kg，亦可根据血气分析结果计算后分次适量补充。

3）血管活性药物的应用：经扩充血容量和纠正酸中毒后，如果休克仍未纠正，可应用血管活性药物。

①抗胆碱能药物：有阻断交感神经、解除微血管痉挛和扩张血管的作用。山莨菪碱（654-2）：成人每次 10～20mg，儿童每次 0.3～0.5mg/kg，每 15～30 分钟一次，静脉注射，直至血压上升、面色红润、四肢转暖等；东莨菪碱：每次 0.01～0.02mg/kg，静脉注射，每 10～30 分钟一次；阿托品：每次 0.03～0.05mg/kg（不超过 2mg）静脉注射，每 10～30 分钟一次。东莨菪碱具有镇静、解痉及一定的兴奋呼吸中枢的作用，适用于烦躁不安和惊厥的儿童。副作用为面红、兴奋躁动、心率加快、尿潴留等。青光眼患者禁用。

②多巴胺：多巴胺主要与多巴胺受体结合，对内脏血管有扩张作用。临床显示不同浓度的多巴胺对 α 和 β 受体的兴奋作用有明显差异，见"感染性休克"。

③酚妥拉明：为 α 受体阻滞剂，对 $α_1$、$α_2$ 受体均有作用。具有扩张血管及松弛平滑肌的作用，能显著降低外周血管阻力，增加组织血流量，改善微循环。

4）糖皮质激素：具有减轻毒血症状、稳定溶酶体膜、增强心肌收缩力、扩张痉挛血管等作用。泼尼松 200～400mg/d，静脉滴注，疗程 2～3 天。目前对于应用糖皮质激素治疗休克的确切疗效尚有争议，临床上应谨慎使用。

5）强心药物：心功能不全亦是休克的原因之一，表现为心率加快、咳嗽、双肺可闻及湿啰音等症状，给予静脉推注强心剂。如毛花苷 C 每次 0.2～0.4mg 加入 50% 葡萄糖注射液 20ml，缓慢推注，或毒毛花苷 K 等。

(3) 弥散性血管内凝血的治疗：暴发型流脑休克型常并发弥散性血管内凝血，早期应用肝素可有效减轻出血倾向及皮肤瘀斑的扩大。成人首剂 1～2mg/kg，根据情况每 4～6 小时重复一次，多数 1～2 次即可见效，重者 3～4 次。用肝素时应监测出、凝血时间。用肝素后可输新鲜血液或冷沉淀以补充被消耗的凝血因子。如果有继发纤溶亢进，可应用 6-氨基己酸，剂量为 4～6g，或氨甲苯酸 0.1～0.2g 加入 5% 葡萄液内静脉滴注。

(4) 其他：注意吸氧、保暖、心肺功能监测等。

2. 脑膜脑炎型的治疗

(1) 尽早、足量应用青霉素 G 或头孢菌素等有效抗生素，具体应用同暴发型流脑休克型的治疗。

(2) 减轻脑水肿，防止脑疝：① 20% 甘露醇每次 1～2g/kg，静脉快速滴注，根据脑水肿的严重程度，每 4～8 小时一次。应用甘露醇时应注意电解质紊乱，肾功能不全时应慎用。②地塞米松：成人 10～20mg/d，儿童 0.2～0.5mg/（kg·d），分次静脉推注，疗程 2～3 天。③呋塞米：配合 20% 甘露醇用于降颅压，减轻脑水肿，每次 20～40mg，静脉推注。或选用托拉塞米，每次 10～20mg，静脉注射，注意电解质平衡。

(3) 呼吸衰竭：对于中枢性呼吸衰竭在应用脱水、降颅压的同时，可应用呼吸兴奋剂络贝林、尼可刹米（可拉明）等。如果呼吸道有堵塞症状，应及时吸痰，保持呼吸道通畅、吸氧，如果症状无好转，甚至有加重或呼吸停止的趋势，应及时气管切开，应用呼吸机机械通气。

(4) 高热、惊厥：应用物理降温，疗效不佳时可给予药物降温，可选用复方氨基比林、布洛芬栓，持续高热者可应用亚冬眠疗法。出现烦躁、惊厥或抽搐者，可应用地西泮，成人每次 10～20mg，儿童每次 0.2～0.3mg/kg，肌内注射或静脉推注；苯巴比妥，成人每次 0.1g，儿童每次 3～5mg/kg，肌内注射。

(三) 慢性败血症型流脑的治疗

根据血培养及药敏实验结果，应用敏感抗生素治疗。

九、预后

普通型流脑患者大多预后良好，可以治愈，很少发生并发症和后遗症。暴发型流脑的死亡率较高，存活病例可出现不同程度的后遗症。

十、预防

1. 管理传染源　对患者进行呼吸道隔离和治疗，做好疫情报告工作。对上呼吸道感染、皮肤和黏膜出现瘀点的疑似患者均应给予服药预防。一般采用磺胺嘧啶，成人2g/d，儿童75～100mg/(kg·d)，分次服用，或复方磺胺甲基异噁唑，成人2g/d，儿童30～50mg/(kg·d)，分2次服用，连服3天。在耐磺胺药地区口服利福平，成人每日0.6g，儿童10mg/(kg·d)，连服2天。亦有人主张对A群流脑密切接触者，可采用头孢曲松一次肌内注射。方法简便，效果优于利福平。

2. 切断传播途径　流行期间搞好个人及环境卫生，居室开窗通风，多晒太阳，避免到拥挤的公共场所，减少大型集会和集体活动。

3. 保护易感人群　我国普遍采用A群荚膜多糖菌苗预防接种，保护率达90%以上。流行季节前皮下注射1次，剂量为25～50μg，抗体2周后达到高峰。国外有A群、A+C群双价及A+C+Y+W135四价多糖菌苗，可使发病率减少90%以上。

（朱　斌）

第七节　炭　疽

炭疽（anthrox）是由炭疽杆菌（*Bacillus anthracis*）引起的人畜共患的急性传染病。人因接触病畜及其产品而发生感染。表现为皮肤溃烂、焦痂及其周围水肿，偶可见肺、肠、脑病变。

一、病原学

病原体为炭疽杆菌，为需氧或兼性需氧菌。

1. 形态及染色　革兰染色阳性，大小为（1.0～1.5）μm×（3～5）μm，菌体两端平削呈竹节状排列，无鞭毛，在人体内有荚膜形成并具有较强致病性。在体外不适宜条件下形成芽胞。

2. 分型和抗原性　炭疽杆菌主要有4种抗原：荚膜多肽抗原（抗吞噬）、菌体多糖抗原（无毒性，有种特异性）、芽胞抗原（有免疫原性及血清学诊断价值）和保护性抗原（有强免疫原性的蛋白质，是炭疽毒素的组成部分）。炭疽杆菌有毒株繁殖体，能分泌炭疽毒素，此毒素是由水肿因子、保护性抗原及致死因子三种成分所组成的复合多聚体。这三种成分分别注入动物体内均无毒性，只有结合到一起，才引起病变。

3. 生物学特性　炭疽杆菌菌体外界抵抗力弱，对日光、热和常用浓度消毒剂均敏感。芽胞抵抗力强，干燥的状态下可存活32～50年，150℃干热60分钟方可被杀死。现场消毒常用20%漂白粉、0.1%升汞和0.5%过氧乙酸。

二、流行病学

1. 传染源　为患病的食草动物，如牛、羊、马、骆驼等，其次是猪和狗。炭疽患者的痰、大便及病灶渗出物具有传染性，但是人和人之间传播少见。

2. 传播途径　皮肤、黏膜伤口直接接触病菌而致皮肤炭疽。吸入带炭疽芽胞的尘埃、飞沫等致肺炭疽。摄入被污染的食物或饮用水等致肠炭疽。

3. 人群易感性　普遍易感，感染后有持久免疫力。

4. 流行特征　世界各地均有发生，夏秋季多发，农民、牧民、屠宰人员、皮毛加工人员、兽医及实验室人员高发。

三、发病机制及病理

（一）发病机制

炭疽芽胞杆菌的毒力主要取决于荚膜多肽和炭疽毒素。有毒力的炭疽芽胞进入机体后，及时形成荚膜，保护菌体不受白细胞吞噬和溶菌酶的作用，并迅速扩散和繁殖，产生毒素，引起感染组织水肿、出血和坏死以及全身中毒症状。细菌经淋巴管进入局部淋巴结，最后侵入血流并大量繁殖，导致败血症。炭疽毒素损伤及杀死吞噬细胞，抑制补体活性，激活凝血酶原，导致发生弥散性血管内凝血，并损伤毛细血管内皮，使液体外漏，血压下降，最终引起水肿、休克及死亡。

（二）病理

主要病变为各脏器、组织的出血性浸润、坏死和水肿。皮肤炭疽呈痈样病灶，中央隆起呈炭样黑色痂皮，四周为凝固性坏死区。肠炭疽病变主要在小肠，肠壁呈局限性痈样病灶及弥漫出血性浸润，肠系膜淋巴结肿大，腹腔内有浆液性含血的渗出液。肺炭疽呈出血性气管炎、支气管炎、小叶性肺炎或梗死区，胸膜与心包亦可受累。脑膜炭疽的软脑膜及脑实质均极度充血、出血及坏死。病变的分泌物和渗出物中均可检出大量炭疽杆菌。

四、临床表现

本病潜伏期1～5天，也有短至12小时，长至2周。按其表现和感染部位不同，可分为以下类型：

1. 皮肤炭疽　约占98%，多发生于面、颈、肩、手和脚等裸露部位皮肤。病变初为斑疹或丘疹，次日出现水疱，内含淡黄色液体，3～4天后中心呈现出血性坏死稍下陷，四周有成群小水疱，5～7天后坏死区溃破成浅溃疡，渗出物结成炭块状焦痂，痂下生成肉芽组织（炭疽痈）。由于局部末梢神经受毒素损害而疼痛不显著，稍有痒感，无脓肿形成，为本病特点。水肿消退后，黑痂在1～2周内脱落，愈合成疤。可伴有发热、头痛、关节痛、周身不适以及局部淋巴结和脾大等。

2. 肺炭疽　少见，轻者胸闷、胸痛、全身不适、发热、咳嗽、咳黏液带血痰。重者寒战、高热、呼吸窘迫、气急喘鸣、咳嗽、发绀、咳血样痰等。肺部仅可闻及散在的细小湿啰音或有胸膜炎体征。肺部体征与病情常不相符。X线见纵隔增宽、胸腔积液及肺部炎症。

3. 肠炭疽　可分为急性肠炎型和急腹症型，急性肠炎型似食物中毒，症状轻重不一，发病时突然出现恶心、呕吐、腹痛、腹泻。急腹症型全身中毒症状严重，持续性呕吐及腹泻，排血水样便，腹胀、腹痛，有压痛或呈腹膜炎征象，常并发败血症和感染性休克。

4. 炭疽败血症　可继发于上述各型。有严重的全身中毒症状，有高热、寒战、感染性休克与弥散性血管内凝血表现。皮肤出现出血点或大片瘀斑，腔道中出现活动性出血，并迅速出现呼吸与循环衰竭。

5. 脑膜炎炭疽（炭疽性脑膜炎）　多为继发性。起病急，剧烈头痛、呕吐、昏迷、抽搐，有明显的脑膜刺激症，脑脊液多呈血性，少数为黄色，压力增高，细胞数增多。脑膜炎炭疽病死率高。

五、实验室检查

1. 血常规　白细胞总数大多增高，分类以中性粒细胞为高。
2. 病原学检查

(1) 涂片检查：取病灶渗出物、痰液、呕吐物、大便、血液及脑脊液等作涂片，革兰染色后显微镜检查发现炭疽芽胞杆菌可确诊。也可直接荧光抗体染色检查，以提高检出率。

(2) 细菌培养：将上述标本接种于血琼脂平板、普通琼脂平板或碳酸氢钠平板培养，如见可疑菌落，则根据生物学特征及动物试验进行鉴定。

(3) 动物接种：将上述标本接种于小白鼠或豚鼠等动物的皮下组织，如注射局部于24小时出现典型水肿、出血者为阳性反应，动物大多于36~48小时内死亡，在动物内脏和血液中存在大量具有荚膜的炭疽杆菌。

3. 血清学检查　血清抗炭疽特异性抗体滴度出现4倍或4倍以上升高，PCR检测标本中炭疽杆菌DNA可早期诊断。

六、诊断

1. 流行病学资料　与患病动物及其产品密切接触史。
2. 临床表现　根据病史，结合临床各型的特征，作出临床诊断。
3. 实验室检查　白细胞计数增高，细菌学检查和血清学检查等有助于诊断。

七、治疗

1. 一般治疗　患者应严密隔离，卧床休息。对污染物或排泄物严格消毒或焚毁。多饮水及予以流食或半流食。对皮肤恶性水肿和重症患者，可应用氢化可的松100~300mg/d。
2. 局部处理　对皮肤病灶切忌按压及外科手术，以防发生败血症。局部用1：2000高锰酸钾液洗涤，并敷以抗生素软膏。
3. 病原治疗　首选青霉素，皮肤炭疽成人用量为160万~400万U，分次肌内注射，疗程7~10日。肺炭疽、肠炭疽及脑膜炭疽或并发败血症者，每日1000万~2000万U静脉滴注，并同时合用链霉素（1~2g/d）或庆大霉素（16万~24万U/d）或卡那霉素（1~1.5g/d），疗程在2~3周以上。单纯皮肤炭疽亦可用四环素（1.5~2g/d）或多西霉素（0.3~0.5g/d）或红霉素（1.5~2g/d）口服或静脉滴注。

八、预防

1. 管理传染源　患者应隔离至创口愈合，痂皮脱落或症状消失，分泌物或排泄物培养2次阴性为止。
2. 切断传播途径　患者用具、分泌物、排泄物及敷料等均应严格消毒或烧毁，将尸体火化。对可疑病畜、死畜必须应焚毁或加大量生石灰深埋在离地面2m以下。禁止对病畜、死畜食用或剥皮。
3. 保护易感人群　高危人群和疫区人群采用皮肤划痕法接种炭疽杆菌减毒活菌苗。

（韩永霞）

第八节 鼠　　疫

鼠疫（plague）是由鼠疫耶尔森菌（*Yersinia pestis*）引起的烈性传染病。因起病急骤、传染性强、病死率高，易引起大流行，属国际检疫疾病，我国将其列为甲类传染病。鼠疫主要通过鼠蚤叮咬传播，引起腺鼠疫、肺鼠疫、败血症型鼠疫和鼠疫脑膜炎等，病死率高。鼠疫可能被作为生物恐怖武器威胁人类。

一、病原学

鼠疫耶尔森菌属耶尔森菌属（亦称鼠疫杆菌），为革兰染色阴性短小杆菌，两端钝圆并染色深。无鞭毛和芽胞，有荚膜，在普通培养基 28～30℃生长良好。鼠疫耶尔森菌的抵抗力较弱，对热、干燥敏感。紫外线和常用消毒剂均可被杀灭。本菌在脓液、痰、蚤粪中可存活 10 天以上，在蚤体内可存活 1 个月，在尸体中可存活数周至数月。

鼠疫耶尔森菌至少有 18 种抗原，其中 F、T 和 VW 抗原为特异性抗原。F1 抗原即荚膜抗原，与毒力有关，具有抗吞噬作用，其抗体有保护作用。VW 抗原为菌体表面抗原，仅见于毒力菌株。V 抗原有抗吞噬作用，亦与毒力有关。T 抗原即鼠疫毒素，类似于外毒素，可导致局部组织坏死和毒血症。本菌含有的内毒素也参与致病过程。

二、流行病学

1. 传染源　带鼠疫耶尔森菌的啮齿类动物（鼠和旱獭）和患者是主要传染源。旱獭和黄鼠是鼠间鼠疫的传染源，而褐家鼠是人间鼠疫的主要传染源。

2. 传播途径　主要由带菌的鼠蚤叮咬而感染，即"鼠—蚤—人"感染方式，这是腺鼠疫的主要传播方式。肺鼠疫患者的呼吸道飞沫含鼠疫耶尔森菌，可通过呼吸道传播，是人与人的主要传播方式。亦可通过进食被污染食物或接触破损皮肤、黏膜而感染。

3. 易感性　人群普遍易感，病后可获得持久免疫力。

4. 流行特征　鼠疫发生于啮齿类野生动物如鼠、旱獭活动季节，牧民及猎人因接触（猎取旱獭或剥皮）机会多而成为高发人群。在人间鼠疫发生前已有鼠间鼠疫流行，故监测鼠间疫情有助于预防人间鼠疫的发生。我国西部青藏高原、天山和滇西北地区为鼠疫疫源地，偶有人鼠疫发生。

三、发病机制及病理

鼠疫耶尔森菌经鼠蚤叮咬人侵入，经淋巴至局部淋巴结生长繁殖，释放毒素引起出血坏死性炎症反应，即腺鼠疫；进一步侵入血流引起败血症型鼠疫；侵及脑组织引起脑膜炎；侵及肺部引起继发性肺鼠疫，亦可因吸入含菌飞沫感染引起原发性肺鼠疫。各型鼠疫均可发展至败血症，导致感染性休克和弥散性血管内凝血。

鼠疫的基本病理改变为淋巴管、血管内皮细胞损伤和急性出血坏死性炎症。腺鼠疫表现为淋巴结出血性炎症和凝固性坏死；肺鼠疫以肺部充血、水肿、出血为主；败血症型鼠疫则表现为全身组织脏器充血、水肿、出血及坏死改变，死后皮肤呈黑紫色，故被称为"黑死病"。

四、临床表现

鼠疫的主要临床类型有腺鼠疫、肺鼠疫和败血症型鼠疫，脑膜炎型、皮肤型和肠型鼠疫等少见。

鼠疫潜伏期为 2～5 天，原发性肺鼠疫为数小时至 3 天，曾接受预防接种者可长达 9～12 天。

1. 腺鼠疫　最常见。表现为突起寒战、高热、极度乏力等毒血症状。局部表现为急性淋巴结炎，单个或成串的淋巴结肿大，以腹股沟部最多，其次在腋窝和颈部；皮肤红肿及剧痛而拒触摸，呈强迫体位。周围组织明显水肿。淋巴结化脓溃破后局部症状可缓解，可发展至败血症。

2. 肺鼠疫　肺鼠疫由腺鼠疫血行播散，或吸入带菌飞沫引起。表现为突起寒战、高热、烦躁不安等严重全身毒血症状，进展迅速，有咳嗽、咳血性痰、剧烈胸痛、呼吸急促及发绀。肺部体征少，可闻及散在湿啰音或轻微胸膜摩擦音。肺部体征与全身症状严重程度不相称。胸片见支气管肺炎或实变，纵隔增宽及胸腔积液。痰中可检出鼠疫耶尔森菌。常因休克或呼吸衰竭死亡，病死率高。

3. 败血症型鼠疫　多由腺鼠疫或肺鼠疫发展而来。主要表现为极严重的全身毒血症状，急起寒战、高热、谵妄、昏迷、皮肤和黏膜及脏器广泛出血、循环和呼吸衰竭。

五、实验室检查

1. 常规检查　外周血白细胞及中性粒细胞明显升高，严重者有类白血病反应，血小板降低。可有蛋白尿或血尿。

2. 细菌学检查　是确诊本病的依据。取淋巴结穿刺液、痰、血、脑脊液等涂片染色镜检及菌培养，或接种于豚鼠皮下或腹腔，做进一步细菌学鉴定。

3. 血清学检查　检测特异性 FI 抗体。急性期血清阳性，或双份血清抗体滴度 4 倍以上升高有诊断价值。

4. PCR 技术　用 PCR 技术检测标本中鼠疫耶尔森菌基因（*fra* 及 *pla*）序列，具有敏感、特异和快速的优点。

六、诊断及鉴别诊断

（一）诊断

1. 流行病学资料　起病前 10 天内曾到过鼠疫流行区，或有鼠蚤叮咬史，或有鼠疫动物或患者接触史。

2. 临床表现　突起发病，有严重的毒血症状及淋巴结肿痛，或高热、咳嗽、咯血，及出血倾向等。

3. 实验室检查　外周血白细胞及中性粒细胞明显升高。从淋巴结穿刺液、痰、血及组织等标本中检出鼠疫耶尔森菌可确诊。

（二）鉴别诊断

腺鼠疫应与急性淋巴结炎、恙虫病、钩体病等鉴别；肺鼠疫须与肺炎、肺水肿、肺炭疽等鉴别；败血症型鼠疫须与其他细菌引起的败血症鉴别。

七、预后

预后与临床类型和抗生素治疗是否及时有关。如及时用抗生素治疗，病死率可降至 5%～10%。

八、治疗

1. 一般治疗　早发现、早隔离和早治疗是预防和救治鼠疫的关键。

（1）严格隔离：发现鼠疫时按甲类传染病立即报告疫情，对患者严格隔离，对排泄物彻底消毒。腺鼠疫隔离至炎症消失；肺鼠疫按呼吸道隔离至痰菌隔日检测连续3次阴性；接触者检疫9日。

（2）支持治疗：卧床休息，补充足够液体和热量。局部疼痛可给予镇静或止痛剂。毒血症状重者可给予糖皮质激素。肺鼠疫、败血症鼠疫应给予吸氧，休克者按感染性休克治疗。

2. 病原治疗　及早采取抗菌治疗是救治的关键。链霉素为首选，对各型鼠疫有效。成人剂量2～4g/d，儿童30mg/（kg·d），分2～4次肌内注射。退热后减至1g/d，疗程10天为宜。可与磺胺类或四环素类联合应用。庆大霉素16～32mg/d，分3～4次肌内注射或静脉滴注，疗程7～10天。多西环素首次200mg，12小时后改为100mg q12h，疗程10天。肺鼠疫和败血症型鼠疫常用链霉素或阿米卡星与四环素联合应用，疗程7～10天。氯霉素60mg/（kg·d），分4次口服或静脉滴注，热退后减量，疗程10天，尤其适用于脑膜炎型鼠疫。亦可选用第三代头孢菌素和喹诺酮类药物。

3. 局部治疗　忌挤压腺鼠疫患者肿大的淋巴结，脓肿液化后可切开引流。

九、预防

采取灭鼠、灭蚤及预防接种为主的综合措施。

严格隔离患者及接触者。患者死亡后应火葬处理。密切监控鼠间疫情，灭鼠、灭蚤。在疫区加强宣教，勿接触不明死因的动物。进入疫区人员要做好个人防护。若遇鼠疫耶尔森菌生物恐怖袭击时，可用多西环素（100mg每日两次，口服7天）或环丙沙星预防。接触肺鼠疫时须戴合格口罩、穿隔离衣、戴手套和防护型眼镜等。如接触其他型鼠疫患者采用标准预防措施。现正在研制重组亚单位疫苗、减毒活疫苗等。

（张跃新　唐　莉）

第九节　白　喉

白喉（diphtheria）是白喉杆菌（*Bacillus diphtheriae*）引起的急性呼吸道传染病，临床特点是咽、喉、鼻等处假膜形成，伴发热、乏力、恶心、呕吐、头痛等全身症状，严重者可并发心肌炎和神经瘫痪。

一、病原学

白喉杆菌为棒状杆菌属，需氧或兼性厌氧菌，最适生长温度为34～37℃，在含凝固血清的Loffler培养基上生长迅速，12～18小时长成细小、灰白色、湿润、圆形突起的菌落。白喉杆菌能产生强烈的外毒素，是致病的主要原因。白喉杆菌耐寒和干燥，在衣服、床单上可生存数天或数周，在干燥的假膜中能生存3个月。5%石炭酸1分钟可将其杀死，对湿热耐受力差，煮沸1分钟或加热60℃10分钟即可灭活。

二、流行病学

1. 传染源　传染源为患者和带菌者。患者在潜伏期末的上呼吸道分泌物中排菌，有传染性。轻型、非典型及鼻白喉和皮肤白喉患者是白喉传播的重要传染源。带菌者有恢复期带菌者和健康带菌者，后者占人口1%～2%，流行期占10%～20%，是重要的传染源。

2. 传播途径　主要为飞沫传播，也可通过衣服、玩具和用具间接接触传播，食用被污染的牛奶和食物以及通过破损的皮肤、黏膜也能造成感染。

3．易感人群　人群普遍易感，尤其是儿童。近年在儿童中大力推广免疫接种，发病率下降，发病年龄推迟。6个月内的婴儿由于有来自母体的抗体，患此病的机会少。病后可获得持久免疫。

4．流行特征　世界各地均有本病发生，温带多见。全年都可发病，秋、冬和初春多见。

三、发病机制及病理

白喉杆菌在患者的上呼吸道黏膜组织内或体表皮肤内繁殖，分泌外毒素。外毒素渗入局部周围组织，产生炎性、渗出性和坏死性反应。从血管渗出的液体中含有易凝固的纤维蛋白，将炎症细胞、黏膜坏死组织和白喉杆菌凝固在一起形成假膜。假膜呈灰白色，边缘较整齐，与黏膜下组织粘连紧密，不易拭去。少数患者病变侵入深层组织而形成溃疡面。

白喉外毒素自局部吸收后，经淋巴和血液散布于全身各组织，与细胞结合引起病变。以心肌、末梢神经最敏感，肾和肾上腺皮质等处病变也较显著。外毒素吸收量与假膜的部位和广泛程度有关，咽部最易吸收，扁桃体次之，喉及气管最少。假膜越广泛，毒素吸收量越多，毒素与组织的结合随时间的延长而牢固。白喉杆菌一般只停留于病灶处，不进入血液，偶可达局部淋巴结。

早期有心肌水肿、脂肪变性，继而有多发性、灶性玻璃样和颗粒样变性、细胞浸润及肌纤维断裂。末梢神经呈中毒性神经炎，神经髓鞘脂肪变性，神经轴随后断裂，以眼、腭、咽、喉及心脏等处的神经损害最常见。肾出现混浊肿胀，肾小管上皮脱落，肝有脂肪浸润和肝细胞坏死，肾上腺充血、浊肿，偶见小出血点。

四、临床表现

潜伏期1～7天，多为2～4天。分四种类型：咽白喉、喉白喉、鼻白喉和其他部位白喉。

（一）咽白喉

最常见，占发病人数的80%。根据假膜范围的大小及中毒症状的轻重分为四型。

1．轻型　发热及全身症状轻，扁桃体稍红肿，有点状或小片状假膜，局限在扁桃体上，数日后症状消失。

2．普通型　逐渐起病，乏力、纳差、恶心、呕吐、头痛、轻度或中度发热和咽痛，扁桃体中度红肿，可见乳白色或灰色大片假膜，假膜可呈黄色，混有血液时呈暗黑色。假膜开始薄，后变厚，边缘较整齐，不易剥去，用力剥去可引起出血，并在24小时内形成新的假膜。颌下及颈部淋巴结肿大。

3．重型　中毒症状重，常出现高热、极度乏力、面色苍白、厌食、恶心、呕吐、咽痛，咽痛吞咽时加重，假膜范围大，波及软腭、腭垂、鼻咽部、咽后壁等处。假膜周围黏膜红肿，由于出血或继发其他细菌感染呈灰黄色或黑色，有口臭，颈部淋巴结明显肿大，颈部软组织水肿，多数伴有心肌炎和外周神经麻痹。

4．极重型　起病急，局部假膜迅速扩大，呈蓝绿色或污黑色，扁桃体及咽部高度肿胀，有时阻塞咽部引起吞咽及呼吸困难，口中有腐臭味，颈部淋巴结肿大，周围软组织高度水肿，形成"牛颈"。患者中毒症状重，并有高热、烦躁不安、面色苍白、脉细数、血压下降、呼吸急促、口唇发绀，可出现心脏扩大、心律失常、心力衰竭，治疗不及时常导致死亡。

（二）喉白喉

大多由咽白喉扩展所致，亦可为原发。多见于1～5岁小儿，起病缓，伴发热，咳嗽呈"空空"声，声音嘶哑，甚至失音。喉镜检查可见喉部红肿，有假膜，可蔓延至气管和支气管，严重者细支气管内也有假膜。由于喉部有假膜、水肿和痉挛而引起呼吸道阻塞症状，出现吸气性呼吸困难，吸气时锁骨上窝、肋间和剑突下软组织下陷，即"三凹征"，同时有烦躁不安、鼻翼煽动和口唇发绀。假膜脱落可引起窒息。

（三）鼻白喉

较少见。可单独存在，也可与喉白喉、咽白喉同时存在。多见于婴幼儿，病变范围小，全身症状轻，临床表现为流浆液性鼻涕，后转为厚脓鼻涕，有时伴鼻出血，鼻孔周围皮肤发红、糜烂及结痂，鼻前庭或中隔上可见白色假膜。患儿因鼻塞而出现张口呼吸、吞咽困难，未经治疗者常迁延不愈。

（四）其他部位白喉

皮肤白喉由皮肤黏膜直接或间接感染所致。症状不重，但病程迁延，易于播散。女孩的外阴、脐、食管、中耳、眼结膜等处偶可发生白喉感染。局部有炎症和假膜，常伴继发感染。

五、并发症

常见的并发症为中毒性心肌炎，是本病死亡的主要原因。其他并发症包括周围神经麻痹、支气管炎、中毒性肾病以及继发细菌感染如颈淋巴结炎、中耳炎、淋巴结周围炎等。

六、诊断及鉴别诊断

（一）诊断

白喉的诊断主要依靠病史和临床症状。以往未接种过白喉疫苗，与白喉患者有过接触，临床表现有假膜，不易剥离，涂片发现有状似白喉杆菌者可初步诊断，若培养出白喉杆菌则可确诊。

（二）鉴别诊断

1. 咽白喉须和以下疾病鉴别

（1）急性扁桃体炎：起病急、高热、扁桃体红肿、咽痛明显，分泌物薄，色较淡，易剥离。

（2）溃疡性咽炎：咽部有坏死性溃疡和假膜，常伴齿龈炎，口腔有恶臭。咽拭子涂片可找到梭形杆菌和螺旋体。

（3）鹅口疮：热度不高，口腔黏膜附着白色片块状物，可蔓延至咽喉，疏松，易剥离，中毒症状不明显。

2. 喉白喉须和以下疾病鉴别

（1）急性喉炎：起病急，呼吸困难，多见于婴幼儿，有日轻夜重现象，咽喉部无假膜。

（2）气管内异物：有异物吸入史，剧烈咳嗽，以后呈阵发性，无假膜，无发热，X线检查可见局限性肺气肿或肺不张。

3. 鼻白喉须和以下疾病鉴别

（1）鼻腔内异物：常为一侧，无假膜。

（2）先天性梅毒：鼻腔内有溃疡，无假膜，常伴其他梅毒症状，梅毒血清反应阳性。

七、治疗

1. 一般治疗　卧床休息，并发心肌炎患者应绝对卧床，一般不少于3周，轻症者2～4周，假膜广泛者4～6周。注意口腔和鼻腔卫生。保证热量供应，维持水、电解质平衡，饮食以流质为主。躁动不安者可给予镇静剂。

2. 病原治疗

（1）抗生素治疗：抑制白喉杆菌生长，缩短病程和排菌时间。首选青霉素80万～320万单位，疗程 7～10 天；红霉素 40mg/kg，分四次口服，疗程 7～10 天；还可应用头孢菌素。

(2) 抗毒素治疗：白喉抗毒素可中和血中游离的外毒素，对已与细胞结合的外毒素无中和作用，故在病程初期应用效果较好。用量按假膜范围的大小、中毒症状的轻重及治疗的早晚而定。咽白喉假膜局限在扁桃体者给予 2 万～4 万 U，假膜范围大、中毒症状重者给 4 万～10 万 U，喉白喉、鼻白喉患者给予白喉抗毒素 2 万～4 万 U。病后 3 日开始治疗者加倍。抗毒素的用量不受年龄、体重限制，以静脉注射作用最快。

3．并发症的治疗　心肌炎患者应卧床休息，可用泼尼松 20～40mg/d，分 4 次口服，症状好转后逐渐减量。严重患者可用 ATP 20mg、辅酶 A 50U 溶于 5%～10% 葡萄糖溶液中静脉滴注。喉梗阻者应密切观察，必要时作气管切开。呼吸困难严重者可进行气管切开，钳取假膜，或滴入胰蛋白酶溶解假膜。软腭麻痹严重及呛咳不能进食者可用鼻饲，呼吸肌麻痹者作气管切开，并应用呼吸机辅助治疗。

八、预防

白喉患者应隔离至症状消失，鼻咽部或其他病灶处培养连续两次阴性为止。患者的分泌物和用品要严格消毒。3、4、5 月龄的婴儿，每月接种白喉、百日咳、破伤风三联疫苗 1 针，1 岁半至 2 岁时再加强 1 针。7 岁和 15 岁时各接种精制白喉、破伤风二联类毒素 1 次。

（祁　伟）

第十节　布鲁菌病

布鲁菌病（brucellosis）又称波状热，简称布病，是由布鲁菌（*Brucella*）引起的人畜共患传染病。以长期发热、乏力、多汗、肌肉关节疼痛和肝、脾、淋巴结肿大为主要表现，易转为慢性。

一、病原学

1．形态及染色　布鲁菌为一组球杆状的革兰阴性菌，没有鞭毛，不形成芽胞或荚膜。

2．分型和抗原性　根据储存宿主和生化反应等不同，布鲁菌属可分为 6 个种 19 个生物型，其中牛种（流产布鲁菌，*Brucella abortus*）、猪种（*Brucella suis*）、羊种（马尔他布鲁菌，*Brucella melitensis*）和犬种菌（*Brucella canis*）对人致病，羊、牛、猪种对人的危害性大，羊种的致病力最强，感染后症状较重，常引起暴发流行；猪种次之；牛种致病力最弱，感染后症状较轻，甚至无症状，常呈散发。布鲁菌含 20 余种蛋白抗原和脂多糖，后者在发病机制中起重要作用。

3．生物学特征　对营养要求较高，在含多种氨基酸和维生素的培养基中缓慢生长，培养细菌需 2～4 周。在外界环境中的生存力较强，在干燥土壤中可生存数月，在皮毛中可生存 3～4 个月，在乳制品中可生存数周至数月；加热 60℃ 10～30 分钟、日光下暴晒 10～20 分钟、3% 漂白粉液或 3% 甲皂粉溶液（来苏儿）数分钟可将其杀灭。

二、流行病学

本病为全球性疾病，我国主要流行于内蒙古、吉林、黑龙江、新疆、甘肃、青海和西藏等牧区。主要为羊种菌，次为牛种菌，猪种菌仅见于广西和广东个别地区。

1．传染源　主要是羊、牛及猪。狗、猫、鹿、马、骆驼等亦可成为传染源，人与人之间传染的可能性极小。

2. 传播途径　直接接触病畜或其排泄物、阴道分泌物、娩出物；或在饲养及皮毛肉奶加工过程中未做有效防护，可经皮肤损伤或眼结膜受染；或通过接触病畜污染的环境及物品受染；食用被病菌污染的食物、水、乳制品、生乳及未熟的肉、内脏受染；吸入染菌的尘埃或颗粒受染。

3. 人群易感性　人群普遍易感，青壮年多见。病后有一定免疫力。

4. 流行特点　牧区最高，半农半牧区次之，职业以兽医、畜牧者、屠宰工人为多，春末夏初家畜流产高峰后1～2个月最多。

三、发病机制及病理

发病机制较为复杂，细菌、毒素及变态反应均不同程度地参与疾病发生和发展的过程。布鲁菌经皮肤和黏膜侵入人体后，在局部淋巴结内大量繁殖，进入血液循环引起菌血症。释放出内毒素和菌体其他成分，引起毒血症。细菌随血液播散至肝、脾、骨髓等处，引起细胞变性、坏死。病菌主要在单核细胞内繁殖，抗生素和抗体难以进入细胞内，因此本病易复发且不易根治。

病理变化广泛，以肝、脾、骨髓、淋巴结等单核-吞噬细胞系统病变最为显著，还可累及骨、关节、血管、神经、内分泌及生殖系统，初期细胞变性坏死，炎症细胞浸润，慢性期组织细胞增生，肝、脾、淋巴结等处可见到增生性结节和肉芽肿，慢性期部分患者肉芽组织发生纤维硬化性改变，临床上出现后遗症。

四、临床表现

临床表现轻重不一，羊型引起的常较重，猪型次之，牛型最轻，有时可无症状。潜伏期一般为1～3周（3日至1年），临床上可分为急性期和慢性期。

（一）急性期

常缓慢发病，也可突然发病。

1. 发热　典型表现为波状热，常伴有寒战、头痛等症状，亦可表现为低热和不规则热，且多发生在午后或夜间。

2. 多汗　是本病的突出症状，体温下降时大汗淋漓，可湿透衣被。

3. 肌肉和关节疼痛　为全身肌肉疼痛，以及多发性、游走性大关节疼痛，多见于膝、腰、肩、髋关节，可有滑膜炎、腱鞘炎和关节周围软组织炎。

4. 神经系统症状　以腰骶神经痛和坐骨神经痛多见，少数可发生脑炎、脑膜炎、脊髓炎等。

5. 肝、脾及淋巴结肿大　半数患者可出现肝、脾大和肝区疼痛。脾多为轻度肿大，淋巴结肿大主要见于颈部及腋下。

6. 其他　男性可伴有睾丸炎，女性可见卵巢炎；少数患者可有心、肾受累表现。

（二）慢性期

病程在6个月以上，可因急性期未经适当治疗发展而来。主要表现为疲劳、全身不适、精神抑郁等非特异性症状，少数患者有骨、关节的器质性损害，还可有脊柱（以腰椎为主）受累，表现为疼痛、畸形和功能障碍等。

五、实验室检查

1. 一般检查　白细胞计数多正常或偏低，淋巴细胞相对增多，有时可出现异常淋巴细胞，少数病例有红细胞、血小板减少。急性期可出现红细胞沉降率加快，慢性期多正常。

2. 病原学检查　血液、骨髓、关节液、脑脊液、尿液等培养分离到布鲁菌。急性期血液、骨髓、关节液阳性率较高。

3. 血清学检查

(1) 凝集试验：平板凝集试验用于初筛，试管凝集试验滴度为1∶100（++）及以上或病程一年以上滴度为1∶50（++）及以上；或半年内有布鲁菌疫苗接种史，滴度达1∶100（++）及以上者。

(2) 其他检测方法：如ELISA、补体结合试验、抗人球蛋白试验（Coomb's test）、PCR和皮内试验等。

六、诊断及鉴别诊断

（一）诊断

1. 流行病学史　对诊断有重要价值。在疫区居住，有牛、羊、猪接触史，及皮毛、肉、奶加工工人和牧民等容易感染。近年来，农区发病率较高。

2. 临床表现　急性期常有发热、多汗、关节痛、睾丸炎、神经痛以及肝、脾和淋巴结肿大等，慢性期常有类似神经官能症、精神抑郁及骨、关节系统表现。

3. 血、骨髓或其他体液培养阳性可以确诊。血清学检查阳性，结合临床表现可作出诊断。

（二）鉴别诊断

急性期需要与风湿热、伤寒、结核及败血症等鉴别，慢性期主要与骨、关节疾病及神经官能症等鉴别。

七、预后

症状出现1个月内，经正规、足疗程的治疗本病是可以治愈的。因诊治不及时、不彻底所致的慢性病例，治疗较为复杂，效果较差。少数病例可遗留骨和关节损害或中枢神经系统后遗症，致肢体活动受限或精神异常。心内膜炎、严重的神经系统并发症是主要致死原因。

八、治疗

1. 一般治疗　注意休息，补充营养，维持水及电解质平衡。高热者以物理降温为主，持续不退者可用退热剂，中毒症状明显和睾丸炎严重者，在病原治疗的同时适当应用糖皮质激素。

2. 病原治疗　治疗原则为早期、联合、足量、足疗程用药，必要时延长疗程，以防止复发及慢性化。治疗过程中须监测血常规、肝和肾功能等。

(1) 急性期：首选多西环素（每次100mg，每日2次，6周）合用利福平（每次600~900mg，每日1次，6周）或链霉素（肌内注射15mg/kg，每日1次，2~3周），不能使用上述药物或效果不佳的患者可酌情选用多西环素合用复方新诺明（每次2片，每日2次，6周）或妥布霉素（肌内注射1~1.5mg/kg，8小时1次，1~2周）；利福平合用氟喹诺酮类（左氧氟沙星每次200mg，每日2次，6周）。难治性病例可加用氟喹诺酮类或第三代头孢菌素类。8岁以下儿童及孕妇可采用利福平联合复方新诺明治疗，妊娠12周内可选用利福平联合第三代头孢菌素类药物治疗。

(2) 慢性期：急性发作者多采用四环素类、利福霉素类药物，用法同急性期，部分病例需要治疗2~3个疗程。

(3) 并发症治疗：合并脑膜炎病例在上述抗菌治疗基础上加用第三代头孢类药物，并给予脱水等对症治疗；合并心内膜炎、血管炎、脊椎炎、其他器官或组织脓肿病例，在上述抗菌药物应用的同时加用第三代头孢菌素类药物。必要时给予外科治疗。

九、预防

对疫区的传染源进行检疫，治疗或捕杀病畜，加强畜类产品的消毒和卫生监督，做好高危职业人群的劳动防护和菌苗接种。对流行区家畜普遍进行菌苗接种可防止本病流行。

（马 臻）

第十一节 军团菌病

军团菌病（legionellosis）是指由军团菌属细菌（*Legionella*）引起的感染，最常见的是军团菌肺炎（legionella pneumonia）和庞堤阿克热（Pontiac fever）。

一、病原学

军团菌在分类上属军团菌科，由单一军团菌属组成。为需氧革兰阴性杆菌，无芽胞和荚膜，长2～20μm，宽0.3～0.9μm，两端和侧面有鞭毛，有动力，生长要求较特殊，普通培养基上不生长，常用的培养基为缓冲活性炭酵母浸汁琼脂（buffed charcol yeast extract agar, BCYE），最适生长温度为35℃，培养2～7天后形成菌落。目前已鉴定出40余种，60余个血清型。与人类疾病关系最密切的为嗜肺军团菌（*Legionella pneumophilia*, LP），已发现其有15个血清型，80%的军团菌感染由血清1型引起。其他与人类疾病有关的还包括米克戴德军团菌（*Legionella Micdadei*）、博杰曼军团菌（*Legionella Bozemani*）、杜莫夫军团菌（*Legionella Dumoffi*）、费里军团菌（*Legionella Feelei*）及长滩军团菌（*Legionella longbeacheii*）等。

二、流行病学

军团菌存在于湖、河、池塘等各类水体中，但自然水源很少被证实是人群感染的传染源。冷却水塔、蒸发冷凝器、空调、加湿器、喷泉及旋涡热水冲浴池等人工水源中散发的气溶胶或气雾常与本病暴发有关。医院、旅馆及家庭环境取样检查显示，10%～50%的热水龙头和加热器中存在军团菌。目前尚无证据证实人与人之间的直接接触传播。

三、发病机制

军团菌到达下呼吸道，感染肺泡巨噬细胞，干扰巨噬细胞溶酶体融合，并在胞内生长、繁殖，产生细胞毒素，杀死巨噬细胞并被释放出胞外，再感染其他细胞，导致肺泡上皮和内皮的急性损害，并伴有水肿和纤维素渗出。军团菌肺炎主要影响肺部，表现为肺炎和支气管炎，也可致全身各系统损害。肺部的病理变化主要为多中心性急性纤维素性化脓性肺泡炎及急性渗出性肺泡损害。肺泡腔内纤维蛋白、炎症细胞渗出，肺泡间质炎症细胞浸润、水肿，严重者有肺实质的破坏。免疫功能低下者病变严重，可发生广泛的肺泡损害，伴透明膜形成。

四、临床表现

军团菌有两种临床类型——庞堤阿克热和军团菌肺炎。
1. 庞堤阿克热 为自限性感染，表现为发热、寒战、头痛、肌肉痛、疲劳及呼吸道症状，有些患者有轻微咳嗽，无肺炎及肺浸润，潜伏期短，通常为36小时，病程一般为1周，自动痊愈。

2. 军团菌肺炎　军团菌可引起社区感染和院内感染。细胞免疫功能低下的患者，如器官移植、使用糖皮质激素、AIDS患者、吸烟、年老，以及有心、肺基础病者患病的危险性更大。男性高于女性，潜伏期一般为2~10天，临床症状不一，轻症者干咳、低热，重者特别是免疫功能低下者可伴有多脏器衰竭和急性呼吸窘迫综合征。

军团菌肺炎早期症状为非特异的，与其他肺炎不易区别，一般症状包括发热、头痛、肌肉痛、无力、恶心、轻微干咳、胸痛、咯血，1/3出现无菌性水样便，重症者出现消化道出血、腹膜炎、胰腺炎、肝大、肝功能异常。神经系统改变除头痛外，还有精神症状。肺部啰音出现较早而实变出现晚，可闻及胸膜摩擦音，部分患者有少量胸腔积液，多为渗出性，偶见脓胸，严重者短期内发生呼吸衰竭，出现急性呼吸窘迫综合征。免疫功能低下者，军团病常可引起肺外并发症，如蜂窝织炎、伤口感染、肛周脓肿、胰腺炎、多发性神经炎、腹膜炎、血液透析瘘管感染、心包炎、人工瓣膜心内膜炎。

五、实验室检查

1. 一般实验室检查　半数以上白细胞升高（$>10\times10^9/L$），以中性粒细胞为主，有核左移现象，个别病例白细胞降低，血小板亦降低；低钠血症较其他肺炎多见（<130mmol/L）。

2. 病原学检测

（1）细菌培养：在普通培养基中不生长，在BCYE培养基中生长缓慢，观察10天不生长才可报培养阴性。

（2）血清学检查：军团菌感染后可诱导机体产生特异性抗体，通常6~9周抗体滴度才能达到有诊断意义的水平，仅25%~40%的患者病程第1周出现有意义的升高，抗体水平可持续数月到数年。常用于检测军团菌抗体的方法包括间接免疫荧光检测、试管凝集实验、间接血凝法、微量凝集法、酶联免疫吸附法等。通常认为急性期和恢复期双份血清抗体滴度有4倍以上的升高才有意义。

（3）细菌抗原和核酸检测：可应用免疫学方法检测尿中军团菌LP1抗原。分子杂交技术和基因扩增技术也可用于军团菌的检测。

3. X线检查　表现多样但缺少特异性，初期为斑片状、结节状及节段性阴影，随病情进展，出现肺实变，以中、下肺野为主，可为单侧或双侧。

六、诊断及鉴别诊断

军团菌肺炎的诊断取决于流行病学资料、临床表现和特殊的试验室检查，确诊需获得病原学证据。

需要鉴别的疾病有肺栓塞以及其他细菌性或病毒性肺炎，军团病更多见于中年、健康、饮酒的男性，表现为头痛、腹泻、严重低血钠、血肌酸激酶水平升高，而咳嗽、咳痰、胸痛不常见。

七、治疗

庞堤阿克热为自限性疾病，不需要抗生素治疗，可给予对症处理，1周内可康复。

红霉素、阿奇霉素、左氧氟沙星、克拉霉素等已证实对军团菌肺炎有效，多西环素、小诺米西、利福平、复方磺胺甲基异噁唑等对军团菌也有效。红霉素1.0g静脉滴注，每6小时一次，2天后改为0.5g口服，每6小时一次，一般疗程为3周。感染严重者和免疫功能异常者，可采用利福平联合一种大环内酯类抗生素或喹诺酮类加大环内酯类抗生素。

八、预防

对可疑的冷却水塔及加热器等要排水干燥，去除有机物和沉积物，用含氯消毒剂消毒，保护水源，定期冲洗供水管道并消毒。

（祁 伟）

第十二节 败 血 症

败血症（septicemia）是指致病菌或条件致病菌侵入血液循环，生长繁殖并产生大量毒素和代谢产物，引起严重毒血症的全身性感染。主要临床表现为寒战、高热、皮疹、肝脾大、外周血白细胞和中性粒细胞升高，部分患者出现迁徙性病灶，严重者可出现感染性休克、弥散性血管内凝血、急性呼吸窘迫综合征和多脏器衰竭。

一、病原学

1. 革兰阳性球菌 主要包括葡萄球菌、肠球菌和链球菌等。以金黄色葡萄球菌最常见，且多为耐甲氧西林金黄色葡萄球菌（methicillin resistant Staphylococcus aureus，MRSA），其次为凝固酶阴性葡萄球菌和肠球菌。近年来，耐青霉素肺炎链球菌（penicillin resistant Streptococcus pneumoniae，PRSP）、耐万古霉素肠球菌（vancomycin resistant Enterococcus，VRE）和耐万古霉素金黄色葡萄球菌（vancomycin resistant Staphylococcus aureus，VRSA）所致败血症的报道逐渐增多。

2. 革兰阴性杆菌 革兰阴性菌败血症近年来逐渐增多，常见病原菌为大肠埃希菌、肺炎克雷伯菌、铜绿假单胞菌、变形杆菌、阴沟肠杆菌、鲍曼不动杆菌、嗜麦芽窄食单胞菌等。

3. 厌氧菌 以脆弱类杆菌和消化链球菌最为常见，其次为产气荚膜梭菌等。

4. 真菌 多发生于免疫功能低下、长期使用广谱抗生素或糖皮质激素、器官移植等患者。白假丝酵母菌多见，其次为曲霉菌和毛霉菌等。

二、发病机制及病理

（一）发病机制

病原菌从不同途径进入血液循环后是否引起败血症取决于人体的免疫功能和细菌的种类、数量和毒力。

1. 人体的免疫功能

（1）局部屏障作用：皮肤与黏膜是阻止病原菌入侵的天然屏障，同时还分泌乳酸、脂肪酸和溶菌酶等抑菌或杀菌物质。当皮肤和黏膜损伤如疖、痈、蜂窝织炎，特别是挤压皮肤疖肿时，局部屏障作用被破坏，病原菌则容易进入体内导致败血症；严重烧伤所造成的皮肤大面积创面，加之血浆渗出均有利于细菌繁殖与入侵，增加了发生败血症的危险性；肠黏膜可产生分泌型 IgA，抵御肠道内的致病菌及毒素入侵肠黏膜，肠道感染可破坏肠道局部的免疫屏障作用；胆道和泌尿道的黏膜炎症和梗阻也利于细菌侵入血液循环。

（2）全身免疫反应：包括细胞免疫和体液免疫功能。机体免疫功能低下时，不能充分发挥吞噬杀灭细菌的作用，即使入侵的细菌量少、致病力不强也能引起败血症。免疫功能低下的慢性疾病患者，如肝硬化、糖尿病、慢性肾病、慢性阻塞性肺病、血液病、恶性肿瘤、器官移植和长期使用免疫抑制剂、接受放疗、化疗和各种插管的患者，均因局部和全身免疫功能的降低而易发生细菌感染，进一步发展为败血症。

2. 细菌的数量和毒力　革兰阳性细菌产生外毒素。金黄色葡萄球菌可产生多种外毒素，如血浆凝固酶、α-溶血素、杀白细胞素、肠毒素等，可致严重的毒血症症状。革兰阴性菌产生的内毒素能损伤心肌和血管内皮细胞，激活补体、激肽系统、凝血纤溶系统、交感-肾上腺系统、ACTH/内啡肽系统，并可激活各种血细胞和内皮细胞，产生 TNF-α、IL-1、IL-6、IL-8 等多种细胞因子，导致微循环障碍、感染性休克、弥散性血管内凝血和多脏器衰竭。

（二）病理改变

病原菌毒素可致组织细胞混浊肿胀、变性、坏死和炎症细胞浸润。毛细血管损伤造成皮肤和黏膜瘀点、瘀斑和皮疹。细菌随血流至全身引起迁徙性脓肿，多见于肺、肝、肾、脾、骨及皮下组织。网状内皮系统增生，肝、脾大。

三、临床表现

（一）败血症的共同表现

1. **毒血症症状**　常有寒战、高热，体温可达 39～40℃，热型多为弛张热和间歇热，少数为稽留热或不规则热，伴有全身不适、头痛、肌肉关节痛、软弱无力、呼吸、脉搏加快。可有恶心、呕吐、腹胀、腹泻等症状，严重者可出现感染性休克、中毒性脑病、中毒性心肌炎、中毒性肝炎、肾衰竭、弥散性血管内凝血和多脏器衰竭。

2. **皮疹**　部分患者可出现各种皮疹，以瘀点最常见，多分布在躯干、四肢、口腔黏膜和眼结膜等处。也可为荨麻疹、猩红热样皮疹、脓疱疹等。脑膜炎球菌败血症可见瘀点、瘀斑，铜绿假单胞菌败血症可出现坏死性皮疹。

3. **关节症状**　多见革兰阳性球菌和产碱杆菌败血症，表现为膝关节等大关节红肿、疼痛、活动受限，少数伴有关节腔积液或积脓。

4. **肝、脾大**　常为轻度增大，质软，伴有压痛。

5. **原发病灶**　常见感染病灶为毛囊炎、痈、蜂窝织炎、肺炎、胆囊炎和胆管炎、肾盂肾炎、肠道感染及开放性创伤感染等。

6. **迁徙病灶**　多见于病程较长的革兰阳性球菌和厌氧菌败血症。从病程第2周起，不断出现转移性脓肿，常见有皮下脓肿、肺脓肿、关节炎、骨髓炎和心包炎等。

（二）常见败血症的临床特点

1. **革兰阳性菌败血症**　以金黄色葡萄球菌败血症为代表。常伴有疖、痈和伤口感染，起病急、寒战、高热，可见猩红热样皮疹、荨麻疹、脓疱疹和瘀点；部分患者出现关节炎和迁徙性病灶如皮下和肌肉脓肿、肺脓肿、肝脓肿、化脓性关节炎、骨髓炎等。

2. **革兰阴性菌败血症**　常由泌尿道感染、肠道感染、胆道感染和腹膜炎等引起。临床表现为寒战、高热、易发生感染性休克并可发生黄疸。铜绿假单胞菌败血症可出现坏死性皮疹，肺炎克雷伯菌败血症可出现迁徙性脓肿。严重者可发生弥散性血管内凝血和多脏器衰竭。

3. **厌氧菌败血症**　多由胃肠道和女性生殖道入侵体内，其次为褥疮溃疡和坏疽。临床表现为寒战、高热、黄疸、溶血、脓毒性血栓性静脉炎和迁徙性病灶。病灶分泌物有恶臭并产生假膜和气体。

4. **真菌败血症**　多见于年老、体弱并伴有严重基础疾病的患者。长期使用抗生素、糖皮质激素、免疫抑制剂及留置导管等是发病的重要诱因。临床表现与革兰阴性菌败血症相似，病情重，可有寒战、发热、出汗、肝和脾大等，偶可仅有低热，甚至不发热，毒血症被合并细菌感染所掩盖而不能发现和诊断。

(三)特殊类型败血症

1. **老年人败血症** 致病菌以大肠埃希菌、肺炎克雷伯菌等革兰阴性菌及厌氧菌为主,肺部感染后发生败血症者较青年人多,由褥疮入侵者也较常见。表现为起病急、寒战、高热,病情进展快,易出现神志改变,易并发心内膜炎,可因心、肺、脑、肾等衰竭而死亡,预后差。

2. **新生儿败血症** 指出生后第1个月内的感染,多由母亲产道感染、吸入感染羊水或脐带、皮肤等感染所致。致病菌以葡萄球菌、大肠埃希菌、B组乙型溶血性链球菌为主。主要表现为食欲减退、呕吐、腹胀、精神委靡、呼吸困难、黄疸、惊厥等。仅部分患儿有发热,易并发中枢神经系统感染。

3. **烧伤败血症** 常发生于烧伤后2周,也可发生在烧伤后的第2日。早期为单一细菌感染,晚期常为多种细菌的混合感染,也可为真菌感染。常见致病菌为耐药金黄色葡萄球菌、铜绿假单胞菌、大肠埃希菌或变形杆菌。临床表现为过高热(>42℃)或低体温,多为弛张热,心动过速明显,可发生中毒性心肌炎、中毒性肝炎及休克。

4. **医院感染败血症** 多伴有恶性肿瘤等严重基础疾病、曾接受过大手术或介入治疗、长期应用免疫抑制剂,或不合理使用广谱抗生素等。致病菌以大肠埃希菌、铜绿假单胞菌、克雷伯杆菌、不动杆菌属、阴沟肠杆菌等革兰阴性菌为主,近年来耐甲氧西林金黄色葡萄球菌、耐甲氧西林凝固酶阴性葡萄球菌(methicillin-resistant coagulase-negative Staphylococcus,MRCNS)及真菌引起的败血症逐渐增加。临床表现常因基础病症状掩盖而不典型,可有发热(>38℃)或低体温(<36℃)、寒战、白细胞增高或正常。此类败血症预后差,病死率高。

四、实验室检查

1. **一般检查** 外周血白细胞增多,达$(10\sim30)\times10^9/L$,中性粒细胞明显增多,可有明显核左移现象,白细胞内有中毒颗粒。免疫反应差或少数革兰阴性杆菌败血症患者白细胞数可正常或降低,但中性粒细胞数升高。并发弥散性血管内凝血时血小板减少,病程长者可有贫血,尿中可见蛋白或少量管型。

2. **病原学检查** 血培养阳性是确诊的依据。血培养应在寒战、高热时及抗菌生素使用前取血,每次采血量为5~10ml,多次送检,以提高培养阳性率。骨髓中细菌受抗菌药物影响小,因此培养阳性率高于血培养。脓液、伤口分泌物、胸腔积液、腹水、脑脊液等也可作细菌培养。

3. **其他检查** 血清降钙素原是判断全身严重感染和败血症的早期敏感指标。鲎试验可测定血清标本中的革兰阴性菌的内毒素,对诊断革兰阴性杆菌败血症有一定意义。血清半乳甘露聚糖(GM实验)和1,3-β-D葡聚糖(G实验)阳性有助于真菌败血症的诊断。骨髓炎、化脓性关节炎等可通过X线等检查发现。

五、诊断及鉴别诊断

(一)诊断

急性高热患者白细胞及中性粒细胞明显升高,而不局限于某一系统感染时;有肠道、胆道、泌尿道感染,毒血症症状严重但不能用局部感染解释;有皮肤感染、外伤,特别是有疖、疮挤压史者;有皮下脓肿、肺脓肿、肝脓肿、化脓性关节炎、骨髓炎等可疑迁徙性病灶的患者,应考虑败血症的可能。血或骨髓培养阳性可确诊败血症。

有严重基础病和免疫功能低下患者,如肝硬化、糖尿病、慢性肾病、粒细胞减少症、白血病、艾滋病等,或接受手术和损伤性操作以及长期插管的患者,均易发生败血症,应密切关注。

（二）鉴别诊断

1. 疟疾　急性起病，寒战、高热、脾大，热型一般为间歇热，常在寒战、高热和大汗后自行退热，中毒症状不明显，外周血白细胞和中性粒细胞常无明显升高。血涂片可查到疟原虫，血培养阴性。

2. 伤寒　本病起病缓，有相对缓脉、表情淡漠，血清肥达反应阳性，血培养或骨髓培养分离出伤寒杆菌。

3. 流行性脑脊髓膜炎　起病急，寒战、高热，皮肤有瘀点、瘀斑，外周血白细胞及中性粒细胞明显升高。患者有脑膜刺激征，脑脊液有化脓性改变，瘀点、瘀斑和脑脊液涂片染色可发现脑膜炎双球菌。脑脊液和血培养可培养出脑膜炎双球菌。

4. 变应性亚败血症　亦称成人 Still 病，为变态反应性疾病。主要表现为发热、皮疹、关节痛、脾大，外周血白细胞和中性粒细胞升高，易与败血症混淆。但本病全身中毒症状不重，红细胞沉降率加快，血培养阴性，抗生素治疗无效，糖皮质激素治疗有效。

5. 恶性组织细胞增多症　多见于青壮年，起病急，有不规则发热、畏寒、进行性贫血、肝和脾大及消瘦，有出血倾向，血培养阴性，骨髓涂片和淋巴结活检可找到恶性组织细胞。

6. 粟粒型肺结核　常有结核病史或家族史，起病缓，高热不规则，盗汗、气促、咳嗽，毒血症症状不重，起病 2 周后胸片可见均匀分布的粟粒状阴影，血培养阴性。

六、治疗

1. 病原治疗　在尚未获得病原学证据前，采用经验治疗，根据患者的原发感染病性质、机体免疫状况、病原菌的入侵途径和临床表现等推测可能的病原菌，依据以往经验选择抗生素。获得致病菌后，再根据药物敏感试验结果对原治疗方案进行调整。一般选用两种广谱抗菌药物联合治疗，可选广谱青霉素（哌拉西林、替卡西林）或第二代、第三代头孢菌素联合氨基糖苷类抗生素。对于免疫功能低下患者的医院内感染，致病菌多为耐药金黄色葡萄球菌、表皮葡萄球菌和铜绿假单胞菌，可选择万古霉素联合头孢他啶或头孢吡肟、亚胺培南治疗。给药途径应选择静脉给药，疗程一般在 3 周以上或热退后 5~7 天，如有迁徙病灶疗程应适当延长。

（1）革兰阳性细菌败血症：社区获得性革兰阳性细菌败血症多为不产青霉素酶的金黄色葡萄球菌或 A 组溶血性链球菌所致，可选用青霉素或苯唑西林等半合成青霉素，或选用头孢噻吩、头孢唑林等一代头孢菌素。B 组溶血性链球菌败血症可选用第一代头孢菌素，或与氨基糖苷类抗生素联合。医院感染葡萄球菌败血症多为耐甲氧西林金黄色葡萄球菌或耐甲氧西林凝固酶阴性葡萄球菌所致，可选用万古霉素或去甲基万古霉素、替考拉宁、利奈唑胺等。肠球菌败血症可用氨苄西林联合氨基糖苷类，或万古霉素联合氨基糖苷类。

（2）革兰阴性杆菌败血症：以第三代头孢菌素为主，或与氨基糖苷类或亚胺培南联合治疗。大肠埃希菌、克雷伯菌、肠杆菌属可选用头孢噻肟、头孢曲松或头孢吡肟。铜绿假单胞菌败血症可选用头孢哌酮、头孢他啶、亚胺培南或环丙沙星。不动杆菌败血症可选用头孢哌酮/舒巴坦，氨苄西林/舒巴坦或亚胺培南可联合应用氨基糖苷类抗生素或氟喹诺酮类抗菌药物。

（3）厌氧菌败血症：可选用甲硝唑、替硝唑或奥硝唑，头孢西丁、头孢替坦及亚胺培南对脆弱类杆菌敏感，常可用来治疗需氧菌与兼性厌氧菌的混合感染。

（4）真菌败血症：可选用氟康唑、伊曲康唑、两性霉素 B、氟胞嘧啶、伏立康唑及卡泊芬净等。

2. 一般治疗和对症治疗　应卧床休息，加强营养，补充足够的热量、维生素、液体入量和保持电解质平衡。密切观察患者的神志、血压、呼吸、脉搏、体温、尿量等，维护重要脏器功能。注意口腔、皮肤清洁和翻身，预防继发性肺炎和褥疮。积极治疗原发病，防止并发症。毒血症严重者，可在保证抗菌药物有效使用的前提下，短期使用氢化可的松 200～300mg/d，或地塞米松 10～15mg/d，以减轻中毒症状。可根据患者情况，输入新鲜血或新鲜血浆、白蛋白或丙种球蛋白。

3．原发感染病灶和迁徙性病灶的治疗　导致败血症发生的原发感染灶和败血症引起的迁徙性病灶，均应积极治疗和清除。皮下或软组织脓肿形成时应切开引流，胸腔、腹腔或心包腔等脓液应酌情穿刺抽脓或引流。胆道或泌尿道梗阻者应及时手术治疗，如为导管相关性败血症，应及早去除或更换导管。

七、预防

避免创伤和伤口感染，如有感染及时消毒处理，避免挤压和针挑皮肤疖疮和脓肿。进行手术、器械检查、静脉穿刺、留置导管等操作时，严格消毒，注意无菌操作。合理使用抗生素、糖皮质激素和免疫抑制剂。注意免疫功能低下患者的护理和消毒隔离，预防继发感染。

第十三节　感染性休克

感染性休克（septic shock）是由病原微生物及其毒素直接或间接地激活宿主的各种细胞和体液免疫系统，产生各种细胞因子和内源性介质，作用于机体的各器官、系统，引起急性微循环灌注不足、组织细胞破坏、代谢紊乱和功能障碍，甚至多脏器衰竭，导致以休克为突出表现的危重综合征。

一、病因学

1．病原微生物　引起感染性休克的常见致病菌为革兰阴性菌，如肠杆菌科细菌（大肠埃希菌、克雷伯菌、肠杆菌）、非发酵杆菌（假单胞菌属、不动杆菌属）、脑膜炎球菌、类杆菌等；革兰阳性菌包括葡萄球菌、链球菌、肺炎链球菌、梭状芽胞杆菌以及真菌；某些病毒如汉坦病毒等也能引起感染性休克。临床上常见的引起感染性休克的疾病主要有革兰阴性细菌败血症、暴发型流脑、中毒性肺炎、化脓性胆囊炎和胆管炎、中毒性细菌性痢疾、急性肾盂肾炎、腹腔感染和肾综合征出血热等。

2．宿主因素　免疫功能低下患者，如糖尿病、肝硬化、恶性肿瘤、白血病、烧伤、器官移植以及长期应用糖皮质激素等免疫抑制剂、细胞毒类药物、放疗或化疗、留置导尿管和静脉导管等，继发细菌后易发生感染性休克。医院感染患者、老年人、婴幼儿、分娩妇女、大手术后体力恢复较差者更易发生。

二、发病机制及病理

感染性休克的发生和发展是多种因素相互作用、互为因果的综合结果，发病机制极为复杂。20 世纪 60 年代提出的微循环障碍学说得到了多数学者的公认，目前对休克的研究已深入到细胞与分子水平。

1．微循环障碍　在休克的发生和发展过程中，微血管历经痉挛、扩张和麻痹三个阶段。休克初期，由于病原菌及毒素的作用，机体中儿茶酚胺、肾素 - 血管紧张素 - 醛固酮系统、血栓素 A_2、血小板活化因子、白三烯等缩血管因子产生增加，共同作用于微血管，使微血管强烈收缩、外周阻力增高、微循环灌注减少，导致缺血、缺氧；随着休克的进展，无氧代谢产物（乳酸）产生增多，组胺和缓激肽等血管活性物质释放，微动脉和毛细血管前括约肌舒张，而微静脉持续收缩，加之白细胞附壁黏着，使微循环内血流淤滞，流体静压增高，毛细血管通透性增加，血浆外渗、血液浓缩、有效循环血量减少、回心血量进一步降低、血压明显下降，缺氧和酸中毒加剧，氧自由基生成增多，引起广泛的细胞损伤；至休克晚期，血液进一步浓缩、血液黏滞度增高、血管内皮损伤等导致凝血系统激活而发生弥散性血管内凝血，弥散性血管内凝血又可造成微血管血栓栓塞，加剧组织细胞缺血缺氧、大量坏死，致使心、脑、肺、肾等重要脏器功能障碍，甚至出现多脏器衰竭。

2. 休克发生的细胞及分子机制　革兰阴性菌内毒素、外毒素、蛋白酶，革兰阳性菌外毒素、肠毒素、病毒及其代谢产物等均可激活全身炎症连锁反应。革兰阴性菌内毒素可释放入血或直接作用于单核吞噬细胞、中性粒细胞、内皮细胞等效应细胞，产生各种炎性介质，如肿瘤坏死因子（TNF-α）和白细胞介素 -1（IL-1），两者又可进一步引起细胞因子 IL-6、IL-8、IL-12、α- 干扰素及血栓素、白三烯、血小板活化因子等的释放，放大炎症反应。内毒素还可诱导产生趋化因子、黏附分子，激活补体系统和环氧化酶，使花生四烯酸代谢产物前列腺素 E、前列环素和血栓素增多。

炎症反应一旦启动，抗炎反应亦被激活，以调节炎症反应。炎症介质与抗炎介质之间的相互作用在机体抗感染中起着关键作用。炎症介质过度表达，可引起原发性细胞损伤，以及休克、多脏器衰竭；而当抗炎介质过度表达，则可导致细胞炎症反应下降，继发感染的风险增加，最终导致细胞的破坏和感染性休克的发生。

一氧化氮（NO）已被证实是导致低血压的重要介质。内毒素、肿瘤坏死因子、干扰素、血小板活化因子等可刺激巨噬细胞、内皮细胞、血管平滑肌细胞等，激活诱导型 NO 合酶，产生大量 NO，NO 激活鸟苷酸环化酶，使细胞内 cGMP 水平升高，引起血管平滑肌扩张及降低收缩的反应性，造成顽固性低血压和心肌收缩性的抑制，并可增加血管通透性、抑制线粒体呼吸、降低血管平滑肌反应性和增强内毒素对内皮细胞的损害。

中性粒细胞是引起组织损伤以及多脏器衰竭的重要因素。中性粒细胞在感染部位血管中的聚集可造成微循环的机械性阻塞，加重组织缺血、缺氧；其产生的各种介质如羟基自由基、过氧化氢、白三烯、弹性蛋白酶、胶原酶等在组织损伤中也起着重要作用。

3. 休克时的代谢改变　在休克的应激情况下，糖原和脂肪分解代谢亢进。初期血糖、脂肪酸和三酰甘油均升高。随着休克的进展，糖原耗竭，血糖降低，胰岛素分泌减少，胰高糖素分泌增多。休克初期，细菌毒素对呼吸中枢的直接刺激以及有效循环血量降低的反射性刺激引起呼吸加快、过度换气，导致呼吸性碱中毒；继而因脏器氧合致血液灌注不足、生物氧化过程发生障碍、三羧酸循环受抑制、ATP 生成减少、乳酸生成增多，出现代谢性酸中毒，呼吸深大而快；休克晚期，常因中枢神经系统或肺功能受损而导致混合性酸中毒，出现呼吸节律或幅度的改变。

4. 重要脏器的病理变化

（1）肺：肺微血管收缩、阻力增加，动 - 静脉短路大量开放，肺毛细血管灌注不足，氧弥散功能障碍，血氧分压下降。肺毛细血管通透性增加，血浆外渗导致间质水肿。肺表面活性物质减少，肺顺应性降低，易出现肺不张。

（2）心脏：动脉压降至 40mmHg 以下，冠状动脉灌注量明显减少，心肌缺血、缺氧，均可造成心肌损伤，亚细胞结构发生明显改变。代谢紊乱、酸中毒、高血钾等也可影响心功能。发生弥散性血管内凝血时，心肌组织小血管内有微血栓形成。

（3）肾：休克时肾皮质血管痉挛，近髓质微循环短路大量开放，皮质血流减少而髓质血流相对得到保证。休克持续，肾小管因缺血、缺氧发生坏死，间质水肿，可并发急性肾衰竭。

（4）脑：动脉压降至 40mmHg 以下时，脑灌注量不足，导致脑缺血、缺氧，星形细胞肿胀并压迫血管，血管内皮细胞肿胀，导致微循环障碍和血液流态异常加重脑缺氧，ATP 耗尽后钠泵作用消失，引起脑水肿。

5. 肝　肝的微循环障碍、缺血、缺氧可引起肝功能异常、全身代谢紊乱和乳酸盐积聚、屏障功能减弱和弥散性血管内凝血形成。

6. 肠　肠微循环障碍，致使肠黏膜缺血、水肿、出血、通透性增加，使得肠腔内毒素易于被吸收入血而加重休克。

感染性休克根据血流动力学的不同分为两型：

（1）低排高阻型：又称冷休克，血流动力学表现为心排血量降低，外周血管阻力增加。临床表现为面色苍白、四肢厥冷、脉搏细速、尿少等。

（2）高排低阻型：又称暖休克，血流动力学表现为心排血量正常或升高，外周血管阻力降低。临床表现为颜面潮红、四肢温暖、脉搏有力，此类型较少见。

三、临床表现

除引起感染性休克的原发感染疾病的表现外，主要表现为休克。

1. 休克早期　除少数高排低阻型休克外，多数表现为交感神经兴奋的症状，烦躁、焦虑、面色苍白、轻度发绀、肢端湿冷、恶心、呕吐、尿少、心率加快、呼吸急促、血压正常或偏低、脉压变小（≤20mmHg）。

2. 休克中期　患者出现烦躁、嗜睡或意识不清，以及皮肤湿冷，可见花斑，还有呼吸加快、心音低钝、脉搏细数、浅静脉萎陷、血压下降，收缩压低于80 mmHg，少尿或无尿。

3. 休克晚期　症状进一步加重，出现弥散性血管内凝血和多脏器障碍和衰竭。①弥散性血管内凝血：顽固性低血压，皮肤、黏膜广泛出血，血液不凝，及不同部位栓塞症状。②心功能不全：心率加快、心音低钝或可闻及奔马律，心电图可出现心肌损害、心律失常和传导阻滞等。③肾功能障碍：少尿或无尿，血尿素氮和肌酐升高，血钾升高。④急性呼吸窘迫综合征：呼吸急促、发绀、两肺可闻及湿啰音、呼吸音减低、X线显示双肺弥漫性小片状阴影，血氧分压降至60 mmHg以下。⑤脑功能障碍：可出现昏迷、抽搐、肢体瘫痪以及瞳孔、呼吸改变等。⑥肝衰竭：可出现肝性脑病、昏迷和黄疸。⑦胃肠功能障碍：胃肠胀气和消化道出血。

四、实验室检查

1. 血常规　外周血白细胞数增高，可达（10～30）×10^9/L，中性粒细胞数升高并有核左移。血小板降低且持续性减少时应注意弥散性血管内凝血的发生。

2. 尿常规和肾功能检查　急性肾衰竭时，尿比重固定，尿渗透压降低，血尿素氮和肌酐升高，尿钠排泄量＞40mmol/L。

3. 病原学　在使用抗菌药物前常规进行血、尿、痰、便、脑脊液、胸腔积液、腹水和化脓性病灶分泌物的培养，有助于病因诊断，并可根据药敏试验结果调整抗生素的使用。

4. 酸碱平衡和血生化检查　有呼吸衰竭和混合性酸中毒时应作血气分析，监测动脉血pH、血氧饱和度、氧分压、二氧化碳分压和剩余碱等指标。休克患者常有血钠降低，有肾衰竭时血钾升高。

5. 血液流变学检查及弥散性血管内凝血检查　休克时血液黏滞度增高。早期呈高凝状态，随后纤溶亢进转为低凝。发生弥散性血管内凝血时，血小板进行性降低，凝血酶原时间和凝血活酶时间延长，纤维蛋白原减少，纤维蛋白降解产物增多，D-二聚体明显升高。

6. 其他检查　可检测血清降钙素原，如血浓度超过5ng/ml，提示有细菌导致的感染，严重感染性休克患者常超过10ng/ml。鲎试验用于检测内毒素。根据病情还可做心电图、X线、B超等检查。

五、诊断

感染性休克通常可根据患者具有原发性感染和休克的临床表现这两个方面作出诊断。

1. 原发性感染的表现 多数患者能找到原发感染灶。容易引起感染性休克的疾病包括中毒性细菌性痢疾、暴发型脑膜炎球菌败血症、革兰阴性菌败血症、化脓性胆囊炎和胆管炎、急性肾盂肾炎、中毒休克综合征等。患者通常可有寒战、发热、全身中毒症状、外周血白细胞和中性粒细胞升高等感染性疾病的一般表现，也有上述各种疾病的特殊临床表现。

2. 休克的表现 休克早期患者出现面色苍白、皮肤湿冷或花斑、血压下降、脉压减小（≤20mmHg）、脉搏细数、心率加快、呼吸急促、尿少等。晚期可见皮肤瘀斑、出血、意识障碍，可出现弥散性血管内凝血和心、肾、肺、脑等重要脏器的功能障碍和衰竭。

六、治疗

感染性休克的治疗原则是去除病原菌和控制感染、纠正微循环障碍、改善血流动力学和组织灌注、纠正代谢紊乱和维护重要脏器的功能。

（一）病原治疗

控制感染是治疗感染性休克的重要措施。在未获得病原菌前，应根据患者的感染部位及临床表现，推测可能的病原菌，依据以往经验选择抗生素。获得致病菌后，再根据抗生素药敏结果对原有治疗方案作出相应的调整。抗生素选择和应用的原则是：选用强有力、抗菌谱广的抗生素联合用药；采用静脉给药，剂量足，首次可用加倍量。肾功能受损的患者应慎用氨基糖苷类等肾毒性抗生素。在抗菌治疗的同时，还应积极治疗原发感染灶和迁徙性病灶，如充分引流脓肿，去除坏死组织，去除可能污染的内植入物。

（二）抗休克治疗

1. 补充血容量 感染性休克时，由于缺氧和毒素的作用，使毛细血管通透性增加，毛细血管内血液淤滞，血容量不足，回心血量和心排血量减少致使血压下降。因此，扩充血容量是纠正休克的重要措施。扩充血容量治疗所用的液体有晶体液和胶体液。常用的晶体液有生理盐水、5%碳酸氢钠液、复方林格液、2:1液（2份生理盐水，1份1.4%碳酸氢钠）和5%葡萄糖液。常用的胶体液有低分子右旋糖酐、羟乙基淀粉（706代血浆）、血浆、白蛋白和全血。扩充血容量的方法一般采用先快后慢、先多后少的原则，力争在短时间内改善休克状态。一般先补低分子右旋糖酐，有明显酸中毒者可先输5%碳酸氢钠液，以便迅速扩充血容量和纠正酸中毒。补液量应根据患者休克的情况和心、肾功能而定。补液过程中应注意有无肺水肿的征象出现，必要时可监测中心静脉压（central venous pressure，CVP）和肺动脉楔压（pulmonary artery wedge pressure，PAWP）。扩充血容量治疗后应达到组织灌注良好、神志清、口唇红润、发绀消失；收缩压＞90mmHg，脉压＞30 mmHg，脉搏＜100次/分，尿量＞30ml/h；血红蛋白恢复至基础水平，血液浓缩现象消失。

2. 纠正酸中毒 休克时细胞缺血缺氧、代谢紊乱，因此都伴有酸中毒，合并高热时更严重。纠正酸中毒可增加心肌收缩力、改善微循环。常用于纠正酸中毒的碱性药物有5%碳酸氢钠液和乳酸钠液，高乳酸血症和肝功能损害者不宜使用后者。可参照CO_2CP结果计算出5%碳酸氢钠液的输入量：[22- 测得患者CO_2CP（mmol/L）]÷0.449×0.5×体重（kg）= 所需5%碳酸氢钠液量（ml）。

3. 血管活性药物的使用

（1）扩血管药：①抗胆碱能药物：有阻断交感神经、解除微血管痉挛、兴奋呼吸中枢、解除支气管痉挛的增加通气量、提高血氧分压的作用。常用的有阿托品、山莨菪碱、东莨菪碱等。山莨菪碱用法和剂量：成人每次10～20mg，儿童每次0.3～2mg/kg；阿托品：成人每次 0.3~0.5mg，儿童每次 0.03~0.05mg/kg；东莨菪碱：成人每次 0.3~0.5mg。上述抗胆碱药物每 10~15 分钟静脉注射一次，至面色红润、四肢转暖、尿量增多、脉搏变强和血压升高后，可逐渐减量和延长给药间隔，如用药 5~6 次后症状仍无改善，则应改用其他扩血管药物。②α-受体阻滞剂：可去除去甲肾上腺素引起的微血管痉挛和微循环淤滞，可使肺循环内的血液流向体循环，防止肺水肿的发生。常有的药物有酚妥拉明、氯丙嗪等。酚妥拉明起效快，剂量为 0.1~0.5mg/kg，加入 100ml 葡萄糖液中缓慢静脉滴注，心肌梗死和心力衰竭患者不宜使用，必要时应和去甲肾上腺素同时滴注以防血压骤降。③β-受体兴奋剂：有增加心肌收缩力、加快心率和扩血管的作用。常有的药物为异丙肾上腺素，剂量为 0.1~0.2mg 加入到 100ml 液体中，静脉滴注剂量：成人 2~4μg/(kg·min)，儿童 0.05~0.2μg/(kg·min)。治疗后，心率以成人不超过 120 次/分、儿童不超过 140 次/分为宜。④多巴胺：按使用剂量的不同，分别兴奋多巴胺受体、β受体和α受体。使用小剂量 2~5μg/(kg·min) 时，主要兴奋多巴胺受体，内脏血管扩张，肾血流量增加，尿量增多；剂量为 6~15μg/(kg·min) 时，主要兴奋β受体，使心肌收缩力增强，心输出量增加，但对心率影响较小，很少引起心律失常；剂量超过 20μg/(kg·min) 时，兴奋α受体，肾血管收缩。多巴胺是治疗休克的常用药物，对心功能不全、少尿的患者疗效较好。使用剂量一般为 10~20mg 加在 100ml 液体中，以 2~5μg/(kg·min) 的滴速度静脉滴注，根据血压情况调整剂量和滴速。

（2）缩血管药：有下列情况时应考虑应用缩血管药物：①血压下降明显需迅速升高血压，以保障心、脑等重要脏器的血液供应时。②血流动力学呈高排低阻型休克。③与α-受体阻滞剂合用，防止血压骤降。④应用扩血管药物治疗病情未见好转。常用药物有间羟胺（阿拉明）和去甲肾上腺素。间羟胺剂量为 10~20mg 加在 100ml 液体中，滴速控制在每分钟 20~40 滴。去甲肾上腺素剂量为 0.5~1mg，加在 100ml 液体中，滴速 4~8μg/min。

4．维护重要脏器功能

（1）心功能的维护：重症休克和休克晚期常并发心功能不全，老年人和幼儿尤易发生。出现心功能不全的征象时，应严格控制静脉输液量和速度，给予强心药物毛花苷 C（西地兰）或毒毛花苷 K，可给予多巴胺等血管活性药物或血管解痉剂（须与去甲肾上腺素同时使用），维持电解质和酸碱平衡，并给予吸氧和大剂量使用糖皮质激素。

（2）肺功能的维护及防治急性呼吸窘迫综合征：经鼻导管或面罩间歇加压吸氧，可保持呼吸道通畅，解除呼吸道痉挛，清除呼吸道分泌物，控制呼吸道感染，必要时可做气管插管或气管切开；如氧分压仍不能达到 ≥60mmHg，应考虑给予呼气末正压通气（positive end-expiratory pressure，PEEP）；给予血管解痉剂降低肺循环阻力，控制液体入量，尽量减少晶体液的用量，以减轻肺水肿；大剂量糖皮质激素也可促进肺水肿的消退；肺表面活性物质的应用也利于急性呼吸窘迫综合征的逆转。

（3）维护肾功能，防治急性肾衰竭：休克患者出现少尿、无尿、氮质血症等时，应鉴别其是否为肾前性少尿和急性肾衰竭。当血容量已补足，血压基本稳定，但尿量仍少时，可快速静脉滴注 20% 甘露醇 100~300ml，或静脉注射呋塞米 40mg，若尿量仍不增加，则应考虑急性肾衰竭。

（4）脑水肿的防治：吸氧、头部降温；给予山莨菪碱等血管解痉剂、渗透性脱水剂如甘露醇、山梨醇等或呋塞米；大剂量糖皮质激素的使用也可防止脑水肿的发生和发展。

（5）弥散性血管内凝血的防治：弥散性血管内凝血是感染性休克的严重并发症。弥散性血管内凝血一经诊断，则应给予肝素治疗。剂量为每 4~6 小时静脉推注或静脉滴注 1mg/kg，使凝血时间控制在正常值的 2 倍以内，弥散性血管内凝血控制后方可停药。弥散性血管内凝血后期继发纤溶成为出血的主要原因时，可加用抗纤溶药物。

5．糖皮质激素的应用　糖皮质激素在感染性休克治疗中是否使用，目前意见尚不统一。

多数学者认为糖皮质激素具有以下作用：降低外周血管阻力、改善微循环；增强心肌收缩、增加心搏血量；维护血管壁、包膜和溶酶体膜的完整性和稳定性；减轻毛细血管渗漏；稳定补体系统，抑制中性粒细胞的活化；拮抗内毒素，减轻中毒症状等。目前国内多采用中等剂量治疗，氢化可的松 300～500 mg/d 或地塞米松 20～40mg/d，用药 1～2 天，休克纠正后停药。

七、预后

感染性休克的预后取决于下列因素：治疗是否及时、方法和措施是否正确，感染的控制是否及时有效。治疗后神志转清醒、四肢变暖、皮肤花斑及发绀消失、尿量增多、脉搏增强、血压升高和脉压加大，常提示疗效好，预后好。晚期休克患者表现为难治性休克，伴有严重酸中毒、弥散性血管内凝血、重要脏器衰竭的预后差。同时伴有其他基础疾病如糖尿病、肝硬化、白血病、淋巴瘤、心或肾功能不全等患者预后差，病死率高。

（祁　伟）

第六章　螺旋体感染

第一节　钩端螺旋体病

钩端螺旋体病（leptospirosis）是由一组致病性钩端螺旋体（Leptospira，简称钩体）引起的自然疫源性传染病，因人畜普遍易感，又称人畜共患病。主要传染源为鼠和猪等，人接触疫水而感染。临床特征为起病急，畏寒、高热、头痛，伴结膜充血、腓肠肌痛及淋巴结肿大，重症表现为黄疸、出血、肺大出血，可因肝、肾衰竭死亡。本病各大洲均有流行，在热带地区是重要的公共卫生问题。我国有本病的流行及自然疫源地，以长江流域以南地区多见。

一、病原学

钩端螺旋体长 $6\sim20\mu m$，直径 $0.1\sim0.2\mu m$，为革兰染色阴性，也可用特殊的镀银染色。一端或两端弯曲呈钩状，且有 $12\sim14$ 个细密规则的螺旋，可沿长轴旋转成 C 状或 S 状旋转前进。钩端螺旋体可经完整黏膜或破损皮肤侵入，故本病又被称为透皮传染病。钩端螺旋体培养时微需氧，在特殊含 $5\%\sim10\%$ 兔血清的柯氏培养基中，$28\sim30$℃需 1 周以上才能生长。钩端螺旋体由菌体、轴丝及外膜组成，外膜有很强的抗原性，钩端螺旋体含有四种特异性抗原，即属特异性蛋白抗原、种特异性抗原、群特异性抗原及型特异性抗原。据此，钩端螺旋体可分为 23 个血清群、200 个以上的血清型。所有钩端螺旋体均属问号钩端螺旋体种。迄今，钩端螺旋体的分类主要以血清学反应为准。各型致病性钩端螺旋体外膜蛋白抗原及内鞭毛 B 蛋白抗原的编码基因之间有很高的保守系列，故为制造广谱的 DNA 疫苗提供了可能性，我国已发现 19 个血清群及 74 个血清型，常见的致病群、型见表 6-1。

表6-1　我国常见的钩端螺旋体致病群、型

群	型
黄疸出血群（Icterohaemorrhagiae）	赖（Lai）
犬群（Canicola）	犬（Canicola）
秋季热群（Autumnalis）	秋季热（Autumnalis）
澳州群（Australis）	澳州（Australis）
波摩拿群（Pomona）	波摩拿（Pomona）
流感伤寒群（Grippotyphosa）	流感伤寒型（Grippotyphosa）
七日热群（Hebdomadis）	七日热型（Hebdomadis）
巴达维亚群（Bataviae）	巴叶赞（Paidian）

上述群、型中以黄疸出血群毒力最强、病情最重；波摩拿群分布最广。钩端螺旋体在外界冷、湿及弱碱性的环境中抵抗力强，易于生存，在 $69\%\sim70\%$ 湿度的土壤中可存活一冬，甚至存活 270 余天仍具有致病能力，在 -20℃中可存活 3 个月。但对干燥及热敏感，在干燥下易

死亡。在 50～60℃ 环境中 10～20 分钟即死亡。对常用消毒剂均敏感。

二、流行病学

1. 传染源　鼠类是本病在自然界中的主要宿主及传染源，约 20 余种鼠类带菌，另有 80 余种动物中可感染或带菌，多为储存宿主，家畜中猪、犬、马、牛、猫以及蛙类均易感。我国已从 67 种动物中分离出钩体。其中南方以田间的野鼠——黑线姬鼠为主要传染源，北方以猪和犬类为主要传染源。钩端螺旋体在哺乳动物宿主的肾小管中繁殖，并可随尿排出，污染环境（水、土壤）使人受染。患者可经尿液排菌，但量少、时间短、污染环境范围小，故患者不是主要传染源。

2. 传播途径　皮肤或黏膜有轻微破损的人，直接接触含有钩端螺旋体的疫水即可受到感染。在南方接触到被黑线姬鼠含有钩端螺旋体的尿液污染的环境，农民或下田收割的人员均可能受到感染（赤足接触污染的稻田水与土壤），称稻田型；在北方，猪和犬的含钩端螺旋体尿在雨季和洪水泛滥时可污染环境使人感染，称为雨水型或洪水型。以上两种特定的环境及特定的感染方式在上述地区可出现局部流行或大流行。饲养或屠宰家畜、接触病畜排泄物及血液可被感染。误食被含钩端螺旋体鼠的尿污染的食物或水可经消化道黏膜感染。下水道作业者、矿工及渔民等感染则多为散发病例。人偶可经实验室感染。

3. 易感人群　人群普遍易感，感染后（包括隐性感染者）仅对同型钩端螺旋体产生较持久的免疫力，但型与型之间无交叉免疫。本病具有明显的职业性：农民、牧民（包括狩猎者）、屠宰工人、矿工、下水道工人及渔民等为重要的易感人群。

4. 流行特征　本病具有季节性、地方性及流行性的特征。因钩端螺旋体适宜在一定的温度与湿度中生存，钩端螺旋体病发病与洪涝灾害和降雨量多少有着密切关系，故流行季节多为多雨的夏秋季。南方因稻田型而发生流行甚至大流行，北方则多在暴雨或洪水之后，多为雨水型或洪水型，在非流行期间则多为散发病例。钩端螺旋体病为自然疫源性疾病，分布广泛，世界各大洲均有流行，尤以热带及亚热带地区多见；我国除新疆、甘肃、青海、宁夏外，其他 27 个省（市）、自治区均有病例报告（未包括台湾省）。多数地区均有钩端螺旋体病的散发病例。每年 6—10 月为发病的高峰季节。黑线姬鼠常携带黄疸出血群钩端螺旋体，致病力强，临床表现最重，猪则多带波摩拿群钩端螺旋体，犬带犬群钩端螺旋体，后两种钩端螺旋体致病力较弱。近年来，肺大出血型病例增多。

三、发病机制

钩端螺旋体自破损的皮肤（黏膜）侵入，经淋巴或毛细血管直接进入血流，繁殖并产生毒素，毒素导致全身毒血症症状，即钩端螺旋体败血症，此时若无明显组织、器官受损表现，则临床上称为感染中毒型（又称流感伤寒型及单纯型）。在败血症期间疾病进展，钩端螺旋体可侵入所有组织、器官，尤以肺、肝、脑、肾等实质脏器损害更为多见，可出现黄疸、出血、弥漫性肺出血、脑膜脑炎等相应临床类型的不同表现。但靶器官的损害程度与钩端螺旋体存在的数量并不平行，故认为组织器官的损害主要是不同程度的功能障碍，乃因钩端螺旋体毒素与组织器官间反应的结果，其病理基础是全身毛细血管的损伤。后期因抗钩端螺旋体抗体滴度增加，血中的钩端螺旋体数量减少到消失，但机体可发生超敏反应而出现后发热、眼部及神经系统疾病等后发病。此时肾中的钩体仍可继续繁殖而不受血中抗体的影响，且可随尿液排出体外。

肝、肺、肾等组织、器官的功能障碍严重但病理形态改变轻微，其基本病理变化是各组织、器官的毛细血管感染中毒性损伤。因组织病变轻微，故临床治疗后易逆转恢复而不留任何后遗症。肝可见肝细胞变性坏死、肿胀、肝实质炎症细胞浸润及肝内胆管胆汁淤积，镜下肺微血管广泛充血。肉眼见肺广泛点状出血，如出血扩展成大片融合性出血时，肺外观似肝样实变，患者可因窒息死亡，但电镜下仅见到毛细血管内皮连接处有红细胞溢出的缺口。肾则有间质水肿及炎症细胞浸润、肾小管退行性变，但肾小球变化不明显，脑和脑膜也可见血管损伤与炎症细胞浸润。眼后发症表现为虹膜睫状体炎或全眼炎。以上各脏器的病理变化均为非特异性的中毒性改变。

四、临床表现

潜伏期2～28天，平均10天。临床表现轻重不等，亚临床感染多见。疾病过程可分为3期4型：

1. 早期（钩端螺旋体败血症期） 钩端螺旋体进入血流，繁殖并产生毒素所致感染中毒，表现为全身感染中毒症状，是各型钩端螺旋体病早期共有的临床表现。起病急，有稽留热，伴乏力、头痛、腰肌痛及腓肠肌痛。体检发现眼球结膜充血、腓肠肌压痛及淋巴结肿大。以上称为"三症状"（寒热、酸痛、全身乏力）及"三体征"（眼结膜充血、腓肠肌压痛及淋巴结肿大）。90%以上患者1～3天恢复，5～10天逐渐自限。如不伴有明显的组织、器官损害，即称为感染中毒型（也称为流感伤寒型或单纯型）。

2. 中期（器官损害期） 在早期感染中毒败血症的基础上，出现组织、器官损害时，可呈现黄疸出血型、肺出血型、脑膜脑炎型及肾衰竭型。40%～72%的患者表现为低血压休克型，临床表现与肾病综合征出血热相似。

（1）感染中毒型（流感伤寒型、单纯型）：仅有全身感染中毒症状，不伴有明显的组织、器官损害，也可直接发展到免疫反应发展阶段（后发症表现）。少数人可经败血症期后出现不同器官损害而表现为以下各种临床类型。

（2）黄疸出血型（又称外耳病）：初期表现为全身感染中毒症状，3～5天后出现明显的恶心、纳差、进行性黄疸，及出血倾向，如皮肤、黏膜瘀点、瘀斑、鼻出血、咯血、便血表现，肝功能检查明显异常。约90%的病例同时出现不同程度的肾损害，如蛋白尿、镜下血尿、氮质血症直至发生急性肾衰竭。肾衰竭是黄疸出血型的主要死亡原因，肝衰竭及大出血（如肺出血及消化道出血）为次要的死亡原因。黄疸出血群钩端螺旋体是本型主要的致病钩体。轻型黄疸患者如无出血倾向和肾衰竭也可自行恢复。如有肺出血表现则与肺大出血型同时存在，预后凶险。

（3）肺出血型：为钩端螺旋体病致死的主要类型。近年来，国内外肺弥漫性大出血病例增多，肺出血多在钩端螺旋体败血症的基础上，在病程的第3～4天表现为肺出血：轻者仅痰中带血，肺部体征不明显或有少许湿啰音，X线显示两肺散在点状或小片状阴影。严重者表现为肺弥漫性大出血。可痰中带血或咯血，因咯出血液不易凝固，重者口、鼻涌血导致窒息，亦有肺弥漫出血严重但无咯血。在广泛肺微血管出血的基础上，患者伴严重的呼吸、循环功能障碍，出现烦躁、气促、心悸、发绀、面色苍白、脉搏加快等，肺部可闻及广泛的湿啰音，肺部X线可见融合的大片阴影。下列因素常可诱发肺大出血：a. 钩端螺旋体系黄疸出血群，毒力强且侵入数量大；b. 未及时治疗和休息；c. 患者免疫功能低下；d. 青霉素治疗出现赫克斯海默尔反应（Jarisch-Herxheimer reaction，简称赫氏反应）。

（4）脑膜脑炎型：本型少见，在初期毒血症的基础上3～4天出现头痛、呕吐、昏睡、昏迷、谵妄等神志改变，还可出现抽搐及瘫痪、脑膜刺激征及病理反射。重症患者出现脑水肿甚至脑疝，脑脊液检查压力升高，蛋白增高，白细胞小于$500×10^6$/L，以单核细胞为主。脑脊液可培养出钩端螺旋体，阳性率约为50%。脑膜炎同时伴脑炎（脑实质损害）表现者预后较差。

肾衰竭型很少单独出现，故不单列一型。

3．后期（恢复期或后发症期）

（1）后发热：多在热退后 3～4 天再次发热，多轻微，不伴有钩端螺旋体败血症，体温在 38℃ 左右，1～3 天可自愈，血中嗜酸性粒细胞增多，但血中钩端螺旋体培养阴性。

（2）后发性反应性脑膜炎：多与后发热同时或先后出现脑膜炎的症状和体征，但脑脊液中钩端螺旋体培养阴性，末梢血中嗜酸性粒细胞增多。

（3）闭塞性脑动脉炎：出现较晚，多于隐性感染后 2～6 个月出现，因脑缺血造成进行性瘫痪或失语，脑血管造影示基底动脉炎，经 1～2 个月多数可恢复。

（4）眼部后发症：多在热退后 1 周至 1 个月时出现，可有虹膜睫状体炎、葡萄膜炎、球后视神经炎、脉络膜炎、玻璃体混浊甚至全眼炎，多见于波摩拿群钩端螺旋体感染者。

五、诊断及鉴别诊断

1．流行病学资料　职业、发病季节、接触疫水史。

2．临床表现　流行期间诊断较易。对散发病例，应注意早期钩端螺旋体败血症期的中毒症状，因为不具有特殊性故容易误诊。因此，流感伤寒型应该与流行性感冒、伤寒、败血症、伴有肾综合征的流行性出血热等疾病鉴别；黄疸出血型应与病毒性肝炎、肾综合征出血热鉴别；肺出血型应与大叶性肺炎、中毒休克型肺炎、肺结核等鉴别；脑膜脑炎型应与结核性脑膜炎、病毒性脑膜炎鉴别。

3．实验室检查

（1）常规检查：白细胞总数正常或轻度升高，中性粒细胞升高，红细胞沉降率加快（50%），尿中有蛋白、管型或红、白细胞。肝功能异常。

（2）特异性检查：①病原分离：发病 1 周内做血培养阳性率为 20%～70%，应用含兔血清的柯氏培养基，但至少 1 周才能生长，培养阳性即为确诊依据。也可做脑脊液、尿液及淋巴结穿刺培养。②动物接种：发病 1 周内采血接种于幼龄豚鼠或仓鼠。

（3）血清学检查：显微镜凝集试验是目前国际公认的血清学检验方法，它是以活菌（钩端螺旋体）作为抗原加入待测血清，如发生凝集且效价 > 1∶400 即为阳性，也可以急性期及恢复期双份血清检测抗体，如效价有 4 倍增高同样为阳性，可确定诊断。本试验有特异性，但不是早期诊断方法。酶联免疫吸附试验阳性出现较早，敏感性较高。酶免疫斑点法为国内首创，敏感性与特异性均较高，操作简单，仅需 1.5～2.5 小时即可出结果，适合于在基层治疗单位推广。

（4）分子生物学检测：PCR 法检测钩端螺旋体的 DNA 可作为早期诊断，但应除外假阳性。DNA 限制性内切酶图谱分析法、核苷酸序列分析等方法均可用于钩端螺旋体的分类、鉴定和分子流行病学等调查，也可用单克隆抗体分型，以提高试验的敏感性与特异性。

六、治疗

钩端螺旋体病表现复杂，病情轻重悬殊，应密切观察病情变化，故强调"三早一就"（早发现、早诊断、早治疗、就地治疗）、绝对卧床。应保证营养与热量，维持水与电解质的平衡，供给富含 B、C 族的多种维生素，给氧，防止继发感染。治疗包括病原治疗与对症治疗。

1．病原治疗　青霉素为首选药物，目前尚未发现耐药钩端螺旋体。早期应用抗生素治疗可有效地缩短败血症所致的发热期，进一步减轻各器官的损害，减轻症状，防止疾病向重型发展。赫氏反应多在应用首剂抗生素后 2～4 小时（0.5～6 小时）发生（18%～70%）。赫氏反应乃因钩端螺旋体在短期内被药物杀灭，菌体裂解时释放大量菌体异体蛋白和毒素所致，表现为高热、寒战、血压下降甚至休克等。赫氏反应极易诱发肺弥漫性大出血。故治疗宜从小剂量开始：首剂40万～80万U，每6～8小时一次，肌内注射，每日总量160万～240万U，同时可静脉推注地塞米松5～10mg，8小时一次，疗程5～7天或热退后3天停药；首剂用药后应加强监护。重型患者可给予青霉素600万～800万U/d，分次静脉滴注，同时加用氢化可的松以避免发生赫氏反应，对病程已达4天的钩端螺旋体患者给予抗生素治疗仍可奏效。对青霉素过敏者可换用其他抗生素（链霉素、庆大霉素、四环素、氯霉素、多西环素、吉他霉素及头孢菌素类）。

2. 对症治疗　糖皮质激素的应用：①重症钩端螺旋体患者高热>40℃、血压下降或极重症黄疸出血型钩体病可用1～3天。②先兆肺大出血患者，可给予地塞米松30～40mg或氢化可的松100～200mg静脉推注，1小时1次，以后地塞米松40mg或氢化可的松200mg维持2～3天。其他包括降温、镇静、吸氧、强心等。

3. 各型钩端螺旋体病的处理

(1) 黄疸出血型：应参照急性重型肝炎的治疗。避免使用对肝、肾有损害的药物。有出血倾向者给予维生素K治疗（维生素K_1 30～40mg/d），可给予新鲜血及人血白蛋白、糖皮质激素。肾功能不全者可行透析治疗，注意水、电解质及酸碱平衡。

(2) 肺出血型：给予异丙嗪、氯丙嗪或水合氯醛、地西泮等镇静。患者卧床。输液速度应小于1ml/min。心率大于100～120次/分时，给予血管活性药以免引起肺动脉高压诱发肺出血。发生肺弥漫性大出血时，准备气管切开及呼吸机，可给予输血、糖皮质激素。

(3) 脑膜脑炎型：可用20%甘露醇250ml静脉注射脱水，以防止和治疗脑水肿及防止脑疝，可配合地塞米松10～20mg/d静脉滴注以减轻脑水肿。

(4) 后发症：后发热及轻症的眼部后发症常无须特殊治疗，可自行缓解。闭塞性脑动脉炎及严重后发症可针对机体变态反应给予糖皮质激素治疗。

七、预防

1. 控制传染源　灭鼠防鼠、对家养的猪及犬加强管理（避免粪、尿对环境的污染）。
2. 切断传播途径　加强个人防护，减少或避免与疫水的接触。
3. 保护易感人群　应用多价钩端螺旋体菌苗对疫区重点人群接种，应在流行季节前1个月（4—5月份）完成。第1次皮下注射1ml，7～10天后注射2ml，以后每年需注射2次，当年保护率可达95%，未注射菌苗但接触疫水者，可口服多西环素200mg，每周1次，保护率约为90%。目前已研制活菌苗、纯化苗及广谱的DNA疫苗。

（袁　宏　陈　琳）

第二节　莱姆病

莱姆病（Lyme disease）又称蜱媒螺旋体病（tick-borne spirochetosis），是由伯氏包柔螺旋体（*Borrelia Burgdorferi*）引起的、蜱为传播媒介的传染病，鼠类为其传染源，属于自然疫源性疾病。临床主要表现有发热和皮肤游走性红斑，可导致心脏、神经及关节等多器官系统损害，病程长，致残率高。

一、病原学

病原为伯氏包柔螺旋体，属于螺旋体科，疏螺旋体属。

1. 形态及染色　为体长10～40μm、直径0.2～0.4μm的大而稀疏的有3～10个粗浅而不规则螺旋的螺旋体。电镜下观察其末端有数条鞭毛。革兰染色呈弱阳性,吉姆萨染色为淡红的蓝色,镀银及免疫荧光染色显色良好,可在暗视野及位相显微镜下检出。

2. 分型和抗原性　分型主要采用基因分型方法。目前分为10个基因型,其中狭义疏螺旋体、伽氏疏螺旋体和阿弗西尼疏螺旋体3个基因型对人有致病力。伯氏包柔螺旋体有30多种蛋白,其中鞭毛蛋白(分子量41)使人体产生特异性IgM抗体,感染后6~8周达高峰,以后下降,可用于早期诊断。外膜蛋白(分子量31及34)致机体产生特异性IgG及IgA抗体,感染后6~8周产生,可保存多年,可用做诊断及流行病学调查。

3. 生物学特性　伯氏包柔螺旋体在微需氧环境下生长,在含兔血清的培养基上生长良好,亦可用BSK培养基,我国将其用做培养脾上皮细胞的培养基。螺旋体在33~35℃下缓慢生长,约12小时繁殖一代。对潮湿、低温抵抗力强,对热、干燥及一般消毒剂敏感。

二、流行病学

1975年美国康涅狄格州莱姆(Lyme)镇首次发生此病,1978年确定硬蜱为其传播媒介,1980年以其最初流行地区正式命名为莱姆病,1982年从蜱体内分离出螺旋体,1984年将其病原体命名为伯氏包柔螺旋体。螺旋体病呈全球分布,我国在1985年首次在黑龙江省海林县发现本病,以后在黑龙江省其他地区、新疆、安徽、河南、内蒙古、宁夏、广西、福建、云南及北京等19个省、市、自治区有病例报告,人群平均感染率为5.33%。

1. 传染源　目前发现鼠、鹿、兔、狐及狼等30余种野生动物、40余种鸟类和多种家畜均可为伯氏包柔螺旋体的贮存宿主,但啮齿动物鼠为主要传染源。我国报告的鼠类有黑线姬鼠、大林姬鼠、褐家鼠及白足鼠等。患者由于仅在病程早期有短暂的病毒血症,故认为不是主要传染源。

2. 传播途径　本病通过虫媒传播,硬蜱(主要是雌性)为其传播媒介。感染后伯氏包柔螺旋体在其肠道内繁殖,蜱叮咬人或动物时,随其粪便或反流经唾液传播。伯氏包柔螺旋体可存在于蜱的脑、输卵管、阴道及卵巢内,且可在蜱体内经卵传代,故蜱亦是贮存宿主。传媒蜱类可因不同地区而异,美国主要是达敏硬蜱和太平洋硬蜱,欧洲主要是蓖子硬蜱,我国则主要是全沟硬蜱及嗜群血蜱。蚊、马蝇及鹿蝇等亦可感染传播而成为本病的传播媒介,此外亦发现有输血或母婴垂直传播。

3. 人群易感性　人群普遍易感,在林区及农村居住和工作的人感染机会多,故本病发生常与旅游、野营及狩猎有关。隐性感染与显性感染之比例约为1∶1,其中5%~8%为亚临床型感染。感染后血中存在高滴度抗体且持续多年,但仍可见重复感染发病,故认为其产生的特异性IgG抗体不具有保护性。

4. 流行特征　本病全年均可发病,6—10月多发,尤其在6、7月为高发。青壮年发病率高,且与职业相关,室外工作者多发。

三、发病机制及病理

(一)发病机制

人被受染的雌性蜱叮咬后,数小时后伯氏包柔螺旋体由皮肤原发灶向其周围扩散,引起多个环形的皮肤损害。伯氏包柔螺旋体侵犯淋巴结引起淋巴结肿大,并可通过微血管及淋巴管进入血液循环引起螺旋体血症,大量繁殖并释放内毒素样物质,引起发热及全身中毒症状;侵犯单核-巨噬细胞系统及多个脏器,引起肝、脾大及多脏器、多系统损害。伯氏包柔螺旋体可长期潜伏在入侵部位皮肤及受累的组织器官中,并持续造成病变。

螺旋体的脂多酯具有内毒素的许多生物学活性，可非特异性激活单核细胞、吞噬细胞、滑膜纤维细胞、B细胞和补体，并产生多种细胞因子（IL-1、TNF-α、IL-6等）。此外，病原体黏附在细胞外基质、内皮细胞和神经末梢上，诱导产生交叉反应，并能活化与大血管闭塞发生有关的特异性T和B淋巴细胞，引起脑膜炎、脑炎和心脏受损。因此，免疫复合物也参与其组织损伤形成过程，血清IgM和含有IgM的冷球蛋白升高提示神经系统、心脏和关节等器官受累。且认为免疫遗传因素，如人类白细胞抗原（human leukocyte antigen，HLA）-DR 2、HLA-DR 3及HLA-DR 4与本病的发生相关。

（二）病理

1. 早期皮肤损害　受损皮肤血管充血，周围有浆细胞及淋巴细胞浸润，晚期则以浆细胞浸润为主，并有内皮细胞增生、上皮增厚及轻度角化，表现为移行性红斑（erythema migrans，EM），皮损出现早，持续时间长，故称之为慢性移行性红斑（erythema chronicum migrans，ECM）。

2. 中期　中枢神经系统尤其是颅神经和心脏病变为主要病变，可有进行性脑脊髓膜炎及脱髓鞘病变。脑皮质血管周围、脑神经如动眼神经和面神经及心肌均有单核细胞浸润。

3. 晚期　病变主要由免疫病理损伤引起，可检出血清循环免疫复合物。神经病变处血管壁增厚，周围淋巴细胞浸润，并有脱髓鞘病变；关节损害以膝关节损害最多见，关节滑膜囊呈软组织增生、皮肤脱色萎缩、胶原增粗而类似硬皮病样表现。

四、临床表现

潜伏期一般为7～9天（可达3～30天）。典型临床经过分三期，可依次或重叠出现。

1. 第一期（皮肤损害期或早期）　主要特征是慢性移行性红斑，约90%患者于蜱叮咬后数日至数周内出现慢性移行性红斑，首先在蜱叮咬处出现斑疹或丘疹，数日后向周围扩散为一个大的圆形或椭圆形充血性皮损。外周为鲜红色，中央苍白并可有水泡或坏死。随着病程延长皮损逐渐扩大，直径为6～68cm（平均16cm），多见于大腿、腹股沟及腋窝处，伴有瘙痒和烧灼感。25%～50%的患者有多个斑疹或丘疹（2～100个）。皮肤病变一般在3～4周（可为1天至数月）消退，多不留痕迹，偶留有瘢痕或色素沉着。同时有发热、头痛、全身肌肉关节痛及呕吐等流感样症状，淋巴结及肝、脾大。此期平均持续1周。

2. 第二期（感染扩散期或中期）　神经系统病变多在慢性移行性红斑2周后出现，主要有颅神经炎、脑膜脑炎和神经根炎三大症状。15%～20%患者有脑膜炎表现，亦可有脑炎、颅神经炎及运动感觉神经炎，多表现为面瘫和（或）动眼神经瘫痪及单或双侧运动或感觉障碍，亦可有舞蹈病、小脑共济失调及脊髓炎等。症状可持续数周至数月或更长。还可有健忘、注意力不集中或嗜睡等精神异常表现。发病3～5周后，8%～10%患者可出现心血管系统损害，表现为心音低钝、心动过速或房室传导阻滞，以Ⅰ度或Ⅱ度房室传导阻滞最多见，严重者可发生完全性房室传导阻滞。少数患者有心房颤动或心包炎等表现。可持续数日至数周，心脏病变多较轻，持续时间短，可完全恢复。少数病例可有结膜炎、虹膜炎及全眼炎等眼部病变。

3. 第三期（持续感染期或晚期）　为机体的迟发型变态反应所致，病程已有数月以上，不易检出伯氏包柔螺旋体，且抗生素治疗疗效差。此期主要病变是关节损害，为反复发作的对称性多关节炎，以大关节如膝、踝或肘关节病变最常见，偶见指、趾关节。有关节疼痛并伴肿胀和积液，积液内嗜酸性粒细胞及蛋白均升高，并可检出伯氏包柔螺旋体。病程可持续数年。同时，神经系统病变继续加重，表现为痴呆、嗜睡、昏迷、共济失调及痉挛性下肢瘫痪，还可有吉兰-巴雷综合征、肢体远端感觉异常或根性疼痛。局部皮肤病变处可有类似硬皮病改变，有的呈慢性萎缩性肢皮炎（acrodermatitis chronic atrophicans，ACA），手、腕、足或踝部皮肤呈紫红色或青紫色，伴皮肤萎缩。并可有肝、脾、淋巴结肿大，肝功能异常及间质性肾炎。还可偶见疏螺旋体淋巴细胞瘤，多发生在蜱叮咬处，常见于儿童耳廓或成人乳头、乳晕处，为直径1～5cm的蓝红色小结节或斑，伴压痛及局部淋巴结肿大。病程长，可持续数月甚至1年以上。亦可与慢性移行性红斑及本病的其他皮肤、神经系统或关节病变同时存在。此外，亦有伯氏包柔螺旋体引起的脂膜炎、骨髓炎、葡萄膜炎和肺炎的个例报告。

本病可有母婴传播引起的先天感染，可有早产或死胎，婴儿可有先天性心脏病、指（趾）畸形及中枢性失明等。从死亡者的脾、肾及骨髓中可检出伯氏包柔螺旋体。

五、实验室检查

1．血液检查　WBC 计数多正常，红细胞沉降率加快。

2．病原学检查

（1）涂片染色：取病损皮肤、淋巴结或脑脊液等标本涂片，镀银染色用暗视野显微镜，可检出伯氏包柔螺旋体，检出率低。

（2）病原体培养：病程早期取血或皮损处取材做伯氏包柔螺旋体培养。螺旋体在特殊培养基上缓慢生长。病原体培养阳性率低。

（3）PCR 法检测伯氏包柔螺旋体 DNA：可取血、尿、脑脊液或皮肤检测，但应除外假阳性。

3．免疫学检查　检测血清或脑脊液中的特异性抗体为目前确诊本病的依据。特异性 IgM 抗体在慢性移行性红斑出现 2～4 周即可检出，6～8 周达高峰。特异性 IgG 抗体病后 6～8 周开始升高，4～6 个月达高峰，可持续数年。可用间接免疫荧光法、ELISA 或免疫印迹法检测，后者更敏感。单份血清 IgM ≥ 1∶64 或 IgG 效价 ≥ 1∶128 或双份血清抗体效价有 4 倍以上增高者，均有诊断价值。但注意病程早期可有假阴性反应，或在其他螺旋体感染或自身免疫疾病时可出现假阳性反应。

六、诊断及鉴别诊断

（一）诊断

1．流行病学史　去过流行疫区，有蜱咬史。

2．临床表现　皮肤出现慢性移行性红斑有重要的诊断价值，其后出现神经系统、心脏及关节炎病变，应高度怀疑本病。

如无慢性移行性红斑，但有反复发作的关节炎，且有上述流行病学资料，亦应做相应的病原学和（或）血清学检测。血或脑脊液中检出特异性 IgM 和（或）IgG 抗体即可确诊。

我国 CDC 制订了莱姆病的临床诊断标准：①发病前数天或数月到过疫区，有蜱暴露或叮咬史。②有典型的皮肤损害，慢性移行性红斑直径大于 5cm。③有脑膜脑炎、颅神经炎（特别是面神经麻痹）、神经根炎或其他神经系统损害。④有心脏损害并能排除有关疾病。⑤有单个或多个关节炎。⑥病原学检查阳性，或血清特异性抗体阳性 [抗体阳性滴度为：IgG ≥ 1∶128 或（和）IgM ≥ 1∶64]，或双份血清抗体滴度升高 4 倍以上。在莱姆病疫区，凡具备上述①、②条者即可作临床诊断，具有①、⑥条及②、⑤条中任何一条或一条以上者，可确诊为莱姆病。而在非疫区，莱姆病病例的确诊必须同时具备②和⑥条，或③～⑤条中的任何两条加上⑥条，方可诊断为莱姆病。

（二）鉴别诊断

1．皮肤损害　应与其他原因引起的红斑及硬皮病鉴别。

2．神经系统病变　应与其他病原引起的无菌性脑膜炎、颅神经炎、神经根炎及吉兰 - 巴雷综合征等鉴别。

3．心脏病变 应与其他原因引起的心肌炎、心律失常及房室传导阻滞等鉴别。

4．关节炎 应与其他原因的关节炎鉴别。

七、预后

轻者为自限性，可痊愈。慢性和重症可致残，致残率可高达60%。

八、治疗

1．病原治疗 应尽早应用抗伯氏包柔螺旋体药物治疗，以防止慢性化。

（1）早期治疗：以慢性移行性红斑为主要表现者，成人用多西环素100 mg，每日2次，疗程10～20天，或阿莫西林500mg，每日4次，儿童50mg/（kg·d），疗程10天。亦可用红霉素或阿奇霉素等。

（2）中期治疗：有神经系统及心脏病变患者，应用头孢曲松2g/d，静脉注射；或青霉素G 2000万U/d，分次静脉注射。疗程3～4周。

（3）晚期治疗：关节炎患者则采用多西环素和阿莫西林联合治疗，疗程30天。

首剂病原治疗后，6%～15%患者可发生赫氏反应，故抗生素应从小剂量开始应用。

2．支持及对症治疗 患者应卧床休息，高热及疼痛者可予以解热镇痛剂。症状严重、房室传导阻滞不能缓解或抗生素治疗后出现赫氏反应者，可短期应用糖皮质激素治疗。

九、预防

主要措施是个人防护，防止蜱叮咬。在疫区如被蜱叮咬使用抗生素可有预防作用。预防用疫苗正在研制过程中，包括全细胞菌苗和表面蛋白菌苗，基因工程重组表面蛋白菌苗亦正在研究中。

（陆海英）

第七章 原虫感染

第一节 阿米巴病

阿米巴病（amebiasis）是溶组织内阿米巴原虫感染人体所致的一种寄生虫病。按其病变部位及临床表现可分为阿米巴肠病和肠外阿米巴病，前者引起痢疾样症状，后者引起肠外组织脓肿，以阿米巴肝脓肿最常见。

一、阿米巴肠病

（一）病原学

阿米巴原虫属叶足冈内阿米巴科（Entamoebidae）。在肠道寄生并对人有致病性的阿米巴原虫有溶组织内阿米巴（*Entamoeba histolytica*）、迪斯帕内阿米巴（*Entamoeba dispar*）和莫氏内阿米巴（*Entamoeba moshkovskii*）三种，其中溶组织内阿米巴致病性最强，最常见；后两种以共栖寄生，有潜在致病性。这三种阿米巴原虫的形态和流行特征基本相同，但各自的基因组有差别，可用分子生物学技术鉴别。溶组织内阿米巴的生活史有滋养体和包囊两期。

1. 滋养体　是溶组织内阿米巴的致病形态，寄生于结肠肠腔或肠壁内，以二分裂法繁殖。滋养体直径 20~60μm，内、外质分明。外质向外突出形成伪足，作定向变形运动可吞噬细胞、破坏组织。内质有胞核及核仁，含有吞噬的红细胞及组织碎片，藉此可鉴别阿米巴原虫是否有致病性。当环境不利时，滋养体自肠壁落入肠腔，运动迟钝，不吞噬红细胞。当宿主免疫功能及肠道环境恢复正常时，滋养体伪足消失，活动停止，形成包囊，随大便排出体外。滋养体抵抗力很弱，离体后很快死亡，易被胃酸杀灭。滋养体在肠腔以外的脏器或外界不能形成包囊。

2. 包囊　是溶组织内阿米巴的感染型，由肠腔内滋养体形成。成熟包囊为四核圆球形，碘染色呈棕色，直径 10~20μm。包囊对外界抵抗力强，余氯和胃酸不能杀灭，在大便中可存活 5 周，在冰冻或干燥环境下可存活数日至数周。但加热至 50℃数分钟或 10% 石炭酸液中 30 分钟可灭活，在 50% 乙醇中即刻死亡。

（二）流行病学

1. 传染源　无症状排包囊者、慢性患者及恢复期患者为主要传染源，尤以前者最为重要。急性期患者因排出滋养体易死亡或被胃酸杀灭，故不能成为传染源。

2. 传播途径　主要经消化道即粪口传播。包囊污染食物、水、手，经口被摄入而感染。苍蝇、蟑螂也起传播作用。水源污染可引起地方性流行。男同性恋可经口-肛性活动感染。

3. 人群易感性　人群普遍易感。感染后人体产生的阿米巴凝集素抗体无保护性，故可重复感染。营养不良、免疫功能低下及接受免疫抑制剂治疗者易发病。

4. 流行特征　本病遍及全球，以热带、亚热带和温带地区多见。多为散发，夏秋季高发，农村高于城市，成人高于儿童，男性多于女性，感染率高低与卫生状况及生活习惯有关。全球约有 5 亿多阿米巴感染者，每年有 5 千万人发病，约 7 万人死于阿米巴病，是第三位重要的寄生虫病。我国急性阿米巴痢疾和肝脓肿病例已明显减少，个别地区仍有散发病例。

（三）发病机制与病理解剖

1. 发病机制　包囊被吞食后在小肠胰蛋白酶的作用下脱囊逸出滋养体，在结肠肠腔内滋养体侵入肠壁，吞噬红细胞及组织引起组织溶解性坏死，并不断向纵深发展，形成口小底大的溃疡病灶，并引起腹泻、血便等症状。侵入血管可随血流寄生于肠外的肝、脑、肺等脏器形成阿米巴脓肿。

溶组织内阿米巴滋养体对宿主的侵袭是一个复杂的过程。溶组织内阿米巴滋养体可分泌特异性凝集素、穿孔素、蛋白酶等物质。特异性凝集素为分子量 260 的半乳糖-乙酰氨基半乳糖凝集素，协助滋养体黏附于肠壁上皮细胞；穿孔素则诱导靶细胞溶解和凋亡；蛋白酶（如 β-氨基葡糖苷酶、表面膜相关神经氨酸酶、钙依赖的原虫蛋白激酶、胶原酶、中性蛋白酶等）参与溶解细胞和细胞外基质。这些物质协同作用引起组织炎症反应和细胞凋亡，导致肠壁组织溃疡。滋养体亦有肠毒素样活性，可引起腹泻。溶组织内阿米巴对宿主免疫有一定抵抗力。滋养体的凝集素可降解分泌型 IgA 和抑制 C3、C4 补体活性，从而阻止补体介导的抗炎反应。

2. 病理解剖　病变主要在盲肠和升结肠，严重时可累及直肠、乙状结肠、阑尾和回肠末端。初期为细小散在的浅表糜烂，继而形成小脓肿，破溃后形成边缘不整、口小底大的烧瓶样溃疡。溃疡呈圆形或不规则，大小不等，溃疡间黏膜正常。溃疡周围炎症较轻，但继发细菌感染时黏膜广泛充血水肿，大片黏膜坏死脱落，进一步累及肌层及浆膜层可致肠出血或肠穿孔。慢性期病变可见组织破坏与增生并存，引起局部肠壁肥厚，可形成瘢痕性狭窄、肠息肉、肉芽肿等病变。

（四）临床表现

潜伏期一般为 1～2 周。亦可短至数日或长达 1 年以上。

1. 无症状型（包囊携带者）　无临床症状，多次大便检查发现阿米巴包囊。当免疫力低下时可转变为急性阿米巴痢疾。

2. 急性阿米巴痢疾

（1）轻型：临床症状较轻，表现为间歇腹痛、腹泻。肠道病变轻，当机体抵抗力下降时，可发生痢疾症状。

（2）普通型：起病缓，全身症状轻，多无发热或有低热，腹部不适，腹泻。典型表现为腹痛、腹泻，排果酱样黏液血便，每日十余次，量中等，粪质较多，有腥臭味，内含滋养体。右下腹轻压痛。症状持续数日或数周后可自行缓解。症状轻重与病变的严重程度有关，病变仅局限于盲肠和升结肠，而黏膜溃疡较轻时，仅有便次增多，偶有血便。若病变累及直肠可有里急后重。未治疗或治疗不彻底易复发或转为慢性。

（3）重型：少见，多发生于严重感染、营养不良及接受免疫抑制剂等免疫功能低下者及同性恋者中。起病急骤，中毒症状重，有高热及极度衰竭，剧烈腹痛，伴恶心、呕吐及频繁腹泻，每日数十次，大便为水样或洗肉水样，有奇臭，里急后重及腹部压痛明显。有不同程度的脱水与电解质紊乱，有时可出现休克，易并发肠出血、肠穿孔或腹膜炎。病死率高。

3. 慢性阿米巴痢疾　多因普通型未经彻底治疗引起。常有腹痛、腹泻，或与便秘交替出现。大便呈糊状，带少量黏液及血液，有腐臭，每日 3～5 次。体检可扪及增厚结肠并有压痛。反复发作致贫血、乏力、腹胀、排便规律改变或肠道功能紊乱。疲劳、受寒、饮食不当等均可诱发。可并发阑尾炎、阿米巴瘤、肠道狭窄等。在幼儿可引起肠套叠、肠穿孔、坏死性肠炎、腹膜炎、中毒性巨结肠等。大便镜检可见滋养体和包囊。

(五)并发症

1. 肠道并发症

(1) 肠出血:肠道病变广泛或侵袭肠壁血管时可致便血,大量出血少见。

(2) 肠穿孔:多见于暴发型或有深溃疡者。以慢性穿孔多见,表现为进行性腹胀、肠鸣音消失及局部腹膜刺激征,无剧烈腹痛。穿孔部位常在盲肠、阑尾和升结肠。X线检查可见膈下游离气体,肠粘连时可形成局部脓肿或内瘘。

(3) 阑尾炎:症状与一般阑尾炎相似,易发生穿孔或形成脓肿。

(4) 结肠病变:慢性阿米巴痢疾因反复黏膜增生引起肉芽肿及阿米巴瘤,多见于盲肠、乙状结肠及直肠处。可有腹痛、大便习惯改变或间歇性痢疾样发作,可发生肠梗阻或肠套叠。

2. 肠外并发症 溶组织内阿米巴滋养体可自肠壁侵入血流、淋巴或直接蔓延播散至肝、肺、胸膜、心包、脑、泌尿生殖道等脏器或邻近皮肤,形成脓肿或溃疡,尤以阿米巴肝脓肿最常见。

(六)实验室检查

1. 血象 外周血白细胞计数和分类正常。重型或伴细菌感染时,白细胞计数和中性粒细胞比例增高。慢性期可有贫血。

2. 大便检查

(1) 常规检查:大便为果酱样血便,粪质多,腥臭。镜检有溶组织内阿米巴滋养体,少量白细胞和夏科-雷登晶体。

(2) 病原学检查:取血便直接涂片镜检,如见病原体有伪足,能活动,胞质内有吞噬的红细胞,是确定溶组织内阿米巴滋养体的证据。须取新鲜标本并在30分钟内送检,勿与尿液混合。慢性患者的大便可直接涂片碘染色后镜检查找包囊。亦可取可疑大便接种于培养基上培养,48小时后涂片镜检。

3. 血清学检查 用ELISA、间接血凝试验、间接荧光抗体试验、单克隆抗体等检测血中溶组织内阿米巴抗原及抗体。IgG抗体阳性有助于诊断,阴性可排除本病。IgM抗体持续时间短,阳性提示现症或近期感染,阴性不能排除本病。用ELISA检测大便和血清中阿米巴凝集素抗原可区别迪斯帕内阿米巴和莫氏内阿米巴,较镜检敏感。

4. 基因诊断技术 DNA探针杂交技术、PCR技术具有特异强和灵敏性高的优点,可用于检测或鉴定虫种。

5. 其他辅助检查 纤维肠镜检查可见大小不等的散在溃疡,溃疡间黏膜正常。取溃疡边缘部分涂片及病理活检可查到滋养体。B超、CT或MRI有助于发现肠外阿米巴脓肿等并发症。

(七)诊断与鉴别诊断

1. 诊断 根据流行病学资料、临床表现和实验室检查结果综合分析判断后作出疑似诊断或临床诊断,确诊须有病原学证据。缓慢起病,腹痛、腹泻、果酱样血便、粪质多、有腥臭味及慢性腹泻或肠功能紊乱者,应考虑本病可能;大便镜检找到吞噬红细胞的溶组织内阿米巴滋养体可确诊。若症状典型但大便镜检未检出病原体,可借助血清学检查、分子生物学检查或应用特效杀阿米巴原虫的药物诊断性治疗,如有效可作出临床诊断。

2. 鉴别诊断

(1) 细菌性痢疾:有不洁饮食及饮水史。急起发热,腹痛、腹泻,为黏液脓血便,伴里急后重,有感染中毒症状。大便镜检见大量白细胞及脓细胞,志贺菌培养阳性。

(2) 血吸虫病:有疫水接触史。有发热、尾蚴皮炎、黏液血性腹泻或长期不明原因的腹痛、腹泻、肝和脾大,外周血嗜酸性粒细胞升高,大便中检出血吸虫卵或孵出毛蚴,肠黏膜活检虫卵阳性可确诊。

(3) 肠结核:有午后低热、盗汗、消瘦等结核中毒症状,腹泻与便秘交替。多数有原发结核病灶,红细胞沉降率加快,PPD阳性或TB-SPOT试验强阳性等有助于诊断。

(4) 结肠癌：排便习惯及大便性状改变，伴有消瘦、进行性贫血，晚期可扪及腹块，应与阿米巴瘤鉴别。纤维肠镜检查及病理可确诊。

(5) 慢性非特异性溃疡性结肠炎：有腹痛、腹泻或脓血便、右下腹压痛等表现。病原体检查阴性，血清阿米巴抗体阴性，抗菌治疗和抗阿米巴治疗无效，纤维肠镜及组织活检有助于诊断。

（八）预后

无并发症及得到有效病原治疗者预后良好。重型及并发严重肠出血、肠穿孔、弥漫性腹膜炎者预后差。

（九）治疗

1. 一般治疗　急性期患者应卧床休息，给予流质或少渣饮食。慢性期患者应加强营养，增强体质，生活规律，避免刺激性食物。腹泻严重时适当补液及纠正水与电解质紊乱。重型患者须绝对卧床，给予补液、输血等支持治疗。

2. 病原治疗　抗阿米巴药有两类，即能杀灭肠内和组织内阿米巴滋养体的硝基咪唑类和在肠道内有杀包囊作用的二氯尼特。这两类抗阿米巴药可联合应用以彻底消灭阿米巴原虫。

(1) 急性阿米巴肠病：首选甲硝唑 0.4g，每日 2 次，儿童 35mg/(kg·d)，疗程 10 天。重型患者用甲硝唑静脉滴注，首剂 15mg/kg，继之 7.5 mg/kg，q8～12h。也可用替硝唑，成人 2g，qd，疗程 5 天。二氯尼特 0.5g，每日 3 次，疗程 10 天。巴龙霉素 0.5g，每日 3 次，疗程 7 天。通过抑制肠道共生菌影响阿米巴原虫生长。

(2) 慢性阿米巴病及无症状带虫者：用二氯尼特 0.5g，每日 3 次，疗程 10 天。

3. 并发症治疗　肠出血患者给予抗阿米巴和抗生素联合治疗，及时补液或输血。肠穿孔患者则在抗阿米巴及抗生素治疗基础上尽快手术治疗。

（十）预防

彻底治疗患者和无症状排包囊者，养成良好的卫生习惯，消灭苍蝇和蟑螂，注意饮食、饮水卫生，加强粪便管理等。

二、阿米巴肝脓肿

阿米巴肝脓肿是最常见的肠外阿米巴病，由肠壁的溶组织内阿米巴滋养体侵入血流定植于肝引起，导致肝细胞溶解坏死，形成脓肿。男性多于女性，儿童较少。

（一）发病机制及病理解剖

寄生在肠壁的溶组织内阿米巴滋养体侵入血流，经门静脉、淋巴管或直接蔓延定植于肝。若侵入的原虫数量少或机体抵抗力强，可将其消灭。若机体抵抗力弱，则存活的原虫在肝内繁殖，引起小静脉炎和静脉周围炎，形成微静脉栓塞，使肝组织缺血、坏死。阿米巴滋养体的溶组织作用可使病灶组织坏死、液化，形成肝脓肿。脓肿以右叶为多，亦可见于左叶或左右叶。因肝右叶占肝体积的 4/5，且盲肠、升结肠血流大部分进入肝右叶，故 80% 的肝脓肿位于肝右叶。早期为多发性小脓肿，逐渐融合形成单个大脓肿。肝脓肿向邻近组织穿破可引起各种并发症。肝脓肿中央为液化坏死灶，脓液呈巧克力色，含红细胞、白细胞、脂肪、坏死组织及夏科-雷登结晶。脓肿壁薄，壁上附着阿米巴滋养体，但无包囊。脓肿继发感染时，脓液转为黄绿色，有臭味，可分离到细菌，坏死物质易被吸收入血，引起全身中毒症状。

（二）临床表现

1. 感染症状　临床表现与脓肿的位置、大小及有无感染等因素有关。起病多缓慢，体温逐渐升高，以弛张热居多，夜间退热伴盗汗，常有食欲不振、恶心、呕吐、腹胀、腹泻及体重减轻。继发细菌感染时可出现寒战、高热、严重毒血症,脓液呈黄绿色,有恶臭味。

2．肝大、肝区疼痛　肝大伴叩击痛或挤压痛为重要症状。肝区疼痛可为钝痛、刺痛、胀痛、烧灼痛等,深呼吸及体位变化时加重。当脓肿位于肝顶部时可刺激膈肌,疼痛向右肩部放射,亦可出现反应性胸膜炎或右侧胸腔积液,引起气急、咳嗽、右侧胸痛等症状。脓肿表浅时,可有局限性压痛点、局限性凹陷性水肿或局限性隆起,且有波动感;脓肿位于肝前下缘时,表现为右上腹痛、肌紧张、压痛及反跳痛;脓肿位于右叶中央时症状不明显;位于肝后面时脓肿常无疼痛,可穿破后壁蔓延至肾周围,出现类似肾周脓肿的症状。左叶的肝脓肿疼痛出现早,可扪及剑突下或上腹部包块。肝脓肿可向邻近器官或组织穿破而并发脓胸、肺脓肿、膈下脓肿、心包积液、弥漫性或局限性腹膜炎等。

(三) 诊断

1．临床表现　表现为发热、右上腹痛、肝大及肝区叩痛,有痢疾或腹泻史有助于诊断。

2．实验室检查

(1) 血常规:急性期白细胞计数及中性粒细胞增多。慢性期白细胞数大多正常,贫血明显,红细胞沉降率加快。合并细菌感染时,白细胞及中性粒细胞升高。

(2) 肝脓肿穿刺液检查:典型脓液为巧克力果酱样,黏稠并带腥味。合并细菌感染时,可见黄白色脓液伴恶臭。脓液中找到阿米巴滋养体或检出其抗原可明确诊断。

(3) 大便检查:碘染色检出溶组织内阿米巴包囊有助于诊断。

(4) 肝功能检查:有轻度肝损伤表现,如白蛋白下降、碱性磷酸酶升高、胆碱酯酶活力降低等,但 ALT 多正常。

3．影像学检查

(1) X 线检查:阿米巴肝脓肿较大时可见右侧横膈抬高、胸膜反应或胸腔积液。

(2) B 超探查:可见肝内液性病灶,可了解脓肿的数量、大小、部位以及进行定位穿刺。

(3) 其他:CT、MRI、肝动脉造影、放射性核素肝扫描均可发现肝内占位性病变。

4．血清学检查　血清溶组织内阿米巴特异性抗体阳性有助于本病的诊断。因 IgG 型抗体阳性率高,故当 IgG 抗体阴性时一般可排除本病。

(四) 鉴别诊断

1．细菌性肝脓肿　表现为寒战、高热、肝区疼痛伴显著毒血症状。肝脓肿为多发性,脓液呈黄白色。外周血白细胞计数及中性粒细胞显著增多,穿刺液细菌培养阳性可确诊。抗生素治疗有效。

2．原发性肝癌　有肝炎或肝硬化病史,无明显发热,肝进行性增大,质坚硬、有结节,无压痛及叩击痛。甲胎蛋白升高及影像学检查有助于诊断,肝组织病理检查可确诊。

3．其他　应与肝包虫病、肝血管瘤、肝囊肿、膈下脓肿、胆囊炎、继发性肝癌鉴别。

(五) 预后

早期诊治预后佳。晚期及并发多处穿孔预后较差。治疗不彻底易复发。

(六) 治疗

1．病原治疗　首选甲硝唑 400mg,每日 3 次,疗程 10 天。必要时重复治疗。也可选用替硝唑,对硝基咪唑类无效者可换用氯喹或依米丁(吐根碱),但必须加强监测。

2．肝穿刺引流　如肝脓肿较大可行肝穿刺引流,应于抗阿米巴药治疗 2~4 天后进行。用抗阿米巴药治疗后症状无改善或有局部隆起、疼痛加重,预示有穿破可能,应立即在 B 超定位下行肝穿刺引流。脓液过多时可采用闭式引流。

3．抗生素治疗　继发细菌感染时应加用敏感的抗生素。

4．外科治疗　肝脓肿穿破引起化脓性腹膜炎或内科治疗效果欠佳时可手术治疗。

（七）预防

预防阿米巴肝脓肿以彻底治疗慢性患者及排包囊者和切断传播途径为主。

附　原发性阿米巴脑膜脑炎

原发性阿米巴脑膜脑炎（primary amebic meningoencephalitis，PAM）是由福氏耐格里阿米巴（Naegleria fowleri）侵入中枢神经系统导致的致命性疾病。以夏季多见，经鼻腔吸入感染。临床表现以突起高热、头痛、呕吐、嗅觉异常或消失、脑膜刺激征、昏迷等为特征。本病发病率低，但病死率极高。中枢性呼吸循环衰竭为主要死因。

（一）病原学

福氏耐格里阿米巴是自由生活阿米巴的一种，广泛存在于土壤和温水中，在海水中不能生存。其生活史有滋养体、鞭毛体和包囊三种形态。滋养体一端有圆形或钝性伪足，运动快而无定向。在不适环境中可变成梨形鞭毛体，有一对或多根鞭毛，泳动快，可变回到滋养体，但不能形成包囊。滋养体有嗜热性，能在40～45℃环境下正常生长，以细菌或有机物为食，具有致病性。环境不利时可形成圆形包囊，抵抗力强。

（二）流行病学

福氏耐格里阿米巴呈世界性分布，我国也有福氏耐格里。主要经鼻腔感染，多见于儿童和青年，男孩多于女孩。流行学调查显示，部分地区人群中有较高水平的抗福氏耐格里阿米巴抗体，提示可能有亚临床感染。

（三）发病机制

福氏耐格里阿米巴原虫经鼻腔侵入嗅神经细胞，可沿嗅神经上行至脑内，形成出血性坏死和脓肿。原虫进入脉络膜神经丛，引起脉络膜神经炎及急性室管膜炎，脊髓也可受累，亦可引起第Ⅲ、Ⅳ、Ⅵ颅神经损伤。主要病理特点为化脓性脑膜炎和出血坏死性脑炎，伴化脓性渗出。脑组织及脑脊液中可见到滋养体，但无包囊。因病情发展迅速，无保护性的细胞和体液免疫应答。

（四）临床表现

潜伏期一般为2～7天，最长2周。早期因嗅神经受损表现为味觉和嗅觉异常。随后急起高热、剧烈头痛、呕吐，继而表现为癫痫发作、抽搐、昏迷和脑膜刺激征。病情发展迅速，多在2周内因严重脑水肿致中枢性呼吸循环衰竭而死亡（病死率达97%）。外周血白细胞及中性粒细胞增高。脑脊液为化脓性或血性，压力增高，早期细胞数正常，后期细胞数增高，以中性粒细胞为主，糖降低或正常，蛋白增高。

（五）诊断及鉴别诊断

1. 诊断　病前1周有在温水中游泳史；先有味觉和嗅觉改变，随后高热、剧烈头痛、呕吐及脑膜刺激征，外周血白细胞及中性粒细胞增高，脑脊液呈脓性或血性。培养时无细菌生长应考虑本病，脑脊液及脑组织查到福氏耐格里阿米巴滋养体可确诊。

2. 鉴别诊断　应与化脓性或结核性脑膜炎、病毒性脑炎、阿米巴脑脓肿及肉芽肿性阿米巴脑炎等疾病鉴别。

（六）治疗

目前尚无理想治疗药物。国外报道用大剂量两性霉素B［1.5mg/(kg·d)］缓慢静脉注射或鞘内注射（每次0.5mg）成功治疗病例。亦可用两性霉素B联合咪康唑，或氟康唑、利福平、磺胺甲基异噁唑治疗。抗阿米巴药物对本病无效。应加强重症监护、对症治疗和抗生素治疗。

（七）预防

现尚无疫苗。避免在被污染的温水中游泳，使用鼻夹可减少感染机会。加强水体监测和消毒，余氯消毒能有效杀灭福氏耐格里阿米巴。

（张跃新　王晓忠）

第二节　疟　疾

疟疾（malaria）是由疟原虫寄生于人体，通过雌性按蚊叮咬传播的寄生虫病。临床特点为反复发作的间歇性寒战、高热、继以大汗后缓解为特点，常有脾大与贫血。间日疟及卵形疟可复发，恶性疟发热常不规则，病情较重，易引起脑型疟等重症疟疾。

一、病原学

疟疾的病原体为疟原虫。感染人类的疟原虫有四种：间日疟原虫（*Plasmodium Vivax*）、恶性疟原虫（*plasmodium falciparum*）、三日疟原虫（*Plasmodium malarial*）和卵形疟原虫（*Plasmodium ovale*），其中以间日疟原虫和恶性疟原虫为常见。分别引起间日疟（vivax malaria）、恶性疟（falciparum malaria）、三日疟（malarialmalaria）和卵形疟（ovale malaria）。

疟原虫的生活史包括在人体内和在按蚊体内两个阶段。四种疟原虫的生活史基本相同。

1. **人体内的阶段**　疟原虫在人体内的裂体增殖阶段为无性繁殖期，故人为其中间宿主。

当含有疟原虫子孢子的雌性按蚊叮咬人时，子孢子随蚊的唾液进入人体，约30分钟随血流迅速侵入肝细胞进行裂体增殖，此为红细胞外无性繁殖周期。子孢子在肝细胞内增殖为裂殖子，发育为成熟的裂殖体，其内含大量的裂殖子。当被寄生的肝细胞破裂时，大量的裂殖子释放入血，一部分裂殖子被吞噬细胞吞噬消灭，一部分侵入红细胞并在其内发育增殖，开始红细胞内的无性繁殖周期。裂殖子侵入红细胞内，发育为早期滋养体，称为环状体。经滋养体发育为成熟裂殖体。裂殖体内含数个至数十个裂殖子，当被寄生的红细胞破裂时，释放出大量裂殖子及其代谢产物，引起临床上典型的疟疾发作。释放的裂殖子一部分被吞噬细胞吞噬，一部分再侵入未被感染的红细胞，重新开始新一轮的无性繁殖，形成疟疾临床的周期性发作。各种疟原虫在红细胞内裂体增殖所需的时间各不相同，间日疟、卵形疟约为48小时，三日疟约为72小时，恶性疟则为36~48小时，且发育先后不一，故临床发作亦不规则。

间日疟原虫和卵形疟原虫既有速发型子孢子，又有迟发型子孢子。速发型子孢子在肝细胞内的发育较快，经12~20天可发育为成熟的裂殖体。迟发型子孢子则发育较缓慢，需经6~11个月才能发育为成熟的裂殖体。迟发型子孢子经过休眠后，在肝细胞内增殖，释放裂殖子入血，即造成疟疾的复发。由于恶性疟原虫与三日疟原虫无迟发型子孢子，故无复发。

部分进入红细胞的裂殖子经过3~5代裂体增殖后逐渐发育成为雌性配子体和雄性配子体。配子体在人体内可存活30~60天，此期间如被雌性按蚊吸入胃内，则在蚊体内进行有性增殖。

2. **按蚊体内的阶段**　疟原虫在按蚊体内的交合繁殖阶段为有性繁殖周期，故蚊为其终末宿主。当雌性按蚊叮咬疟疾患者吸血时，雌、雄配子体进入蚊体内并分别发育为雌、雄配子，两者结合成为圆形的偶合子，发育后成为动合子，侵入按蚊的消化道组织发育为囊合子，每个囊合子中含数千个子孢子母细胞，发育后形成具感染能力的子孢子。这些子孢子可主动移行于按蚊的唾液腺中，当按蚊再次叮咬人时，子孢子即随唾液进入人体，开始在人体内无性繁殖周期（图7-1）。

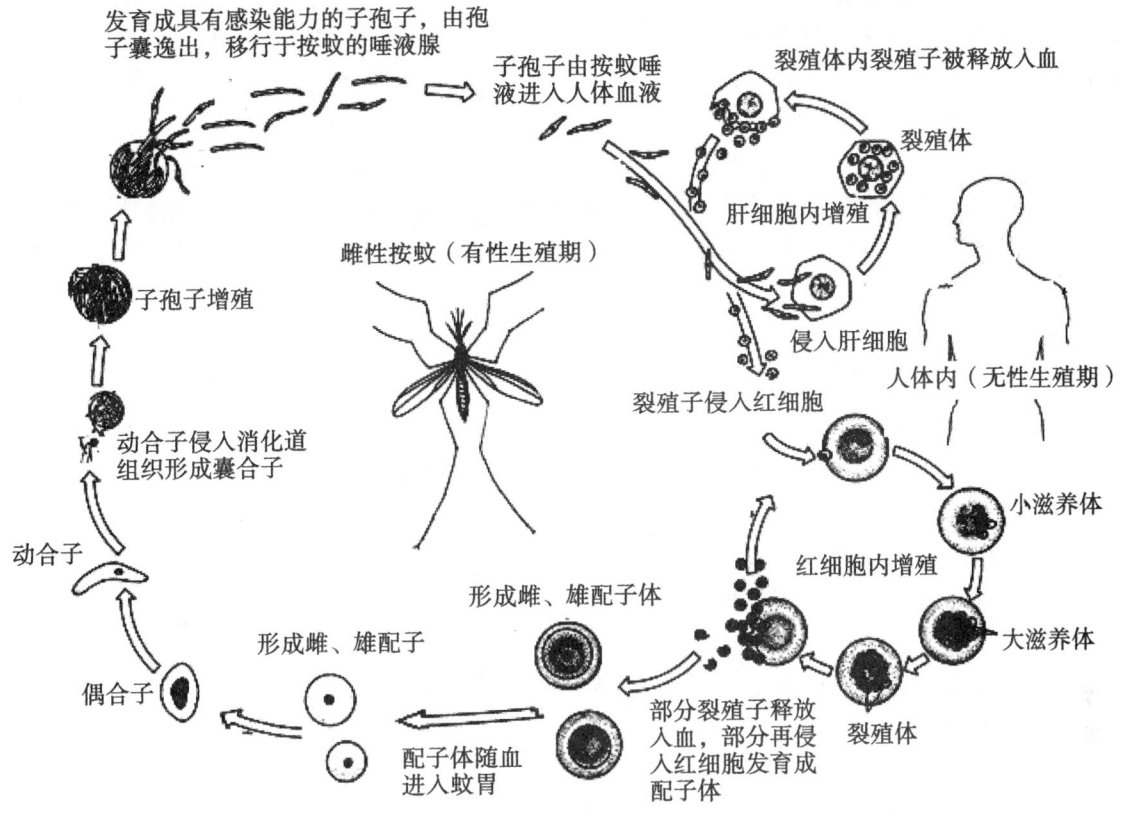

图 7-1 疟原虫生活史

二、流行病学

1. 传染源　疟疾患者及疟原虫携带者只有末梢血中存在成熟的雌、雄配子体时才具有传染性。

2. 传播途径

（1）蚊媒传播：疟疾的自然传播媒介为雌性按蚊，经叮咬人体传播。我国有 61 种按蚊，能起传疟作用的有 9 种。中华按蚊、嗜人按蚊、微小按蚊、大劣按蚊是我国疟疾传播的主要媒介。最重要的传播媒介是中华按蚊，为平原地区间日疟的主要传播媒介。

（2）血液传播：输入带疟原虫的血液或使用含疟原虫的血液污染的注射器也可传播疟疾。

（3）母婴传播：感染疟疾的孕妇可通过胎盘将疟原虫传播给胎儿，引起先天性疟疾，但很罕见。

3. 人群易感性　人群对疟疾普遍易感。感染后可获得一定程度的免疫力，但不持久。一般认为疟疾的免疫只是带虫免疫，即随着体内疟原虫的消失，免疫力亦消失。各型疟疾之间无交叉免疫。疟疾流行区人群因隐性感染而具有一定的免疫力，再发症状轻微或无症状。当非疟疾流行区的外来人员进入流行区被感染后，其临床表现常较严重。妊娠期的妇女免疫力较低，对疟疾易感。而母亲通过胎盘传递给胎儿的免疫力只能维持 6～9 个月。

4. 流行特征　疟疾分布广泛，主要流行于非洲撒哈拉沙漠以南的大部分国家以及东南亚、中南美洲等热带国家或地区。每年有 3.5 亿以上疟疾病例，每年死亡人数达 270 万，90% 在非洲。不同种类疟原虫引起的疟疾其分布也不同。间日疟分布最广，见于热带、亚热带与部分温带地区，是温带疟疾的主要类型。恶性疟在热带和亚热带的湿热地区非常普遍，主要见于非洲、印度和东南亚。三日疟和卵形疟相对较少见。我国以间日疟分布最广，主要发生在云南边境、海南以及中部的安徽、湖北、河南等省，少数恶性疟仅在云南和海南的局部地区流行。

随着国际交往频繁，外出经商、旅游、务工的流动人口日益增多，境外输入性疟疾病例明显增加。

疟疾的流行受温度、湿度、雨量以及按蚊生长繁殖情况的影响。温度高于30℃以及低于16℃则不利于疟原虫在蚊体内发育。适宜的温度、相对湿度在60%～85%和充足的雨量有利于按蚊孳生。因此，发病以夏秋季较多，在热带地区季节性不明显。社会因素如经济状况、生活水平、住房条件、社会职业、文化程度、环境卫生、医疗保健设施和居民生活习惯等对疟疾流行也有重要影响。

三、发病机制及病理

疟原虫在肝细胞和红细胞内增殖时不引起临床症状。当红细胞被裂殖子胀破后，大量裂殖子、疟色素及代谢产物进入血液后刺激机体产生内源性致热原，共同作用于人体的体温调节中枢引起临床发作，大部分裂殖子被吞噬细胞吞噬，一部分裂殖子侵入未受感染的红细胞内，进行裂体增殖而引起周期性疟疾发作。经反复发作或重复感染后机体可获得一定免疫力，此时虽有少量疟原虫增殖，可无疟疾发作的临床症状，成为疟原虫携带者。

宿主的病变程度与疟原虫的种株、数量及繁殖的速度等因素有密切的关系。间日疟和卵形疟原虫常仅侵犯较年幼的红细胞，红细胞受感染率较低，血液中受感染的红细胞常低于25 000/µl。三日疟原虫仅感染较衰老的红细胞，血液中受感染的红细胞常低于10 000/µl，故贫血和其他临床表现都较轻。

恶性疟原虫繁殖速度最快，原虫数量最多，能侵犯任何日龄的红细胞，可使20%以上血液中红细胞受感染。恶性疟原虫在红细胞内繁殖时，可使受感染的红细胞体积增大成为球形，胞膜出现微孔，彼此较易黏附成团，并较易黏附于微血管内皮细胞上，引起微血管局部管腔变窄或堵塞，使相应部位的组织细胞发生缺血性缺氧而引起变性、坏死的病理改变。若此种病理改变发生于脑、肺、肾、心等重要器官时，可引起相应的严重临床表现。

细胞因子在疟疾发病机制中的作用尚未完全明确，但已发现TNF-α在恶性疟患者的血清中含量明显升高，并与脑型疟的发生和死亡呈正相关。

大量被疟原虫寄生的红细胞在血管内裂解，可引起高血红蛋白血症，出现腰痛、酱油色尿，严重者可出现中度以上贫血、黄疸，甚至发生急性肾衰竭，称为溶血性尿毒综合征，亦称黑尿热。此种情况亦可由抗疟药，如伯氨喹所诱发。

四、临床表现

（一）潜伏期

各种疟原虫引起疟疾的潜伏期各不相同。间日疟、卵形疟的潜伏期为13～15天，恶性疟为7～12天，三日疟为24～30天。

（二）前驱期

发作前数天有轻度的畏寒、低热，伴疲乏、头痛、全身不适等前驱症状。一般持续2～3天，长者1周。不同疟原虫感染的前驱期症状不同，间日疟症状较轻，具有高免疫力患者甚至可直接从前驱期进入带虫状态而不出现临床症状。恶性疟的前驱期较短，无免疫力患者较快发展为重症疟疾。

（三）临床发作期

1. **典型临床发作**　疟疾典型的临床发作包括周期性发冷、发热和出汗退热三个阶段。整个发作过程历时6～12小时。

(1) 发冷：骤感畏寒、寒战、面色苍白，唇、指发绀，伴头痛、恶心、呕吐、肌肉和关节酸痛，此期历时 15 分钟至 1 小时，随后体温开始迅速上升。

(2) 发热：体温常可达 40℃以上，伴有头痛、全身酸痛、颜面潮红、恶心、呕吐等全身毒血症状，甚至高热烦躁、谵妄。此期历时 2～6 小时。

(3) 出汗：全身大汗淋漓，衣被尽湿，体温迅速下降，常降至正常水平以下。发热时的各种症状随之消失。此期历时 2～4 小时。

(4) 发作间歇：为前一次发作结束至后一次发作开始之间。此间患者自感良好，体温常在正常范围内，偶见低热者。早期间歇期可不规则，但经数次发作后逐渐变得规则。间日疟和卵形疟的间歇期约为 48 小时，三日疟约为 72 小时，恶性疟为 36～48 小时。

影响间歇期长短的因素主要与疟原虫种、是否存在多重感染及患者免疫力等有关。间日疟及卵形疟每隔一日发作一次。三日疟间隔两日发作一次，脾大、贫血较轻，但复发率高，且常有蛋白尿，尤其儿童感染，可形成疟疾肾病。三日疟易发生混合感染，可导致病情重而难以自愈。恶性疟发作一般 1 天 1 次或无明显规律，起病缓急不一，临床表现多变。其特点为：①起病后多数仅有冷感而无寒战。②早期热型不规则，后期持续高热。③退热出汗不明显或不出汗。④脾大、贫血严重。⑤易发展至重症疟疾。⑥前驱期血中即可检出恶性疟原虫。⑦无复发。

2．重症或凶险型疟疾　88.3%～100% 由恶性疟引起，偶可由间日疟或三日疟引起，多见于儿童和外来人口。来势凶猛，病情险恶，病死率高。当疟疾患者出现昏迷、严重贫血、肝和肾功能损害、肾衰竭、肺水肿或急性呼吸窘迫综合征、低血糖症、循环衰竭或休克、自发出血、反复惊厥、重度酸中毒和肉眼可见血红蛋白尿等症中的一项或多项时，可诊断为重症疟疾。

(1) 脑型疟疾：最常见。主要由恶性疟原虫引起。主要临床表现为发热，体温可达 39～40℃，伴剧烈头痛、恶心、呕吐；出现意识障碍、昏迷、抽搐等神经系统症状；如治疗不及时，易发展成脑水肿、脑干损害、中枢性呼吸衰竭和脑疝；往往伴重度贫血和疟原虫血症，常可发生代谢性酸中毒和低血糖，病情严重，常见肝、肾功能损害。脑型疟疾的发生率占疟疾总数的 0.5%～1%，但病死率高，可达 20%～50%。

(2) 胃肠型：以胃肠道症状为主要特征，除发冷、发热外，伴有频繁恶心、呕吐、腹痛、腹泻，泻水样便或血便，可似痢疾伴里急后重。有的仅有剧烈腹痛而无腹泻，易被误诊为急腹症。吐泻重者可发生休克、肾衰竭而死亡。

(3) 过高热型：疟疾发作时，体温迅速上升达≥42℃，伴气促、烦躁不安、谵妄、抽搐、昏迷，常于数小时后死亡。

(4) 严重溶血型：又称黑尿热。发生急性血管内溶血，并引起血红蛋白尿和溶血性黄疸，重者发生急性肾功能不全。其原因可能是自身免疫反应，多数是因为先天性葡萄糖-6-磷酸脱氢酶缺乏，且使用了伯氨喹、氨基比林、奎宁等药物而诱发。临床以骤起寒战高热、腰痛、排酱油色尿、排尿刺痛感，以及严重贫血、黄疸，出现蛋白尿、管型尿为特点。多由恶性疟发展而来。

3．特殊类型疟疾

(1) 输血型疟疾：潜伏期 7～10 天，临床症状与蚊传疟疾相似。只有红细胞内期，故治疗后无复发。

(2) 婴幼儿疟疾：5 岁以下婴幼儿因免疫系统发育尚未健全，感染后临床多不典型，常出现发热，但热型不规则；畏寒多于寒战，婴幼儿患恶性疟易于发展成重症疟疾，病死率高。

(3) 孕妇疟疾：由于孕妇免疫力下降，临床症状常较重。若患恶性疟易发展为重症疟疾伴低血糖，常造成早产或死胎、出生婴儿体重偏低等。

4．再燃和复发

(1) 再燃：指经治疗后，虽临床症状得到控制，但血中仍有疟原虫残存，当抵抗力下降时,残存的疟原虫再次大量增裂,出现临床发作症状。寄生于人体的4种疟原虫均可出现再燃,多见于病愈后的1~4周,可多次出现。

(2) 复发:是由于寄生于肝细胞内迟发性子孢子所引起。患者经治疗后,临床症状得以控制,血中疟原虫完全消除,但肝细胞内迟发性子孢子经过一段休眠期,再次在肝细胞内进行裂体增殖,产生的裂殖子再进入血流并侵入红细胞,引起发作。复发仅见于间日疟和三日疟,一般多见于病愈后的3~6个月。

五、实验室检查

1. 血象 红细胞和血红蛋白在多次发作后下降,恶性疟尤为明显;白细胞正常或稍低,白细胞分类单核细胞常增多,并见吞噬有疟色素颗粒。

2. 疟原虫检查

(1) 血液的厚、薄涂片经吉姆萨染色后用显微镜油镜检出疟原虫是明确诊断的最直接证据,并可鉴别疟原虫种类。

(2) 骨髓涂片染色查疟原虫,阳性率较血片高。

3. 血清学检查 检测血液中疟原虫的特异性抗原与特异性抗体。特异性抗体一般在感染后3~4周出现,早期诊断价值较小,一般用于流行病学检查。

4. PCR检测 灵敏度高,可检测出每毫升血液中含10个以上疟原虫的血样。

六、诊断及鉴别诊断

(一)诊断

1. 流行病学史 曾有疟疾流行区居住或旅行史,或近2周内有输血史;或有既往病史。

2. 临床表现 典型的寒战、发热、出汗呈周期性发作,发作多次后可出现脾大和贫血。不规律发热,而伴脾、肝大及贫血应注意有疟疾的可能。重症疟疾可出现神志不清、抽搐、昏迷等症状。

3. 实验室检查 血液检查疟原虫阳性即可确诊。血片找疟原虫应当在寒战发作时采血,此时原虫数多、易检出。需要时应多次重复查找。必要时行骨髓穿刺涂片查找疟原虫。

4. 假定性治疗 临床表现疑似疟疾,但血液检查未发现疟原虫,可以给予抗疟药作为假定性治疗,48小时内症状得到控制可考虑疟疾诊断。

(二)鉴别诊断

典型疟疾应与发热性疾病相鉴别,如败血症、钩端螺旋体病、流行性出血热、伤寒、副伤寒、急性血吸虫病、胆道感染、尿路感染、结核等。脑型疟疾应与流行性乙型脑炎、中毒性细菌性痢疾、散发性病毒性脑炎、脑脓肿等相鉴别。

根据各种疾病的流行病学特点、临床特征及有关的实验室检查有助于鉴别。最重要的鉴别诊断依据是确定其病原体。

七、治疗

疟疾的治疗包括病原治疗和支持对症治疗,病原治疗最重要。

(一)抗疟药的使用原则

应遵循安全、有效、合理和规范的原则。根据流行地区的疟原虫虫种及其对抗疟药物的敏感性以及患者的临床表现,合理选择药物,严格掌握药物剂量、疗程和给药途径,以保证治疗效果和延缓抗药性的产生。

1. 间日疟

(1) 杀灭红细胞内裂殖体与配子体的药物：首选氯喹。

(2) 抗复发及防止传播：伯氨喹。治疗无效时，可选用以青蒿素类药物为基础的复方或联合用药的口服剂型进行治疗。

(3) 主要方案：氯喹加伯氨喹：氯喹口服总剂量为1200mg。第1日600mg顿服，或分2次服，每次300mg；第2、3日各服1次，每次300mg。部分患者服后有头晕、恶心。如过量可引起房室传导阻滞、心律失常、血压下降。伯氨喹口服总剂量为180mg。本品过量或者红细胞缺乏葡萄糖-6-磷酸脱氢酶，则易致溶血反应。从服用氯喹的第1日起，同时服用伯氨喹，每日1次，每次22.5mg，连服8日。

此疗法也可用于卵形疟和三日疟的治疗。

2. 恶性疟 以青蒿素类药物为基础的复方或联合用药（artemisinin-based combination therapy，ACT）（选用以下一种方案）。

(1) 青蒿琥酯片加阿莫地喹片：口服总剂量：青蒿琥酯和阿莫地喹各12片（青蒿琥酯每片50mg、阿莫地喹每片150mg），每日顿服青蒿琥酯和阿莫地喹各4片，连服3日。阿莫地喹可引起粒细胞缺乏，治疗时注意监测血常规。

(2) 双氢青蒿素哌喹片：口服总剂量8片（每片含双氢青蒿素40mg、磷酸哌喹320mg），首剂2片，首剂后6~8小时、24小时、32小时各服2片。

(3) 复方磷酸萘酚喹片：口服总剂量8片（每片含萘酚喹50mg、青蒿素125mg），一次服用。萘酚喹可引起血尿，服用时如出现副反应，应立即停药。

(4) 复方青蒿素片：口服总剂量4片（每片含青蒿素62.5mg、哌喹375mg），首剂2片，24小时后再服2片。

3. 重症疟疾（选用以下一种方案）

(1) 蒿甲醚注射剂：肌内注射每日1次，每次80mg，连续7日，首剂加倍。若病情严重时，首剂给药后4~6小时可再肌内注射80mg。

(2) 青蒿琥酯注射剂：静脉注射每日1次，每次60mg，连续7日，首剂加倍。若病情严重时，首剂给药后4~6小时，可再静脉注射60mg。必要时可延长用药疗程。静脉注射时，需先将5%碳酸氢钠注射液1ml注入青蒿琥酯粉剂中，反复振摇2~3分钟，待溶解澄清后，再注入5ml等渗葡萄糖或生理盐水，混匀后缓慢静脉注射（不宜滴注）。配制后的溶液如发生混浊，则不能使用。

采用上述两种注射疗法治疗，患者病情缓解并且能够进食后，改用ACT口服剂型，再进行一个疗程治疗。

(3) 咯萘啶注射剂：肌内注射或静脉滴注，总剂量均为480mg。每日1次，每次160mg，连续3日。需加大剂量时，总剂量不得超过640mg。静脉滴注时，需将160mg咯萘啶药液注入500ml等渗葡萄糖或生理盐水中，静脉滴注速度不超过每分钟60滴。

此疗法也可用于卵形疟和三日疟的治疗。

4. 孕妇疟疾 孕妇患间日疟时可采用氯喹治疗。孕期3个月以内的恶性疟患者可选用磷酸哌喹，孕期3个月以上的恶性疟患者采用ACT治疗。孕妇患重症疟疾应选用蒿甲醚或青蒿琥酯注射剂治疗。

5. 间日疟休止期的根治 采用伯氨喹，口服总剂量180mg，每日1次，每次22.5mg，连服8日。

（二）用药注意事项

1. 氯喹、磷酸哌喹、伯氨喹和咯萘啶的剂量均以基质计。

2. 方案中剂量均为成人剂量，儿童剂量按体重或年龄递减。

3. 孕妇、1岁以下婴儿、有溶血史者或其家属中有溶血史者应禁用伯氨喹；葡萄糖-6-磷酸脱氢酶缺乏地区的人群应在医务人员的监护下服用伯氨喹。

（三）对症与支持治疗

脑型疟疾常出现脑水肿、颅内压增高与昏迷，应及时予以20%甘露醇脱水治疗。监测血糖，及时发现和纠正低血糖。应用低分右旋糖酐对改善微血管堵塞有一定帮助。高热者给予物理、药物降温，发生急性肾功能不全时可行血液透析、血液滤过等。对黑尿热则首先停用奎宁及伯氨喹，继之给予糖皮质激素、碱化尿液、利尿等措施。

八、预防

1. 控制传染源　健全疫情报告，根治现症患者和带虫者。
2. 切断传播途径　消灭按蚊，防止被蚊虫叮咬，个人防护应使用防蚊剂及防蚊设备。灭蚊措施除大面积应用灭蚊剂外，最重要的是消除积水、根除蚊子孳生场所。
3. 保护易感人群　药物预防是目前较常应用的措施。对高疟区的健康人群及外来人群可酌情使用。成人常用磷酸哌喹片，每月1次，每次600mg，睡前服。服用后有肝积蓄作用，连续服药时间不宜超过4个月（需要时，应停药2~3个月后再次进行预防服药）。或氯喹：每次0.3g，每周1次。在耐氯喹疟疾流行区，可用甲氟喹每次0.25g，每周1次。亦可选用乙胺嘧啶25mg，每周1次。

目前正广泛用于临床病例治疗的青蒿琥酯不宜用作疟疾预防药物，以免疟原虫对它产生耐药性，从而缩短临床应用周期。

服用预防药物时可出现头晕、头晕、恶心、呕吐等副作用，所以重症肝、心、肾疾病及孕妇应慎用或忌用。为防止耐药株产生，每3个月调换一次药物。

疟疾疫苗正在研究中。

（林明华）

第三节　黑热病

黑热病（Kala-azar）即内脏利什曼病（visceral Leishmaniasis），是由利什曼原虫（*Leishmania donovani*）寄生于人体内脏引起。本病经白蛉叮咬传播，为地方性寄生虫病。以长期不规则发热、进行性脾大，消瘦、全血细胞减少及血清球蛋白增高为特点。

一、病原学

利什曼原虫为细胞内寄生的鞭毛虫，其生活史有前鞭毛体和无鞭毛体两期。前者寄生于白蛉的消化道内，后者寄生于哺乳动物的细胞内。

雌性白蛉叮咬患者或受染动物时，将无鞭毛体（也称利杜体）吸入胃内，经3~4天发育成前鞭毛体并以二分裂方式繁殖，7天后前鞭毛体大量聚集在白蛉口腔及喙，当白蛉再次叮刺人时，前鞭毛体随其唾液进入人体，前鞭毛体变成无鞭毛体（即利杜体）并被巨噬细胞吞噬，在此处无鞭气体大量繁殖并从巨噬细胞中溢出，并感染其他巨噬细胞。

二、流行病学

1. 传染源　患者、病犬及某些野生动物如狼、狐、鼠等作为储存宿主，是主要传染源。不同地区传染源可不同。平原地区患者为主要传染源，称为"人源型"；以病犬为主要传染源，称为"犬源型";以野生动物如大沙鼠为主要传染源,则称为"自然疫源型"或"野生动物源型"。

2. 传播途径　主要通过雌性白蛉叮咬人而感染,中华白蛉是我国主要的传播媒介。偶可经吞食受染动物或经破损皮肤黏膜、胎盘、输血及共用注射器等方式感染。

3. 易感人群　人群普遍易感,病后有持久免疫力。易感性随年龄增加而降低,10岁以下儿童或新进入疫区的外来人员易受感染。近年发现艾滋病、器官移植等免疫力低下者也易受感染。

4. 流行特征　黑热病分布于88个国家和地区,每年新发病50万例,以亚洲、地中海、东非及拉丁美洲为多。我国目前主要流行于新疆、甘肃、四川、内蒙古等省区。本病为人兽共患的地方性寄生虫病,可在人间传播,亦可在动物间传播。

三、发病机制及病理解剖

受染白蛉叮咬人时,将前鞭毛体注入皮下组织,被巨噬细胞吞噬入后在吞噬小体中变为无鞭毛体,以二分裂方式大量繁殖,胀破巨噬细胞后被释放,再被其他巨噬细胞吞噬,如此反复,致巨噬细胞增生,以肝、脾、骨髓等组织增生为主,尤以脾大最常见。因浆细胞大量增加,故血浆球蛋白升高。

脾显著肿大,巨噬细胞、浆细胞增生,脾质硬,可出现脾梗死。肝轻至中度肿大,巨噬细胞增生,肝细胞浊肿、脂肪变性及坏死,可发展成肝硬化。骨髓增生,巨噬细胞增生显著,可见大量利杜体。有核红细胞增加,巨核细胞正常或减少,血小板显著减少,系脾功能亢进所致。在淋巴结、扁桃体组织中亦见巨噬细胞增生。

四、临床表现

潜伏期长短不一,平均为3个月至1年以上。白蛉叮咬处皮肤出现淡褐色小丘疹,无痛感,常被忽略。

(一)典型黑热病

1. 发热　发热为主要症状。起病缓慢,多为不规则热,部分病例体温在1日内有2次升高,即双峰热型。伴乏力、纳差、消瘦等,全身中毒症状不明显,患者仍能坚持劳动是其特征。

2. 脾、肝及淋巴结肿大　脾呈进行性肿大,甚至可达盆腔。可因脾内栓塞而感到脾区疼痛。肝轻中度肿大,质软,偶有黄疸和腹水。淋巴结肿大,无压痛。

3. 贫血及营养不良　病程晚期表现为精神委靡、头发稀疏、面色苍白及皮肤干燥粗糙,或面部色素沉着(故称黑热病)。因贫血出现心悸、气短,重症患者可出现心脏扩大和心力衰竭。

(二)皮肤型黑热病

我国少见,可与内脏黑热病并存。皮肤型黑热病临床表现相对较轻,患者能照常劳动。初期在白蛉叮咬处皮肤出现丘疹或结节,无痛,扪之柔软,类似瘤型麻风,但无感觉障碍,进展缓慢。可进展为溃疡型,病变皮损组织内含利什曼原虫。皮损可发生在身体任何部位,以面颊部为多,病程可长达10年之久。

五、实验室检查

1. 血象及血清蛋白　脾亢致全血细胞减少,重者可发生粒细胞缺乏症。血清球蛋白明显增加,而白蛋白常有减少。

2. 病原学检查　是确诊依据。骨髓涂片染色找利杜体,阳性率约为85%,脾穿刺涂片阳性率可达90%以上,但出血风险大。对皮肤型黑热病作皮损涂片或活检,亦可培养或动物接种。

3．免疫学检测　检测血清循环抗原或抗体。单克隆抗体-抗原斑点试验阳性率高，可确定现行感染及疗效考核。用ELISA、间接血凝试验、直接凝集试验等检测循环抗体有诊断价值，但有假阳性。因抗体消失慢，不适用于考核疗效。

4．分子生物学检测　用PCR、DNA探针等技术检测标本中杜利体DNA，敏感性及特异性高。

六、诊断及鉴别诊断

1．诊断　有白蛉叮咬史或在流行区居住，长期不规则发热、消瘦、进行性脾大、全血细胞减少、球蛋白显著升高应考虑本病。骨髓涂片或肝、脾组织中找到利杜体可确诊。

2．鉴别诊断　须与长期发热伴脾大的疾病鉴别，如结核病、伤寒、布鲁菌病、败血症、疟疾、恶性组织细胞病、霍奇金病、慢性血吸虫病及肝硬化等疾病相鉴别。

七、预后

预后取决于病原治疗及有无并发症。用葡萄糖酸锑钠病原治疗，治愈率高。少数可复发。

八、治疗

1．一般治疗　注意休息与补充营养。贫血者补充铁剂及叶酸，必要时给予成分输血。

2．病原治疗

（1）锑剂治疗：首选葡萄糖酸锑钠（斯锑黑克），疗效迅速而显著。六日疗法：总剂量：成人90～130mg/kg，儿童150～170 mg/kg，平分6份，每日1次肌内注射或静脉缓慢注射。三周疗法：适用于感染重或体弱者。总剂量：成人150mg/kg，儿童200mg/kg，平分6次，每周2次，肌内注射或稀释后静脉注射。对于一个疗程未愈或复发者，可增加剂量重复治疗，在六日疗法剂量基础上加大剂量。部分人有不良反应，轻者不影响治疗。有严重心脏病、肝病者慎用。

（2）非锑剂药物：喷他脒4mg/kg，新鲜配制成10%溶液肌内注射，每日或间日1次，10～15次为一个疗程。两性霉素B自0.1mg/kg开始渐增至0.5～1mg/kg，静脉滴注，每日或隔日一次，总量1.5～2g。本品有肾毒性，可合用小剂量糖皮质激素。

（3）脾切除：药物治疗无效，或脾大伴脾功能亢进者可行脾切除，术后再次病原治疗。

九、预防

应采取以管理传染源为主的综合预防措施。积极治疗患者，严格管理犬类，发现病犬及时捕杀。对居住地喷洒杀虫剂以消灭白蛉。使用纱窗及蚊帐避虫，将驱虫剂涂抹于裸露皮肤以避免白蛉叮刺。

（鲁晓擘　张跃新）

第四节　弓形虫病

弓形虫病（toxoplasmosis）是由冈地弓形虫（*toxoplasma gondii*）引起的寄生原虫病，又称弓形体病，广泛存在于自然界，能感染世界多地的哺乳动物和鸟类，人类急性获得性感染常无症状，多表现为隐性感染。发病者临床表现多样，免疫力正常的宿主主要表现为淋巴结病和视网膜脉络膜炎；免疫缺陷宿主主要表现为中枢神经系统、肺、眼和心脏受累的相关症候群。

一、病原学

弓形虫为严格细胞内寄生，猫是专一宿主。弓形虫有三种存在形式：①囊合子，从猫粪便中被排泄出来，在特定温度和湿度下经 2~5 天的发育形成孢子，具有传染性，可以在土壤中存活数月。②速殖子，为无性侵袭形式，在细胞内繁殖，能感染所有哺乳类细胞。③包囊，含有缓殖子，可见于所有脏器，但以中枢神经系统和心肌、横纹肌、平滑肌等处最易发现。在人体内可能持续终生。

二、流行病学

1．传染源　猫或猫科动物为重要的传染源，其他的有猪、牛、羊等。弓形虫感染的孕妇可为胎儿和新生儿的传染源。

2．传播途径

（1）先天性感染：母体垂直传播，胎儿可经胎盘感染，也可因胎儿羊水或产道分泌物而感染。

（2）获得性感染：密切接触家猫或家畜、进食含有包囊或卵囊的生食和未熟的肉类、器官移植和输入血制品等。

3．易感人群　人群普遍易感，免疫功能缺陷者、孕妇、宠物饲养员及屠宰人员均为高危人群。

三、发病机制及病理

人体感染后，速殖子从胃肠道向全身组织细胞播散，在宿主细胞内繁殖，造成细胞破裂，感染周围细胞，形成由炎症反应包围的坏死灶是本病的发病机制。免疫缺陷者急性感染可以引起多脏器的严重损害，如心、肺、肝、脑等组织、器官坏死性炎症。细胞免疫和体液免疫在防御弓形虫感染中发挥重要作用。弓形虫鼠感染模型研究显示，遗传易感性与本病的发病相关。艾滋病患者中，人类白细胞抗原 DQ3（human leukocyte antigen DQ3，HLA-DQ3）为弓形虫脑炎的易感遗传性标志，HLA-DQ1 为防止弓形虫脑炎发生的遗传标志物。

四、临床表现

弓形虫病通常为亚临床感染，显性感染占 10% 左右。由于病原体可以侵袭各个组织和器官，所以临床表现复杂多样。

（一）先天性弓形虫病

表现多种多样，主要有五种表现：

1．新生儿全身性疾病　包括皮疹、黄疸、血小板减少性紫癜、肝和脾大、肺炎、渐进性葡萄膜炎、脑脊液中蛋白含量增高、脑室扩张和脑膜脑炎。

2．神经性疾病　脑积水或小头畸形、小眼畸形、视网膜脉络膜炎和脑钙化。

3．单发视网膜脉络膜炎或轻度脑钙化　不伴有任何脑损害的临床征象。

4．亚临床感染　对妊娠期感染的妇女，70% 的受感染婴儿为亚临床感染。区分亚临床感染弓形虫病和感染缺失是医师面临的挑战。

5．复发　即使之前视网膜完好，视网膜脉络膜炎突然加剧可能发生于婴儿、儿童、青少年和成人，发生率高达 85%。

(二) 后天获得性弓形虫病

1. 淋巴结病　对于免疫功能正常宿主，弓形虫感染最常见的临床表现是淋巴结病，以颈部淋巴结受累最常见。表现为淋巴结疼痛，淋巴结光滑、活动、不化脓，可持续数月。可伴有发热，常为低热或中等发热，乏力、肌痛、短暂皮疹，少数有肝、脾大。须与传染性单核细胞增多症、淋巴瘤等鉴别。

2. 视网膜脉络膜炎　弓形虫视网膜脉络膜炎一般是作为先天性感染的晚期症候出现的，表现为视力模糊、盲点、畏光、流泪、疼痛等。黄斑受累可影响中心视力。

3. 中枢神经系统　在获得性弓形虫病中，中枢神经系统受累最常见于免疫缺陷患者。临床表现复杂多样，有发热、头痛、嗜睡或昏迷。并有"假性脑肿瘤"症状，类似脑肿瘤或脑脓肿占位影像。脑内多发大块病变。混合型表现为意识错乱、精神病症状、癫痫发作及脑干和脊髓受损的体征，病情进展可引起死亡。

五、实验室检查

1. 病原检查

(1) 直接涂片：主要用于免疫缺陷宿主。取患者的血液、脑脊液、骨髓，或取淋巴结活检切片，进行瑞氏染色或吉姆萨染色，镜下可见滋养体或包囊。

(2) 分离弓形虫：取患者的血液、脑脊液、支气管肺泡灌洗液、玻璃体液或组织样本接种小鼠，或做细胞培养分离弓形虫。小鼠接种比细胞培养敏感，但时间较慢。

(3) 分子生物学检测：PCR或分子杂交方法检查患者体液或组织悬液中弓形虫DNA，具有很高的敏感性和特异性。

2. 免疫学检测　用Sabin-Feldman染色实验检测IgG抗体（金标准）、间接荧光抗体、凝集实验或ELISA等检测其循环抗原或特异性抗体。

六、诊断及鉴别诊断

1. 诊断　临床表现和（或）阳性体征，病原学检查阳性或血清学检测循环抗原或特异性抗体阳性。

2. 鉴别诊断　先天性弓形虫病应与TORCH综合征（由风疹、巨细胞病毒感染、单纯疱疹和弓形虫病感染引起的疾病）鉴别。弓形虫脑病应与其他病原体感染的脑病相鉴别。

七、治疗

1. 病原治疗

(1) 免疫功能正常患者：首选乙胺嘧啶联合磺胺嘧啶治疗，两者对速殖子有协同作用，但对组织包囊型无效。乙胺嘧啶首日负荷量为200mg，分两次服用，以后25～100mg口服；磺胺嘧啶负荷量为75mg/(kg·d)，首剂加倍，疗程持续至症状消失后1～2周。服用乙胺嘧啶治疗的患者，每日应口服亚叶酸（甲酰四氢叶酸）5～20mg。服用磺胺类药物的患者，应等剂量服用碳酸氢钠，防止结晶对肾的损害。

(2) 免疫功能缺陷患者：对艾滋病患者弓形虫脑炎急性期治疗可用乙胺嘧啶，负荷量200mg，分2次口服，以后50～70mg，每日1次，联合磺胺嘧啶1～1.5g，每6小时1次；或联合克林霉素600mg，口服或静脉输注，每6小时1次。同时服用亚叶酸10～20mg，每日1次。疗程持续至症状消失后4～6周。

(3) 孕妇及新生儿患者的治疗：①孕妇可用乙酰螺旋霉素1g，每日3～4次，疗程2～3周；克林霉素10～30mg/(kg·d)，分3次服用，疗程2周；阿奇霉素5mg/(kg·d)，分4次服用，疗程10～14天。以上药物在妊娠早期建议应用两个疗程，妊娠中、晚期应用1个疗程。②新生儿可选用乙酰螺旋霉素20～30mg/（kg·d）联合磺胺嘧啶25～30mg/（kg·d），分2～4次，口服，或阿奇霉素10mg/（kg·d），每日1次，口服。

（4）眼弓形虫病的治疗：①乙胺嘧啶联合磺胺嘧啶治疗，每疗程至少4周，总疗程6～12个月。②单用克林霉素，或联合乙胺嘧啶或磺胺嘧啶，亦可取得较好疗效。③突发眼弓形虫病或炎症累及黄斑区者须用乙胺嘧啶联合磺胺嘧啶及糖皮质激素治疗。

2．支持治疗　可应用增强免疫功能药物，如胸腺素、γ-干扰素、白细胞介素Ⅱ、左旋咪唑、转移因子等。

八、预防

做好个人卫生，进食干净的蔬菜、水果，食用充分烹饪的肉类，易感者应避免接触猫或猫粪。

（朱　斌）

第五节　隐孢子虫病

隐孢子虫病（cryptosporidiosis）是由隐孢子虫（*Cryptosporidium*）引起的肠道寄生原虫病。主要临床特征是水样腹泻，伴有低热、乏力、腹痛、呕吐等症状，腹泻严重可出现脱水、电解质紊乱及循环衰竭。隐孢子虫是导致艾滋病患者腹泻的主要原因，同时亦是引起旅游者腹泻的常见病原体之一。

一、病原学

隐孢子虫为孢子虫纲，隐孢子虫属原虫。人类感染的隐孢子虫主要是微小隐孢子虫（*Cryptosporidium parvum*）。隐孢子虫的生活史包括卵囊、滋养体、裂殖体、雌雄配子体及合子等阶段，生活周期为5～11天，均在同一宿主体内完成。卵囊是隐孢子虫的感染形态，呈圆形或卵圆形，直径4～6μm，抵抗力较强，对常用消毒剂不敏感。1%甲醛、5%氨水2小时及3%过氧化氢30分钟可以使其灭活。65℃条件下，30分钟可使其感染力消失，卵囊在潮湿、寒冷的环境中可以存活数月至1年，仍具有感染性。

二、流行病学

隐孢子虫感染呈世界性分布，迄今已有70多个国家有隐孢子虫病例报道。我国有10多个省、市、自治区证实有隐孢子虫病存在。感染人群多见于2岁或5岁以下的儿童，男女性别无明显差异。发达国家和地区的人群感染力较低，占感染性腹泻的2.8%～4.1%，发展中国家的感染率较高，占感染性腹泻的4%～11%。艾滋病、器官移植患者等免疫缺陷或免疫抑制患者的发病率显著高于正常人群。

1．传染源　隐孢子虫病患者为主要的传染源。无症状感染者、健康带虫者和症状消失后恢复期带虫者也是重要的传染源。

2．传播途径　主要有接触传播、经水传播、食物传播、动物源性传播等，免疫功能缺陷或免疫功能抑制患者亦可通过呼吸道分泌物传播。

3．人群易感性　人群对隐孢子虫普遍易感。婴幼儿、艾滋病患者、接受免疫抑制剂治疗的患者，以及先天或后天的免疫功能低下者更易感染隐孢子虫。

第七章 原虫感染

三、发病机制及病理

(一)发病机制

人体感染隐孢子虫后,是否发病主要与机体的免疫功能水平、营养状况和卵囊的数目等因素相关。具有感染性的成熟卵囊进入人体的肠道后,子孢子逸出,借助于其顶端的复合型子孢子糖蛋白与肠黏膜上皮细胞膜中的相应受体结合而黏附于肠上皮绒毛膜,在其膜下形成的寄生空泡中完成生活史。虫体侵犯部位的肠上皮细胞绒毛萎缩、变短变粗、融合、移位、脱落,黏膜表面积缩小,局部营养吸收障碍,对食物的耐受性降低,分泌性颗粒增加,从而引起水样腹泻。近年研究发现,隐孢子虫患者血清多种细胞因子水平明显升高,如 IL-1、IL-6、IL-8、TNF-α 等。细胞因子诱导肠上皮细胞内源性前列腺素表达上调,使细胞内 cAMP 水平升高,肠上皮细胞分泌亢进,同时对水、电解质的吸收减少,引起类似于霍乱样的分泌性腹泻。

(二)病理

隐孢子虫感染多常见于空肠、回肠末端。免疫功能缺陷者可累及整个肠道,但以小肠下段病变为主。病变部位黏膜充血、上皮细胞水肿,并有淋巴细胞、单核细胞浸润。

四、临床表现

本病潜伏期 4～15 天,平均 10 天。临床表现和严重程度取决于宿主的免疫功能与营养状况。

1．急性胃肠炎型 主要见于免疫功能正常或轻度受损者,主要表现为急性腹泻,似霍乱样症状,有大量的水样便。大便中可含黏液或泡沫,但极少有红、白细胞。其他症状有腹痛、腹胀、恶心、呕吐等。发热一般在 37.5～39℃。可伴有非特异性症状,如肌肉酸痛、乏力、食欲减退或厌食等。

2．慢性腹泻 主要见于免疫功能缺陷者,特别是艾滋病患者常表现为慢性腹泻。起病缓慢,持续腹泻,每日数次或数十次,大便呈糊状或带有黏液的水样便,偶有血便。患者也可表现为霍乱样腹泻,常伴有严重脱水和电解质紊乱,严重者可出现循环衰竭而死亡。

3．肠外表现 免疫缺陷患者除肠道症状外,还可以发生呼吸道隐孢子虫感染,出现咳嗽、咳痰及呼吸困难等,亦可见胆道隐孢子虫感染。

五、实验室检查

1．病原学检查 主要是收集患者大便检测隐孢子虫卵囊。常用金胺-酚染色或金胺-酚加改良抗酸复染法,在荧光显微镜下检测卵囊。近年推荐应用单克隆抗体的直接或间接免疫荧光实验,检测卵囊有较高的敏感性和特异性。另外可以用 PCR 技术检测大便中的隐孢子虫 DNA,其敏感性及特异性较好。

2．免疫学检测 应用酶联免疫吸附实验检测患者大便、血清、肠液的特异性 IgM、IgG 可以提高诊断率。

六、诊断及鉴别诊断

1．诊断 本病临床表现缺乏特异性,有感染动物接触史、去过疫区或护理过腹泻患者史,以水样腹泻为主要表现的患者或免疫缺陷患者,应多次进行大便、血清等病原体或特异性抗体检测,并除外其他引起腹泻的疾病,以明确诊断。

2．鉴别诊断 需要与其他引起腹泻的疾病鉴别,如细菌性痢疾、阿米巴痢疾、贾第虫病等鉴别。

七、治疗

免疫功能正常的成年人隐孢子虫感染多呈自限性，一般只需要对症及支持治疗即可。免疫缺陷或营养不良儿童感染隐孢子虫后，病情较重，病程较长，预后较差，除给予对症及支持治疗外，还要进行病原体的治疗。

1. **对症与支持治疗** 患者多因严重腹泻出现脱水、电解质和酸碱平衡紊乱，应补充液体和电解质，可选用生理盐水、葡萄糖氯化钠注射液、5%碳酸氢钠等。大便次数较多者，可应用蒙脱石散、碱式碳酸铋等收敛剂，也可选用枯草菌等益生菌制剂，以改善肠道微环境。如患者出现发热、腹痛、恶心、呕吐时应给予相应的对症治疗。

2. **病原治疗** 目前尚无疗效确切的抗隐孢子虫药物。目前认为螺旋霉素、阿奇霉素、巴龙霉素、克林霉素及复方新诺明等有一定疗效。国内外文献报道应用螺旋霉素、阿奇霉素、巴龙霉素单用或联合应用可以缓解病情，减轻腹泻症状和减少排泄卵囊的数量，但易复发。隐孢子虫感染的发病特点与免疫功能密切相关，有报道应用生物制剂如高效价免疫牛初乳、特异性牛转移因子、透析白细胞提取液、INF-α、胸腺素 α_1 等免疫方法治疗隐孢子虫感染，都取得了一定的疗效。

八、预防

隐孢子虫病为人畜共患寄生虫病，传播途径广泛，可通过污染水源、食物、接触动物等途径而受到感染。因此应防止患者、病畜粪便污染食物和饮水，控制传染源并注意个人卫生。医疗卫生单位应注意医源性传播。选用有效消毒剂如1%甲醛、5%氨水等杀灭隐孢子虫卵囊。

（朱　斌）

第八章 蠕虫感染

第一节 日本血吸虫病

日本血吸虫病（Schistosomiasis Japonica）是因日本血吸虫（*Schistosoma Japonicum*）寄生于门静脉系统所引起的人畜共患性寄生虫病。人的皮肤、黏膜接触含有尾蚴的疫水而感染，急性期患者可有发热、腹痛、腹泻或脓血便、肝大及血中嗜酸性粒细胞明显增多。慢性期主要表现为肝大或慢性腹泻。晚期因病情发展至肝硬化，可表现为巨脾与腹水等。

一、病原学

血吸虫又称为裂体吸虫。寄生于人体的血吸虫种类较多，主要有日本血吸虫、曼氏血吸虫和埃及血吸虫。日本血吸虫成虫雌雄异体，寄生在人或其他哺乳类动物的门静脉-肠系膜静脉系统。成虫在血管内交配产卵，大部分虫卵滞留于宿主肝及肠壁内，部分虫卵穿过肠壁进入肠腔，随粪便排出体外入水，在适宜温度（25～30℃）下孵出毛蚴，毛蚴侵入中间宿主钉螺体内并逐渐发育，经母胞蚴、子胞蚴而生成大量尾蚴。尾蚴从螺体逸出，在水面漂浮游动。当人或动物与含有尾蚴的水接触，即可经皮肤或黏膜感染。尾蚴侵入皮肤脱去尾部，发育为童虫，并随血流或淋巴液到达全身。进入肝内门静脉分支的童虫在此暂时停留，并继续发育。当性器官初步分化时，遇到异性童虫即开始合抱，并移行到门静脉-肠系膜静脉系统寄居，逐渐发育成熟并交配产卵，完成其生活史。日本血吸虫成虫在人体内平均存活时间约为 4.5 年，最长可达 40 年。

二、流行病学

1．传染源　为患者和保虫宿主。保虫宿主主要有牛、猪、羊、马、狗、猫及鼠类等。
2．传播途径　造成传播必须具备三个条件：即带虫卵的粪便入水；钉螺的存在、孳生；人、畜接触疫水。
（1）感染方式：人们通过田间劳动、游泳等各种活动，皮肤、黏膜接触疫水受到感染。
（2）传播媒介：钉螺是日本血吸虫唯一的中间宿主，只有存在钉螺才会造成血吸虫病的传播和流行。
3．易感人群　人群普遍易感，感染概率与接触疫水机会密切相关。
4．流行特征　日本血吸虫病流行于中国、日本、菲律宾、印尼等亚洲国家。在我国主要分布于江苏、浙江、安徽、江西、湖北、湖南、广东、广西、福建、四川、云南及上海 12 个省、市、自治区。我国血吸虫病流行区分为湖沼、水网和山丘三种类型。疫情以湖沼型最为严重。水网型主要分布在江苏、浙江两省。山丘型患者较少而分散，呈点状分布，给防治工作造成困难。

三、发病机制及病理

血吸虫病是由血吸虫侵入机体后引起的一种以虫卵肉芽肿为病变特点的免疫性疾病。血吸虫不同发育阶段的尾蚴、童虫、成虫和虫卵均可引起宿主不同的损害和复杂的免疫病理反应。尾蚴自皮肤侵入后，可引起尾蚴性皮炎，表现为毛细血管扩张充血，伴有出血、水肿，周围有中性粒细胞和单核细胞浸润。局部皮肤出现红色丘疹和瘙痒，属速发型和迟发型变态反应。童虫移行过程中所经过的器官（特别是肺）出现血管炎，毛细血管栓塞、破裂，产生局部细胞浸润和点状出血。当大量童虫在人体移行时，患者可出现发热、咳嗽、痰中带血、嗜酸性粒细胞增多，可能是局部炎症及虫体代谢产物引起的变态反应所致。成虫一般无明显致病作用，少数可引起轻微的机械性损害，如静脉内膜炎等。但成虫的代谢产物、虫体分泌物、排泄物、虫体外皮层更新脱落的表质膜等，在机体内作为循环抗原与相应抗体形成免疫复合物，对宿主产生损害。血吸虫病的病变主要由虫卵引起。虫卵沉着在宿主的肝及肠壁等组织，引起肉芽肿和纤维化是血吸虫病的主要病变。虫卵透过卵壳微孔缓慢释放可溶性虫卵抗原，致敏 T 细胞，产生各种淋巴因子及嗜酸性粒细胞刺激素、成纤维细胞刺激因子、巨噬细胞移动抑制因子等吸引巨噬细胞、嗜酸性粒细胞及成纤维细胞等汇集到虫卵周围，形成肉芽肿。血吸虫虫卵肉芽肿在组织血管内形成，堵塞血管，破坏血管结构，导致组织纤维化，这类病变主要见于虫卵沉积较多的器官，如肝和结肠。在肝内，虫卵肉芽肿位于门静脉分支终端。病程晚期，门静脉周围出现广泛的纤维化，呈典型的干线型纤维化，是晚期血吸虫病特征性病变。由于窦前静脉被广泛阻塞，导致门静脉高压，出现肝、脾大，侧支循环，腹壁、食管及胃底静脉曲张，以及上消化道出血与腹水等症状。

结肠病变主要发生在直肠、乙状结肠和降结肠。急性期病变为黏膜充血、水肿、坏死，黏膜下层有虫卵结节，破溃后形成浅溃疡，排出脓血便。慢性期表现为纤维组织增生，肠壁增厚，可有息肉样增生和肠腔狭窄，还可有肠系膜增厚、网膜粘连形成团块等。

在门静脉系统以外的静脉内寄生的日本血吸虫成虫称异位寄生，而见于门静脉系统以外的器官或组织的血吸虫虫卵肉芽肿则称异位损害或异位血吸虫病。人体常见的异位损害在脑和肺。

人体感染血吸虫后可获得部分免疫力，这种免疫力对再感染的童虫有一定的杀伤作用，而无损于体内的成虫和虫卵，这种现象称为伴随免疫。

四、临床表现

潜伏期大多为 30～60 天，平均 40 天。血吸虫病临床表现复杂多样、轻重不一。我国将血吸虫病分为以下四型。

（一）急性血吸虫病

多发生于夏秋季，常为初次重度感染。主要表现有：

1．发热　患者均有发热，轻症者发热数天，重者可迁延数月。热型以间歇热、弛张热多见，发热前一般无寒战。高热时偶有烦躁不安等中毒症状，严重病例可出现贫血、消瘦和营养不良等。

2．消化系统症状　发热期间多伴有食欲减退、腹部不适、腹痛、腹泻、呕吐等。腹泻一般每日 3～5 次，个别可达十余次，初为稀水便，继而出现脓血、黏液。热退后腹泻次数减少。危重患者可出现高度腹胀、腹水和腹膜刺激征。经治疗退热后 6～8 周，上述症状可显著改善或消失。

3．呼吸系统表现　多数患者有咳嗽、气喘、胸痛。危重患者咳嗽较重、咳血痰，并有胸闷、气促等。

4．变态反应　主要是尾蚴性皮炎。表现为在尾蚴入侵的局部皮肤出现红色丘疹或疱疹。其他还包括荨麻疹、血管神经性水肿等。

5．肝、脾大　90% 以上患者出现肝大伴压痛，以左叶较显著。半数患者轻度脾大。

（二）慢性血吸虫病

急性血吸虫病病程经过半年以上，称慢性血吸虫病，因急性期未得到治疗或反复轻度感染所致。在流行区90%的血吸虫患者为慢性血吸虫病。

感染轻者大多无症状，仅大便检查中发现虫卵，或体检时发现肝大。有症状者以腹痛、腹泻较常见，大便每日2～3次，以稀便为主，偶有血便，症状时轻时重。病程长者可伴有贫血、消瘦、营养不良、肠梗阻及内分泌紊乱，表现为性欲减退、月经紊乱、不孕不育等。病程早期常有肝大，表面光滑，质地中等。进入肝硬化阶段时，表现为肝质硬、表面不平，有结节。脾逐渐增大。下腹部可触及增厚的结肠系膜、大网膜和肿大的淋巴结。

（三）晚期血吸虫病

由于反复感染，又未经及时和彻底治疗，病情发展至晚期。以血吸虫性肝硬化为主要特征。临床上分为：

1. 巨脾型　最常见，脾进行性增大，下缘平脐甚至达盆腔，表面光滑，质坚硬，可有压痛，常伴有脾功能亢进表现。

2. 腹水型　腹水大多呈进行性增多加剧，表现为腹胀、腹部膨隆、呼吸困难、难以进食。常因上消化道出血、肝衰竭、肝性脑病或感染死亡。

3. 结肠肉芽肿型　病变主要在直肠、乙状结肠和降结肠。表现为腹痛、腹泻、便秘，或腹泻与便秘交替出现。大便可以是水样便、血便或黏液脓血便，有时出现腹胀和肠梗阻。查体左下腹可触及有压痛的肿块，少数可以发生癌变。

4. 侏儒型　极少见，多因幼年时慢性反复感染引起内分泌腺萎缩、功能减退所致。

（四）异位血吸虫病

1. 肺型血吸虫病　多见于初次感染的急性期患者，由于虫卵沉积引起肺间质病变，患者可有发热、轻度咳嗽、胸痛、痰少。肺部体征可以不明显，有时可闻及干、湿啰音。重型患者肺部有广泛病变时，胸部X线检查可见中下肺野有弥漫云雾状、点片状、粟粒样浸润阴影，边缘模糊。肺部病变经病原治疗3～6个月内逐渐吸收消失。

2. 脑型血吸虫病　临床上分为急性与慢性两型。急性型发生在感染早期，临床表现酷似脑膜脑炎，常与肺部病变同时发生，出现意识障碍、脑膜刺激征、瘫痪、抽搐、腱反射亢进和锥体束征等。脑脊液嗜酸性粒细胞和蛋白质可升高。慢性型多发生在感染后半年以上，主要表现为癫痫发作，尤其是局限性癫痫更为多见，也可有精神症状、颅内压增高等。颅脑CT检查常在顶叶发现病变，为单侧多发性高密度结节阴影，周围有广泛脑水肿。病原治疗后多数可以治愈。

3. 其他类型　人体其他部位也可发生血吸虫病，如胃、胆囊、肾、睾丸、子宫、心包、甲状腺、皮肤等，非常罕见，临床上出现相应症状。

五、并发症

1. 上消化道出血　以食管下段与胃底静脉曲张破裂出血较为常见，表现为呕血、黑便、血压下降和失血性休克，为晚期患者重要并发症，发生率约为10%。

2. 肝性脑病　患者也可并发肝性脑病，多由于上消化道大出血、大量放腹水、过度利尿等诱发。

3. 由于患者免疫功能减退、低蛋白血症、门静脉高压等非常容易并发感染，如原发性腹膜炎等。

4. 并发症　严重纤维增生性病变可致肠腔狭窄，引起不完全性肠梗阻，结肠的慢性炎症还可诱发结肠癌。

六、验室检查

1. 血象 急性血吸虫病患者外周血象以嗜酸性粒细胞显著增多为主要特点，嗜酸性粒细胞一般占 20%～40%，多者可高达 90% 以上。白细胞总数轻度至中度增高。晚期患者常因脾功能亢进出现全血细胞减少。

2. 大便检查 从大便中检出虫卵和毛蚴是确诊血吸虫病的直接依据，取新鲜脓血便反复送检可提高阳性率。一般急性期检出率较高，而慢性期和晚期患者的阳性率不高。

3. 肝功能试验 急性血吸虫病患者血清 ALT、AST 轻度升高，血清球蛋白升高明显。晚期患者出现血清白蛋白减少，球蛋白升高，A/G 比值倒置。

4. 免疫学检查

(1) 皮内试验：阳性率为 95% 以上，但特异性较差，常用于现场筛查可疑病例，阳性者须做进一步检查。

(2) 血清抗体检测：常用方法有环卵沉淀试验（circunoval precipitin test，COPT）、间接红细胞凝集实验（indirect hemagglutination test，IHA）和 ELISA 等，具有较高的敏感性与特异性。这些血清学试验可以作为辅助诊断的方法。

(3) 血清循环抗原检测：血吸虫的代谢产物和分泌物如可溶性虫卵抗原、肠相关抗原和膜相关抗原等进入血液成为循环抗原，可应用单克隆抗体斑点酶联实验法进行检测。具有高度的敏感性和特异性，循环抗原的存在表明有活动性感染，对血吸虫病的诊断和疗效考核有重要价值。

5. 直肠黏膜活检 通过直肠镜或乙状结肠镜，自病变处取米粒大小黏膜压片，在光镜下检查有无虫卵。以距肛门 8～10cm 背侧黏膜处取材阳性率最高。活检时应注意防止直肠出血和穿孔。

6. 影像学检查

(1) B 超检查：可判断肝纤维化的程度，并可定位行肝穿刺活检。

(2) CT 扫描：晚期血吸虫病患者肝包膜与肝内门静脉区常有钙化现象，CT 扫描可显示肝包膜增厚钙化等特异图像。重度肝纤维化可表现为龟背样图像。

七、诊断与鉴别诊断

（一）诊断

血吸虫病的临床诊断主要依据为：

1. 有血吸虫疫水接触史是诊断的必要条件。

2. 有急性或慢性、晚期血吸虫病的症状和体征，如发热、皮炎、荨麻疹、腹痛、腹泻、肝和脾大等。

3. 血吸虫皮内试验阳性且 ELISA 或环卵沉淀试验阳性。如果患者大便检出虫卵或孵出毛蚴或直肠黏膜活检找到日本血吸虫卵即可确诊。

（二）鉴别诊断

急性血吸虫病可被误诊为伤寒、阿米巴肝脓肿、粟粒型肺结核等，血象中嗜酸性粒细胞显著增多有重要的鉴别价值。慢性血吸虫病肝、脾大应与慢性病毒性肝炎等鉴别。血吸虫病患者有腹泻、便血等消化道症状，应与阿米巴痢疾、慢性细菌性痢疾、结肠癌、直肠癌鉴别。应注意将晚期血吸虫病与门脉性及坏死后肝硬化鉴别。此外，在流行区的癫痫患者均应除外脑型血吸虫病的可能。

八、预后

预后与感染程度、病程长短、年龄、有无并发症和异位损害及治疗是否及时和彻底等密切相关。急性患者如能得到及时有效的抗病原治疗多可痊愈。慢性早期患者接受抗病原治疗后，大多数患者可以临床症状消失，病情好转，大便及血清学检查转阴。晚期患者病情已发展至肝硬化，常可出现顽固性腹水、消化道出血、肝性脑病、自发性腹膜炎及并发结肠癌等，预后较差。

九、治疗

1．病原治疗　吡喹酮是治疗日本血吸虫病的首选药物，具有疗效好、毒性低、疗程短和使用方便等特点，对血吸虫各个发育阶段均有不同程度的杀虫作用。

（1）急性血吸虫病：成人总剂量为120mg/kg，儿童为140mg/kg，分4~6天服用，每日量分2~3次口服，其中50%必须在前2天服完，体重超过60kg者按60kg计算。治疗结束后大便检查转阴率可达90%以上。

（2）慢性血吸虫病：成人总量按60mg/kg计算，儿童体重在30kg以内者总量按70mg/kg计算，30kg以上者与成人相同。疗程2天，每日剂量分3次服用。

（3）晚期血吸虫病：晚期病例因门静脉高压，侧支循环开放，药物在肝的首次通过效应差，吸收后可经侧支循环直接进入体循环，致使血药浓度较高，半衰期明显延长，故应适当减少总剂量（一般不少于40mg/kg），或适当延长疗程，以减少毒性反应的发生。

（4）预防性服药：能有效预防血吸虫感染。蒿甲醚和青蒿琥酯能杀灭5~21天的血吸虫童虫。服用方法：接触疫水后15天口服蒿甲醚，剂量为6mg/kg，以后每15天一次，连服4~10次；或者在接触疫水后7天口服青蒿琥酯，剂量为6mg/kg，以后每7天一次，连服8~15次。

2．对症治疗

（1）急性期患者高热、中毒症状严重时给予退热、补液治疗，保证水和电解质平衡，加强营养及支持治疗。

（2）慢性和晚期患者，应加强对症支持治疗，同时积极处理各种并发症。出现脾亢进、门静脉高压、上消化道出血时，可根据病情考虑手术治疗。

十、预防

1．控制传染源　在流行区每年对患者、病畜进行普查普治。在重流行区应用吡喹酮对人、畜进行同步化疗。

2．切断传播途径

（1）消灭钉螺是预防本病的关键，可采取物理灭螺法和化学灭螺法。

（2）须无害化处理粪便（杀死虫卵），以防止污染水源。

（3）保护水源，进行饮水消毒。

3．保护易感人群　加强宣传教育，普及防治知识，严禁在疫水中游泳、戏水。接触疫水时应穿防护衣裤等。

（刘耀敏）

第二节　华支睾吸虫病

华支睾吸虫病（Clonorchiasis sinensis）又称肝吸虫病，是由华支睾吸虫（*Clonorchis sinensis*）寄生在人体肝内胆管引起的寄生虫病。临床主要表现为肝大、上腹隐痛、腹泻等，重症患者可以发生胆管炎、胆石症及肝硬化等。

一、病原学

华支睾吸虫的成虫体型扁平，大小为（10～25）mm×（3～5）mm，有口吸盘及腹吸盘各一个，雌雄同体，每条成虫有两个前后排列的分支状睾丸，其上方有子宫和卵巢，成熟后产卵。虫卵为黄褄色，大小为（27.3～35.1）μm×（11.7～19.5）μm，形似电灯泡，卵内有一成熟毛蚴。

成虫寄生在人或哺乳动物的肝内胆管中，产卵后虫卵随胆汁进入消化道，随粪便排出体外进入水中，被第一中间宿主——淡水螺吞食，在螺体消化道内孵出毛蚴，毛蚴经胞蚴、雷蚴两个阶段发育成许多尾蚴。成熟尾蚴从螺体逸出，遇到第二中间宿主——淡水鱼或淡水虾后，侵入其体内形成囊蚴，囊蚴内含有一条幼虫。囊蚴被终宿主——人或哺乳动物吞食后，在消化液的作用下，囊壁被软化，囊内幼虫在十二指肠内破囊而出，然后从胆总管进入肝，在肝中小胆管内经过1个月左右发育为成虫并产卵。成虫的寿命可长达10～30年。

二、流行病学

华支睾吸虫病主要分布于东亚和东南亚，包括中国、朝鲜、韩国、日本、越南等。我国除西北地区外，全国有24个省、市、自治区有本病流行。

1．传染源　感染华支睾吸虫的人和哺乳动物（猫、狗、猪等）为主要传染源。
2．传播途径　进食生或未煮熟含有华支睾吸虫囊蚴的淡水鱼或虾而感染。另外，用切生鱼肉的刀及砧板切熟食、饮用囊蚴污染的生水也可受到感染。
3．人群易感性　人对本病普遍易感，感染率高低与居民的生活、卫生习惯及饮食嗜好有密切关系。

三、发病机制及病理

华支睾吸虫主要寄生在人体肝内小胆管中，由于成虫本身的物理刺激及代谢产物导致的化学刺激，可以引起胆管黏膜损伤和上皮细胞脱落。继发细菌感染时可发生胆管炎和胆囊炎。细菌感染及脱落细胞和虫卵可诱发胆石形成。当大量成虫随胆汁流至胆总管时，可造成胆总管阻塞发生阻塞性黄疸，阻塞胰管时引起急性胰腺炎。

病理变化主要有胆管上皮细胞增生，严重时形成腺瘤样组织，胆管壁增厚，管腔逐渐狭窄导致胆汁淤积。胆管周围淋巴细胞浸润和纤维组织增生，并向肝实质侵入。本病一般不引起肝硬化，但是严重感染病例可发生肝细胞变性坏死，长期反复感染可发展为肝硬化。动物实验证实华支睾吸虫的寄生可诱发肝癌。

四、临床表现

潜伏期一般为1～2个月，短者10～26天。

轻度感染者不出现症状或症状轻微。一般普通感染者可有食欲不振、腹胀、腹泻、上腹不适等，查体可有肝大，以左叶明显。重度感染者常急性起病，表现为急性华支睾吸虫病，患者突发寒战及高热，体温达39℃以上，呈弛张热。患者表现为食欲下降、厌油腻食物、腹胀、乏力、肝区痛、肝大伴压痛，有轻度黄疸，少数出现脾大。

临床上以慢性华支睾吸虫病多见，表现为食欲不振、消化不良、腹痛、腹泻、乏力、肝区隐痛、肝大，以左叶明显，质软，有轻压痛。严重感染者常伴有贫血、营养不良和水肿等全身症状。反复感染的严重病例可发展为肝硬化及门静脉高压。严重感染的儿童可出现营养不良和生长发育障碍，甚至引起侏儒症。

五、并发症

常见并发症有急、慢性胆囊炎及胆管炎、胆石症。成虫阻塞胰管可引起胰腺炎，阻塞胆总管导致阻塞性黄疸及胆汁性肝硬化。长期反复感染病例可并发门静脉性肝硬化。另外，本病与原发性肝细胞癌和胆管细胞癌密切相关。

六、实验室检查

1. 血象　急性期患者末梢血白细胞总数轻中度增加，嗜酸性粒细胞明显增加，个别病例出现粒细胞类白血病反应。可有轻度贫血。

2. 肝功能试验　肝功能轻度损害。在重度感染及有肝、胆并发症时，碱性磷酸酶及胆红素升高。

3. 虫卵检查　大便和十二指肠引流胆汁检查发现虫卵是确诊华支睾吸虫病的直接依据。十二指肠引流胆汁发现虫卵机会多于大便检查。

4. 免疫学检查　皮内试验敏感性好、阳性率较高，但特异性较差，与并殖吸虫病、血吸虫病有交叉反应。ELISA 有较高的敏感性与特异性。检测血清中循环抗原阳性率可达 94.9%，对早期诊断和疗效考核有一定价值，但与并殖吸虫病和血吸虫病有交叉反应。

5. 其他检查　包括肝超声检查、CT 和磁共振等。

七、诊断与鉴别诊断

1. 诊断　华支睾吸虫病的诊断主要依据为：①居住或到过流行区，有生食或半生食鱼虾史。②临床表现有食欲减退、腹泻、肝区疼痛等症状，查体有肝大特别是左叶肿大。③大便或胆汁检查出华支睾吸虫卵是确诊的依据。

2. 鉴别诊断　急性华支睾吸虫病应与急性血吸虫病、急性病毒性肝炎、急性胆囊炎、胆石症等鉴别。慢性华支睾吸虫病应与慢性血吸虫病、慢性病毒性肝炎、慢性肠炎、肝炎后肝硬化等鉴别。

八、预后

轻症患者经驱虫治疗预后良好。已发展至肝硬化者，经驱虫治疗后病情也可好转。合并原发性肝癌者预后不良。

九、治疗

1. 一般治疗和对症治疗　对重症感染和伴有营养不良及肝硬化的患者，应先予以支持疗法，如加强营养、保护肝、纠正贫血等，待患者全身情况好转后再予以驱虫治疗。

2. 病原治疗　病原治疗是本病的主要治疗，首选药物是吡喹酮。

(1) 吡喹酮：具有疗效好，毒性和不良反应轻，在体内吸收、代谢、排泄快等优点。治疗剂量为每次 20mg/kg，每日 3 次，连服 2~3 天。虫卵转阴率几乎达 100%。

(2) 阿苯达唑：又名肠虫清，对本病亦有较好疗效。剂量为每天 10~20mg/kg，分 2 次服用，7 天为一疗程。

十、预防

应采取综合措施,包括通过普查及时发现和治疗患者,患病动物也应给予治疗。加强健康教育,改变不良卫生习惯,不食生的或不熟的鱼虾。同时应加强粪便管理。

(刘耀敏)

第三节 并殖吸虫病

并殖吸虫病(paragonimiasis)又称肺吸虫病(lung fluke disease),是由并殖吸虫(*Paragonimus*)感染所致的一种人畜共患的寄生虫病。主要表现为咳嗽、胸痛、咳铁锈色痰、咯血及出现皮下游走性结节等。因病变主要在肺部,故又称肺吸虫病。

一、病原学

目前已知并殖吸虫有50余种,我国发现28种,其中以卫氏并殖吸虫和斯氏并殖吸虫分布较广泛,是我国最重要的致病虫体。并殖吸虫成虫雌雄同体,有一对睾丸、子宫,及口吸盘和腹吸盘各一个。并殖吸虫的成虫寄生于人或多种肉食类动物的肺部或其他脏器、组织。寄生于肺部的成虫产出的虫卵经气管随痰液咳出或随粪便排出体外,虫卵入水后在适宜温度(25~30℃)下,经3~6周发育成毛蚴,毛蚴侵入第一中间宿主——川卷螺(卫氏并殖吸虫的中间宿主)或拟钉螺(斯氏并殖吸虫的中间宿主)体内。毛蚴在螺体内经胞蚴、母雷蚴、子雷蚴等阶段的无性繁殖,2~3个月后形成尾蚴,成熟的尾蚴从螺体逸出侵入第二中间宿主——溪蟹或喇蛄体内或随螺体被第二中间宿主吞入,尾蚴在第二中间宿主的肌肉或内脏中形成有感染性的囊蚴,人或动物如生食或半生食含囊蚴的溪蟹或喇蛄时,囊蚴随之进入人体,囊内幼虫在人体肠道内逸出,穿过肠壁,在腹腔、腹壁等组织、器官内移行,并逐渐发育成童虫。卫氏并殖吸虫的童虫可到达肺部形成虫囊,童虫在虫囊中发育为成熟的成虫。斯氏并殖吸虫的童虫在人体各组织、器官间游走,不进入肺部。

二、流行病学

1. 传染源 患者是卫氏并殖吸虫病的主要传染源。病猫、病犬是斯氏并殖吸虫病的主要传染源。

2. 传播途径 生食或半生食含并殖吸虫囊蚴的溪蟹或喇蛄而感染,饮用含囊蚴的生水也可造成感染。

3. 人群易感性 普遍易感,以儿童和青少年感染率最高,病后免疫时间短暂,可再次感染。

4. 流行特征 并殖吸虫病广泛分布于世界各地,主要流行于中国、朝鲜、日本、泰国等亚洲国家。我国24个省、市有病例报道,浙江与东北各省以卫氏并殖吸虫病为主,四川、云南、广西等地以斯氏并殖吸虫病为主。

三、发病机制及病理

并殖吸虫囊蚴被吞食后,在上段小肠内脱囊,脱囊后尾蚴穿过肠壁到达腹腔,在腹腔内发育为幼虫并引起肠壁浆膜及腹膜广泛炎症和粘连。多数幼虫穿过膈肌,进入胸腔引起胸膜炎症。幼虫在移行过程中逐渐发育为成虫,待性器官成熟后,钻入肺形成肺吸虫囊肿。卫氏并殖吸虫主要寄生于人或动物的肺组织，可存活 5～20 年。斯氏并殖吸虫的幼虫或童虫在移行过程中造成的损害较卫氏并殖吸虫显著，斯氏并殖吸虫不能在人体内发育至性成熟产卵，极少进入肺，而以游走性皮下包块、渗出性胸膜炎和肝损害为主要病变。

并殖吸虫病的基本病变分为脓肿期、囊肿期和纤维瘢痕期三个时期。

四、临床表现

潜伏期一般为 3～6 个月，短者数日，长者可达 10 年以上。患者大多起病缓慢，轻症感染者可无症状，中、重度感染时因多个脏器受累，导致临床表现复杂多样。

（一）急性并殖吸虫病

初发症状为腹痛、腹泻、食欲减退，继之出现畏寒、发热、咳嗽、咳痰、胸痛等症状。胸部 X 线检查可见到肺部病变、胸腔积液等。

（二）慢性并殖吸虫病

主要症状是胸痛、咳嗽、咳痰、咯血，痰呈铁锈色或烂桃样，伴乏力、消瘦、盗汗等。

（三）临床类型

1．胸肺型 最常见，以咳嗽、胸痛、气短等为主要表现。病初为干咳，而后痰液逐渐增多，咳嗽加重，痰中可带有少量血丝，以后逐渐变为铁锈色或烂桃样痰。胸膜受累时可出现渗出性胸膜炎、胸膜增厚或粘连。

2．腹型 主要表现为腹痛、腹泻、恶心、呕吐等。腹痛为全腹痛或以右下腹为主。大便为黄色或淡黄色稀便，每天 2～4 次。虫体侵犯肝可形成嗜酸性肝脓肿，出现肝功能异常。偶可触及腹部结节与肿块。

3．皮肤型 主要为皮下结节或包块，常位于胸背部、腹部、大腿等深部皮下，有隐痛或痒感。

4．脑脊髓型 以卫氏并殖吸虫病患者特别是儿童多见，常有颅内压增高表现，也可出现反复癫痫发作，视、幻觉及肢体感觉异常，或有瘫痪、失语、偏盲等症状。脊髓型可出现下肢麻木感或刺痛，随后出现肢体瘫痪、大小便失禁等表现。

5．其他类型 并殖吸虫还可侵犯心包、眼、肾和膀胱等，出现相应的临床表现。

五、实验室检查

1．血常规 急性并殖吸虫病患者外周血白细胞总数增多，嗜酸性粒细胞比例明显增高，可达 30%～40%。红细胞沉降率明显加快。

2．病原学检查 取患者痰液、大便、脑脊液、胸腹腔积液等检查，如查到并殖吸虫虫卵即可确诊。对患者皮下结节或包块做活体组织检查，发现成虫或虫卵亦可确诊。

3．免疫学检查 皮内试验常用于现场流行病学调查；血清循环抗原检测、血清特异性抗体检测阳性率均较高。

4．影像学检查 X 线胸片检查对胸肺型病例有重要参考价值，早期可见中下肺野大小不等、边缘不清的类圆形炎性浸润阴影，病程后期可见囊肿及胸腔积液，同时伴胸膜粘连或增厚。对脑脊髓型患者可给予头部 CT 或 MRI 检查。

六、诊断

根据流行病学史、临床表现可作出初步诊断，临床标本中查到并殖吸虫虫卵或成虫即可确诊。

七、鉴别诊断

并殖吸虫病应与肺结核、结核性胸膜炎、颅内肿瘤、脑型血吸虫病、脑囊尾蚴病及原发性癫痫等疾病相鉴别。

八、预后

本病如能得到及时有效治疗，一般预后较好。但以中枢神经系统损害为主要改变的患者预后较差，可致残或死亡。

九、治疗

1．病原治疗
（1）吡喹酮：副作用轻，疗程短，服用方便，是目前治疗并殖吸虫病的首选药物。每日剂量为75mg/kg，分3次口服，2～3天为一个疗程。脑型患者应间隔1周后重复一个疗程。
（2）三氯苯哒唑：为新型咪唑类驱虫药，剂量为5mg/kg，每天1次口服，3天为一疗程。
（3）硫氯酚：成人3g/d，儿童50mg/（kg·d），分3次口服。连续应用10～15天为一个疗程，或间日服用20～30天为一个疗程，脑脊髓型常需2～3个疗程。

2．对症治疗　颅内高压者使用脱水剂；咳嗽、胸痛者给予镇咳、镇痛剂；癫痫发作者可给予苯妥英钠治疗等。

3．外科治疗　如脑脊髓型并殖吸虫病出现压迫症状，经内科治疗无效可考虑外科手术，皮下包块可手术切除；胸膜粘连明显时可行胸膜剥离术等。

十、预防

1．控制传染源　彻底治疗本病患者及病猫、病犬等家畜，捕杀对人畜有害的保虫宿主。
2．切断传播途径　流行区人群，特别是儿童不吃生的或未煮熟的溪蟹、蝲蛄，不喝生水，不随地吐痰。
3．保护易感者　在流行区广泛宣传本病防治知识，加强猫、犬管理，加强粪便和水源管理。

（刘耀敏）

第四节　姜片虫病

姜片虫病（fasciolopsiasis）是由布氏姜片吸虫（*Fasciolopsis buski*）寄生在人体小肠内所引起的一种人畜共患寄生虫病。临床上主要表现为消化功能紊乱、腹痛、腹泻等，严重病例可出现全身症状。

一、病原学

姜片虫又称布氏姜片吸虫，雌雄同体。成虫长20～75mm，宽8～20mm，厚0.5～3mm，是人体寄生虫中最大的吸虫之一，虫体扁平，状如鲜姜的切片，故名。虫卵呈长椭圆形，大小为（130～140）μm×（80～85）μm。虫卵随粪便排出体外落入水中，在适宜的温度下（26～32℃）经3～4周发育为毛蚴。毛蚴逸出后在水中游动，钻入第一中间宿主——扁卷螺体内，约1个月时间经胞蚴、母雷蚴、子雷蚴等阶段，最后产生许多尾蚴。尾蚴离开螺体后，吸附在菱角、荸荠、茭白、水浮莲等水生植物上，于数小时内形成囊蚴。囊蚴被人或猪吞食后，幼虫在小肠内脱囊而出，并吸附于小肠黏膜上，摄取肠内营养物质，经1~3个月发育为成虫并排卵。

二、流行病学

1. 传染源　患者和受感染的猪是姜片虫病的主要传染源。
2. 传播途径　人因生食含有囊蚴的水生植物而被感染，饮用含囊蚴的水也可被感染。流行区多以水浮莲作为猪饲料，故猪的感染率也很高。
3. 人群易感性　人群普遍易感，儿童与青少年发病率最高。病后无明显保护性免疫。

三、发病机制及病理

姜片虫成虫吸附在十二指肠和空肠上段的黏膜上，引起被吸附的黏膜发生炎症、充血、水肿、点状出血，甚至形成溃疡或脓肿。虫体代谢产物可引起过敏反应。虫体大量摄取肠道内养分，致使患者的消化功能障碍和营养不良。大量姜片虫聚集在肠道中可堵塞肠腔，造成肠梗阻。

四、临床表现

潜伏期为1~3个月。

轻症感染者大多无症状或症状轻微，如上腹不适、消化不良等。中、重度感染者可出现间歇性腹痛、恶心、呕吐、食欲减退等胃肠道症状。可有腹泻，或腹泻与便秘交替出现。大便每日数次，量多、奇臭，内含未消化的食物。严重感染者可出现乏力、精神委靡不振、消瘦、贫血等。儿童常有夜眠差、磨牙、抽搐等。少数患者由于长期慢性腹泻可引起严重营养不良，甚至发展至全身衰竭死亡。大量虫体堵塞肠腔时可并发肠梗阻。

五、实验室检查

1. 血象　白细胞计数轻度升高，嗜酸性粒细胞增多，可有轻度贫血。
2. 大便检查　直接涂片法或沉淀集卵法可找到姜片虫虫卵。

六、诊断

在姜片虫流行区有饮用生水或生食植物史，伴有消化不良、慢性腹泻、上腹部隐痛、食欲减退等胃肠道症状及营养不良者，应考虑到本病的可能。大便中查到姜片虫虫卵或在呕吐物中发现成虫即可确诊。

七、治疗

1. 一般治疗　加强支持疗法，改善营养，纠正贫血。
2. 病原治疗　吡喹酮为病原治疗的首选药物，常用剂量为10~20mg/kg，分3次口服。本药具有高效、低毒、使用方便等优点，且副作用轻微。另外，还可选择阿苯达唑和硫氯酚。

八、预防

1. 管理传染源 普查、普治患者，直至痊愈。流行区内的猪应圈养，对患姜片虫病的猪应给予药物治疗。
2. 切断传播途径 不生食菱角、荸荠等水生植物，不喝生水。喂猪的水生植物应煮熟后喂食。对大便进行无害化处理。积极开展养鱼灭螺或化学灭螺。

（刘耀敏）

第五节 丝虫病

丝虫病（filariasis）是指丝虫寄生于人体淋巴系统、皮下组织、腹腔、胸腔和心血管等部位，通过蚊虫叮咬传播的一种慢性消耗性寄生虫病。目前已知寄生于人体的丝虫有3类8种，我国仅有班氏丝虫（Wuchereria Bancrofti）和马来丝虫（Brugia Malayi），两者可混合感染。急性期临床表现主要为反复发作的淋巴管炎和淋巴结炎，慢性期为淋巴管阻塞引起的淋巴水肿、象皮肿和睾丸鞘膜积液。

本病在中国、印度、日本和东南亚国家广泛流行，我国曾是全球丝虫病流行最严重的国家之一。1997年世界卫生组织通过决议，至2020年在全球消灭丝虫病。2007年我国成为全球第一个消除丝虫病的国家。

一、病原学

班氏丝虫和马来丝虫成虫形态相似，大小为（28.2～42）mm×0.1mm，呈白色细丝线状，体表光滑，头端略膨大，尾部细而弯曲，雌雄异体，常缠绕在一起。雌虫胎生幼虫称为微丝蚴，大小为（177～296）μm×（5～7）μm。微丝蚴白天多隐藏于肺部毛细血管，夜间进入周围血液循环，具有明显的夜现日隐特性。

两种丝虫的生活史基本相似，经过幼虫在蚊体内和成虫在人体内两个发育过程。蚊虫叮咬微丝蚴阳性者的血液时，微丝蚴随血进入蚊体，经4～17小时在蚊胃内脱去鞘并穿过胃壁经腹腔侵入胸肌，到达蚊下唇。当蚊虫再次叮咬人时，幼虫从蚊下唇逸出，经吸血伤口或正常皮肤侵入人体皮下附近的淋巴管，再移行至大淋巴管及淋巴结，经2次蜕皮发育为成虫。雌、雄成虫交配后雌虫产出微丝蚴。微丝蚴大多随淋巴液经胸导管进入血液循环，运行在宿主的心脏或皮肤血管中。微丝蚴在易感蚊体内发育至感染期蚴所需时间为：班氏丝虫10～14天，马来丝虫6～6.5天。从感染期幼虫侵入人体至成虫产生的微丝蚴出现于外周血中需8～12个月。成虫在人体内可存活10～15年。人体感染班氏丝虫后3个月可在淋巴组织中查见成虫。

两种丝虫成虫寄生于人体的部位不同。班氏丝虫常寄生于浅表淋巴系统及下肢、阴囊精索、腹股沟、腹腔、肾盂等处的深部淋巴系统，还可在眼前房、乳房、肺、脾、心包等处出现异位寄生。马来丝虫则多寄生于上、下肢浅部淋巴系统。

二、流行病学

1. 传染源 主要为血中含微丝蚴的感染者。马来丝虫还可寄生于猫、犬、猴等多种脊椎动物体内，受感染的动物亦可成为传染源。
2. 传播途径 主要通过蚊虫叮咬传播。淡色库蚊、致乏库蚊是班氏丝虫的主要传播媒介，中华库蚊是马来丝虫的主要传播媒介。

3. 易感人群　人群普遍易感，以 20～25 岁人群感染率和发病率最高。

4. 流行特征　呈全球分布，班氏丝虫病主要流行于亚洲、非洲、大洋洲和美洲，马来丝虫病仅流行于亚洲。我国曾有 16 个省、市、自治区流行本病，山东、台湾仅有班氏丝虫病流行，其余地区班氏丝虫病和马来丝虫病同时存在。流行季节一般在 5—10 月。

三、发病机制及病理

丝虫的成虫、感染期幼虫、微丝蚴对人体均有致病作用，但以成虫为主。其发生、发展与宿主的机体反应性、感染的虫种、频度、继发感染以及虫体发育阶段、寄居部位和成活情况等有关。在感染期幼虫侵入人体发育为成虫的过程中，幼虫和成虫的分泌物及代谢产物可引起局部淋巴系统组织反应与全身过敏反应，与Ⅰ型或Ⅲ型变态反应有关。后期表现为淋巴管阻塞性病变及继发感染，与Ⅳ型变态反应有关。

病理改变以淋巴管和淋巴结为主。急性期表现为渗出性炎症、淋巴结充血、淋巴管壁水肿、嗜酸性粒细胞浸润和纤维蛋白沉积。继之逐渐出现淋巴管和淋巴结内增生性肉芽肿，形成类结核结节，严重者形成嗜酸性脓肿。慢性期淋巴管纤维化，形成闭塞性淋巴管内膜炎，使远端淋巴管内压增高，淋巴液外流刺激周围组织，导致纤维组织大量增生，皮下组织增厚、变硬，形成象皮肿。如阻塞位于深部淋巴系统，则出现阴囊象皮肿、淋巴腹水、乳糜腹泻、乳糜尿等。淋巴阻塞易致皮肤局部血液循环障碍，易继发感染，加重象皮肿，甚至形成溃疡。

四、临床表现

潜伏期 4～12 个月。本病临床表现轻重不一，约半数以上为无症状感染者。

1. 急性期　以淋巴系统炎症为主。

（1）淋巴结炎和淋巴管炎：为早期较常见的症状，多发生于下肢，常先有腹股沟、腹部淋巴结肿痛，继之出现大腿内侧淋巴管炎，当炎症波及皮内毛细淋巴管时，局部出现红肿与压痛，严重者患肢皮肤呈弥漫性红肿、发亮，有烧灼感和压痛，称"丹毒样皮炎"。约 1 周后病变部位脱屑，疼痛随之消退。

（2）丝虫热：呈周期性寒战、高热，体温 38～39℃，伴乏力、食欲不振、关节酸痛和头痛等全身症状。

（3）精索炎、附睾炎、睾丸炎：主要见于班氏丝虫病，表现为附睾等处肿痛，精索上有一个或多个结节性肿块。

（4）肺嗜酸性粒细胞浸润综合征：又称为"丝虫性嗜酸性粒细胞增多症"。临床特征为夜间阵发性咳嗽、哮喘，肺部有游走性浸润灶。胸片可见肺纹理增多和广泛粟粒样斑点状阴影，痰中可找到嗜酸性粒细胞和夏科 - 雷登晶体。外周血中嗜酸性粒细胞增多，可占白细胞总数的 20%～80%。

2. 慢性期　以淋巴系统增生、阻塞所致症状为主。

（1）淋巴结肿大和淋巴管曲张：淋巴结炎的反复发作和淋巴结内淋巴窦的扩张可引起淋巴结肿大，其周围向心性淋巴管曲张形成肿块，触诊似海绵状，穿刺可抽出淋巴液，有时可找到微丝蚴。也常见腹部、腹股沟、精索、阴囊和大腿内侧的淋巴管曲张。精索淋巴管曲张时互相粘连成索状。

（2）鞘膜积液：多见于班氏丝虫病。由于精索及睾丸淋巴管阻塞、淋巴液淤滞于鞘膜腔所致，表现为睾丸肿痛、附睾结节、精索增粗和阴囊红肿等。

（3）乳糜尿：为班氏丝虫病晚期临床表现，亦可为乳糜血尿。常骤然出现，发作前无症状，或有畏寒、发热，腰部、盆腔及腹股沟处疼痛，继之出现乳糜尿，以下午为重。持续数日或数周可自行停止,劳累或进食油腻后可复发。尿液静置后分三层:上层为脂肪,中层为乳白色或色泽较清,下层为粉红色沉淀,内含红细胞、白细胞、淋巴细胞,有时可找到微丝蚴。

(4) 淋巴水肿与象皮肿:早期出现淋巴水肿,可因淋巴液回流改善而自行消退。淋巴回流持续不畅导致象皮肿,皮肤增厚、变粗,皮褶加深,上有苔藓样变、疣状结节,易继发感染,形成慢性溃疡。好发部位依次为肢体(尤以下肢多见)、外生殖器和乳房。

五、实验室检查

外周血白细胞总数为 $(10\sim20)\times10^9/L$,嗜酸性粒细胞显著增多。血清 IgG、IgE 升高。可从外周血、淋巴液、乳糜尿、鞘膜积液、淋巴系统炎症结节抽出液或病理直接镜检找微丝蚴和成虫。血清中特异性抗体或循环抗原检查有助于诊断和流行病学调查。

六、诊断及鉴别诊断

1. 诊断要点
(1) 流行病学资料:有流行区旅居史及蚊虫叮咬史。
(2) 临床特征:周期性发热,反复发作的淋巴结炎、逆行性淋巴管炎、乳糜尿、象皮肿等症状和体征。
(3) 实验室检查:外周血中找到微丝蚴,即可确诊。
(4) 治疗性诊断:微丝蚴阴性的疑似患者可口服乙胺嗪,若出现发热、淋巴系统反应和淋巴结节,则有助于诊断。

2. 鉴别诊断
(1) 血栓性静脉炎:有血管壁损伤或静脉曲张史,沿静脉走行的红肿、疼痛及压痛,可触及索状静脉,白细胞计数正常或稍高,血管彩超及静脉造影可见静脉血栓。
(2) 感染性静脉炎:有局部外伤或感染病灶,伴全身中毒症状,沿静脉走行部位出现红肿、疼痛及压痛,白细胞计数及中性粒细胞比例明显增高。
(3) 充血性心力衰竭:有心脏病病史,水肿出现于身体低垂部位,伴劳力性呼吸困难、颈静脉怒张和肝大等。
(4) 肿瘤性乳糜尿:有恶性肿瘤病史,因肿瘤侵犯腹膜后淋巴管、淋巴结所致。

七、治疗

1. 病原治疗
(1) 乙胺嗪:马来丝虫病成年患者 1.5g,一次顿服,或 0.75g,每天 2 次,连服 2 天;班氏丝虫病患者每天 0.6g,分 3 次口服,连服 7 天。治疗过程中因大量微丝蚴或成虫死亡可出现过敏反应。
(2) 伊维菌素:成人 $100\sim200\mu g/kg$,一次服用。
(3) 其他:左旋咪唑与乙胺嗪合用可提高疗效,呋喃嘧酮可作为乙胺嗪的替代药。
(4) 联合疗法:乙胺嗪 6mg/kg,联合伊维菌素 $200\mu g/kg$ 或阿苯达唑 400mg 一次服用,有效率达 99%。

2. 对症治疗
(1) 乳糜尿:发作期间不宜高脂、高蛋白饮食,多饮水,卧床休息。可应用中医中药治疗。对顽固性患者可行肾蒂淋巴管结扎剥脱术或淋巴转流术。
(2) 淋巴管炎或淋巴结炎:可口服解热镇痛剂或泼尼松,继发感染者加用抗生素。

(3) 象皮肿与淋巴水肿：采用绑扎为主的综合疗法，巨大阴囊或乳房象皮肿可手术治疗。

八、预防

流行地全民服用乙胺嗪（海群生），消灭蚊虫孳生地，灭蚊、防蚊，切断丝虫病传播途径。

（南月敏　李文聪）

第六节　钩虫病

钩虫病（ancylostomiasis，hookworm disease）是钩虫（hookworm）寄生于人体小肠引起的疾病，主要表现为贫血、胃肠功能紊乱和营养不良。轻者可无明显症状，严重者可导致心功能不全及发育障碍。

一、病原学

寄生于人体的钩虫主要是十二指肠钩口线虫（*Ancylostoma duodenale*，简称十二指肠钩虫）和美洲板口线虫（*Necator Americanus*，简称美洲钩虫）。成虫长约1cm，雌虫粗长，雄虫细短，尾部有交合伞。十二指肠钩虫雌虫每日产卵1.5万~3万个，美洲钩虫每日产卵0.6万~1万个，两者虫卵相似，呈椭圆形，无色透明，卵壳薄，内含2~8个细胞。

钩虫生活史中不需要任何中间宿主。成虫寄生在空肠，虫卵随着粪便排出，在温暖（25~30℃）、潮湿（湿度70%）的疏松土壤中，24~48小时内发育成杆状蚴，后经5~7天发育成丝状蚴。丝状蚴对外界抵抗力强，可生存数周，当接触人体皮肤、黏膜时，可通过毛囊、汗腺或破损处迅速侵入人体，经淋巴管或微血管随血流经右心至肺，穿破肺微血管进入肺泡，沿支气管上行至会厌部，随吞咽活动经食管进入小肠，再经3~4周发育为成虫。自幼虫侵入皮肤至发育为成虫产卵的时间一般为5~7周，但十二指肠钩虫可长达6~9个月。成虫寿命可长达5~7年，70%成虫在1~2年内被排出体外。

二、流行病学

1．传染源　主要为钩虫病患者及感染者。钩虫病患者粪便排卵数较多，作为传染源的意义较大。

2．传播途径　主要经毛囊、汗腺或皮肤破损感染，亦可因生食带钩蚴的蔬菜等经口腔黏膜感染。青壮年感染多见于接触新鲜粪便施肥污染的土壤，儿童可通过接触被钩蚴污染的地面感染。

3．易感人群　人群普遍易感，青壮年农民感染率较高，高流行区儿童感染率高于成人。夏秋季高发，可重复感染。

4．流行特征　钩虫感染呈全球性分布，以热带和亚热带地区高发，南方高于北方，农村高于城市。我国除西藏等少数高寒地区外，各地均有不同程度的流行，华东、华北地区以十二指肠钩虫为主，华南、西南地区以美洲钩虫为主，可见混合感染。

三、发病机制及病理

1．皮肤损害　丝状蚴侵入皮肤后数分钟至1小时局部出现红色丘疹，1~2天内出现粒细胞浸润性炎症反应，局部充血、水肿，形成水疱。感染后24小时，多数幼虫仍可滞留在真皮层及皮下组织,或经淋巴管或微血管到达肺部。

2. 肺部病变　当幼虫穿过肺微血管至肺泡时,可引起肺间质和肺泡点状出血与炎症改变,感染严重者可致支气管肺炎。当幼虫沿支气管向上移行至咽部时,可引起支气管炎与哮喘。

3. 小肠病变　钩虫口囊咬附小肠黏膜绒毛上皮,以摄取血液、黏膜上皮、肠液为食,且不断更换咬附部位,排泌抗凝物质,引起黏膜伤口渗血,导致小肠黏膜散在点状或斑状出血,重者出现大片状瘀斑,甚至引起消化道大出血。慢性失血是钩虫病贫血的主要原因。长期严重贫血可引起心肌脂肪变性、心脏扩大、食管与胃黏膜萎缩等。儿童严重感染可致生长发育障碍。

四、临床表现

多为轻度感染,临床症状不明显。感染严重者可于幼虫和成虫两个感染阶段呈现轻重不一的临床表现。

1. 幼虫引起的临床表现　主要包括钩蚴性皮炎和呼吸系统症状。钩蚴侵入皮肤后 20～60 分钟局部出现瘙痒、水肿、红斑,随后出现丘疹,奇痒,俗称"粪毒"或"地痒疹",以足趾间、足缘、手背及指间常见。多于 3～4 天后炎症消退,7～10 天后皮损自然愈合。如皮肤抓破,可继发细菌性感染。钩蚴移行过肺,可致肺部点状出血及炎症反应,出现咳嗽、咳痰、发热等,严重者可有阵发性哮喘、痰中带血等。症状轻重与感染严重程度及钩蚴数量有关。一般持续数天至数十天后自行消退。

2. 成虫引起的临床表现　主要包括肠黏膜损伤引起的消化道症状和慢性失血所致的贫血症状。感染后 1～2 个月出现上腹隐痛或不适、食欲减退、消化不良等。严重感染者有异嗜癖,如吃生米、生豆、泥土等。肠壁受虫体损伤,形成慢性炎症,则有恶心、腹痛、腹泻、黑便等。贫血是钩虫病的主要症状,表现为头晕、眼花、乏力、劳动后心悸与气促。患者脸色蜡黄、表情淡漠、心前区收缩期杂音、血压偏低、脉压加大、心脏扩大,甚至出现心力衰竭。重度贫血伴低蛋白血症者出现下肢水肿、腹水或全身水肿等。婴儿钩虫病多见于 1 岁以内,贫血较严重,病死率较高。孕妇患钩虫病易并发妊娠高血压综合征及缺铁性贫血,引起流产、早产或死胎,新生儿死亡率升高。

五、实验室检查

1. 血常规　常有不同程度的贫血,属小细胞低色素性贫血,网织红细胞数正常或轻度增高。白细胞总数及嗜酸性粒细胞在初期增加,后期因严重贫血而降低。血清中铁含量降低,一般在 9μmol/L 以下。

2. 骨髓象　骨髓象呈红细胞系增生,以中幼红细胞显著增多为主,含铁血黄素与铁粒细胞减少或消失。

3. 大便检查　大便隐血试验可呈阳性反应,直接涂片法、饱和盐水漂浮法、虫卵计数法、钩蚴培养法及淘虫法等检查主要用于明确诊断,判断感染程度及疗效评估。

4. 胃、肠镜检查　在十二指肠、盲肠等部位可见活虫体吸附于肠壁,周围有少量新鲜渗血,虫体头段埋入黏膜内,游离部分可见蠕动。

六、诊断及鉴别诊断

1. 诊断　根据流行区赤足下田及可疑性皮炎史,贫血、营养不良等临床表现,大便检查见钩虫卵或钩蚴、胃肠镜检查见活钩虫虫体可确诊。

2. 鉴别诊断　钩虫病患者应与消化性溃疡出血、慢性胃炎、其他原因所致皮炎、贫血、营养不良、肠结核、慢性肠炎及其他肠道寄生虫病鉴别。

七、治疗

以病原治疗为主,辅以对症治疗。

1. 病原治疗

(1) 苯咪唑类药物:阿苯达唑(肠虫清)400mg,每日1次,连服2~3天;甲苯达唑200mg,每日1次,连服3天,儿童与成人剂量相同。

(2) 噻嘧啶:每日1.2~1.5g,睡前顿服,连服3日,儿童按10mg/kg计算。与左旋咪唑或甲苯达唑联合治疗,可提高疗效。

2. 对症治疗

(1) 钩蚴皮炎:感染后24小时局部涂松香碘剂、15%阿苯达唑冷霜或0.75%左旋咪唑霜剂可消肿止痒。

(2) 营养不良及贫血:给予高蛋白和富含维生素的营养饮食,补充铁剂,贫血经药物治疗无效者,可酌情输血。

八、预防

1. 管理传染源 采取普查普治和选择性人群重点查治的方式,如对中小学生每年口服驱虫药,有利于阻断钩虫病的传播。

2. 切断传播途径 加强粪便管理,注意粪便无害化处理,禁止鲜粪施肥,采用高温堆肥法或用药物杀灭粪内虫卵。

3. 保护易感人群 加强宣传教育,流行地区做好个人防护,避免赤手裸足操作。

(南月敏 李文聪)

第七节 蛔虫病

蛔虫病(ascariasis)是由蛔线虫(*Ascaris lumbricoides*)寄生于人体小肠或其他器官所引起的传染病。临床症状常不明显,部分患者有腹痛和肠道功能紊乱表现。除肠蛔虫症外,虫体可阻塞小肠,进入胆道、胰腺管、阑尾引起胆道蛔虫症、蛔虫性肠梗阻等严重并发症。

一、病原学

蛔虫寄生于小肠上段,活体为乳白色或粉红色。雄虫长15~31cm,雌虫长20~35cm。雌虫每天产卵13万~30万个,虫卵分受精卵和未受精卵,未受精卵不能发育。受精卵随粪便排出,在适宜环境里发育为含杆状蚴虫卵(感染性虫卵)。蛔虫的幼虫在小肠孵出经第一次蜕皮后,侵入肠壁静脉,经门静脉至肝、右心、肺。在肺泡及支气管经第二次、第三次蜕皮逐渐发育成长。感染后8~10天向上移行,随唾液或食物吞入,在空肠经第四次蜕皮发育为童虫,再经数周发育为成虫。从误食感染性蛔虫卵到发育为成虫产卵需60~75天。估计全球的外环境每天被约10^{14}个蛔虫卵所污染,其中许多可发育到感染期。虽然成虫在人体内寿命为12~18个月,其危害的病程往往不超过1年,但在流行区反复感染常见。

二、流行病学

蛔虫的分布呈世界性,尤其在温暖、潮湿和卫生条件差的地方。蛔虫病是人体最常见的寄生虫病。

1. 传染源 蛔虫感染者是唯一传染源。
2. 传播途径 人因生食含有感染性虫卵的不洁蔬菜、瓜果和水而受到感染。也可通过污染的手，经口受到感染。
3. 人群易感性 普遍易感。学龄期儿童感染率高。生食蔬菜习惯者易感染。
4. 流行情况 本病是最常见的蠕虫病，世界各地温带、亚热带及热带均有流行。发展中国家发病率高。根据WHO专家委员会流行区分级，我国大部分农村属重度（感染率超过60%）和中度（感染率为20%～60%）流行区。常为散发，也可发生集体性感染。

三、发病机制及病理解剖

蛔虫病的致病包括蛔虫幼虫在人体内移行和成虫在小肠内寄生引起的宿主免疫反应、机械性损伤和成虫夺取宿主营养作用。感染期虫卵被吞入后，在小肠内孵出幼虫，随血流经肺时其代谢产物和幼虫死亡可产生炎症反应。幼虫损伤毛细血管导致出血及细胞浸润，严重感染者肺部病变可融合成片状，支气管黏膜也有嗜酸性粒细胞浸润、炎性渗出与分泌物增多，导致支气管痉挛与哮喘。成虫寄生在空肠及回肠上段，虫体可分泌消化物质附着在肠黏膜，引起上皮细胞脱落或轻度炎症反应。大量成虫可缠结成团引起不完全性肠梗阻。蛔虫钻孔可导致异位性损害及相应表现，如胆道蛔虫症、胰管蛔虫症、阑尾蛔虫症等，胆道蛔虫症可并发急性胰腺炎或慢性胰腺炎。蛔虫卵和蛔虫碎片可能与胆石形成有关。

四、临床表现

多数人感染后无临床症状，其临床表现与蛔虫发育不同阶段引起的病理生理改变有关。有症状者以儿童和体弱者为主，多数患者有并发症才就诊。

1. 蛔虫蚴移行症 短期内食用大量感染期虫卵污染的食物，蛔虫蚴于肺移行时可有低热、咳嗽或哮喘样发作，嗜酸性粒细胞增多，痰少，偶有血丝。双肺可闻及干啰音。胸片可见肺门阴影增粗、肺纹理增多与点状、絮状炎症浸润影。
2. 肠蛔虫症 大多数无症状，少数出现腹痛与脐周压痛，有时呈绞痛，不定时反复发作。严重感染者有食欲减退、体重下降与贫血等。可从大便中排出蛔虫。
3. 异位蛔虫症 蛔虫有游走、钻孔习性，蛔虫离开寄生的主要部位至其他器官引起相应病变与临床表现，称为异位蛔虫症。蛔虫可侵入胸腔、肾、眼、耳、鼻、膀胱、尿道、输卵管、子宫以及皮肤肌肉等处，造成异位寄生，引起各器官和组织的发炎、阻塞、坏死和穿孔。蛔虫的某些分泌物作用于神经系统可引起头痛、失眠、智力发育障碍，严重时出现癫痫、脑膜刺激征或昏迷。蛔虫性脑病多见于幼儿，经驱虫治疗后病情多迅速好转。
4. 过敏反应 蛔虫的代谢产物可引起宿主的肺、皮肤、结膜、肠黏膜过敏，表现为哮喘、荨麻疹、结膜炎或腹泻等。

五、并发症

1. 胆道蛔虫病 系肠内蛔虫进入胆管所致。表现为突然发生阵发性上腹部钻顶样疼痛，疼痛向右肩、腰背或下腹部放射。间歇期如正常人。体检腹部体征不明显，与腹痛之剧烈程度不相称。
2. 蛔虫性肠梗阻 大量蛔虫体扭结并堵塞肠管时可引起机械性肠梗阻，有时蛔虫虽不多，也可因虫体机械刺激或其所分泌的毒素使肠蠕动发生障碍而导致梗阻。肠壁的痉挛和水肿可加重梗阻的程度，严重的梗阻可造成肠扭转或肠套叠。临床特点为腹部阵发性绞痛，以脐周或右下腹部为甚。患者呕吐并常吐出蛔虫，停止排气和排便。多数病例在脐部右侧可触及软、无痛、可移动的团块或香肠形索状物，常随肠管收缩而变硬。早期可有低热、白细胞增多，晚期可出现严重脱水或酸中毒，甚至休克。小儿蛔虫性肠梗阻的发病率较高。

3. 蛔虫性阑尾炎　蛔虫钻入阑尾可引起阑尾炎。临床特点为：突然发生阵发性腹部绞痛伴频繁呕吐，缓解时则安然如常；疼痛部位初起在全腹或脐周，以后即转移至右下腹；早期症状重而体征较轻，仅在麦氏点附近有压痛或右下腹可触及有压痛的活动性条索状物；病程进展较快，多在8小时后局部出现不同程度肌紧张，压痛和反跳痛明显以及皮肤痛觉过敏。穿孔发生较早，继发腹膜炎时，重症者迅速陷入感染性休克和衰竭状态。

4. 蛔虫性肠穿孔　蛔虫可使病变或正常的肠壁发生穿孔，如十二指肠溃疡、肠梗阻、肠伤寒、阑尾炎等病变处或阑尾切除、胃切除后的缝合口，或经梅克耳憩室进入腹腔。其临床表现为亚急性腹膜炎，也可形成弥漫性或局限性腹膜炎。

5. 肝蛔虫病　肝蛔虫病为蛔虫钻入肝所致。在患有重症全身感染性疾病（如肺结核或败血症等）、十二指肠炎、胆总管炎、胆结石以及反射性障碍使壶腹口松弛等患者中，蛔虫易钻入胆管进入肝，尤其是较小的蛔虫。本病是胆道蛔虫病的严重并发症，易被误诊为胆道蛔虫病、胆石症、胆囊炎、中毒性肝炎、肝癌、阿米巴性肝脓肿或细菌性肝脓肿。本病临床特点是：持续性右上腹痛，较胆道蛔虫病缓和，且病程越长症状越减轻，可造成病情好转的假象；高热，体温持续在38℃以上；肝大；恶心、呕吐、周期性呕血、便血或继腹痛之后发生呕血、便血；呼吸困难和咳脓血痰；有吐蛔虫史及胆道蛔虫病史。

6. 胰腺蛔虫病　胰腺蛔虫病是蛔虫钻入乏特壶腹或整个胰管引起梗阻和感染所致。主要体征是在上腹部出现阵发性剧痛，可放射至左肩背部和腰部，疼痛间歇时间较短。实验室检查血淀粉酶及尿淀粉酶均高于正常，大便检查蛔虫卵阳性或者近期有排蛔虫或吐蛔虫史。

7. 气管和支气管蛔虫病　蛔虫可由肠道上窜至食管并经喉头钻入气管。主要表现为：突发性呼吸急促、呼吸困难，甚至呼吸停止。喉头有鸣音，严重者呈支气管哮喘持续状态。

8. 肺动脉及心脏蛔虫病　本病是蛔虫钻入心脏和肺动脉所致。这是最严重且难以确诊的致命性疾病。主要表现为高热、寒战、上腹部疼痛、腹肌紧张、呼吸困难、中枢性发绀或昏迷。

9. 蛔虫卵肉芽肿　雌蛔虫侵入肝、腹腔或肺等处均可排虫卵。虫卵若遗留在某些脏器组织中，所引起的早期病变为嗜酸性脓肿，进而转变为由组织细胞、上皮细胞和多核巨细胞等形成的肉芽肿性病变。常见的有腹腔蛔虫卵肉芽肿、肝蛔虫卵肉芽肿、胰腺蛔虫卵肉芽肿、横结肠蛔虫卵肉芽肿、肺蛔虫卵肉芽肿、胆囊管蛔虫卵肉芽肿和阑尾尖部蛔虫卵肉芽肿等。

六、实验室检查

1. 血常规　幼虫移行、异位蛔虫症及并发感染时血白细胞和嗜酸性粒细胞增多。
2. 病原学检查　粪涂片或饱和盐水漂浮法可查到虫卵。改良加藤法（Katokatz）虫卵查出率较高。B超及逆行胰胆管造影有助于胆、胰、阑尾蛔虫症的诊断。

七、诊断

1. 流行病学史　近期有无生食未洗净瓜果及蔬菜史。
2. 临床表现　如患者有脐周疼痛，有近期排虫、吐虫史，以及肺部炎症、嗜酸性粒细胞增多等表现，应注意蛔虫病的可能性。出现胆绞痛、胆管炎、胰腺炎时应注意异位蛔虫症的可能，B超及逆行胰胆管造影有助于诊断。
3. 实验室检查　成虫感染期可用直接涂片法、厚涂片法（Kato法或Kato-Katz法）以及饱和盐水漂浮法检查患者大便，用任何一种方法查到蛔虫卵即可确诊。粪便排出或呕出蛔虫者及胃肠钡剂检查发现蛔虫阴影均可诊断。

八、鉴别诊断

1. 胆道蛔虫病　易误诊为急性胆囊炎、胆石症、胃和十二指肠溃疡穿孔等。
2. 蛔虫性肠梗阻　易误诊为胆道蛔虫病、胆石症、急性阑尾炎和肠套叠。
3. 脏器蛔虫性肉芽肿　常被误诊为肿瘤，肝蛔虫病易被误诊为胆道蛔虫病、胆石症、胆囊炎、肝癌以及阿米巴或细菌性肝脓肿等。这些误诊可造成严重后果，应引起高度警惕。

九、治疗

1. 驱虫治疗

(1) 阿苯达唑：成人400mg一次顿服，2岁以上儿童和成人剂量相同，但轻度感染儿童剂量可减半，或分2天服，孕妇禁用。2岁以下儿童不宜服用。虫卵转阴率达90%。

(2) 甲苯咪唑：每次100mg，每天2次，连服3天或200mg顿服。4岁以上儿童和成人剂量相同，4岁以下儿童剂量减半。有神经系统疾病、癫痫史、过敏史的患者及孕妇禁用，肝、肾功能不全者慎用，2岁以下儿童也不宜使用。

(3) 噻嘧啶：又称双羟萘酸噻嘧啶，常用剂量为每10kg体重服1片（每片含基质100mg）。

2. 异位蛔虫症及并发症的治疗　胆道蛔虫症以解痉止痛、驱虫、抗炎等内科治疗为主；蛔虫性肠梗阻可服豆油或花生油，蛔虫团松解后再驱虫治疗，如上述措施无效应及时手术治疗。如出现蛔虫性阑尾炎、急性化脓性胆管炎、肝脓肿、出血坏死性胰腺炎均须及早外科治疗。

十、预防

养成良好的卫生习惯，尤其是在托幼机构、学校应广泛开展卫生知识宣传。做到饭前、便后洗手，不吃未洗净的蔬菜、瓜果。在学校、托幼机构实行普查普治。对粪便进行无害化处理，有利于控制蛔虫病。

（袁　宏　陈　琳）

第八节　蛲虫病

蛲虫病（enterobiasis）是由蠕形住肠线虫（*Enterobius vermicularis*，又称蛲虫）寄生于人体肠道引起的传染病。儿童常见，症状是肛门及会阴部皮肤瘙痒及继发感染。

一、病原学

蛲虫成虫呈乳白色，细小。雌虫长8～13mm，宽0.3～0.5mm。成虫通常寄生于人体的盲肠、结肠及回肠下段。重度感染时，也可到达胃和食管等处。雄虫交配后死亡，雌虫在盲肠发育成熟后向下移动，在人睡后爬出肛门产卵，产卵后多数雌虫死亡，少数可再回到肛门内，甚至可进入尿道、阴道等，引起异位损害。刚排出的虫卵在宿主体温条件下，6小时即发育为含杆状蚴的感染性虫卵，蛲虫不需要中间宿主。虫卵随污染的手、食物等进入人体肠道并发育为成虫。这种自身感染是蛲虫病的特征,也是需要多次治疗才能治愈的原因。虫卵也可在肛门周围孵化,幼虫经肛门逆行进入肠内并发育为成虫,这种感染方式称为逆行感染。蛲虫虫卵对外界环境的抵抗力较强,一般消毒剂不易将其杀死。在室内阴凉、潮湿不通风的环境中可存活数 2~3 周以上。煮沸、5% 苯酚、10% 甲酚等处理可杀灭虫卵。

二、流行病学

蛲虫病为世界性疾病,发展中国家发病率高于经济发达国家。儿童感染显著高于成人。蛲虫感染还具有儿童集体机构聚集性和家庭聚集性的分布特点。根据流行病学调查,幼儿园儿童的感染率为 40% 左右。

1. 传染源　人是蛲虫的唯一宿主,患者是唯一的传染源,排出体外的虫卵即具有传染性。
2. 传播途径　蛲虫主要经消化道传播。
（1）直接感染虫卵:多经手从肛门至口进入消化道而被感染。
（2）间接感染虫卵:经生活用品及受污染的食品而感染。
（3）呼吸道感染:吸入漂浮于空气尘埃中的虫卵引起感染。
（4）逆行感染:幼虫从肛门逆行进入肠内而感染。
3. 易感人群　人对本病普遍易感,但以儿童感染率高。

三、发病机制及病理解剖

蛲虫头部可刺入肠黏膜,偶尔可深入黏膜下层,引起炎症及微小溃疡。由于蛲虫寄生期短暂,故肠黏膜病变轻微。蛲虫偶尔可穿破肠壁,侵入腹腔或阑尾,诱发急性或亚急性炎症反应。极少数女性患者可发生蛲虫异位寄生,如侵入阴道、子宫、输卵管等,引起相应部位的炎症。雌虫在肛门周围爬行、产卵导致局部瘙痒,长期慢性刺激及搔抓可产生局部皮肤损伤、出血和继发感染。

四、临床表现

临床表现主要为肛门周围和会阴部瘙痒,夜间更甚。由于搔抓致局部炎症、破溃和疼痛。儿童患者常有睡眠不安、夜惊、磨牙等表现,有时有食欲下降、腹痛、恶心等消化道症状。侵入尿道可出现尿急、尿频、尿痛与遗尿。侵入生殖道可引起阴道分泌物增多和下腹疼痛不适。因阑尾与回盲部直接相连,蛲虫很容易钻入阑尾,引起蛲虫性阑尾炎。偶尔蛲虫可经子宫与输卵管侵入盆腔,形成肉芽肿,易被误诊为肿瘤。

五、实验室检查

1. 肛门拭子法检查　虫卵常用的方法有透明胶纸肛门拭子法、牛皮纸圆形孔胶带纸粘贴法及棉拭子漂浮法等。因为雌虫是在夜间移行至肛门外排卵,所以检查的最佳时间是在清晨便前进行。蛲虫的检出率和检查次数有很大关系,检查次数多则检出率增加。一般检查 3 次。
2. 大便检查蛲虫卵　大便检查蛲虫卵检出率很低。
3. 成虫检查　在夜间如发现患儿睡后用手搔抓肛门等处,可在手电筒照射下观察肛门皱襞及会阴,常可检获白色线头状成虫。

六、诊断

在儿童集体机构内,凡有肛门周围及会阴部瘙痒者均应考虑蛲虫病。家庭内曾有蛲虫感染病例的异位损害患者，也应想到蛲虫病的可能，查到成虫或虫卵可确诊。

七、治疗

驱蛲虫治疗可快速有效治愈患者。由于感染途径和生活史的特性，使重复感染十分普遍，但其对多数驱虫药物敏感，所以本病的特点是易治难防。

1. 药物治疗　可选用以下药物之一进行治疗。

(1) 阿苯达唑：成人400mg、儿童200mg顿服。2周后重复1次，几乎可全部治愈。

(2) 甲苯咪唑：成人和4岁以上儿童200mg顿服或每次100mg，每天2次，连服3天。治愈率达95%以上。

(3) 噻嘧啶：常用量为10mg（基质）/kg体重，睡前顿服，疗效为80%以上。2周重复一次。

2. 局部治疗：睡前清洗肛门，用蛲虫膏、2%氧化氨基汞（白降汞）软膏或10%氧化锌软膏涂于肛门周围，具有杀虫止痒作用。

八、预防

加强卫生宣教，养成良好的卫生习惯。教育儿童养成不吸吮手指、勤剪指甲、饭前便后洗手的习惯，定期烫洗被褥和清洗玩具，或用0.05%碘液处理玩具1小时，可杀死蛲虫卵。

（袁　宏　陈　琳）

第九节　鞭虫病

鞭虫病（trichuriasis）是由毛首鞭形线虫（*Trichuris trichiura*）寄生于人体盲肠及阑尾部所致疾病。主要临床表现为慢性腹泻、腹痛、贫血，重者可出现直肠脱垂等。

一、病原学

成虫的形态前细后粗，形似马鞭。雄虫长30～45mm，后段明显粗大，大部分卷曲，末端有交接刺。虫卵呈纺锤形，大小为（50～54）μm×（22～23）μm，在纵轴的两端各有一个透明的结节，卵壳较厚，由脂层及壳质层组成。外层的蛋白质膜被胆色素染成棕黄色，内层为真壳，透明。雌虫每日产卵1000～7000个。虫卵随患者的粪便排出体外，在外界温度、湿度适宜的条件下经3～5周发育为感染期虫卵。人们吞食被虫卵污染的食物或水进入胃肠道后，感染期虫卵在小肠内孵出幼虫，在向大肠移行中发育为成虫。成虫一般寄生在盲肠及阑尾，偶尔可在大肠的其他部位寄生。虫的头部能钻入黏膜表层或黏膜下层，从肠黏膜中摄取营养。自吞入感染期虫卵至成虫产卵需1～3个月。成虫在人体存活可达5年左右。鞭虫卵对外界抵抗力较强，在温暖、潮湿、阴暗和氧气充足的土壤中，可保持感染能力达数月至数年。对干燥、低温的抵抗力稍差。在45℃下虫卵可生活1个小时；在52℃下3分钟全部死亡；在-9～-12℃下大部分死亡。故在干燥地区感染率低。

二、流行病学

鞭虫广泛分布于温暖、潮湿的热带至温带广阔地区，常与蛔虫的分布相一致。

1. 传染源　鞭虫患者和感染者是本病的传染源。

2. 传播途径　人因生食含有感染性虫卵的不洁蔬菜、瓜果和水而受到感染。也可通过污染的手经口受到感染。家蝇体表及鸡粪可作为传播媒介。

3. 易感人群　儿童的感染率高于成人，女性感染率高于男性。

三、发病机制及病理解剖

成虫寄生于盲肠及阑尾，以其细长的前段插入肠黏膜乃至肠黏膜下层，从组织和血液中摄取营养，加上分泌物的刺激作用，肠壁黏膜组织呈现轻度炎症或点状出血，亦可见到上皮细胞变性、坏死。少数患者由于肠壁炎症、细胞增生、肠壁增厚而形成肉芽肿。有观察测得每条鞭虫使宿主每天失血约0.005ml。所以一般患者不产生贫血症状。当重度感染时（即寄生虫数超过800条），由鞭虫引起的慢性失血可导致缺铁性贫血的发生。人体感染鞭虫后可产生一定的免疫力。

四、临床表现

轻症患者无症状或仅有腹泻，感染严重时特别是幼儿可有慢性腹泻、黏液血便、里急后重、脱肛、体重减轻及贫血。偶有右下腹痛、恶心、呕吐、低热等。重度感染多见于儿童，严重贫血者导致心脏扩大。约半数患者有食土癖。鞭虫感染可诱发或加重其他疾病，如阑尾炎、细菌性痢疾等，出现相应的临床表现。

五、实验室检查

1. 大便中查找鞭虫卵　方法有生理盐水直接涂片法、饱和盐水漂浮法、水洗自然沉淀法。为确定感染程度可应用定量板-甘油玻璃计数法（加藤改良法）。

2. 血常规检查　出现嗜酸性粒细胞增加、缺铁性贫血等。

六、诊断

大便中找到鞭虫卵即可诊断。乙状结肠镜或纤维结肠镜检查是本病诊断、分型及判断疗效的首选方法。肠镜检查亦可作为鉴别诊断的手段，以便排除其他肠道疾病。X线钡剂灌肠检查运用气钡双重造影法可以发现涂有钡剂的透光虫体外形。

七、治疗

1. 甲苯达唑　成人和2岁以上儿童均100mg，每日2次，3~4天为一疗程，虫卵转阴率达73.7%~96.4%，副作用少。

2. 复方甲苯达唑　2岁以上儿童及成人口服剂量均为400mg，顿服。虫卵转阴率为71.7%。1岁以下儿童及孕妇不宜服用。

八、预防

应加强粪便管理，注意个人卫生，并注意保护水源和环境卫生。开展集体驱虫，既保护健康又消除传染源。

（袁　宏　陈　琳）

第十节 肠绦虫病

肠绦虫病（intestinal cestodiasis）是各种绦虫寄生于人体小肠引起的肠道寄生虫病。以猪带绦虫病和牛带绦虫病最为常见，因进食含活囊尾蚴的猪肉或牛肉而感染。

一、病原学

我国以猪带绦虫（*Taenia solium*）和牛带绦虫（*Taenia saginata*）最常见，其次为短膜壳绦虫，人是其终宿主。肠绦虫为雌雄同体。猪带绦虫或牛带绦虫的成虫为乳白色，扁长如带，分节。寄生于人体小肠，头节埋于黏膜内。妊娠节片充满虫卵，可随粪便一同排出。猪或牛吞食虫卵后，在十二指肠经消化液作用24~72小时后孵出六钩蚴。六钩蚴钻破肠壁，随淋巴、血流散布全身，主要在骨骼肌，约10周后发育成囊尾蚴。人进食含活囊尾蚴的猪肉（俗称"米猪肉"）或牛肉后，囊尾蚴在体内经10~12周发育为成虫。人也可成为猪带绦虫的中间宿主，误食其虫卵后，可患囊尾蚴病。牛带绦虫的生活史与猪带绦虫相同。猪带绦虫在人体内可存活25年以上，牛带绦虫寿命可达30~60年。

短膜壳绦虫成虫长约数十至数百毫米，不需要中间宿主，能直接经虫卵污染食物感染，可致人与人间传播，也可引起人体内源性自身感染。被吞入的虫卵发育为成虫需2~4周，寿命2~3个月。

二、流行病学

1. 传染源　猪带绦虫或牛带绦虫病患者为传染源。患者和鼠是短膜壳绦虫病的传染源。
2. 传播途径　人进食生的或未熟的含活囊尾蚴的猪肉或牛肉受染。生、熟炊具不分也可致熟食被污染。
3. 易感人群　人群普遍易感。猪带绦虫或牛带绦虫病以青壮年为多，男多于女。短膜壳绦虫病多见于儿童。
4. 流行情况　呈世界性分布。我国见于西南、西北、东北、华北、中原等地区，多为散发；云南等有地方性流行。

三、发病机制及病理解剖

猪带绦虫或牛带绦虫头节以小钩和（或）吸盘吸附于小肠黏膜，引起损伤及亚急性炎症。多条绦虫寄生可致不全肠梗阻。猪带绦虫对肠黏膜损害较重，可穿透肠壁致腹膜炎。短膜壳绦虫成虫可致肠黏膜出血、浅表溃疡；幼虫可引起微绒毛肿胀引起小肠吸收与运动功能障碍。

四、临床表现

猪带绦虫或牛带绦虫病潜伏期为8~12周。短膜壳绦虫病潜伏期为2~4周。常无症状，大便中出现白色带状节片常为最初和唯一表现。牛带绦虫的脱落节片蠕动能力较强，常从患者肛门自行脱出。部分患者有上腹部或脐周隐痛，少有消化不良、恶心、腹泻或体重减轻，偶有失眠、头晕、神经过敏及磨牙、贫血等表现。短膜壳绦虫感染症状较轻，重症感染者可有腹痛、腹泻、食欲减退及消瘦等表现。

2.3%~25%猪带绦虫病患者因自身感染而并发囊尾蚴病，牛带绦虫病严重的并发症为肠梗阻和阑尾炎。

五、实验室检查

1. 血象 白细胞总数大多正常，病程早期嗜酸性粒细胞可轻度增高。
2. 大便检查 在患者大便中可以找到节片，大便涂片一般不易找到虫卵，肛门拭子法的检获率比涂片法高。
3. 免疫学检查 有皮内试验、血清补体结合试验等，但阳性率不高，且有假阳性反应，故临床上极少应用。
4. PCR 检测患者大便中虫卵或虫体的微量 DNA，敏感性较高，但不作为临床常规检查。

六、诊断及鉴别诊断

有食生的或未熟的猪肉、牛肉史，大便排出白色带状节片即可作出临床诊断。大便找到虫卵或妊娠节片可确诊。鉴别诊断主要为各型绦虫病间的鉴别。免疫学与分子生物学检查可协助诊断。

七、治疗

以驱虫治疗为主。

1. 吡喹酮 猪带绦虫或牛带绦虫 15～20mg/kg，短膜壳绦虫 25mg/kg，空腹顿服。有效率达 95%。不良反应轻。
2. 苯咪唑类 甲苯咪唑剂量为每次 300mg，每天 2 次，疗程 3 天，疗效好，不良反应少。阿苯达唑每日剂量为 8mg/kg，疗程 3 天，不良反应轻。动物实验表明该类药有致畸作用，故孕妇不宜使用。

八、预防

1. 管理传染源 在流行区开展普查普治，对患者进行早期、彻底驱虫治疗，加强人粪管理，防止猪、牛感染。
2. 切断传播途径 加强肉类检疫，严禁出售含囊尾蚴的肉类。改变生食肉类、烹饪生熟不分的不良习惯。在绦虫病地方性流行区，对猪和牛采用氯硝柳胺进行预防性治疗。

（马　臻）

第十一节　囊尾蚴病

囊尾蚴病（cysticercosis）又称囊虫病，是猪带绦虫的幼虫（囊尾蚴）寄生于人体各组织器官所致的人畜共患病。囊尾蚴可侵犯人体皮下组织、肌肉、脑、眼、心脏等部位，引起相应的症状和体征，以侵犯脑部最为严重。

一、病原学

六钩蚴侵入宿主 3 周后发育至 1～6mm 大小，出现头节，10 周时发育为成熟的囊尾蚴。囊尾蚴常被宿主组织形成的包膜包绕。包膜分两层，分界明显，内层呈玻璃样变，外层为细胞浸润。包囊内含黄色囊液及内凹呈白色点状的头节。头节位于一侧，上有 20 个小钩和 4 个吸盘。囊尾蚴可寄生在人体多种组织器官中，常见部位为脑、皮下组织和肌肉，眼、脊髓、心脏、肝等亦可累及。在疏松结缔组织和脑室中多呈圆形，直径5～10mm，在肌肉中略长，在脑室底部可达2～3cm，并有分支或葡萄样突起，称葡萄状囊尾蚴。囊尾蚴寿命一般为3～10年，长者可达20年以上，虫体死后多发生纤维化和钙化。

二、流行病学

1．传染源　为猪带绦虫病患者。
2．传播途径　吃被猪带绦虫卵污染的食物或蔬菜经口感染为主要传播途径。
3．易感人群　普遍易感。男女患病比为（2～5）：1，青壮年多见，农民居多，近年来儿童和城市居民患病率有所增加。
4．流行情况　呈世界性分布。我国以东北、西北、华北和西南等地发病率较高，以散发病例居多。含囊尾蚴的肉制品流入非流行区可导致居民感染猪带绦虫病，继而发生家畜囊尾蚴病，形成新的流行区。

三、发病机制及病理解剖

猪肉绦虫卵进入胃和小肠后，在消化液作用下，六钩蚴自胚膜孵出，钻入肠黏膜，通过小血管进入血液循环至全身各组织器官，侵入组织后引起局部炎症反应，随后在炎症细胞外层出现结缔组织增生。随感染时间延长，虫体周围出现坏死，巨噬细胞和上皮样细胞在虫体周围呈围墙样增生，幼虫被来自宿主的致密纤维包膜包绕，形成结节。囊尾蚴在生长发育过程中不断从宿主体内获取营养物质，引起宿主营养缺乏，影响其正常生长发育；囊尾蚴体积逐渐增大，压挤周围组织；而且不断向宿主排泄代谢产物及释放毒素类物质，对宿主产生不同程度的损害。

囊尾蚴常见的寄生部位是脑组织，病变多发生在灰质、白质交界处，以额、颞、顶、枕叶为多，常引起癫痫发作。亦可由脉络丛进入脑室及蛛网膜下腔，致脑室扩大、脑积水及蛛网膜炎，严重者可出现脑疝。颅底的葡萄状囊尾蚴易破裂引起脑膜炎，炎症引起脑膜粘连，可阻塞脑底池导致脑积水。寄生于皮下组织和肌肉的囊尾蚴形成皮下结节，大量寄生时可引起假性肌肥大，囊尾蚴死亡后常有钙盐沉积，形成钙化灶。寄生于眼部的囊尾蚴常在视网膜、玻璃体、眼肌、眼结膜下等处引起相应病变和功能失常。

四、临床表现

潜伏期约3个月至数年，5年内居多。根据囊尾蚴寄生的部位可分为以下三种临床类型：

（一）脑囊尾蚴病

占囊尾蚴病的60%～90%。临床表现复杂，癫痫发作最常见，可分为以下五型。

1．癫痫型　最常见，可为唯一首发症状，表现为单纯大发作、失神、幻视、局限性癫痫等症状。
2．颅内压增高型　较常见，以急性起病或进行性加重的颅内压增高为特征，严重者可突发脑疝。第四脑室内囊尾蚴病可出现活瓣综合征（又称布伦斯综合征，Bruns syndrome），即囊尾蚴悬于脑室壁，呈活瓣状。当患者头位置急速改变时，囊尾蚴突然阻塞脑脊液通道致颅内压骤增，出现突发眩晕、头痛、呕吐，甚至因突然循环、呼吸障碍而猝死。
3．脑膜炎型　以急性或亚急性脑膜刺激征为特点，常伴发热、头痛、眩晕、听力减退、耳鸣、面神经麻痹等。长期持续或反复发作，脑脊液呈炎性改变。
4．痴呆型　有进行性加剧的精神异常及痴呆症状，个别患者因幻觉、迫害妄想而自杀。
5．脊髓型　较少见，系囊尾蚴侵入椎管压迫脊髓所致，临床表现为截瘫、感觉障碍，以及大、小便潴留等。

（二）眼囊尾蚴病

占囊尾蚴病的 1.8%～15%，囊尾蚴可寄生在眼内任何部位，以玻璃体和视网膜下多见，常为单侧感染。可有视力减退、视野改变、结膜损害、虹膜炎、角膜炎等症状，重者可致失明。裂隙灯或 B 超检查可见视网膜下或玻璃体内蠕动的囊尾蚴。囊尾蚴存活时症状轻微，若虫体死亡则产生强烈刺激，引起视网膜炎、脉络膜炎、化脓性全眼炎等。

（三）皮下组织和肌肉囊尾蚴病

近 2/3 的患者有皮下囊尾蚴结节，多呈圆形或椭圆形，直径 0.5～1.0cm，质地较硬，有弹性，数目多少不一，从几个到成百上千个，头颈和躯干较多，四肢较少，手足罕见。结节与周围组织无粘连，无压痛，无色素沉着和炎症反应。少数严重感染者可感觉肌肉酸痛、发胀，并引起假性肌肥大。

五、实验室检查

1. 血象　外周血象大多正常，嗜酸性粒细胞多无明显增加。
2. 脑脊液　颅内压增高型患者脑脊液压力明显增高，脑膜炎型颅内压也有所增高，细胞数为 $(10～100)\times10^6/L$，以单核细胞增多为主，蛋白含量增高，糖和氯化物大多正常。
3. 免疫学检查　采用免疫学方法检测患者血清和脑脊液中特异性猪囊尾蚴抗体，具有较好的敏感性和特异性，对囊尾蚴病诊断具有重要的参考价值，但亦有假阳性和假阴性结果，临床诊断应慎重。
4. 影像学检查

（1）头颅 CT：对脑囊尾蚴病诊断的阳性率可达 80%～90%，能显示直径＜1cm 的囊性低密度灶。CT 可确诊大部分脑囊尾蚴病。

（2）头颅 MRI：对脑囊虫数量、范围、囊内头节的检出率明显高于 CT，更易发现脑室及脑室孔处病灶，故临床高度疑诊脑囊尾蚴病而颅脑 CT 表现不典型或无异常发现者，应行颅脑 MRI 检查，但对钙化灶的敏感性低于 CT。MRI 还可鉴别囊尾蚴的死活，并据此分期，对指导治疗和疗效考核具有重要价值。

（3）检眼镜、裂隙灯或 B 超检查：发现视网膜下或眼玻璃体内蠕动的囊尾蚴可确诊。B 超检查皮下组织和肌肉囊尾蚴结节可显示圆形或卵圆形液性暗区，对确定结节的数量和大小有帮助。

5. 病理检查　对皮下结节应常规做活组织检查，病理切片中见到囊腔中含囊尾蚴头节可确诊。

六、诊断及鉴别诊断

（一）诊断

1. 流行病学资料　注意患者是否来自流行区，有否进食生的或未熟透猪肉史，有否肠绦虫病史，或大便中发现绦虫虫卵或妊娠节片史。
2. 临床表现　囊尾蚴病的临床表现多样，且无特异性，临床诊断困难，尤其是脑囊尾蚴病更易误诊、漏诊。凡有癫痫发作、头痛、精神障碍等症状者，特别是在流行区有生活史者应考虑本病。
3. 实验室及影像学检查　皮下结节活组织检查可确诊皮下组织和肌肉囊尾蚴病。眼囊尾蚴病的确诊有赖于检眼镜或裂隙灯检查。头颅 CT 或 MRI 检查及各项免疫学检查有助于脑囊尾蚴病的诊断。

（二）鉴别诊断

脑囊尾蚴病应与原发性癫痫、结核性脑膜炎、隐球菌性脑膜炎、病毒性脑膜炎、脑血管疾病相鉴别；皮下组织和肌肉囊尾蚴病应与皮脂腺囊肿、脂肪瘤、神经纤维瘤等相鉴别。眼囊尾蚴病应与眼内肿瘤、眼内异物、葡萄膜炎、视网膜炎等鉴别。

七、预后

预后与囊尾蚴寄生的部位、数量、大小等密切相关，经治疗后预后一般较好，少数脑囊尾蚴病患者颅内病灶呈弥漫性，伴有痴呆、严重精神异常时预后较差，病原治疗效果不佳，且易发生严重的不良反应。

八、治疗

1. 对症治疗　对颅内压增高者，可先给予20%甘露醇250ml静脉滴注，加用地塞米松5～10mg，连用3天后再行病原治疗，用药期间亦应常规使用地塞米松和降颅压药物，必要时须行颅脑开窗减压术或脑室分流术降低颅内压。对癫痫发作频繁者，可酌情使用地西泮、异戊巴比妥等药物。发生过敏性休克时可用0.1%肾上腺素1mg皮下注射，儿童酌减，同时用氢化可的松200～300mg加入葡萄糖液中静脉滴注。

2. 病原治疗　以药物治疗为主。治疗前需除外眼囊尾蚴病，并行颅脑CT或MRI检查，以明确囊虫的数量、部位，制订合适的治疗方案。用杀虫药物杀死虫体后，都会引起剧烈的过敏反应、炎症反应，具有一定危险性，故对即使没有脑囊尾蚴病症状的皮肤、肌肉囊尾蚴病患者，也不能绝对排除脑组织中囊尾蚴的存在。因此，对任何囊尾蚴病患者，如需进行驱虫治疗，都必须住院并在严密观察下进行。目前治疗的药物主要有阿苯达唑和吡喹酮。对脑囊尾蚴病的治疗尚无统一的治疗方案，多主张治疗方案个体化，颅脑MRI或CT及治疗反应作为治疗的重要参考。

（1）阿苯达唑：疗效确切，作用温和，不良反应轻，已成为治疗囊尾蚴病的首选药物。剂量按15～20mg/（kg·d），分2次口服，疗程10天，每隔2～3周重复1个疗程，一般需服2～3个疗程。不良反应有头痛、低热，少数有视力障碍、癫痫等。个别患者反应较重，可发生脑疝或过敏性休克。上述不良反应多发生于服药后2～7天，持续2～3天。但也有少数患者在第一疗程结束后7～10天才出现反应，因此疗程结束后亦应密切观察。第二疗程不良反应率明显减少且较轻。

（2）吡喹酮：可杀死囊尾蚴，疗效较阿苯达唑强而迅速，但不良反应发生率高且严重。对不同类型囊尾蚴病应采用不同的治疗方案。皮肤肌肉型总剂量为120mg/（kg·d），分3次口服，3～5日为一疗程。脑型总剂量为200mg/（kg·d），分3次口服，10天为一疗程。脑囊尾蚴病患者用吡喹酮治疗不良反应较阿苯达唑多且重，主要有头痛、恶心、呕吐、皮疹、精神异常等。个别患者也可发生过敏性休克或脑疝。原有癫痫的患者也可被诱发而加重脑水肿。

3. 手术治疗　脑囊尾蚴病患者颅内压过高（超过400mmH$_2$O）或有脑室通道梗阻时，药物治疗前应行颅脑开窗减压术或脑室分流术。眼囊尾蚴病患者应予手术摘除眼内囊尾蚴，以免虫体被药物杀死后引起全眼球炎而失明。对于浅表、数量不多的皮下组织和肌肉囊虫可采用手术摘除。

九、预防

1. 控制传染源　在流行区开展普查普治，对患病的人和猪及时进行驱虫治疗。
2. 切断传播途径　加强卫生宣传教育工作，改变不良的卫生习惯，不吃未煮熟的猪肉；

强化生猪屠宰的卫生检疫制度，防止"米猪肉"流入市场。还应加强粪便无害化、猪饲养方法等环节的管理，彻底切断本病的传播途径。

3．提高人群免疫力　疫苗接种不失为解决猪囊尾蚴病的一种有效途径，但目前尚处于基础研究阶段。

（马　臻）

第十二节　棘球蚴病

棘球蚴病（echinococcosis）又称包虫病，是棘球绦虫的幼虫寄生于人体组织引起的人畜共患寄生虫病。目前确认的有细粒棘球绦虫（*Echinococcus granulosus*）、泡型棘球绦虫（*E. alveolaris*）、伏氏棘球绦虫（*E. vogeli Rausch*）和少节棘球绦虫（*E. oligarthrus*）4种，后两种主要分布在中美洲及南美洲。我国主要为细粒棘球蚴病和泡型棘球蚴病。

一、细粒棘球蚴病

（一）病原学

细粒棘球绦虫成虫寄生于终宿主犬、狼等食肉动物小肠内，虫体长3～6mm，由头节、颈节、幼节、成节、孕节各1节组成，头节有顶突与4个吸盘。顶突上有两圈钩。孕节的子宫内充满圆形、棕黄色的虫卵，虫卵有两层胚膜，内有辐射纹。成熟后孕节自宿主肠道排出，子宫破裂排出虫卵。虫卵对外界抵抗力较强，在室温水中存活7～16天，在干燥环境中存活11～12天；在水果和蔬菜中不易被化学消毒剂杀死。

细粒棘球绦虫的终宿主与中间宿主广泛，在我国其终宿主主要是犬，中间宿主主要是羊、牛、骆驼等。人摄入虫卵也可成为中间宿主。虫卵随犬粪排出体外，污染皮毛、蔬菜、水源、牧场等，被羊或人摄入后经消化液作用，在十二指肠内孵化成六钩蚴，穿入肠壁末梢静脉，随血流入肝，发育为棘球蚴，受染动物的新鲜内脏被犬吞食后，头节在犬小肠内经3～10周发育为成虫，完成其生活循环。

棘球蚴囊壁由外层透明的角质层和内层生发层组成，其外为宿主组织反应所形成的纤维包膜。囊壁的生发层为具有生殖能力的胚膜组织，生发层的内壁可芽生出许多小突起，并逐渐发育为生发囊，脱落后形成子囊，子囊内可产生几个头节，称为原头蚴；原头蚴从囊壁破入囊液中，称为囊砂；子囊内又可产生孙囊。囊内充满囊液。棘球蚴的大小受寄生部位组织的影响，一般为5cm左右，也可达15～20cm，在体内可存活数年至20年。

（二）流行病学

1．传染源　主要是感染细粒棘球绦虫的犬，虫卵对温度耐受性好，适于在牧区传播。

2．传播途径　人与犬密切接触，虫卵污染手后经口感染。犬粪中虫卵污染蔬菜、水源，尤其人畜共饮同一水源，也可感染。在干旱多风地区，吸入虫卵也可能造成感染。

3．易感人群　人群普遍易感，牧区感染率高，多在儿童期感染，青壮年发病。

4．流行情况　呈世界性分布，以澳大利亚、阿根廷、法国、土耳其、意大利等畜牧业为主的国家多见。我国以新疆、青海、西藏、宁夏、内蒙古、甘肃、四川等多见，河北、东北各省等也有散发病例。

（三）发病机制及病理解剖

虫卵被吞入后在肝形成棘球蚴囊，少数经肝静脉和淋巴液到达肺、心、脑、肾等器官。棘球蚴致病主要是机械性压迫及棘球蚴囊破坏引起异蛋白过敏反应。棘球蚴体积逐渐增大，压迫周围组织，影响其功能或压迫邻近脏器产生相应症状。棘球蚴生长缓慢，常在感染后十余年才出现症状。

囊性占位压迫邻近组织器官引起病变。肝棘球蚴逐渐长大时，肝内胆小管受压迫，可被包入外囊中，胆小管因受压坏死破入囊腔，使子囊与囊液呈黄色，并继发细菌感染。肺棘球蚴可破入支气管，角皮层旋转收缩使内面向外翻出，偶有生发层与头节及囊液一起咳出，易并发感染；破入细支气管，空气进入内、外囊之间可呈新月状气带。大量囊液与头节破入体腔可引起过敏性休克与继发性棘球蚴囊肿。

（四）临床表现

潜伏期为 10 ~ 20 年。症状与寄生部位、囊肿大小及并发症有关。

1．肝棘球蚴病 最常见，多位于肝右叶接近肝表面。可有肝区不适，隐痛或胀痛，肝大，肝表面隆起，可触及无痛性囊性肿块。肝门附近棘球蚴可压迫胆管出现黄疸，也可压迫门静脉发生门静脉高压症。合并感染时，与肝脓肿或膈下脓肿症状相似。棘球蚴破入腹腔、胸腔，可引起弥漫性腹膜炎、胸膜炎及过敏反应，甚至发生过敏性休克，囊液中头节播散移植至腹腔或胸腔内可产生多发性继发性棘球蚴。

2．肺棘球蚴病 好发于右肺下中肺叶。常无症状，在体检或拍 X 线胸片时发现，可有胸部隐痛、刺激性咳嗽，与支气管相通时可咳大量液体，并带粉皮样囊壁和囊砂。继发感染时可有高热、胸痛、咳脓痰。偶因大量囊液溢出与堵塞而引起窒息。

3．脑棘球蚴病 儿童多见，顶叶常见，多伴有肝与肺棘球蚴病。常有头痛、视盘水肿等颅内高压征，可有癫痫发作。

脾、肾、心肌、心包等偶可寄生棘球蚴，引起相应症状。

（五）实验室检查

1．一般检查 白细胞计数多正常，嗜酸性粒细胞可轻度增高。继发感染时白细胞数及中性粒细胞比例增高。

2．免疫学检查

（1）皮内试验（Casoni 试验）：可作为临床初筛，与结核病、猪囊尾蚴病、并殖吸虫病有部分交叉反应。

（2）血清免疫学试验：包括琼脂扩散试验、对流免疫电泳、间接血凝试验、ELISA 实验等。ELISA 实验的灵敏度与特异性较高。与猪囊尾蚴病可呈部分交叉反应。

（3）影像学检查：B 超检查对肝、肾棘球蚴病的诊断有重要价值，可见边界明确的囊状液性暗区，其内可见散在光点或小光圈；CT 扫描对肝、肺、脑、肾棘球蚴病诊断有重要意义；腹部 X 线平片见囊壁的圆形钙化阴影及骨 X 线片上囊性阴影有助于诊断。

（六）诊断与鉴别诊断

1．诊断 对来自流行区且发现肝、肺、肾、脑有占位性病变者，应首先怀疑本病并作相关检查。影像学检查发现囊性病变、血清免疫学试验阳性有助于诊断。如肺棘球蚴病破入支气管，患者咯出粉皮样物质，显微镜下查到头节或小钩可确诊。

2．鉴别诊断 应与多囊肝、肝囊肿、肝脓肿、肺脓肿、肺结核、肾囊肿、脑囊尾蚴病、脑转移瘤等相鉴别。

（七）预后

本病预后多较好，但如棘球蚴破裂发生休克者预后较差。

（八）治疗

1．手术治疗 目前仍以手术治疗为主，术中先以 0.1% 西替溴铵杀原头蚴，手术前后 2 周服阿苯达唑以减少术中并发症及术后复发。手术时将内囊剥离完整取出，严防囊液外溢。

2. 药物治疗 适用于有手术禁忌证或术后复发而无法手术者。常用阿苯达唑,剂量为 12~15mg/(kg·d) 或 0.8g/d,分 2 次服用,4 周为 1 疗程,间歇 2 周后再服 1 疗程,共 6~10 个疗程。不良反应少而轻,偶可引起可逆性白细胞减少与一过性 ALT 升高。该药有致畸作用,孕妇禁用。

3. 对症治疗 肝、肺、脑、肾棘球蚴病出现相应器官损害时,维护器官功能;继发感染时给予抗菌治疗;过敏反应时对症处理。

(九)预防

1. 控制传染源 对流行区的犬进行普查普治,广泛宣传养犬的危害性,以吡喹酮驱除犬的细粒棘球绦虫。

2. 加强健康知识宣传 避免与犬密切接触,注意饮食卫生和个人防护。

3. 加强屠宰场管理 深埋病畜内脏,防止被犬吞食。避免犬粪中虫卵污染水源。

二、泡型棘球蚴病

泡型棘球蚴病(alveolar echinococcosis)又称多房棘球蚴病(echinococcosis multilocularis)。

(一)病原学

泡型棘球蚴常寄生于肝,由许多小囊泡组成,埋在致密结缔组织内,无纤维包膜。囊泡内含黏液性基质。生发层主要向外芽殖,也可向内芽殖。角质层有裂隙。生发层未分化细胞繁殖时向外突出,形成胚芽,呈侵袭性增生。泡球蚴呈管状,光镜下可见许多微泡内含大量原头节。

野狗、狐、狼和猫等为终宿主,被其捕食的啮齿动物如田鼠等为中间宿主,人因摄入虫卵感染成为中间宿主。

(二)流行病学

多为散发,主要分布在中南欧、北美、俄罗斯、日本北海道、英国和加拿大。我国青海、宁夏、新疆、甘肃、西藏、内蒙古、黑龙江及四川省等均有病例报告。本病是自然疫源性疾病。人因误食被虫卵污染的食物、水或接触犬、狐而感染。

(三)发病机制及病理

虫卵被吞食后在小肠孵出六钩蚴,穿过肠黏膜进入门静脉,到肝后发育为泡状蚴。肝病变表现为单个或数个坚硬肿块,周围界限不清,肝表面可见散在灰白色大、小结节,切片可见坏死组织和空腔,光镜下为形状不规则的串珠状囊泡。囊泡间及周围有肉芽组织增生。病变向邻近器官或组织扩散,可侵及下腔静脉、门静脉及胆总管。少数患者虫体生发层的片块可转移至脑、肺等远处器官。由于人并非其适宜宿主,故在人体内生长发育极为缓慢,可在感染后 30 年才出现症状。

(四)临床表现

潜伏期可达 10~20 年以上。病程进展缓慢。早期无症状,可有右季肋部疼痛、食欲不振、腹胀、胆绞痛和消瘦等,多有肝大,质硬,表面有结节,少数可有黄疸,以及腹水、脾大等门静脉高压征。肝衰竭与脑转移是死亡的主要原因。

(五)实验室检查

1. 一般检查 血红蛋白轻至中度降低,部分患者嗜酸性粒细胞轻度增高。红细胞沉降率明显加快。约 30% 患者 ALT、ALP 升高,晚期可有白蛋白与球蛋白比例倒置。

2. 免疫学检查 皮内试验常为阳性,间接血凝法、ELISA 检测泡型棘球蚴的抗原 Em2(泡型棘球蚴角质层的一种成分)具有高度敏感性和特异性,但与细粒棘球蚴、猪囊尾蚴病有 10%~20% 的交叉反应率。

3．其他检查　B超检查肝区可有密集光点，并显示大小不等的光团，中央性坏死时可见液性暗区。腹部X线片可见肝区局限或弥漫性无定型点状或多数细小环状钙化影。

（六）诊断与鉴别诊断

1．诊断　根据流行病学史、临床特点、免疫学检查、影像学检查，一般诊断并不困难。

2．鉴别诊断　须与原发性肝癌、结节性肝硬化等相鉴别。

（七）治疗

早期手术切除病灶及周围肝组织或肝叶切除，但手术不易完全根除，常需用药物治疗。采用阿苯达唑 10mg/（kg·d），分2次服，疗程视病变大小而异，一般为2～3年或更长。少数可有皮疹、蛋白尿、黄疸及白细胞减少等不良反应，停药后可恢复正常。

（八）预防

加强对流行区人群的宣传教育，对流行区犬用吡喹酮进行普治。

（马　臻）

第九章 医院内感染

医院内感染（nosocomial infection，hospital infection，healthcare associated infection）又称医院获得性感染（hospital acquired infection），是指住院患者在医院内获得的感染，包括在住院期间发生的感染和在医院内获得但在出院后发生的感染，不包括入院前已开始或入院时已存在的感染，医务人员在医院内获得的感染也属医院内感染。

医院内感染根据感染来源不同，分为内源性感染和外源性感染。内源性感染又称自身感染，是指患者自身皮肤或腔道等处定植的正常菌群或从外界获得的定植菌由于数量或定植部位的改变而引起的感染。内源性感染呈散发性，发病机制复杂，涉及患者的基础病、治疗措施等多种因素。外源性感染又称获得性感染，是指医院环境中或医院内患者、工作人员或探视者携带的病原微生物所引起的感染。导致外源性感染的途径包括：①患者与患者的接触。②患者与家属的接触。③通过医务人员的手和器械接触。这类感染可导致医院内感染的暴发流行。

一、病原学

医院内感染的病原体包括细菌、真菌、病毒、支原体和寄生虫等。

（一）细菌

90%以上的医院内感染是由细菌引起的，且多为条件致病菌，甚至是人体正常菌群。这些条件致病菌主要来自医院环境的微生物，对正常人可能无致病性，但是对免疫功能低下的患者则能导致严重感染，住院时间越长，发生医院内感染的机会越多。而抗生素（尤其是广谱抗生素）在治疗和预防感染的同时，还可能破坏身体的正常菌群，从而引起菌群失调，既可能导致外来菌群的定植，又可能引起正常菌群的过度繁殖。而手术、侵袭性操作、营养不良和肠道外营养等因素造成黏膜屏障的破坏，共同为医院内感染创造了条件。

1. 革兰阳性球菌　占40%~45%，主要为葡萄球菌属中的金黄色葡萄球菌和表皮葡萄球菌，链球菌属中的化脓性链球菌、肺炎链球菌和草绿色链球菌，肠球菌属中的粪肠球菌和屎肠球菌等。这些细菌广泛分布在自然界、人体体表和与外界相通的腔道中。常可引起肺部、皮肤伤口、烧伤创面、泌尿道感染及败血症。其中，耐甲氧西林金黄色葡萄球菌、耐甲氧西林凝固酶阴性葡萄球菌及耐万古霉素肠球菌等的临床分离率有明显上升的趋势且通常表现为多重耐药。近年来，医院内感染的耐万古霉素的金黄色葡萄球菌菌株已经出现，其耐药机制为获得了VanA基因簇。耐万古霉素的金黄色葡萄球菌对包括万古霉素在内的多种药物耐药，但目前仅美国部分地区有少数耐万古霉素的金黄色葡萄球菌菌株报道。

2. 革兰阴性杆菌　占45%，主要为肠杆菌科的埃希菌属、克雷伯菌属、肠杆菌属、沙雷菌属、枸橼酸杆菌属、沙门菌属、变形杆菌属；非发酵菌中的假单胞菌属、嗜麦芽窄食单胞菌、洋葱伯克霍尔德菌、不动杆菌属、产碱杆菌属、黄杆菌属、莫拉菌属及分离较为困难的嗜血杆菌属等。大肠埃希菌在尿路感染、胆道感染、自发性腹膜炎、原发性菌血症中最为突出，也是外科手术伤口感染中的主要致病菌之一。克雷伯菌是下呼吸道感染的主要细菌，变形杆菌也常见于医院中尿路、手术切口和下呼吸道感染。铜绿假单胞菌和鲍曼不动杆菌在非发酵细菌引起的医院内感染中分离率最高，广泛存在于自然界的水及土壤、医院环境及人体皮肤、呼吸道、消化道，为条件致病菌，是手术伤口、烧伤创面、呼吸道、泌尿道等医院内感染的常见细菌。军团菌导致肺部感染，弯曲菌多引起肠道感染。偶尔因手术器械、注射器具及医疗用水等灭菌不合格、使用不规范造成患者手术切口、注射部位非结核分枝杆菌感染暴发。同革兰阳性菌类似，革兰阴性杆菌的耐药性也发生了明显的变化。近年由于第三代头孢抗生素的广泛使用，对细菌产生选择性压力，耐药基因发生突变或转移，产超广谱β-内酰胺酶和头孢菌素酶的肠杆菌科细菌检出率明显增高。甚至产肺炎克雷伯菌碳青霉烯酶（klebsiella pneumoniae carbapenemase，KPC）型碳青霉烯酶和新型金属β-内酰胺酶的"超级细菌"在国内外的报道也屡见不鲜，成为医院内感染治疗的一大难题。

（二）真菌

由于超广谱抗菌药物和免疫抑制剂的大量应用，内置医用装置的广泛使用，各种介入性操作和手术开展的增多，以及移植治疗的开展，深部真菌感染在医院内感染中的发生比例不断增加。病原体以假丝酵母菌多见。白假丝酵母菌约占80%，该菌广泛存在于自然界，也存在于正常人口腔、上呼吸道、肠道及阴道，为条件致病菌。现已成为医院获得性肺炎、消化道感染及导管相关性败血症的主要病原体。而隐球菌属、曲霉菌属、毛霉菌属、组织胞浆菌虽然临床检出率不高，但整体呈上升趋势。

（三）病毒

病毒也是医院内感染的重要病原体。医院内感染常见的病毒有呼吸道合胞病毒、副流感病毒、柯萨奇病毒、轮状病毒、巨细胞病毒、单纯疱疹病毒、肝炎病毒等。在器官和骨髓移植患者中，多见巨细胞病毒感染。柯萨奇病毒常在新生儿中造成暴发流行，医院内乙型和丙型病毒性肝炎主要与输血及其他血制品、血液透析等因素密切相关。轮状病毒和诺瓦克病毒引起的腹泻多发生在老年人和婴幼儿。

（四）其他病原体

沙眼衣原体所致的结膜炎和肺炎常见于新生儿，解脲支原体和阴道加德纳菌可寄生于肾移植后患者，在条件允许时出现感染。在艾滋病患者、器官移植后患者及长期大量应用免疫抑制剂等重度免疫低下的患者，常可发生肺孢子菌、奴卡菌、弓形虫及粪类圆线虫感染。

与社区感染的病原体相比，医院内感染的病原体具有以下特点：①大多数病原体为条件致病菌，在患者抵抗力显著下降时引起疾病。②大部分病原体毒力弱或无毒力，侵袭力不强，一般不引起社区感染。③由于抗生素的广泛应用，医院内感染的病原体多为耐药菌，甚至多重耐药，泛耐药。④病原体的种类与患者免疫状况密切相关，全身状况良好的患者发生医院内感染的病原体与社区感染的病原体大致相同，严重免疫力低下患者多发生真菌、病毒或寄生虫感染。

二、流行病学

（一）感染源

1. **已感染的患者**　是医院内感染最重要的感染源，大量病原体从感染部位排出，多为耐药菌株，易在其他易感患者体内定植。
2. **健康带菌者**　包括医院工作人员和陪护人员，在一定条件下可成为重要的感染源。
3. **自身感染**　感染源是患者自身，感染的病原体来自患者体内的正常菌群，以及身体其他部位感染或定植的病原体。
4. **医院内的环境**　医院环境中常有病原体污染，可将其传播给易感患者。其中肠杆菌科细菌、铜绿假单胞菌和鲍曼不动杆菌尤为常见。
5. **动物感染源**　鼠类在医院的密度高，其排泄物污染医院环境或食物可导致鼠伤寒沙门菌感染。

(二)传播途径

1. 接触传播

(1) 直接接触传播：病原体从患者或带菌者直接传给接触者，如直接接触到感染者病灶的体液或分泌物等。

(2) 间接接触传播：感染源的病原体通过医务人员的手、医疗用品或污染的医疗器械与室内物品传播给其他患者。

2. 呼吸道传播　感染者咳嗽、打喷嚏时形成的带有病原体的飞沫，空气中含有病原体的尘埃以及医源性气溶胶都可以将病原体传播给其他患者。如空调、雾化吸入和吸氧装置都可以传播病原体。

3. 血液传播　输血或注射主要传播乙型和丙型病毒性肝炎或艾滋病等，也有输液制品被细菌或真菌污染输入人体后引起严重感染。

4. 消化道传播　主要见于因饮水与食物污染造成的肠道感染。

5. 医疗器械或设备传播　因医疗器械和插管、导管、内镜、人工呼吸等侵袭性诊疗设备受到病原体污染所致，如导尿或血液透析时所引起的感染。

(三)易感人群

住院患者对条件致病菌的易感性较高，但以下人群更易发生医院内感染：①所患疾病严重影响或损伤机体免疫功能，如造血系统疾病、恶性肿瘤、尿毒症、糖尿病、肝硬化、重症肝炎、艾滋病、严重烧伤等。②老年及新生儿、婴幼儿患者。老年人生理功能减退，细菌易于定植入侵。新生儿、婴幼儿免疫功能尚未发育成熟，抵抗力较差。③营养不良。营养不良者皮肤、黏膜的防御功能降低，抗体生成能力及粒细胞吞噬能力均会受到影响。④接受免疫抑制剂治疗、移植治疗、各种侵袭性操作、异物的植入、长期使用广谱抗生素或手术被污染的患者。抗癌药物、糖皮质激素、放疗等均可降低机体防御功能；长期使用抗生素可改变正常菌群构成，造成菌群失调；各种手术、穿刺、内镜、插管等操作均直接破坏机体的防御屏障，利于病原体的感染。

三、发病机制

1. 宿主的防御功能减退　烧伤、创伤、手术及侵袭性诊疗措施造成皮肤和黏膜的损伤，病原体易于侵入。全身免疫功能减退，如艾滋病、严重的糖尿病及恶性肿瘤、放射治疗、抗肿瘤治疗及器官移植术后长期使用免疫抑制药物等均能造成宿主的免疫功能低下，吞噬能力下降，抗体产生不足，因此机体内外的条件致病菌可引起医院内感染。

2. 各种侵袭性诊疗措施　留置尿管、血管内留置导管、气管插管、各种内镜检查和人工呼吸等侵袭性操作均可破坏屏障结构，病原体可经导管内腔上行侵入引起医院内感染。

3. 不合理使用抗菌药物　人体内部处于平衡状态的正常菌群对外来细菌具有明显的生物拮抗作用。而长时间、大剂量或多种抗菌药物盲目联合应用均可削弱正常菌群对外来病原体定植的抵抗力，破坏宿主的微生态平衡，使耐药并有毒力的菌株被选择而得以繁殖并引起医院内感染。

四、临床表现

(一)常见部位感染

1. 肺部感染　包括医院内感染性肺炎、气管炎、支气管炎和肺部其他感染，是最常见的医院内感染，病死率位于医院内感染之首。常因呼吸道操作、麻醉、气管切开、呼吸机及药物使用导致吞咽与呼吸道防御功能减弱而感染。多见于外科手术患者及肿瘤、白血病、慢性阻塞性肺病、长期卧床或行气管切开术、放置气管插管等危重患者。重症监护病房（intensive care unit，ICU）患者感染率更高。肺部感染的病原体以革兰阴性杆菌为主，约占60%，常见的有大肠埃希菌、铜绿假单胞菌、不动杆菌属、克雷伯菌属及肠杆菌属等。革兰阳性球菌约占28.5%，主要以金黄色葡萄球菌为主，其他尚有凝固酶阴性葡萄球菌、肺炎链球菌和嗜肺军团菌等。危重患者和免疫功能低下者可见念珠菌属、曲霉菌属、卡氏肺孢子菌、巨细胞病毒的感染。临床表现常不典型，可有咳嗽、脓痰、胸痛、发热，肺部湿啰音，可有发绀，X线检查显示肺部斑片状阴影。医院内感染性肺炎的病死率达35%，而铜绿假单胞菌肺炎的病死率可达70%。

2．尿路感染　尿路感染在我国医院内感染中占第二位，发病率为20.8%～31.7%。病原体以大肠埃希菌为主，其他尚有肠球菌、铜绿假单胞菌、变形杆菌、克雷伯菌、金黄色葡萄球菌和假丝酵母菌等。导尿、尿路器械检查如膀胱镜检查、保留尿管等均是导致尿路感染的主要原因。其中留置尿管与尿路感染的发生相关性最高，66%～86%的尿路感染与尿管的使用有关。临床上分为有症状尿路感染、无症状菌尿症和其他尿路感染。

（1）有症状尿路感染：尿频、尿急、尿痛等尿道刺激症状，或有下腹触痛、肾区叩痛，伴或不伴发热。尿常规白细胞，男性≥5个/高倍视野，女性≥10个/高倍视野，并符合下述之一者可诊断：①清洁中段尿或导尿留取尿液（非留置导尿）培养革兰阳性球菌菌数≥10^4CFU/mL、革兰阴性杆菌菌数≥10^5CFU/mL、耻骨联合上膀胱穿刺留取尿液培养只要发现细菌即可诊断尿路感染。②新鲜尿标本经离心应用相差显微镜检查（1×400）在每30个视野中有半数视野见到细菌。③重复两次导尿标本的尿培养得到相同的病原学结果（革兰阴性菌或腐生葡萄球菌），菌落计数≥10^5CFU/ml。④抗生素治疗2周后尿中细菌转阴者。

（2）无症状菌尿症：①标准1：患者无明显的临床表现和体征，但尿培养革兰阳性球菌菌数≥10^4CFU/mL、革兰阴性杆菌菌数≥10^5CFU/mL，且在留取尿标本前的7天内有留置导尿或内镜检查史。②标准2：患者无明显的临床表现，但两次尿培养得出同样的一种细菌且革兰阳性球菌菌数≥10^4CFU/ml、革兰阴性杆菌菌数≥10^5CFU/ml，并且患者在第一次尿培养阳性之前7天内无留置导尿或内镜检查史。

（3）其他尿路感染（肾、输尿管、膀胱、尿道或肾周围组织的感染）：①从体液或感染组织中分离出病原体。②肾脓肿或其他感染症候，通过直接检查、外科手术或病理组织检查而证实者。③影像学、手术、组织病理或其他方法证实者。

3．消化道感染　主要有伪膜性肠炎和胃肠炎。

（1）伪膜性肠炎：又称抗菌药物相关性腹泻。其最重要的致病菌是艰难梭菌，又称难辨梭状芽胞杆菌，是革兰阳性厌氧菌。金黄色葡萄球菌亦可在伪膜性肠炎患者大便中检出，但仅是伴随菌而已。症状主要是由艰难梭菌及其产生的肠毒素、细胞毒素、蠕动改变因子、不稳定因子等作用所致，轻者大便为黄色水样，或呈糊状、蛋花样或海水样；重者为黏液血便，可有假膜，伴腹痛、里急后重、发热、休克或肠穿孔。纤维结肠镜检查见肠壁充血、水肿、出血，或见到2～20mm灰黄（白）色斑块假膜。胃肠道手术后、肠梗阻、尿毒症、糖尿病、再生障碍性贫血和老年患者应用抗生素过程中尤易发生。如不及时治疗，严重感染者病死率可达30%。在医务人员手上和医院环境中均可分离出难辨梭菌，医务人员在本病的传播中起重要作用。

（2）胃肠炎：常见的病原体有沙门菌属、志贺菌属、产肠毒素大肠埃希菌、假丝酵母菌、空肠弯曲菌、小肠结肠炎耶尔森菌、嗜水气单胞菌等。秋冬季节以病毒感染多见，轮状病毒是儿童医院内感染性腹泻的常见病原体。感染的病原体种类繁多，临床表现也各异。

1）鼠伤寒沙门菌肠炎：多见于婴幼儿，急性起病，有发热、恶心和呕吐，每日腹泻十余次，多为黄色水样便或稀便，可有黏液脓血，严重者出现水、电解质失衡和休克，大便培养可检出鼠伤寒沙门菌，病程5～7天。可在新生儿、儿科病房暴发流行，病死率较高。

2) 产肠毒素大肠埃希菌肠炎：由多种大肠埃希菌引起，临床表现轻重不一，大便可呈水样或蛋花样，或呈黏液脓血便，肠出血性大肠埃希菌可导致剧烈腹痛、腹泻、发热等；轻度腹泻者，大便镜检无脓细胞及白细胞。

3) 假丝酵母菌肠炎：白色假丝酵母菌多见，多发生于有基础疾病患者应用广谱抗生素之后。表现为间歇或突发性腹泻，每日腹泻数次至十余次，多为稀便或黏液便，严重者可为血便，可同时有口、咽、食管等部位真菌感染。大便镜检可见酵母样菌，便培养可有假丝酵母菌生长。

4．术后伤口感染 包括切口或手术深部器官或腔隙的感染。虽然无菌操作、手术技术及预防感染等措施日益改进，但手术后伤口感染仍占医院内感染的10%～19%。其中清洁伤口感染率一般＜2%，污染伤口如结肠手术和腹部穿通伤术后伤口感染率可达20%。发生术后伤口感染的危险因素包括：污染的手术部位，住院时间长，手术持续时间久，手术范围广，放置引流管，伤口渗血，伤口内有异物、血肿和死腔形成，服用糖皮质激素或免疫抑制剂等。此外，营养不良、老年人或有严重基础疾病的患者更易发生术后伤口感染。术后伤口感染最常见的病原体是金黄色葡萄球菌，其他病原体包括表皮葡萄球菌、大肠埃希菌、铜绿假单胞菌、肠球菌、链球菌、厌氧菌等。病原体多数来源于患者皮肤和黏膜表面的自身定植菌，只有少部分来自于外科医生和手术室其他工作人员。

手术伤口感染可以分为切口感染和切口深部感染。

有下列任何一项均属外科切口感染：①切口部位筋膜层以上组织有脓性分泌物，无论有无实验室证据。②从伤口分泌物中分离到病原体。③外科切开的伤口至少有下列表现之一者：疼痛、压痛、红肿、发热。④由临床医生诊断为切口感染。

下列任何一项均属外科切口深部感染：①筋膜层以下组织中流出脓性分泌物。②伤口自然裂开或由外科医生打开，同时至少有下述症状或体征之一：发热＞38℃，局部疼痛。③有脓肿或通过检查、外科手术或组织病理学证实的感染。④由外科医生证实的感染。

5．全身感染 医院内感染败血症虽然没有上述其他类型医院内感染常见，但却是其中最严重的。败血症的发病率约占医院内感染的5%，病死率可达20%～40%。医院内感染败血症可分为两种类型：①原发性败血症，是指原发感染病灶不明显或由静脉输液、血管内检查及血液透析、静脉输入污染的药物或血液引起的败血症。②继发性败血症，是指由原发感染灶的病原体侵入血流所致，大多由术后伤口、腹腔、尿路及肺部感染引起。败血症无特异性临床表现，不同病原体和年龄有较大差别，一般表现为不规则寒战，高热，体温达39～40℃以上，弛张热型，严重毒血症状，肝、脾大，也可有迁徙性病灶。白细胞及中性粒细胞升高，血培养有病原菌生长。

医院内败血症的常见病原菌是革兰阳性球菌、革兰阴性杆菌及真菌。革兰阳性球菌以凝固酶阴性葡萄球菌最常见，其次为金黄色葡萄球菌和粪肠球菌。革兰阴性杆菌主要为大肠埃希菌、克雷伯菌属、肠杆菌属、铜绿假单胞菌及沙雷菌属。真菌主要是念珠菌属。少数情况下可为两种及以上细菌混合感染。医院内败血症多为散发流行，但也可呈暴发流行，如静脉输液、血液及输血器械污染所造成者。

6．其他 主要为各种侵袭性操作相关的感染，如内镜检查、静脉导管、气管导管、留置尿管等相关性感染。输血相关感染主要是各种病毒、原虫污染血制品所致。

（二）各种患者医院内感染的特点

1．老年人的感染 老年人由于免疫功能降低，并常伴有某些慢性疾病，容易发生肺部感染及败血症。感染的病原体种类较多，临床症状和体征常不典型。

2．新生儿与婴幼儿的感染 新生儿和婴幼儿发育未健全，免疫功能不完善，易于发生各种条件致病菌引起的肠道、呼吸道感染和败血症，临床表现常不典型。

3. 肺、心、肝、肾及脑等重要脏器有严重疾病者或有慢性疾病如糖尿病、慢性肾上腺皮质功能减退、白血病、系统性红斑狼疮以及恶性肿瘤的患者，免疫功能低下，易于发生感染。而原发病的治疗如长期使用广谱抗生素、糖皮质激素、抗代谢药物、抗肿瘤的化学治疗和放射治疗等均可导致或加重菌群失调。

五、诊断

（一）诊断标准

1. 具有下列情况之一者可诊断为医院内感染：
(1) 无明确潜伏期的疾病，入院 48 小时后发生的感染；有明确潜伏期的疾病，自入院时起超过平均潜伏期后发生的感染。
(2) 本次感染直接与上次住院有关。
(3) 在原有感染的基础上出现其他部位新的感染（除外脓毒血症迁徙灶），或在原感染已知病原体基础上又分离出新的病原体（排除污染和原来的混合感染）的感染。
(4) 新生儿在分娩过程中和产后获得的感染。
(5) 由于诊疗措施激活的潜在性感染，如疱疹病毒、结核分枝杆菌等的感染。
(6) 医务人员在医院工作期间获得的感染。

2. 具有下列情况之一者不属于医院内感染：
(1) 皮肤、黏膜开放性伤口只有细菌定植而无炎症表现。
(2) 由于创伤或非生物性因子刺激而产生的炎症表现。
(3) 新生儿经胎盘获得（出生后 48 小时内发病）的感染，如单纯疱疹、弓形体病、水痘等。
(4) 患者原有的慢性感染在医院内急性发作。

（二）诊断依据

医院内感染的诊断主要依靠临床资料、物理或生化检查、病原学检查等。

1. **病原诊断** 对医院内感染需要了解：
(1) 及时采集感染部位的标本，进行培养和涂片，尽快确定病原菌的种类及其特点。
(2) 病原菌对抗菌药物的敏感性。
(3) 病原菌分离出的部位，原发感染或继发感染。
(4) 多种病原体混合感染应区分主要病原体和次要病原体。
(5) 病原菌的动态变化与菌群失调状况。

2. **病情诊断** 需要了解以下情况：
(1) 感染部位：原发灶、毒血症、败血症和迁徙性炎症的部位。
(2) 感染人群：老年人、婴幼儿或新生儿。
(3) 基础疾病的种类、程度、治疗效果与现状。
(4) 诊治措施及其影响：侵袭性诊疗措施，手术治疗的部位、引流、疗效与现状，免疫抑制治疗如化疗与放疗情况，抗菌药物治疗的详细情况如种类、剂量、用法、疗程、变动情况、疗效与不良反应以及菌群失调的优势病原菌。

3. **其他辅助诊断** 在病原学诊断之外，还可以根据感染部位采集不同的标本（血、尿、便等）进行常规和生化检查。而降钙素原、白介素 6、内毒素检测、(1,3)-β-D 葡聚糖检测（G 试验）、半乳甘露聚糖检测、C 反应蛋白和骨髓细胞表达的可溶性触发受体等新型诊断指标也可用于医院内感染的辅助诊断。

六、治疗

(一)抗菌药物的合理应用

对抗菌药物的总体要求是:有效、安全、低廉。

1. 抗菌药物的选用依据

(1) 病原菌的种类、特点、部位、药敏与动态变化等。

(2) 感染部位,老年或小儿和基础疾病等。

(3) 抗菌活性与其药代动力学特点,如吸收、分布与排泄特点,血药浓度高低,半衰期长短,血浆蛋白结合率高低,以及不良反应等。

2. 抗菌药物选用步骤

(1) 首先根据临床诊断估计病原菌进行经验治疗,对常见病原菌选用抗菌药物的参考:革兰阳性球菌选用青霉素、苯唑西林、大环内酯类、庆大霉素、头孢哌酮和万古霉素等;革兰阴性杆菌选用氨苄西林、庆大霉素、氯霉素、哌拉西林、头孢唑啉、第二代头孢菌素、第三代头孢菌素或氟喹诺酮类,对多重耐药菌或病情危重者可考虑选用碳青霉烯类抗生素;铜绿假单胞菌——阿米卡星、哌拉西林、氟喹诺酮类、头孢哌酮、头孢他啶或亚胺培南-西司他丁钠(泰能)等;厌氧菌选用甲硝唑和替硝唑、青霉素、克林霉素和拉氧头孢等;深部真菌选用两性霉素B、咪康唑、酮康唑、氟康唑、伊曲康唑、氟胞嘧啶或伏立康唑等;假丝酵母菌口腔炎选用1%甲紫,肠炎用制霉菌素;老年人与肾功能不全者慎用氨基糖苷类;颅内感染选用青霉素G、氯霉素或第三代头孢菌素。

(2) 根据培养出的病原菌与药敏试验结果调整用药,以后再根据疗效和不良反应酌情调整。为控制细菌的耐药性,必须加强抗生素的合理使用。

3. 抗菌药物的联合应用 应尽量减少联合用药,以免引起菌群失调。联合应用抗菌药物的指征为:

(1) 病原体不明的急性严重感染时,短暂应用。

(2) 单一药物不能有效控制的混合感染、严重感染、耐药菌感染时,如同时有细菌和真菌感染,宜短暂应用。

(3) 联合用药的协同作用可使单一抗菌药物剂量减少,从而减小不良反应。

(4) 需长期用药并防止细菌产生耐药性,如结核病。

4. 抗菌药物的用法

(1) 肌内注射与口服:用于中度或轻度感染患者。

(2) 静脉滴注:常用于重症感染、全身感染者,以迅速达到适当的血药浓度并维持有效浓度,以确保疗效。病情减轻后可改为肌内注射或口服。

(3) 静脉推注:用于重症患者,病情好转后改为静脉滴注。

(4) 局部用药:一般不推荐局部用药,因易引起过敏反应或导致耐药菌产生,宜尽量避免,仅可用于全身给药难以达到治疗浓度的表浅部位或脓腔,剂量应相应减小。

关于剂量与疗程根据病情与药物而定。

5. 不良反应的防治 老年人和有基础疾病的患者较易发生不良反应、过敏反应与毒性反应,联合用药易引起菌群失调。

(二)对症治疗

应根据患者病情酌情处理。

1. 基础疾病的相应治疗 积极治疗血液病、肿瘤、尿毒症、糖尿病以及严重心、肺和肝病等基础疾病,有助于提高患者的免疫功能,利于抗菌药物的治疗。

2. 维持水、电解质的平衡和补充必要的热量和营养。

3. 维护重要的生理功能，如呼吸与循环功能。
4. 有脓肿或炎性积液者如化脓性胸腔、腹腔积液或脓肿者应及时进行有效的引流等。

七、预防

2007年6月，在美国第34届感染控制年会上，美国感染控制和流行病学专业协会首先发出呼吁，要求对医院内感染"零宽容"（zero tolerance）。任何一个国家的医院都不可能完全避免医院内感染，但是在一定程度上避免感染却是完全有可能的，那就是控制可控制的感染，使可控感染的发生率逐渐下降，直至为零。这也就是所谓的"零宽容"理念。"零宽容"意味着医院中的每一个工作人员都负有预防医院内感染发生的责任。医院内感染的预防和控制不是某一个部门的事情，这项工作需要医院中的所有部门和所有人员共同参与，才能得以实施。

（一）建立和健全医院内感染管理组织

这是加强医院内感染管理的关键。根据我国卫生部有关文件精神和各地具体情况可设立：

1. 医院内感染管理委员会（小组）。制定本医院预防和控制医院内感染的规章制度、医院内感染诊断标准并监督实施等。
2. 医院内感染管理科　负责实施委员会的决定和组织进行监测控制与管理工作等。
3. 医院内感染控制中心　在条件成熟的城市建立区域性的医院内感染管理控制中心，负责组织、协调区域性的感染控制措施与培训以及流行菌株的监测和报告。

（二）建立医院的监测制度系统

主动观察医院内感染的发生、分布以及影响因素，定期整理并提供有价值的数据资料，如感染率、病原体种类和细菌耐药谱等；了解医院内感染的后果和控制感染措施的效果，以便采取更有效的对策。日常监测工作包括：

1. 发现医院内感染病例，确定感染的类别。
2. 调查和汇集医院内感染的原因和诱因。
3. 在患者、医护人员、医疗器械和环境中采样作培养，并作细菌药物敏感试验。
4. 细菌耐药性的监测。
5. 医院内感染资料数据的积累、分析。
6. 对有关监测资料及其分析说明作出书面报告。
7. 开展医院内感染的宣传教育工作。

（三）预防措施

1. 建立和健全有关的规章制度，认真执行并经常督促与定期检查。
（1）清洁卫生方面：包括医院的环境卫生和科室与病室的清洁卫生。
（2）消毒方面：包括污物与污水的消毒、科室和病室的消毒、医院内感染高发区的消毒。医护人员要特别注意手的消毒。
（3）隔离方面：①病原性隔离，隔离传染病患者，以防其传播。②应对医院内感染患者分泌物、排泄物消毒。③对其他易感患者进行保护性隔离，防止受感染。对医院的新职工应进行全面体检，包括结核菌素试验、测定乙型肝炎标志物。长期在病房工作的职工应定期进行鼻部及手部的细菌培养，如有葡萄球菌感染者，应予积极治疗，持续金黄色葡萄球菌携带者应停止在病房工作。
（4）医院污物处理：医疗垃圾应按照有关规范处理和消毒、运输。
（5）灭菌方面：中心供应室的消毒灭菌必须进行质量控制。
（6）无菌技术：必须严格执行手术室与其诊疗措施的无菌技术。
2. 医院工作人员的培训　应当掌握与本职工作相关的医院内感染预防与控制方面的知识，

落实医院内感染管理规章制度、工作规范和要求。

3．抗生素的合理应用　包括对医院内感染与抗菌药物的理论知识的讲解，诊断治疗的指导和存在问题的解决。

（四）控制措施

针对该医院常见的医院内感染或有局部暴发感染的控制措施。

1．流行病学调查、分析与预防措施。

2．患者的隔离　医院内感染隔离应用的隔离技术现有7种，主要是根据病原体传播途径制定的。以不同颜色的卡片分别表示7种不同的隔离技术，放置在护理办公室和患者床头：黄色——严格隔离，橙色——接触隔离，蓝色——呼吸隔离，灰色——抗酸杆菌（结核病）隔离，棕色——肠道隔离，绿色——引流/分泌物隔离，粉红色——血液、体液隔离。这个分类隔离体系保留了严格隔离、呼吸隔离、结核病隔离和肠道隔离4类经典隔离，仅略加修改，如在肠道隔离中不强调穿隔离衣和戴手套。

3．加强消毒与灭菌工作。

4．对医院内感染患者的及时诊断与合理治疗。

（曹　阳　魏殿军）

附　　录

附录一　急性传染病的潜伏期、隔离期、观察期

病名	潜伏期（常见/最短~最长）	隔离期	接触者的观察及处理
流行性感冒	1~3天/数小时~4天	热退后2天	流行期间集体机构人员检疫4天，出现发热症状者，应早期隔离治疗
严重急性呼吸综合征（传染性非典型肺炎）	4~5天/2~14天	应尽早采取隔离措施，在实施标准预防措施的基础上，采取飞沫隔离、空气隔离与接触隔离措施。传染性非典型肺炎疑似患者和确诊患者应分开安置	接触者医学隔离观察2周
禽流感	3天/1~7天		
麻疹	10天/6~12天，接受被动免疫者28天	发病日至出疹后5天，合并肺炎者延长至出疹后10天	密切接触的儿童检疫21天，接受过被动免疫的则检疫28天，接触后2天内注射麻疹减毒活疫苗或接触后3天内注射丙种球蛋白
风疹	10~21天/5~25天	隔离至出疹后5天	不检疫，妊娠3个月内的孕妇接触风疹患者后，应于接触后5天内注射丙种球蛋白或高效价免疫球蛋白，有一定的保护作用
幼儿急疹	10天/3~15天	一般不隔离	观察1~2周，如发热，宜隔离治疗
水痘	14~16天/10~24天	隔离至疱疹干燥结痂或出疹后7天，均不得少于发病后14天	医学观察21天，接触者早期（3~6天）应用丙种球蛋白或带状疱疹免疫球蛋白，可减轻症状，接触者3天内接种V-Z病毒Oka株制成的减毒活疫苗可预防发病
EB病毒感染（传染性单核细胞增多症）	9~11天/5~15天	隔离至症状消失	一般不检疫，若集体单位发病率升高时，应进行集体检疫2周
单纯疱疹病毒感染	6天/2~12天	一般不隔离	新生儿及免疫功能低下者，应尽可能避免接触患者，估计可能引起严重感染时，可试用碘苷（疱疹净）或阿昔洛韦（无环鸟苷）预防
流行性腮腺炎	14~21天/8~30天	发病之日起至腮腺肿胀完全消失为止，或发病后10天	接触者一般不需要检疫，但幼儿园、托儿所及部队的密切接触者检疫30天

续表

病名	潜伏期（常见/最短~最长）	隔离期	接触者的观察及处理
脊髓灰质炎	5~14天/3~40天	自发病之日起隔离40天，第1周同时进行呼吸道及消化道隔离，1周后单独采用消化道隔离	接触者检疫20天，观察期间可用减毒活疫苗进行快速免疫
淋巴细胞性脉络丛脑膜炎	8~12天/1~数周	一般不需要隔离	不检疫
流行性乙型脑炎	7~14天/4~21天	发病之日起至体温正常为止，隔离在防蚊室内	不检疫
森林脑炎	10~15天/7~30天	隔离至急性症状消失为止	不检疫，被蜱叮咬者，应医学观察1个月，观察期间，哺乳妇女应停止哺乳，以免婴儿感染，观察期间可注射免疫血清预防
口蹄疫	2~6天/2~18天	隔离至局部或全身症状完全消失为止	不检疫
黄热病	3~6天/3~13天	起病后1周	密切接触者医学观察2周
艾滋病	2周至6个月	患者及病毒携带者均应隔离至病愈，其分泌物应严格消毒，不能献血、性接触或接吻	接触者应追踪医学观察
手足口病	2~7天	管理时限为自患儿被发现患病起至症状消失后1周	
肾综合征出血热	7~14天/4~45天	隔离至发热消退、急性症状消失为止	不检疫
登革热	5~8天/1~15天		
病毒性肝炎			
甲型	30天/15~45天	发病后3周，不少于30天	密切接触者检疫45天，每周检查1次ALT，以便早期发现，观察期间可以应用丙种球蛋白、甲肝减毒活疫苗预防
乙型	70~80天/28~160天	急性期隔离至病情稳定为止	急性肝炎的密切接触者，应医学观察45天
丙型	40天/15~180天	急性期隔离至病情稳定为止	同乙型肝炎
丁型	30~140天	同乙型肝炎	同乙型肝炎
戊型	36天/15~75天	自发病日起隔离3周	同甲型肝炎
狂犬病	1~3个月/4天~10数年	全部病程隔离治疗	接触患者不检疫，被狂犬或狼咬伤者，应进行医学观察，观察期间应注射免疫血清及狂犬病疫苗
鹦鹉热	1~2周/5~39天	隔离治疗至痊愈	不检疫
流行性斑疹伤寒	10~14天/5~23天	彻底灭虱后隔离至体温正常后12天	密切接触者应彻底灭虱，并检疫观察15天
地方性斑疹伤寒	1~2周	不需要隔离	不检疫

续表

病名	潜伏期（常见/最短~最长）	隔离期	接触者的观察及处理
恙虫病	10~14天/4~21天	不需要隔离	不检疫
Q热	10~14天/9~30天	隔离至热退、症状消失后1周，同时对其排泄物消毒处理	接触者可服药或接种疫苗预防
流行性脑脊髓膜炎	2~3天/1~10天	隔离至症状消失后3天，但不少于发病后7天	接触者医学观察7天，可服磺胺药预防
白喉	2~4天/1~7天	症状消失后两次鼻咽分泌物培养（间隔2天，第一次培养不得早于第14天），阴性者或症状消失后30天方可解除隔离	密切接触者医学观察7天，观察期间可做咽拭培养或锡克试验，若两者均为阳性则为感染者，应隔离并应用抗生素或抗毒血清；仅培养阳性为带菌者，应隔离和应用抗生素治疗；仅锡克试验阳性者为易感者，应接种类毒素，并随访观察7天
百日咳	3~4天/5~10天	发病后40天或出现痉挛性咳嗽后30天	医学观察21天，观察期间可用红霉素等药物预防
军团菌病	2~10天/36小时至26天	隔离至痊愈	不检疫
猩红热	2~4天/1~7天	症状消失后咽拭培养3次，阴性则可解除隔离，但一般不少于病后7天	医学观察7天，如有条件可做咽拭子培养
伤寒	10~14天/7~23天	发病至体温正常后15天或症状消失，每隔5天大便培养1次，连续2次均阴性方可解除隔离，患者的大、小便及生活用品必须进行严格消毒处理	医学观察23天，有发热的可疑者应及早隔离并医学观察，从事饮食业的人员观察期间送大便培养1次，阴性者方能工作
副伤寒甲、乙	8~10天/2~15天	同伤寒	医学观察15天，可疑发热者应及早隔离并医学观察，从事饮食业的人员观察期间送大便培养1次，阴性者方能工作
副伤寒丙	1~3天	同伤寒	同副伤寒甲和乙
霍乱	1~3天/数小时至7天	腹泻等症状消失后6天，隔日大便培养，连续3次阴性方可解除隔离或自发病起至少15天	密切接触者或疑似患者应留验5天，并连续送大便培养3次，若阴性，则可解除隔离观察
细菌性痢疾	1~2天/数小时至7天	急性期症状消失后1周或隔日1次大便培养，连续2次阴性，慢性期患者或带菌者在疗程结束后连续2次大便培养阴性者，方可解除隔离。餐饮、托幼机构、自来水业工作人员，应连续3次阴性	密切接触者医学观察7天，饮食业人员观察期间送大便培养1次，阴性者方能工作
食物中毒 沙门菌	4~24小时/4小时至3天	患者集中隔离治疗至症状消失后2~3次大便培养，阴性者取消隔离	同食者医学观察1~2天

续表

病名	潜伏期（常见/最短~最长）	隔离期	接触者的观察及处理
副溶血弧菌	6~12小时/1小时至4天	不隔离	不检疫
变形杆菌	1~2小时/0.5~20小时	不隔离	不检疫
蜡样芽胞杆菌	1~2小时	不隔离	不检疫
葡萄球菌	2.5~3小时/0.5~6小时	不隔离	不检疫
肉毒杆菌	12~36小时/2~10天	不隔离	不检疫
弯曲菌感染	3~5天/2~11天	腹泻等症状消失	不检疫
耶尔森菌感染	4~10天	症状消失	不检疫
布鲁菌病	1~3周/3天至1年以上	急性期患者应隔离至症状消失，血、尿培养阴性方可解除隔离	不检疫
腺鼠疫	2~5天/1~8天	隔离至淋巴肿完全消失、痊愈	检疫9天，曾接受预防接种者应检疫12天，发现病例后，应封锁疫区和交通、海港并进行检疫，检疫期间可服磺胺等药物预防
肺鼠疫	1~3天/数小时至3天	临床症状消失后，痰液连续培养6次阴性才能解除隔离	同上
兔热病	3~5天/数小时至10天	不隔离	不检疫
炭疽	1~5天/12小时至12天	皮肤炭疽隔离至创口痊愈、痂皮脱落为止，其他类型患者在症状消失后，分泌物或排泄物间隔5天连续培养2次阴性方可解除隔离	密切接触者医学观察12天，肺炭疽患者接触者，可用抗生素预防
鼻疽	1~14天/数小时至3周，少数10年以上	隔离至疾病痊愈，且分泌物连续培养3次阴性，出院后需进行数年医学观察	密切接触者医学观察3周
类鼻疽	4~5天/4天至数周，慢性者达数年	症状消失，病变愈合后解除隔离	密切接触者不检疫，但可疑感染者应医学隔离15天
破伤风	7~14天/2天至数月以上	不隔离	不检疫
钩端螺旋体病	7~14天/2~20天	症状消失痊愈，并对排泄物如尿、痰进行消毒	接触者不检疫，疫水接触者则需医学观察2周，观察期可注射青霉素
莱姆病	7~9天/3~30天		
回归热 虱传	7~8天/2~14天	彻底灭虱后隔离至体温正常后15天	除灭虱外医学观察15天

续表

病名	潜伏期（常见/最短~最长）	隔离期	接触者的观察及处理
蜱传	7天/4~18天	隔离至症状消失	接触者不检疫，但进入疫区被蜱叮咬者可用多西环素口服预防
小螺菌	2~3周/5~30天	不隔离	不检疫
梅毒	2~3周	患病期间性接触隔离	不检疫
雅司病	3~4周	不隔离	不检疫
阿米巴痢疾	7~14天/4天~数月	症状消失后大便连续3次镜检无滋养体及包囊	不检疫，凡从事饮食业的人员大便检查阳性者，暂调换工作
疟疾			
间日疟	12~20天/11~625天	痊愈后原虫检查阴性，应防蚊	不检疫
三日疟	21~30天/18~40天	痊愈后原虫检查阴性	不检疫
恶性疟	8~15天/7~27天	痊愈后原虫检查阴性	不检疫
黑热病	3~5个月/10天~9年	不隔离，白蛉活动季节病房进行防白蛉及灭虫措施	不检疫

附录二 预防接种

名称	接种对象	初种对象与方法	免疫期与复种	保存与有效期
麻疹活疫苗	8个月以上的易感儿童为主	三角肌处皮下注射0.2ml。注射丙种球蛋白后1~3个月才能注射	免疫期4~6年，7岁复种	2~10℃暗处保存。冻干疫苗有效期1年，液体疫苗有效期2个月，开封后1小时内用完
麻疹、腮腺炎、风疹减毒活疫苗	8个月以上的易感儿童为主	8月龄和18~24月龄各1剂次，每次0.5ml，皮下或肌内注射		2~8℃保存
脊髓灰质炎糖丸疫苗	2个月至4岁儿童	三型混合疫苗口服，2月龄开始，每月服1次，连服3次。春季冷开水送服	免疫期4年，4岁加强1次	-20℃保存2年，2~10℃ 5个月，20~22℃ 12天。30~32℃ 2天
乙型肝炎疫苗	新生儿及易感者	重组基因工程疫苗：5~10μg按0、1、6个月各在三角肌内注射1次，新生儿应在24小时内注射	免疫期5年，全程免疫效果不好者，可加注1次10μg，以后每5年加强注射10μg	2~8℃暗处保存，有效期2年，严防冻结
甲型肝炎减毒活疫苗	1.5岁以上的易感者（儿童及成人）	上臂皮下注射1次1ml	免疫期5年	2~8℃暗处保存，有效期3个月；-20℃以下，有效期1年

续表

名称	接种对象	初种对象与方法	免疫期与复种	保存与有效期
甲型肝炎灭活疫苗	1.5岁以上的易感者（儿童及成人）	上臂肌内注射1次0.5ml（成人为1.0ml），幼龄儿童大腿前侧部注射，18月龄和24～30月龄各接种一剂次。成人在初次接种6～12个月时注射第2剂次		2～8℃保存
甲型流感活疫苗	主要为健康人，1～6岁，0.5ml	按1：5用生理盐水稀释，每侧鼻孔各喷入0.25ml	免疫期6～10个月	2～10℃暗处保存。冻干疫苗有效期1年，液体3个月
流行性乙型脑炎减毒活疫苗	8个月至2岁儿童	皮下注射2剂次，8月龄和2岁时各1剂次		2～8℃暗处保存
流行性乙型脑炎灭活疫苗	8个月至6岁儿童及从非疫区进入疫区者	皮下注射4剂次，8月龄2剂次（间隔7～10天），2周岁和6周岁各1剂次，每次0.5ml		2～8℃暗处保存
森林脑炎疫苗	流行区的人群及外来人群	皮下注射2次，间隔7～10天，2～6岁、7～10岁、10～15岁、16岁以上每次分别为0.5、1.0、1.5和2.0ml	免疫期1年，以后每年加强注射1次，剂量同初种	2～10℃暗处保存。有效期8个月，25℃以下有效期1个月
人用狂犬病疫苗（地鼠肾组织培养人用疫苗）	被狂犬或其他患狂犬病动物咬伤、抓伤及被患者唾液污染伤口者	于咬伤当日和3、7、14、30天各注射2ml，5岁以下注射1ml，2岁以下0.5ml，严重咬伤者可在注射疫苗前先注射抗狂犬病血清	免疫期2个月，全程免疫后3～6个月再次咬伤需加强注射2次，间隔1周，剂量同左，超过6个月再被咬伤者需全程免疫	2～10℃暗处保存。冻干疫苗有效期1年，液体6个月
冻干黄热病疫苗	出国到黄热病流行区或从事黄热病研究的人员	以生理盐水5ml溶解冻干疫苗，皮下注射1次，0.5ml，水浴保持低温，1小时用完	免疫期10年	-20℃以下保存有效期1.5年，2～10℃保存有效期6个月
流行性斑疹伤寒	流行地区人群	皮下注射3次，间隔5～10天，14岁以下分别为0.3～0.4、0.6～0.8ml、0.6～0.8ml；15岁以上分别为0.5ml、1.0ml、1.0ml	免疫期1年，以后每年加强1次，剂量同第1针	2～10℃暗处保存，有效期1年，不得冻结
肾综合征出血热疫苗	重点地区16～60岁目标人群	接种3剂次，0天、2周、6个月时各接种1剂次，肌内注射，每次1.0ml		2～8℃保存
Q热疫苗	畜牧、屠宰、制革、肉、乳加工及有关实验室、医院工作人员	皮下注射3次，间隔7天，剂量分别为0.25ml、0.5ml、1.0ml		2～10℃暗处保存
吸附精制白喉类毒素	6个月至12岁儿童	皮下注射2次，每次0.5ml，间隔4～8周	免疫期3～5年，第2年加强注射1次，0.5ml，以后每3～5年注射1次0.5ml	25℃暗处保存。有效期3年，不得冻结

续表

名称	接种对象	初种对象与方法	免疫期与复种	保存与有效期
吸附精制破伤风类毒素	发生创伤机会较多的人群	全程免疫：第一年间隔4～8周，肌内注射2次，第二年1次，剂量均为0.5ml	免疫期5～10年，每10年加强注射1次0.5ml	25℃暗处保存。有效期3.5年，不得冻结
白喉类毒素破伤风类毒素（白破疫苗）		接种1剂次，6周岁时	免疫期同单价制品	25℃暗处保存
无细胞百日咳菌苗，白喉、破伤风类毒素（百、白、破混合制剂）	3个月至6岁儿童	接种4剂次，3月龄、4月龄、5月龄和18～24月龄各1剂次，每次肌内注射0.5ml	免疫期同单价制品	2～8℃暗处保存
精制白喉抗毒素	白喉患者，未注射过白喉类毒素的接触者	治疗：按病情轻重，肌内或静脉注射2万～12万U预防；接触者皮下肌内注射1万～2万U	免疫期3周	2～10℃保存液状制品，有效期2～3年，冻干制品3～5年
精制破伤风抗毒素	破伤风患者或创伤后有患破伤风危险者	治疗：新生儿24小时内1次或分次肌内注射2万～10万U，其余不分年龄均为5万～20万U肌内或静脉注射，以后视病情决定追加剂量及间隔时间预防：不分年龄均为1500～3000U，1次皮下或肌内注射，伤势严重者剂量加倍	免疫期3周	2～10℃暗处保存，液状制品有效期3～4年，冻干制品5年
多效价精制气性坏疽抗毒素	重伤后有发生气性坏疽可能者及气性坏疽患者	预防：皮下或肌内注射1次1万U；治疗：3万～5万U静脉注射，同时适量注射于伤口周围组织内，以后视病情决定	免疫期3周	同上
精制肉毒抗毒素	肉毒中毒或可疑肉毒中毒者	预防：1000～2000U皮下或肌内注射1次；治疗：1万～2万U肌内或静脉注射，以后视病情决定	免疫期3周	同上
精制抗狂犬病血清	被患狂犬病的动物咬伤者	成人0.5～1.0ml，儿童0.5～1.5ml/kg，半量肌内注射，半量伤口局部注射，咬伤当日或最迟3小时内应用	免疫期3周	同上
乙型肝炎免疫球蛋白（HBIG）	HBsAg（尤其是HBeAg）阳性母亲所产新生儿，医源性HBV感染者	新生儿出生24小时内肌注≥100IU，或12小时内和1月龄各肌注1次，每次≥100IU；医源性事故后立即肌内注射200～400IU	免疫期2个月	2～10℃，有效期2年

续表

名称	接种对象	初种对象与方法	免疫期与复种	保存与有效期
人丙种球蛋白	丙种球蛋白缺乏者，麻疹或甲型肝炎密切接触者	治疗：丙种球蛋白缺乏者，每次肌内注射0.15ml/kg；预防麻疹，1次肌内注射0.05~1.5ml/kg（不超过6ml）；预防甲型肝炎，1次肌内注射，儿童0.05~0.1ml/kg，成人3ml	免疫期3周	2~10℃，有效期2年
卡介苗	新生儿及结核菌素阴性的儿童	初种：出生后24~48小时，皮内注射0.1ml	免疫期5~10年，城市7岁，农村7岁、12岁加强注射	2~10℃
霍乱菌苗	根据疫情重点为水陆口岸人员、环境卫生、饮食业、医务、防疫人员及水上居民	皮下注射2次，间隔7~10天，6岁以下0.2、0.4ml，7~14岁0.3、0.6ml，15岁以上0.5~1ml。第2针分别为初次的倍量，应在流行前1个月完成	免疫期3~6个月，以后每年加强1次，剂量同第2针	2~10℃暗处保存，有效期3年
伤寒、副伤寒甲、乙菌苗	重点用于水陆口岸沿线人员及部队、环卫、饮食业工作人员	皮下注射3次，间隔7~10天，1~6岁0.2ml、0.2ml、0.3ml，7~14岁0.3ml、0.5ml、0.5ml，15岁以上0.5ml、1.0ml、1.0ml	免疫期1年，以后每年加强1次，剂量同第3针	2~10℃暗处保存，有效期1年
霍乱、伤寒、副伤寒甲、乙四联菌苗	同上	同上	同上	同上
流脑多糖疫苗	6岁以下儿童及少年，流行区成人	皮下注射1次，25~50μg，6~18月龄接种2剂次A群流脑疫苗，3周岁、6周岁各接种1剂次A+C群流脑疫苗	免疫期0.5~1年	2~10℃保存，有效期1年
布鲁菌菌苗	畜牧、兽医、屠宰、制革、疫区防疫及有关实验室人员	儿童：上臂外侧皮肤上滴一滴菌苗，其上皮肤划成"井"字痕，划痕长1cm。成人：划一"井"字，间距2~3cm，应划破表皮，严禁注射	免疫期1年，每年接种1次	2~10℃保存，有效期1年
鼠疫菌苗	重点用于流行区的人群，非流行区的人员接种10天后才能进入疫区	皮下法：一次注射，6岁以下0.3ml、7~14岁0.5ml、15岁以上1ml；划痕法（菌液浓度与上不同）：6岁以下1滴、7~14岁2滴、15岁以上3滴，在每滴处各划一个"井"字，两滴之间相距2~3cm，严禁注射	同上	同上

续表

名称	接种对象	初种对象与方法	免疫期与复种	保存与有效期
炭疽菌苗	炭疽病例或病畜的间接接触者及疫点周边高危人群	皮肤划痕法：滴2滴菌苗于上臂外侧，间距3~4cm，于其上划"井"字，痕长1.5cm，严禁注射	同上	同上
钩端螺旋体菌苗	流行区可能接触疫水的7~60岁高危人群	皮下注射2次，间隔7~10天，7~14岁0.5ml、1.0ml，15岁以上1.0ml、2.0ml	免疫期1年，每年注射2次，剂量与方法同初种	2~10℃暗处保存，有效期1.5年

参考资料：卫生部《扩大国家免疫规划实施方案》卫疾控（2007）305号（2007年12月29日）。

主要参考书目

1. 陈灏珠主编.实用内科学.第12版.北京：人民卫生出版社，2005.
2. 国家卫生和计划生育委员会办公厅.人感染H7N9禽流感诊疗方案（2013年第2版）.
3. 李梦东，王宇明.实用传染病学.第3版.北京：人民卫生出版社，2004.
4. 马亦林，李兰娟主编.传染病学.第5版.上海：上海科学技术出版社，2011.
5. 沈继龙.临床寄生虫和寄生虫检验.第3版.北京：人民卫生出版社，2007.
6. 斯崇文，贾辅忠，李家泰，等.感染病学.北京：人民卫生出版社，2004.
7. 瓦瑞尔主编.李宁主译.牛津传染病学.北京：人民卫生出版社.2011，571-574.
8. 王贤才译.西氏内科学.第22版（下）.西安：世界图书出版公司.2009.
9. 徐小元，于岩岩，魏来.传染病学.第2版.北京：北京大学医学出版社，2011.
10. 杨绍基，任红.传染病学.第7版.北京：人民卫生出版社，2008.
11. 中华医学会肝病学分会，中华医学会感染病分会.慢性乙型肝炎防治指南（2010年版）.中华肝病杂志，2011；19（1）：13-24.
12. 中华医学会感染病学分会艾滋病学组.艾滋病诊疗指南.中华传染病杂志，2006；24（2）：133-144.
13. 中华医学会感染病学分会肝衰竭与人工肝学组，中华医学会肝病分会重型肝病与人工肝学组.肝衰竭诊治指南（2012年版）.114.中华临床感染病杂志2012；5（6）：321-327.
14. 周先志.现代传染病学.第2版.北京：人民军医出版社，2010.
15. Jarvis WR. Bennett & Brachman's hospital infections. 5th ed. Philadelphia: Lippincott Williams & Wilkins, 2007.
16. Mandell GL, Bennett JE, Dolin R. Mandell, Douglas, and Bennett's principles and practice of infectious diseases.7th ed.New York: Churchill Livingstone Elsevier 2010.

中英文专业词汇索引

A

阿米巴病 amebiasis 174
艾滋病 acquired immuno deficiency syndrome，AIDS 44

B

白喉 diphtheria 147
白喉杆菌 Bacillus diphtheriae 147
败血症 septicemia 155
班氏丝虫 Wuchereria bancrofti 205
鞭虫病 trichuriasis 215
丙型肝炎病毒 hepatitis C virus，HCV 22
并殖吸虫 paragonimus 201
并殖吸虫病 paragonimiasis 201
病毒性肝炎 viral hepatitis 20
伯氏包柔螺旋体 Borrelia Burgdorferi 169
布鲁菌 Brucella 150
布鲁菌病 brucellosis 150
布尼亚病毒科 Bunyaviridae 97
布氏姜片吸虫 Fasciolopsis buski 203

C

肠绦虫病 intestinal cestodiasis 217
传染性单核细胞增多症 infectious mononucleosis 81

D

带状疱疹 herpes zoster 88
登革病毒 dengue virus 69
登革出血热 dengue hemorrhagic fever 69
登革热 dengue fever 69
登革休克综合征 dengue shock syndrome 71
地方性斑疹伤寒 endemic typhus 107
丁型肝炎病毒 hepatitis D virus，HDV 22

E

EB病毒 Epstein-Barr virus，EBV 81
恶性疟原虫 plasmodium falciparum 180

F

发热伴血小板减少综合征 severe fever with thrombocytopenia syndrome，SFTS 97
肥达反应 Widal reaction 115
肺吸虫病 lung fluke disease 201
福氏耐格里阿米巴 Naegleria fowleri 179
副黏病毒科 Paramyxovirus 92
副伤寒 paratyphoid fever 117

G

肝肾综合征 hepatorenal syndrome，HRS 29
感染性休克 septic shock 159
冈地弓形虫 toxoplasma gondii 188
弓形虫病 toxoplasmosis 188
钩端螺旋体病 leptospirosis 165

H

汉坦病毒 Hanta virus，HV 53
汉坦病毒肺综合征 Hantaan virus pulmonary syndrome，HPS 61
黑热病 Kala-azar 186
华支睾吸虫 Clonorchis sinensis 198
华支睾吸虫病 Clonorchiasis sinensis 198
黄病毒属 Flavivirus 63，69
蛔虫病 ascariasis 210
蛔线虫 Ascaris lumbricoides 210
霍乱弧菌 vibrio cholerae 123

J

棘球蚴病 echinococcosis 222
甲型肝炎病毒 hepatitis A virus，HAV 20
间日疟原虫 Plasmodium. Vivax 180
姜片虫病 fasciolopsiasis 203
军团菌病 legionellosis 153
军团菌肺炎 legionella pneumonia 153

K

恐水症 hydrophobia 73
狂犬病 rabies 73

狂犬病病毒 rabies virus 73

L

拉沙病毒属 Lyssavirus genus 73
莱姆病 Lyme disease 169
利什曼原虫 Leishmania donovani 186
流感病毒 influenza virus 39
流行性斑疹伤寒 epidemic typhus 104
流行性感冒 influenza 39
流行性脑脊髓膜炎 epidemic cerebrospinal meningitis 135
流行性腮腺炎 mumps 86
流行性乙型脑炎 epidemic encphalitits B 63
卵形疟原虫 Plasmodium ovale 180

M

麻疹 measles 91
马来丝虫 Brugia malayi 205
毛首鞭形线虫 Trichuris trichiura 215
莫氏立克次体 Rickettsia mooseri 108

N

囊尾蚴病 cysticercosis 218
蛲虫病 enterobiasis 213
脑膜炎奈瑟菌 Neisseria meningitidis 135
内基小体 Negri body 74
内脏利什曼病 visceral leishmaniasis 186
疟疾 malaria 180

P

庞堤阿克热 Pontiac fever 153
泡型棘球蚴病 alveolar echinococcosis 224
普氏立克次体 Rickettsia prowazeki 104

Q

禽流感 avian influenza, AV 42
禽流感病毒 avian influenza virus 42

R

人巨细胞病毒 cytomegalovirus, CMV 84
人巨细胞病毒 human cytomegalovirus, HCMV 84
人类免疫缺陷病毒 human immunodeficiency virus, HIV 1, 44
日本血吸虫 Schistosoma japonicum 194
日本血吸虫病 Schistosomiasis japonica 194
蠕形住肠线虫 Enterobius vermicularis) 213
朊毒体病 prion diseases 15

S

SARS相关冠状病毒 SARS-associated coronavirus, SARS-Cov 77
腮腺炎病毒 mumps virus 86
三日疟原虫 Plasmodium malarial 180
伤寒 typhoid fever 113
伤寒杆菌 salmonella typhi 113
肾综合征出血热 hemorrhagic fever with renal syndrome, HFRS 53
噬神经细胞现象 neuronophagia 65
手足口病 hand foot and mouth disease, HFMD 94
鼠疫 plague 145
鼠疫耶尔森菌 Yersinia pestis 145
水痘 chickenpox, varicella 88
水痘-带状疱疹病毒 varicella-zoster virus, VZV 88
丝虫病 filariasis 205

T

炭疽 anthrox 142
炭疽杆菌 Bacillus anthracis 142

W

戊型肝炎病毒 hepatitis E virus, HEV 22

X

细菌性痢疾 bacillary dysentery 128
细菌性食物中毒 bacterial food poisoning 118

Y

严重急性呼吸综合征 severe acute respiratory syndromes, SARS 77
恙虫病 tsutsugamushi disease 110
恙虫病立克次体 Rickettisa tsutsugamushi 110
叶足冈内阿米巴科 Entamoebidae 174
医院内感染 nosocomial infection, hospital infection, healthcare associated infection 226
医院获得性感染 hospital acquired infection 226
乙型肝炎病毒 hepatitis B virus, HBV 20
隐孢子虫 Cryptosporidium 191
隐孢子虫病 cryptosporidiosis 191
原发性阿米巴脑膜脑炎 primary amebic meningoencephalitis, PAM 179

Z

自然疫源性疾病 natural focus disease 169

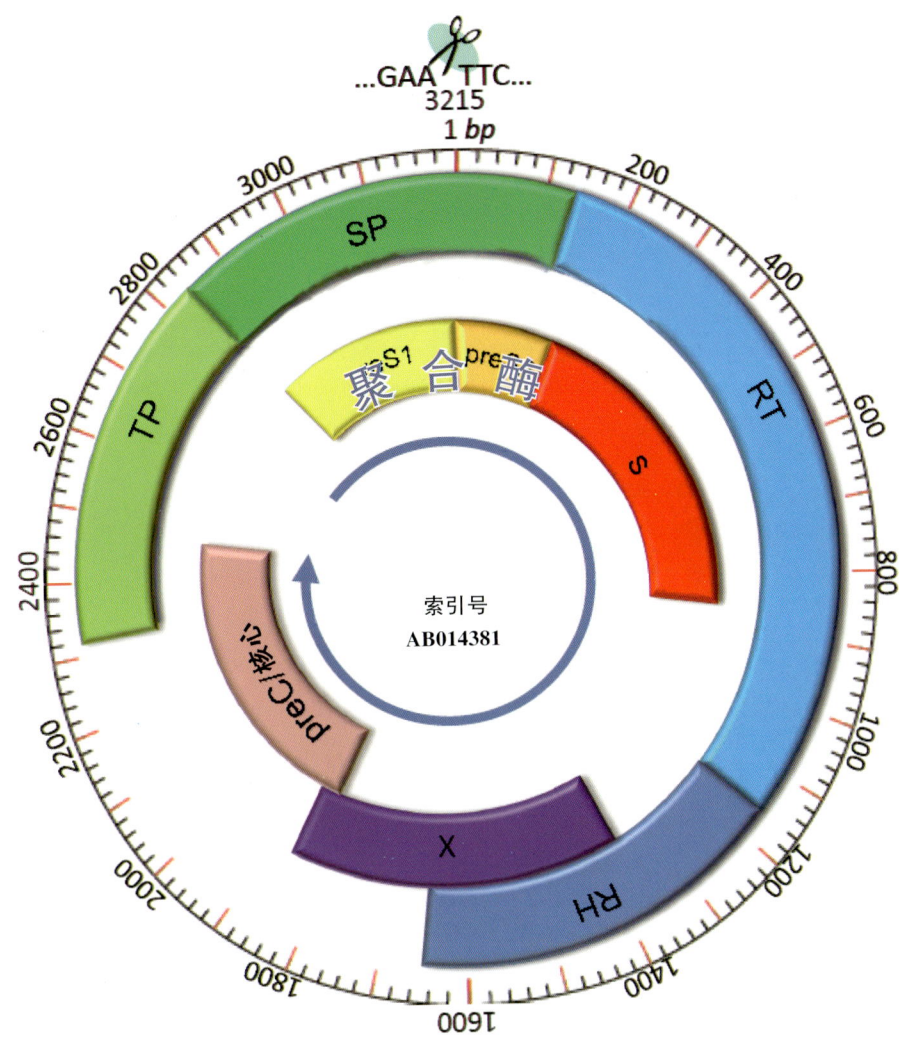

彩图 3-1　HBV 基因组结构及编码蛋白

（资料来源 http：//lifecenter.sgst.cn/biohbv）

彩图 3-2　HCV 基因组结构及编码蛋白